JEANNE RULAND

HELFER TIERE

Krafttiere als Wegbegleiter für besondere Lebensphasen

Mit Schwerpunkt HUNDE und KATZEN

Schirner Verlag

Wir verzichten auf das Einschweißen unserer Bücher – **UNSERER UMWELT ZULIEBE!**

ISBN Printausgabe 978-3-8434-1437-1
ISBN E-Book 978-3-8434-6013-2

Jeanne Ruland:
Helfertiere
Krafttiere als Wegbegleiter für besondere Lebensphasen
Mit Schwerpunkt Hunde und Katzen

Umschlag: Simone Fleck, Schirner, unter Verwendung von Bildern von www.shutterstock.com (siehe Bildnachweis)
Layout: Silja Bernspitz, Schirner, unter Verwendung von Bildern von www.shutterstock.com (siehe Bildnachweis)
Lektorat: Kerstin Noack & Natalie Köhler, Schirner
Printed by: Ren Medien GmbH, Germany

www.schirner.com

8., aktualisierte und neu gestaltete Auflage Juli 2020

INHALT

EINFÜHRUNG 11

PRAKTISCHER TEIL 15

KRAFTTIERE/ HELFERTIERE 37

VON A BIS Z

Danksagung

Einen lieben Dank von Herzen an all diejenigen, die bei der Entstehung dieses Buches mitgewirkt haben. Hier möchte ich die Verleger Heidi und Markus Schirner, meine Lektorinnen Kerstin Noack und Natalie Köhler sowie die Grafiker Silja Bernspitz, Simone Fleck und Anke Müller nennen. Danke für euer Vertrauen und euren wundervollen Einsatz in der Überarbeitung des zweiten Krafttierbuches.

Einen weiteren Dank möchte ich meinen Lesern und den Teilnehmern meiner Seminare aussprechen. Danke, dass ihr eure inneren Erfahrungen mit mir teilt, und danke für die vielen wunderbaren und bereichernden Rückmeldungen, die ich von euch im Laufe der Zeit erhalten habe. Dadurch konnte dieses Buch entstehen.

Dieses Buch möchte ich den Tieren und den Menschen widmen. Ich wünsche mir, dass ein achtungsvoller Umgang zwischen Mensch und Tier zurückkehrt, dass wir die Tiere wieder als Wegweiser und Begleiter, als Wesen der Schöpfung erkennen. Mögen die guten Spirits mit uns sein, uns führen, uns beistehen und unterstützen.

Möget ihr auf euren Wegen allzeit gut beschützt sein. Möge alles, erkennbar oder verborgen, eine harmonische und kraftvolle Wirkung entfalten – zum Segen von allem.

Jeanne Ruland

Tierverbündete

Hörst du den Ruf – Gestaltenwandler?
Ich bin bei dir in deinen Träumen,
begleite dich in andere Welten.
Du findest mich in deinem Sein –
öffne deinen inneren Herzensschrein.

In Liebe sind wir verbunden,
unsere Vorlieben sind unsere Wegweiser.
Bestimmte Tiere begleiten uns, sind mit uns,
erfüllen uns oder zeigen uns unsere Ängste und Schatten.
Sie sind die Helfer, Heiler, Vermittler zwischen den Welten und
jenseits der Zeit.

Wähle dein Lieblingstier, das Tier, das dich zutiefst mit Liebe erfüllt,
studiere es, beobachte es, ahme es nach, werde zu ihm –
und du begreifst die Reinheit und die Unschuld des Lebens.

Tiere wollen sich uns mitteilen.
Sie sind Boten aus der Welt der Ewigkeit.
Sie sind Helfer in der Welt der Seele.
Sie sind Schützer einer uralten Kraft.

Sie schenken uns Mut, Vertrauen und Vitalität,
Fähigkeiten, die wir durch sie in uns erwecken.
Alle Dinge sind miteinander verbunden.
Verbinden wir uns, enden Trennung und Einsamkeit.
Wir finden zurück in das große Ganze
und erkennen unseren Platz im Universum.

Unser Stern leuchtet in neuem Glanz,
mutig und kraftvoll können wir die Illusionen der Trennung
mithilfe unserer Tierverbündeten erkennen.

Folge dem Ruf deiner Seele!

EINFÜHRUNG

Liebe Leserin, lieber Leser,

dieses Buch ist dank dir entstanden. Nachdem »Krafttiere begleiten dein Leben« erschienen war, bekam ich sehr viele Anfragen für Tiere wie den Geparden, den Narwal, die Dinosaurier, das Lama sowie spezielle Hunde- und Katzenarten, die ich in das erste Buch nicht aufgenommen hatte. So begann ich, auch diese Tiere zu beschreiben, und aus diesem Material entstand ein zweites Buch über Kraft- und Helfertiere. Du hältst es jetzt in der Hand.

Was Tiere uns persönlich mitteilen wollen, können wir in keinem Buch finden. Diese Mitteilungen werden oft ganz konkret, telepathisch, auf einer schamanischen Reise, in einer Meditation oder in Träumen übermittelt und sind meist speziell auf unsere aktuelle Lebenssituation zugeschnitten. Oft braucht es keine Erklärung, weil die jeweilige Botschaft eindeutig ist. Es ist erstaunlich, was Tiere uns alles zeigen können und welche Kraft wir im Kontakt mit ihnen gewinnen, die sich positiv auf unsere Lebensumstände auswirkt, ohne dass wir im Außen etwas getan haben. Obwohl ich weiß, dass ich mit einem Buch der Vielfalt und den Botschaften von Tiergeistern nicht gerecht werden kann, ist es dennoch manchmal hilfreich, etwas über das Tier, das uns begegnet ist, nachlesen zu können. Vielleicht hilft eine kleine Information dabei, das Puzzleteil der Seele zu finden. Deswegen habe ich mich entschlossen, dieses Buch zu schreiben.

Es ist keine leichte Aufgabe, Erfahrungen und Erlebnisse in Worten wiederzugeben. Worte begrenzen eine Erfahrung oft, und es besteht die Gefahr, dass die Gesamtheit und Grenzenlosigkeit der Geistigen Welt eingeschränkt und kategorisiert werden. Das, was für jemanden ganz wichtig sein kann, empfindet jemand anderes als unwichtig. Verwirrend wird es, wenn in einem Buch steht, dass ein Tier nicht zu den Krafttieren gehört, und in einem anderen etwas ganz anderes vermittelt wird. Doch wer schafft diese Wertesysteme? Sie sind von Menschen durch Sprache geschaffen. In Kontakt mit der Geistigen Welt sollten wir alle Konzepte, Denkschemata und Schablonen fallen lassen und uns direkt mit dem beschäftigen, was gerade ist. Unsere Seele spiegelt uns unsere Befindlichkeit wider. Eine höhere Weisheit in uns, unser innerer Heiler oder unsere innere Heilerin, die Kraft, die unser Herz schlagen lässt, tagtäglich unsere Zellen erneuert und unsere Körpervorgänge regelt, weiß, was jetzt für uns hilfreich ist. Oft erfahren wir etwas ganz anderes als das, was die übliche Deutung ist. Es mag dem nicht entsprechen, und doch ist es wichtig für uns und kommt aus der Tiefe unserer Seele. Ein Funke Seelenenergie kann unser Leben für immer auf gute Weise verändern.

Jeder von uns ist einzigartig, und das Leben selbst offenbart sich in einer Vielfalt und Fülle, die es reich werden lässt. Da wir uns selbst am nächsten stehen, sollten wir auch unser bester Freund oder unsere beste Freundin werden und lernen, den Eingebungen, Bildern und Visionen unserer Seele zu vertrauen. Aus der Quelle in uns erhalten wir Führung, Fügung, Heilung, Schutz und Kraft.

Vertraue dem, was deine Seele für dich wählt.

In Liebe
Jeanne Ruland

Was ist der Unterschied zwischen Krafttieren und Helfertieren?

In diesem Buch möchte ich nur kurz auf die Begriffe »Krafttier« und »Helfertier« eingehen. Laut alter Erfahrungsberichte und Forschungen ist es so, dass jeder Mensch ein Krafttier hat, das ihn sein Leben lang begleitet und an seiner Seite ist. Mir selbst fällt es schwer, Regeln aufzustellen, denn sie können verunsichern und zu Diskussionen führen, die das Eigentliche verdecken. Meine Prinzipien in der schamanischen Arbeit sind: »Wer heilt, hat recht, was hilft, ist richtig. Es gibt keine Grenzen. Wirkt dies oder jenes bei dir nicht, so probiere etwas anderes.«

Das Krafttier ist mit unserer persönlichen Kraft verbunden, das Helfertier kommt für einen bestimmten Zeitraum, für einen bestimmten Zweck oder für eine bestimmte Aufgabe, bei der die Fähigkeiten gebraucht werden, die dieses Tier besitzt.

Unser Krafttier geht mit dem Vitalaspekt unserer Seele einher. Es steht für unsere Vitalität, für unser instinkthaftes Handeln und damit für unsere Gesundheit und unsere Kraft, die von innen kommt. Das Krafttier wird auf einer schamanischen Reise in der Unteren Welt, der Welt der Wurzeln, gefunden. Wurzeln geben Halt und Kraft und lassen uns wachsen. Ich werde in diesem Buch ein paar Praxisbeispiele wiedergeben, die verdeutlichen, wie vielschichtig die Arbeit mit Krafttieren und Helfertieren sein kann.

Die Praxis ist wichtig, und zu ihr zählt auch unsere eigene Erfahrung mit dem geschriebenen Wort. Es liegt an uns, wie wir das Gelesene umsetzen und mit unserer Seele erfüllen. Das, was wir selbst erlebt haben, bleibt bei uns. Gelesenes hingegen zieht oft vorbei wie eine Wolke am Himmel.

PRAKTISCHER TEIL

Die Krafttiersuche

Dreimal zeig ich mich von
verschiedenen Seiten,
bringe dich zu neuen Weiten.
Fliege, reite, wandere mit mir,
an deiner Seite bin ich mit dir.
Freude fürs Leben, Kraft aus dem Sein,
Vitalität im Seelenheim.
Lass uns wandeln,
lichtvoll handeln,
lösen, feiern und neue Wege gehen,
lerne mich kennen – du wirst schon sehen.

Schaue dich nach einem Kraftplatz in der Natur um, nach einem Platz, der dir Kraft gibt, an dem du deine Seele aufladen und Zwiesprache mit deiner inneren Weisheit halten kannst. Sieh dich dort nach einem Eingang in die Untere Welt um. Das kann ein Loch zwischen den Wurzeln sein, ein See, Steine, ein Brunnen, auf jeden Fall ein Weg, der nach unten führt. Betrachte diesen Eingang.

Mache dich dann bereit für eine schamanische Reise. Es wäre gut, wenn dich jemand begleitet und für dich trommelt. Du kannst auch mit etwas Salbei räuchern. Lasse den Alltag hinter dir, atme ein paarmal tief in deine Mitte hinein. Rufe oder bitte deine guten Spirits mit deinen eigenen Worten, dich zu begleiten und bei dir zu sein. Lege dich hin, fühle, wie die Erde dich trägt und wie du dich in ihrem Schoß entspannen kannst. Vielleicht nimmst du sogar die Drehung der Erde wahr. Genieße das Gefühl, getragen und gehalten zu werden. Nimm es tief in dein Zellbewusstsein auf.

Die Trommel sollte ungefähr 20–30 Minuten in einem schnellen, gleichmäßigen Rhythmus geschlagen werden, das Rückholsignal dann 5–10 Minuten in einem deutlich anderen Rhythmus. Die Trommel ist das Reisegefährt. Wir reisen auf dem Trommelschlag, der den Herzschlag symbolisiert, in die Untere Welt, um unser Krafttier zu treffen.

Du kannst nun die Welt der Kraft betreten. Du kannst an einer Wurzel hinunterrutschen, durch den Erdtunnel gehen, dich von einem Zwerg führen lassen ... Es gibt viele Wege und Helfer, die uns in die Untere Welt führen.

Rufe dein Krafttier. Ein Krafttier erkennst du daran, dass es sich mindestens drei- bis viermal von verschiedenen Seiten zeigt, dass es dir sagt, dass es dein Krafttier ist, dass du dich in dieses Tier verwandelst, fühlst und bist wie es und auf eine Reise mitgenommen wirst.

Wenn du das Rückholsignal hörst, kannst du denselben Weg zurückkehren oder dich aber von deinem Krafttier zum Ausgang bringen lassen. Verabschiede und bedanke dich auf deine Weise. Auch hier gibt es keine Grenzen und Vorschriften.

Kehre wieder ganz in deinen Körper zurück. Nimm dir Zeit, deine Reise noch einmal an dir vorbeiziehen zu lassen und deine Erlebnisse vielleicht aufzuschreiben. Das Krafttier zeigt dir den Weg der Kraft in aktuellen Situationen, es kann immer wieder überraschen und neue Erkenntnisse bringen.

Zeigt es sich verwundet, gefangen oder verletzt, so ist deine Vitalkraft angeschlagen. Nimm alle Kräfte, die du zur Verfügung hast, befreie dein Krafttier, heile es, und schaue, was es braucht, damit es wieder voll und ganz in seine Kraft kommt.

Der Krafttiertanz

Tanze, tanze, lass mich ein in dein Sein,
lass mich wirken im Seelenheim.
Ich bringe dir Heilung, bringe dir Kraft,
tanze, tanze den Lebenssaft.
Fliege, krieche, brülle mit dir,
zeige dir das Warten, das Lauern hier –
der richtige Zeitpunkt, er kommt gewiss,
die Liebe, sie wartet, sie handelt, sie ist.

Um die Verbindung zu vertiefen und auf die Zellebene zu bringen, ist es gut, das Krafttier zu tanzen. Dazu kann entweder monoton getrommelt oder eine Trancetanz-CD gehört werden.

Stimme dich auf dein Krafttier ein. Rufe es im Geiste, werde zu ihm, gewähre ihm Einlass in dich, und tanze es. Wie bewegt es sich? Wo fließt die Energie hin? Welche Körperteile werden besonders beansprucht und energetisiert? Welche Laute und Geräusche gibt dein Krafttier von sich? Was sieht es? Erlaube, dass dein Krafttier deinen Körper übernimmt. Imitiere das Tier, und lasse zu, dass dein Körper sich auf neue, ungewöhnliche Weise bewegt. Wie ungewöhnlich das auch anmuten mag, bleibe im Bewusstsein

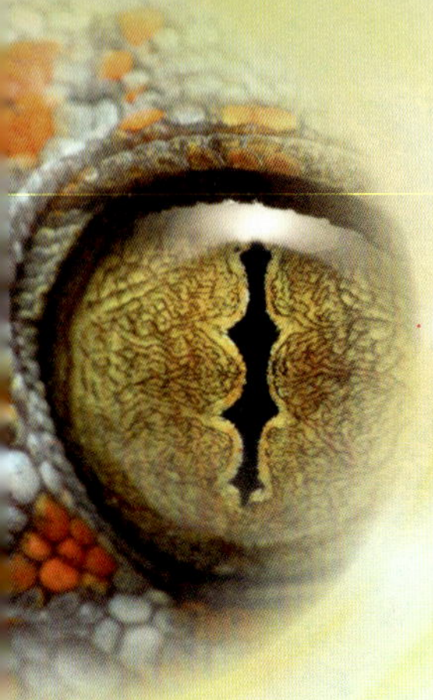

und in Verbindung mit deinem Krafttier, denn auf diese Weise kann es in deinem Leben verstärkt wirken. Du lernst über deinen Körper die wichtigsten Fähigkeiten und Stärken deines Krafttieres kennen und die Bewegung, die jetzt für dein Leben am wichtigsten ist.

Es ist interessant, in der Praxis zu beobachten, dass, wenn beispielsweise zwei Teilnehmer dasselbe Tier haben, die Energie doch an völlig anderen Stellen im Körper wahrgenommen wird. So kann es sein, dass eine Person mehr den Halsbereich wahrnimmt und die andere mehr die Hände. Die Energie wird den Bereich stärken, der gefördert und gestärkt werden möchte.

Der schamanische Krafttierschild

Verstärke die guten Kräfte, die mit dir sind.

Es gibt ganz unterschiedliche Möglichkeiten, mit schamanischen Schilden zu arbeiten. Sie werden auch für alle möglichen Situationen hergestellt, beispielsweise zur Heilung, bei Kinderwunsch, für Erfolg im Beruf, glückliche Partnerschaften, Segen im Haus, für die Familie, als Logo für Firmen, zur Heilung alter Familienthemen oder für Visitenkarten. Ein Krafttierschild soll die Energie und den positiven Einfluss des Krafttieres und damit die Vitalkraft und die Intuition im Leben verstärken. Um einen Krafttierschild herzustellen, brauchst du einen natürlichen Stoff (Baumwolle, Leinen, Hanf oder Rohseide) oder Leder, Stoffmalfarben, Naturmaterialien, Äste und Holz sowie Kordel oder Schnur. Du legst dir das Stück Stoff oder Leder auf dein Herz, konzentrierst dich auf dein Krafttier und bittest es, dir den Schild, den du jetzt entstehen lassen willst, genau zu zeigen. Über die schamanische Reise wirst du von deinem Krafttier erfahren, wie du deinen persönlichen Schild gestalten kannst und wo du ihn aufhängen sollst. Führe aus, was dir gezeigt wird.

Biege einen Ast zu einem Kreis, bemale und beklebe dein Stück Stoff oder Leder, und binde es in den Astkreis hinein.

Aus meiner Praxiserfahrung weiß ich, dass Schilde häufig über dem Bett (gegen Albträume), an der Haustüre, über dem Eingangsbereich oder im Arbeitsbereich aufgehängt werden. Höre auf das, was dir mitgeteilt wird.

Krafttiere – Praxisbeispiele

Hier einige Praxisbeispiele für das Wirken von Krafttieren:

DIE SCHILDKRÖTE

»In der Zeit, in der ich mich von meinem Mann trennte, führten wir einen Kampf, der keinen Sieger hervorbringen konnte, sondern alte Verletzungen noch weiter vertiefte. Ich war auf der Suche nach einer Lösung für diese ungute Situation, die mir viel Kraft nahm. In dieser Zeit kam die Schildkröte zu mir.

Durch einen Zufall kam ich zu einem Naturplatz mit Menschen, die schamanisch arbeiteten, und dort erlebte ich meine erste schamanische Reise. Ich hoffte auf ein Tier, das mir Kraft und Stärke geben konnte wie der Tiger oder der Jaguar, damit ich diesen Kampf gewinnen könnte. Auf der Reise kam jedoch die Schildkröte. Ich war zuerst maßlos enttäuscht – eine Schildkröte! Na toll. Sie stellte sich mir als mein Krafttier vor, zeigte sich gemächlich von verschiedenen Seiten. Mir war, als kicherte sie sogar in sich hinein oder machte sich über mich lustig. Nach einiger Zeit begann ich, mich in sie zu verwandeln. Sie zeigte mir den Rückzug in mich selbst, denn in ihrem Panzer befand sich eine wunderschöne Wohnstube, in der ich es mir gemütlich machen konnte. Eine weise Frau wohnte darin, die mir half, alle Fragen von innen zu beantworten. Sie hieß mich willkommen, und ich durfte mich bei ihr ausruhen. Das war wohltuend. Sie lehrte mich: ›Wenn die Sonne draußen scheint und der Weg frei ist, strecke ich meinen Kopf hinaus und folge meinem Weg. Wenn Donner, Blitz und Sturm im Anzug sind, verziehe ich mich nach innen und warte gemütlich auf meinem Sofa ab, bis wieder Zeit ist, nach draußen zu gehen.‹ Auf diese Art und Weise konnte auch ich es vermeiden, Energie in dem Kampf zu verschwenden, mich ganz schnell aus der Situation zurückziehen und im Frieden mit mir bleiben. Ich bastelte einen Schildkrötenschild für meine Haustür und wandte das ›Schildkrötenprinzip‹ an.

Ich richtete mir meine Wohnung wunderschön ein. Es sollten nur Dinge darin sein, die mir guttun und mich stärken würden. Es machte mir einen ungeheuren Spaß, mir diese Oase der Kraft zu schaffen. Ich überlegte mir, wen ich hereinlassen würde und wer zukünftig an der Haustür bleiben müsste oder mit wem ich mich an einem neutralen Ort treffen könnte, sodass meine Wohnung eine Oase für mich bleiben würde.

Während des Konflikts hatte ich meine Wohnung sehr vernachlässigt, außerdem befanden sich noch Gegenstände meines Ex-Mannes darin. Ich reinigte die Räume und räucherte sie aus. Es dauerte ein bisschen, bis die Wohnung ausgerichtet und schön war und meinen Vorstellungen entsprach.

Immer wenn mein Ex-Mann mit etwas auf mich zukam, zog ich mich zurück, beschränkte mich auf das Notwendigste und bewahrte meine Energie. Ich wollte keinen Kampf mehr.

So wurde alles innerhalb des folgenden Jahres geregelt. Ich war erstaunt, wie schnell ich in der Lage war, diese Situation zu verlassen.

Die Schildkröte zeigte mir auf einer weiteren Reise ihren Panzer, der mir auf meiner Reise als Lebensplan, Lebensziel und Karte dienen sollte. Durch sie lernte ich, Pläne zu schmieden, mir zu überlegen, welche Ziele ich habe, was ich in meinem Leben noch erfahren möchte und wie ich mich neu ausrichten kann. Sie zeigte mir, wie ich meine Energie effektiv einsetzen und lenken kann.

So begann ich eine Lehre, die mir viel Spaß machte, und konzentrierte meine Energie auf das, was mir guttat. Wenn Situationen aufkamen, mit denen ich erst einmal nicht umgehen konnte, verzog ich mich sozusagen nach innen, um dort eine Antwort zu finden. Die weise alte Frau, die in dem Panzer wohnte, verhalf mir oft zu sehr ungewöhnlichen Erkenntnissen.

Auch jetzt erscheint mir die Schildkröte auf verschiedene Arten, wenn es darum geht, zu erkennen, wofür ich verantwortlich bin und wofür nicht und wo ich mich besser raushalten und energetisch zurückziehen sollte. Es sind ungewöhnliche Wege, auf denen sie sich mir zeigt, beispielsweise im Fernsehen in einer Tierreportage, auf Postern und Werbeplakaten, als Ketten- oder Schlüsselanhänger oder als lebendes Tier im Zoo. Einmal entdeckte ich die Schildkröte in einem Krokodilsgehege. Krokodile tun Schildkröten aber nichts, weil sie sie für Steine halten – so wusste ich, dass mir im Kollektiv nichts passieren konnte. Damals wurden auf meiner Arbeitsstelle einige

Kollegen gemobbt. Ich lernte von meiner Schildkröte, gesunde Grenzen und friedliche Wege des Seins zu finden.

Einmal betrat ich ein Haus, in dem auch eine Schildkröte lebte. Ich wusste sofort, dass ich mich hier zurückziehen und achtsam bewegen musste. Tatsächlich sollte ich in einen Streit hineingezogen werden, doch ich konnte mich wunderbar abgrenzen und trotzdem hilfreich einwirken. Die Schildkröte lehrt mich stets, mich nur auf den nächsten Schritt zu konzentrieren, langsam zu machen und meine Energie immer wieder neu auszurichten.

Wenn ich nicht weiterweiß, schließe ich kurz die Augen und schaue, wie sie sich mir zeigt. Erscheint sie mir mit herausgestrecktem Kopf, so weiß ich: ›Ja, das ist gut für mich, gehe!‹; zeigt sie sich mit eingezogenem Kopf, so weiß ich: ›Rückzug, Abgrenzung, Schutz, Zurückhaltung, Nein!‹ Sehe ich ihre Panzermusterung, so geht es um Ziele, Ausrichtungen und Pläne. Werde ich nach innen gezogen, so ist es an der Zeit, an mir zu arbeiten, Schatten in mir aufzulösen und mich neu auszurichten.

Mit ihrem starken Kiefer hat sie schon Bänder durchgekaut und gelöst – ich lerne jedes Mal etwas Neues von ihr.

Während meiner Schwangerschaft gab sie mir nach einer Komplikation im zweiten Monat einen Panzer zum Schutz des Babys, den sie im Traum zwei Tage vor Geburtsbeginn wieder abholte. Ich träumte ganz klar und deutlich von ihr und wusste, dass in den nächsten Tagen die Geburt losgehen würde. Ich habe eine weise und gute Ratgeberin für mein Leben gefunden, die in allen Lebenslagen bei mir ist und mir hilft, die aktuellen Lebensumstände auf beste Weise zu meistern. Danke, du weiser Schildkrötengeist! Ich kann mich nun sehr unabhängig, in eigener Anbindung an meine Quelle, durch die Welt bewegen und anderen eine wundervolle Hilfe sein, ohne im Sumpf zu versinken oder einen Kampf zu führen, der nicht der meine ist. Ich bin dankbar dafür, die Schildkröte als Krafttier zu haben. Sie zeigt mir den Weg zu einem langen, gesunden Leben, in dem ich mit meiner Energie haushalte. Sie lehrt mich, nach innen zu schauen, mir selbst eine Insel zu sein und die Schritte im Außen lichtvoll zu lenken.

Ich genieße es, allein mit mir selbst zu sein. Mein Leben hat sich seit unserer ersten Begegnung um 180 Grad gedreht. Ich bin begeistert davon, dass ich wieder und wieder Neues erfahre und dass aktuelle Lebensumstände von ihr begleitet werden. Ich bin glücklich und zutiefst dankbar für dieses Leben.

DER DRACHE

»Ich hatte zuvor noch nie eine Krafttierreise gemacht. Als die schamanische Reise begann, ging ich durch einen Tunnel und landete in einer steinigen, etwas feurigen Landschaft. Ich traf einen Drachen, der auf einer Anhöhe gefangen zu sein schien und immer zwischen zwei Steinblöcken hin- und herlief. Ich schaute ihm eine Zeit lang zu. Er stellte sich mir als Krafttier vor und drehte sich im Uhrzeigersinn um sich selbst. Ich fragte ihn, warum er immer hin- und herlief wie ein Gefangener. Er antwortete nicht.

Nach einiger Zeit sagte ich ihm: ›Hey, du hast doch Flügel!‹ – ›Gut, dass du es auch schon merkst!‹, war seine Antwort. Dann erhob er sich lachend, nahm mich auf seinen Rücken, und wir flogen in unbekannte Weiten. Ich erkannte nach der Reise, dass ich mich oft selbst beschränkt hatte, indem ich nur auf die sichtbare, materielle Seite des Lebens schaute.

Mein Drache hat mir schon oft geholfen, viele Situationen im Leben zu meistern und Hindernisse schnell zu beseitigen. Danke.«

DER GREIF

»Mein Krafttier brachte mich an die Pforten der Oberen Welt. Ich spürte eine unglaubliche Hitze, die mir zuerst unerträglich war. Dann fühlte ich Blicke, die mich durchbohrten und durchleuchteten und jede Zelle und Faser meines Seins scannten, als wäre ich ein durchsichtiger Kristall, ein offenes Buch, in dem man jedes Kapitel meines Lebens lesen konnte. Nicht nur das, jeder meiner geheimsten und intimsten Gedanken offenbarte sich mir in der Gegenwart des Greifs augenblicklich, keine Information konnte geheim gehalten werden. Dunkle Flecken, innere Geheimnisse und düstere Gedanken wurden sofort erkannt. Ich bekam zuerst eine Aufgabe, die ich meistern sollte. Die Aufgabe lautete: ›Söhne dich mit jedem Tag deiner Vergangenheit aus. Erkenne an, was war, und komme wieder, wenn du mit dir ganz im Reinen bist. Keine Kompromisse.‹ Diese Aufgabe wurde mir telepathisch durch die Augen des Greifs übermittelt.

Wochen später hielt ich dem Test des Greifs stand. Wir flogen direkt in die Sonne hinein. Alles Alte verbrannte in meinem Energiefeld, und ich fühlte mich mit der gesamten Schöpfung verbunden. Frieden, Stille, Weite, die Quelle selbst offenbarte sich mir auf dem Rücken des Greifs. Es gab keine Zukunft, keine Gegenwart und keine Vergangenheit. Es gab nur Ewigkeit. Er nahm mich von da an als weiser, aber überaus strenger Lehrmeister unter seine Fittiche. Ich fühlte, wie ich mich würdevoll aufrichtete und in der Lage war, mein Leben Stück für Stück selbstverantwortlich zu meistern. In späteren Heilsitzungen stürzte der Greif nicht selten unerwartet und mit hoher Geschwindigkeit herab, um Gifte und krank machende Kräfte aus dem Energiefeld zu ziehen. Sie verschwanden augenblicklich, denn mit seinen Blicken konnte er wie mit einem Lichtlaser jede Faser wieder in ihre ursprüngliche Form bringen.

Nach anfänglicher Angst meinerseits und Strenge seinerseits wurde er mein engster Vertrauter und Verbündeter. Er brachte mich mit den göttlichen Kräften und Eigenschaften in Verbindung, und ich war in der Lage, die Dramen meines Lebens in Glück, Frieden und Freude zu wandeln und mich in Bereiche zu erheben, von denen ich nicht gedacht hatte, dass sie mir offenstehen. Ich fühle mich beschützt und getragen.«

Helfertiere – Praxisbeispiele

Helfertiere nennt man Tiere, die zusätzlich zu uns kommen, für eine bestimmte Zeit bei uns bleiben oder für bestimmte Aufgaben da sind. Sie statten uns mit zusätzlichen Fähigkeiten und Kräften aus, die für die Aufgabe, die ansteht, sehr entscheidend sein können. Der Übergang zwischen Krafttier und Helfertier kann fließend sein. Nimm an, was du erfährst.

Im Folgenden einige Auszüge aus der Praxis:

DER HAI

»Auf meiner ersten Krafttierreise sah ich nichts anderes als Dunkelheit und das Gebiss eines Hais. Ich hatte Panik, als ich von dieser Reise zurückkam, und zitterte am ganzen Körper. War dies mein Kraft- oder Helfertier?! Diese Frage ließ sich nicht so einfach beantworten.

Der Schamane, der mit mir arbeitete, äußerte sich dazu nicht, er ließ mich schmoren und schickte mich auf eine weitere Reise. Ich sah nun einen weißen Hai, der mich umkreiste. Ich spürte wieder Panik in mir hochsteigen, das Gefühl, gleich ausgelöscht zu werden. Ich fühlte die Ohnmacht, die ich so gut kannte. Doch dann geschah etwas Merkwürdiges. Ich verwandelte mich selbst in einen Hai. Ich spürte die raue Haut, die Flosse auf dem Rücken, mit der ich genau steuern konnte, die Stärke meines Gebisses, mit dem ich mich überall durchbeißen konnte, die Sinne, die ungeheuer scharf und fein waren, und die hohe Geschwindigkeit, mit der ich mich fortbewegen konnte – meine Größe und meine Macht.

Ich spürte das dunkle Lauern tief in mir und dass ich Verletzungen wittern konnte, um dann richtig in die Beute hineinzubeißen und die Verletzungen zu vertiefen. Wie wohl es tat, wenn das Tier in meinem Maul noch zappelte und dann langsam ganz ruhig wurde. Ich schmeckte das warme Blut und fühlte zum ersten Mal den Jäger in mir. Es war ungewohnt, als Hai durch das Meer zu gleiten, doch es fühlte sich, je länger ich im Wasser verweilte, gut an. Ich begann, den Hai ganz auszufüllen, und erfuhr einen tiefen Frieden in mir. Als ich von dieser Reise zurückkam, war ich gestärkt und erfrischt. Es war, als ob eine dunkle Seite, die ich zuvor nie in mir wahrhaben wollte, Würdigung erfahren hatte. Ich erkannte, wo ich andere verletzt, ihr Vertrauen missbraucht und sie ausgenutzt hatte, und konnte das erste Mal meinen Anteil am Scheitern von Beziehungen erkennen. Ich fühlte eine tiefe Aussöhnung mit mir selbst und auch Heilung.

Es spielte für mich keine Rolle, ob es sich um ein Krafttier oder um ein Helfertier handelte. Es fühlte sich einfach richtig und gut an. Seit mir dieser

Teil bewusst ist, habe ich ganz andere Möglichkeiten, auf Situationen zu reagieren, ohne in Ohnmacht, Selbstmitleid oder Selbstzweifel zu verfallen.

Ich lebe jetzt seit Längerem in einer guten Beziehung. Ich habe seit dieser Zeit keine Krafttierreise mehr gemacht, fühle mich aber mehr am Steuer meines Lebens und in der Rolle des Schöpfers meiner Umstände als zuvor.«

Anmerkung

Helfertier oder Krafttier? Was spielt das für eine Rolle? Es könnte sich nach mehreren schamanischen Reisen zeigen, ob der Hai das Krafttier ist oder ob er nur da war, um einen Teil zu heilen und die Person in ihre eigentliche Kraft zu führen.

DAS EINHORN

»Mein Krafttier ist der Fuchs, er begleitet mich schon sehr lange. Eines Tages ging ich in meinen inneren Garten, um mich mit Gevatter Fuchs zu treffen. Doch da stand unter meinem Baum plötzlich ein Einhorn und schaute mich an. Ich war verwundert. Es stieß mir sein Horn plötzlich und direkt in den Bauch. Ich fühlte, wie Blut herausquoll, und war erschrocken über diesen plötzlichen Angriff.

Fassungslos schaute ich das Einhorn an. Es zog sein Horn langsam wieder aus meinem Solarplexus heraus, und nach einer gewissen Zeit malte es die Blume des Lebens auf ihn. Der Solarplexus schloss sich, und ich hatte das Gefühl, dass ein Knoten geplatzt war und ich endlich durchatmen konnte. Ich fühlte, wie die Energie jetzt zu meinem wahren Kraftzentrum floss. Das Einhorn sagte, dass es mich ab jetzt begleiten und mir helfen würde, meinen Auftrag zu erfüllen. Bald erhielt ich eine unerwartete berufliche Aufgabe, die ich mir schon immer gewünscht hatte, und war nun in der Lage, sie auf beste Weise zu erfüllen.

Das Einhorn hilft mir bei der Erfüllung meines Lebensplans. Es erscheint immer, wenn es um meine Arbeit geht. Aus seinem Horn sprühen Funken des Segens. Ich fühle mich gesegnet und geehrt. Immer wenn mich eine Angelegenheit persönlich betrifft, zeigt sich der Fuchs, und wenn es um meine Arbeit geht, die viel mit Menschen zu tun hat, erscheint das Einhorn.«

DER FALKE

»Auf einer schamanischen Reise befand ich mich plötzlich, eingesponnen in schwarze Fäden, im Netz einer Spinne. Sie lauerte am Rande des Netzes, und immer wenn ich versuchte, mich zu befreien, zog sie mehr Lebensenergie aus mir. Ich fragte sie, ob sie mein Krafttier sei. Sie lachte nur und gab keine Antwort. Für eine Sekunde verwandelte sie sich jedoch in meine Mutter, und ich hatte das Gefühl, im Mutterschoß gefangen zu sein und mein Leben nicht leben zu können. Ich war gefangen im Netz des Lebens, unfähig, mein Leben selbst zu weben. Das Gefühl des Energieverlustes, des Versagens und der Ohnmacht kannte ich gut.

Nun erinnerte ich mich, dass ich mich auf einer schamanischen Reise befand. Ich bat mein Krafttier innigst, jetzt zu erscheinen. Zuerst sah ich nur ein Auge, das ich aus meinen unzähligen Träumen kannte. Es war mir wohlvertraut. Dann erschien ein Falke, befreite mich mit seinem Schnabel vorsichtig aus dem Netz der Spinne, trug mich nach oben und brachte mich zu einer Quelle der Heilung. Die Netze und Fesseln wurden abgeschnitten. Ich fühlte mich winzig klein, schutzlos und ängstlich. Der Falke packte mich in ein goldenes Ei und schüttelte und rüttelte mich, bis ich mich in dem Ei auflöste und zu einer goldenen Flüssigkeit wurde.

Er pickte mein Herz auf und gab das goldene Ei hinein. Infolge der Wärme begann es zu pulsieren und zu wachsen und mich ganz auszufüllen. Ich spürte, wie ich wuchs und mein Energiefeld begann, sich in mir und um mich herum aufzufüllen. Plötzlich war ich der, der ich heute bin. Ich fühlte mich groß, stark und bereit, meinen Weg zu gehen. Der Falke landete auf meiner Schulter und stellte sich als mein Krafttier vor, das mich schon immer im Blick gehabt hatte. Er rieb seinen Schnabel an meinen Wangen und schenkte mir ein Gewand aus Falkenfedern, das mich beschützen sollte.

Als ich das nächste Mal zu meiner Mutter nach Hause fuhr, fühlte ich das Falkengewand um mich herum. Ich hatte das Gefühl, ihr zum ersten Mal als fähiger Erwachsener gegenüberzutreten und meine Meinung ruhig und gelassen zu äußern. Ich war nun in der Lage, meine Schritte selbst zu lenken. Mein lang gehegter Wunsch nach einer erfüllten Partnerschaft ging in Erfüllung, das Verhältnis zu meiner Mutter hat sich gelockert und ist wirklich in Ordnung.

Mein Falke ist mein bester Ratgeber.«

DER WOLF

»Mein Krafttier ist ein Jaguar. Zu Samhain machte ich eine schamanische Reise in den Ahnenwald. Ich begab mich in die Untere Welt, rief mein Krafttier, und es erschien ein Wolf. Ich war verwundert. Meinen Jaguar sah ich in der Ferne, er nickte mir nur zu. Der Wolf bat mich, auf seinem Rücken Platz zu nehmen. Zusammen ritten wir in den Ahnenwald, es war düster, und an den Bäumen baumelten Menschen, andere flehten um Hilfe, wieder andere tobten und brachen zusammen. Es war, ehrlich gesagt, ganz schön gruselig und unheimlich.

Der Wolf brachte mich zu einer Blutquelle und sagte: »Trink!« Ich konnte mich kaum überwinden, tat aber, wie mir geheißen wurde. Plötzlich wurde es ganz hell. Ein Lichtstrahl durchflutete den Wald, und viele Seelen konnten in das Licht gehen. Ich fühlte Erlösung und Erleichterung und hörte eine liebliche Musik. Das Blut wurde hell und verwandelte sich schließlich in klares, reines Wasser des Lebens. Alte Wunden wurden reingewaschen und konnten heilen, Schatten verschwanden, die Bäume wurden grün, der Himmel hellte auf. Der Wolf nahm mich auf seinen Rücken und brachte mich nach oben. Dort wartete mein Jaguar. Der Wolf nickte ihm zu und verschwand. Ich wusste nun, es war vollbracht. Ich hatte das Gefühl, nach dieser Reise viel mehr Licht in mir zu haben. Seit dieser Zeit erscheint mir in Heilsitzungen öfter ein Wolf, wenn es um Ahnenthemen geht, die erlöst werden wollen.«

MEIN HUND

»Ich begab mich auf eine schamanische Reise, um mein Krafttier zu finden. Als ich durch den Tunnel kam, sprang mir etwas Vertrautes entgegen, und sofort öffnete sich mein Herz ganz weit und begann, vor Freude laut zu pochen.

Es war mein verstorbener Hund, ein Collie, um den ich so lang getrauert hatte. Er begrüßte mich voller Freude, indem er mein Gesicht ableckte und schwanzwedelnd um mich herumsprang. Ich war völlig baff, denn damit hatte ich überhaupt nicht gerechnet. Mein Herz hüpfte vor Freude, ich fühlte mich leicht und beschwingt und spielte mit meinem Hund, so, wie wir es im Leben immer getan hatten. Es war schön, solchen Spaß zu haben

und diese Leichtigkeit wieder zu spüren. Er sprang schwanzwedelnd vor mir her.

Plötzlich blieb er stehen, schaute mich an und bedeutete mir, ihm zu folgen. Wir liefen in einen Wald, der immer dunkler wurde. Es war, als ob ich zurück in meine Jugend laufen würde. Plötzlich blieb mein Hund stehen, und ich stand an einem Grab – es war das Grab meines Vaters. Ich spürte all die Schwere, die Trauer, den Schmerz der damaligen Zeit, als er starb.

Mein Hund wedelte mit dem Schwanz und bedeutete mir abermals, ihm zu folgen. Er führte mich zu einem Tor. An diesem Tor erschien mein Vater, wir konnten uns sehen, aber einander nicht näherkommen. Diesen Teil möchte ich nicht erzählen. Nur so viel: Ich erhielt seinen Segen. Als wir zurückgingen, war der Weg hell, leicht und unbeschwert.

Es war, als sei ein großes Stück Trauer von mir genommen worden. Bevor das Rückrufsignal kam, fragte ich meinen Hund, ob er mein Krafttier sei. Zu meiner Verblüffung sprach er mit mir: ›Na klar, was denkst du! Ich bin immer für dich da.‹ Wir verabschiedeten uns, und ich kehrte zurück.

Oft ist es, als ob ich ihn in meiner Nähe wahrnähme. Ich fühle ein Schwanzwedeln, wenn etwas gut für mich ist, und höre ein leises Knurren, wenn ich gewarnt werde. Als er noch an meiner Seite war, hatte ich immer das Gefühl, dass er mit mir redete. Mir wurde nach meiner Reise klar, dass mein Collie nach dem Tod meines Vaters wieder in mein Leben gekommen war und mir durch eine schwere Zeit half. Diese Reise war Balsam für mich. Ich war glücklich, mein Herz offen und weit, und ich fühlte mich gesegnet.«

Anmerkung

So viel dazu, dass Haustiere keine Krafttiere sein können. In einigen Büchern steht, dass nur Tiere, die in der Wildnis leben, als Krafttiere wirken. Die Reise dieser Frau zeigt jedoch etwas anderes.

Dies ist nur eine winzige Auswahl von schamanischen Krafttierreisen, die ich hier mit freundlicher Genehmigung derjenigen, die sie erlebt haben, wiedergeben darf. Danke von Herzen!

Ich habe bisher über 1000 schamanische Reisen begleitet und mir viele Berichte darüber angehört. Je mehr ich erfahre, desto demütiger werde ich vor dem Leben, seiner Größe und seiner Vielfalt. Ich wage es nicht, zu beurteilen und nach Bücherwissen zu sortieren, dazu fühle ich zu viel Achtung und Respekt vor der Weisheit einer jeden Seele.

Nimm das an, was deine Seelenweisheit dir zeigt. Das, was du wahrnehmen kannst, ist wahr, es ist für dich und deine Reise durch das Leben bestimmt. Dinge werden deutlicher und klarer, je öfter und intensiver du dich damit beschäftigst.

Tierkommunikation

In der schamanischen Arbeit können wir über andere Ebenen mit allem in Verbindung treten. Wir können alles fragen und mit allem kommunizieren.

Wenn ein Tier in unserem Leben erscheint, so können wir über das universelle Feld, in dem alle Dinge miteinander verbunden sind, mit diesem Tier in Kontakt treten und von Seele zu Seele mit ihm kommunizieren. Wir haben – durch Konzepte, Bewertungen, Aussagen und Schemata – verlernt, direkt zu kommunizieren und dem zu vertrauen, was uns übermittelt wird. Genau dorthin sollte es aber wieder gehen.

DIE DIREKTE KOMMUNIKATION MIT TIEREN

Wir sprechen alle eine Sprache, die Sprache der Energie. Wir glauben, Wörter seien das Mittel der Kommunikation, jedoch sind sie nur die Spitze eines Eisberges von Bedeutungen und können missverstanden werden, weil jeder etwas anderes mit einem Wort verbindet. Wenn wir uns Zeit nehmen und ein Wort langsam und deutlich aussprechen, können wir die Energieform wahrnehmen, die hinter ihm steht.

Probiere es aus. Sprich langsam: »Liebe … Licht … Segen …«, und schaue, welche Energieform mit dem Wort entsteht und wie sich das Wort für dich anfühlt. Nun sprich langsam: »Angst … Wut …«, und beobachte die Formen hinter diesen Wörtern. Sprich dann langsam »Neutral … Wohlwollen … Wandlung …« aus. Ein Wort ist nicht nur ein Wort, es erzeugt Formen und Muster. Diese Muster bestimmen die Gefühle und diese wiederum unsere Handlungen.

Tiere und Kinder reagieren auf die Energie hinter den Wörtern und nicht auf die Wörter selbst. Wenn wir für die Tiere oder Kinder nicht glaubhaft sind, spiegeln sie uns dies sofort.

Wenn wir etwas glaubhaft oder überzeugend vermitteln wollen, sollten Energie und Wort im Einklang sein. Eine Energie kann durch ein Gefühl oder ein klares Bild transportiert werden. Die Geistige Welt eröffnet uns eine Vielfalt an Kommunikationsmöglichkeiten. Wir können in Bildern, Farben, Klängen, Schwingungen, Emotionen … kommunizieren.

Hier eine Möglichkeit der Tierkommunikation: Wenn uns ein Tier begegnet, können wir mit diesem Tier in Kontakt treten und erfahren, was es uns bringen möchte.

Bevor ich Tierfotos mache, halte ich nach den Tieren Ausschau. Ich stelle mir das Tier zuerst genau und bildlich vor. Wenn ich es klar auf meinem inneren Display habe, frage ich, wo ich es treffen kann. Es dauert manchmal ein bisschen, nach einer gewissen Zeit erhalte ich jedoch eine Botschaft. Diese kann ein Gedanke, ein Bild oder ein Zeichen sein, und ich weiß, dass wir uns treffen werden. Manchmal erfahre ich auch, dass ich es an einem anderen Tag treffen werde.

Ich habe festgestellt, dass strahlendes weiß-goldenes Licht oftmals das Licht der Intuition ist. Wenn ich ein Tier sehe, das sehr scheu ist, wie beispielsweise ein Salamander, so werde ich ruhig, ich beruhige mich über die Atmung und erzeuge ein Gefühl der Ruhe und des Friedens in mir. Goldenes oder blaues Licht vermittelt Ruhe und Frieden. Ich übermittle dem Tier, dass ich es kennenlernen will. Ich visualisiere eine weiß-goldene Lichtstraße, auf der das Tier zu dem Platz geht, der einen guten Abstand hat und dem Tier Respekt und Achtung vermittelt. Ich halte diese Vision einen Moment, damit sie Kraft bekommt. Es dauert oft nicht lange, da kommt der Salamander tatsächlich aus seinem Unterschlupf, folgt der Lichtstraße und lässt sich auf dem Platz nieder, den ich vorher im goldenen Licht visualisiert habe. Dann kann ich mein Foto machen. Ich bedanke mich bei dem Salamander und ziehe mich zurück.

Im australischen Busch versperrte mir eine Schlange den Weg. Ich nahm einen respektvollen Sicherheitsabstand ein, beruhigte mich über die Atmung und versetzte mich in einen Zustand von Frieden. Ich nahm Kontakt mit der Schlange auf und bat sie, den Weg freizugeben. Dabei visualisierte ich goldenes Licht auf einen Platz hinter einem Baum. Sie zischte zuerst und war sehr unwillig, wegzukriechen. Ich konnte dieses Signal deutlich empfangen und sandte ihr ein Bild, in dem ich etwas Wasser an der Wurzel des Baumes für sie daließ. Dann nickte sie. Es dauerte keine drei Minuten, bis die Schlange den Weg frei machte und sich auf einen Platz hinter dem Baum verzog. Ich ließ etwas Wasser da und konnte weiterwandern.

Meine Freundin und ich besuchten eine Familie, die einen großen Hund hatte. Dieser Hund spürte sofort, dass wir von seiner Größe und seinem Gebell beeindruckt waren. Er wurde immer größer und frecher und spielte uns locker an die Wand. Er schien es zu genießen, der Chef zu sein. Meine Freundin, die viel Erfahrung mit Hunden hatte, nahm ihn nicht ernst, lachte und scherzte mit ihm. Er wedelte mit dem Schwanz und spielte mit ihr, während er bei mir immer wieder seine Macht demonstrierte, weil ich es nicht schaffte, in seiner Gegenwart in einen entspannten Zustand zu kommen. Tiere reagieren sehr direkt auf unser Energiefeld.

ANLEITUNG FÜR DIE GEISTIGE KOMMUNIKATION MIT TIEREN

Wenn es deinem Tier nicht gut geht, so versuche einmal, geistig mit ihm zu kommunizieren. Vielleicht wäre eine Reise zu deinem Krafttier mit der Frage, wie du am besten mit Tieren in Kontakt treten kannst, eine gute Idee. Vielleicht zeigt dir dein Krafttier eine andere Technik, mit den Tiergeistern in Kontakt zu treten. Ansonsten probiere diese Variante aus:

Werde ruhig. Stelle dir vor, wie du alle Anspannung aus- und Licht einatmest. Verbinde dich über die Atmung mit Himmel und Erde. Wenn du einatmest, strömt das Licht der Sonne über das Kronenchakra in deinen Körper herein. Wenn du ausatmest, geht es über die Füße in die Erde. Atmest du wieder ein, geht das Licht der Erde über die Füße in den Körper, atmest du wieder aus, strahlt es weiter in die Sonne am Himmel. Wiederhole den Vorgang dreimal, und fühle, wie du ruhig werden und bei dir ankommen kannst.

Stelle dir eine goldene Kugel vor. Konzentriere dich auf das Tier, mit dem du kommunizieren möchtest. Achtung und Respekt sind die Voraussetzungen für eine gute Kommunikation. Stelle dir das Tier in einer goldenen Kugel vor. Spüre in den Körper des Tieres. Wie fühlt es sich an? Ist es hell oder dunkel? Du kannst jetzt das Tier etwas fragen oder ihm etwas sagen. Lausche den Antworten, die du erhältst. Frage, ob du etwas für das Tier tun kannst und, wenn ja, was. Du kannst auch um ein Zeichen in der Alltagswelt bitten. (Am Anfang ist Bestätigung gut, um mehr und mehr Vertrauen in diese Art der Kommunikation zu gewinnen.) Bedanke dich für die Botschaften. Lasse die goldene Kugel verblassen, und komme über die Atmung wieder ganz zu dir selbst.

Schreibe die Botschaft auf, und befolge sie. Übung macht den Meister. Je mehr du übst, über die geistige Ebene mit Tieren in Kontakt zu treten, desto klarer und deutlicher werden die Botschaften.

Nun, dies war ein kurzer Einblick in die vielfältigen Wege des Geistes. Ich hoffe, du kannst einige Anregungen für dich mitnehmen.

Weitere Informationen über die Arbeit mit Krafttieren

Wenn wir unser Krafttier gefunden haben, dann können wir es für uns arbeiten lassen. In der inneren Welt gibt es einen Startplatz, der auch »innerer Garten«, »Seelengarten« oder »innere Kammer« genannt wird. Hier kannst du dein Krafttier rufen und von dort aus starten. Es ist gut, mit einer zielgerichteten Absicht zu reisen. Wer die richtigen Fragen stellt, kann auch Antworten finden.

Wirst du von einem Tier in Stücke gerissen, auseinandergenommen, richtiggehend zerstückelt? Wenn ja, dann bedeutet dies, dass du auf dem spirituellen Pfad geführt wirst. Nicht selten ist dies der Ruf zum Schamanen oder eine Einweihung in die unbegrenzte namenlose Energie, die alles durchdringt. Wir erkennen durch eine Zerstückelung, dass wir nicht nur physische, sondern auch geistige Wesen sind. Ängste können sich lösen und auflösen, und die spirituelle Arbeit im Leben verstärkt sich.

PRAXISBEISPIELE FÜR ZERSTÜCKELUNGEN

»Ich reiste in meinen Seelengarten und wurde in die Obere Welt gezogen. Dort kam mein Seelentier auf mich zu, riss mir das Herz heraus, kaute darauf herum, brachte es zu einem Vulkan und warf es ins Feuer. Es dauerte eine kleine Ewigkeit, bis es mit einem strahlenden, leuchtenden Herz zurückkehrte und mir dieses einsetzte. Als ich von dieser Reise zurückkam, hatte ich das Gefühl, den Liebeskummer, mit dem sich mein Herz bis zu dieser Reise gequält hatte, nun überwinden zu können.«

»Mein Einhorn stürmte auf mich zu und rammte mir mit voller Wucht sein Horn in den Bauch. Ich erschrak fürchterlich, da ich mit diesem Verhalten nicht gerechnet hatte. Schwarzes Blut floss aus mir heraus. Das Tier zog langsam sein Horn aus meinem Bauch heraus, und das Blut wurde immer heller. Die Wunde schloss sich nach einiger Zeit ganz von allein. Ich hatte nach der Reise das Gefühl, die Selbstzweifel, die mich immer wieder geplagt hatten, endlich losgeworden zu sein. Ich fühlte mich in den darauffolgenden Tagen viel mehr bei mir, zufrieden mit mir und mehr in meiner Mitte.«

»Mein Krafttier brachte mich in die Obere Welt. Dort wurde mir die Haut abgezogen und zum Trocknen aufgehängt. Mein Krafttier nagte mein Fleisch bis auf die Knochen ab. Ich wusste nicht, wie mir geschah. Ich empfand keinen Schmerz und war, obwohl mein Körper nicht mehr zu existieren schien, trotzdem noch da. Es war eine seltsame Empfindung. Schließlich wurde alles wieder zusammengefügt. Nach dieser Reise fühlte ich mich rein, frei und offen.«

Im Schamanismus gilt das Prinzip »Lernen durch Tun«.

Prinzipiell können alle Fragen des Lebens »bereist« und mithilfe des Krafttieres angeschaut werden. Bevor du eine Reise unternimmst, formuliere eine Absicht, eine Frage. Sie sollte so klar und einfach wie möglich formuliert sein.

HIER EIN PAAR ANREGUNGEN FÜR DIE ARBEIT MIT KRAFTTIEREN:

- Wie kann ich mein Krafttier stärken?
- Wie kann ich mein Krafttier pflegen?
- Welches ist das Krafttier meiner Partnerschaft?
- Welches ist das Krafttier meiner Familie?
- Welches ist das Krafttier meiner Arbeit?
- Wie kann ich die Harmonie, Freude und Kraft in mir, in meiner Partnerschaft, in meinen Kindern, bei meiner Arbeit oder in meinem Zuhause stärken?
- Welche Lösung hilft mir in dem Konflikt mit …?
- Was soll ich in meinem Leben beachten?
- Wie kann ich meine Beziehung stärken?
- Wie kann ich mich selbst stärken?
- Wie kann ich mich auf die Prüfung, das Vorstellungsgespräch … vorbereiten?
- Was hindert mich jetzt am Vorwärtskommen?
- Was soll ich beachten, damit ich Heilung finde und gesund bleibe?

- Wie kann ich die Leidenschaft in meinem Leben wiederfinden?
- Führe mich zu dem Sinn meines Lebens!
- Innere Frau, innerer Mann, was ist notwendig, damit das innere Paar heilen kann?
- Welche Kräfte begleiten mich in der dunklen Jahreszeit, in der hellen Jahreszeit, im neuen Jahr, im neuen Lebensjahr? (Die Kräfte, die sich zeigen, sind ein Ausdruck der Energie, die uns begleitet und mit der wir uns im Laufe des Jahres immer wieder verbinden können.)
- Wie kann ich der Herausforderung, die ich gerade zu meistern habe, am besten begegnen?
- Welche Kraft kann mir in dieser Lebenssituation helfen?
- Wie kann ich meine Lebensfreude stärken?

Um das Vertrauen in unsere innere Führung zu stärken, können wir unser Krafttier auch um ein deutliches Zeichen in der alltäglichen Wirklichkeit bitten.

REISEN ZUR PERSÖNLICHEN GESCHICHTE

- Wir können uns von unserem Krafttier zu einem Ort bringen lassen, an dem wir unsere Ahnen treffen und ihnen alles sagen können, was zu ihren Lebzeiten ungesagt geblieben ist. So können wir unsere Gefühle gegenüber den Verstorbenen klären.
- Wir können von ihnen einen Segen oder eine Botschaft empfangen.
- Wir können darum bitten, dass uns die Stärken und die Kraft unserer Ahnen offenbart werden.
- Wir können unser Krafttier bitten, uns Wege der Heilung zu zeigen.
- Wie kann der Heilungsprozess unterstützt werden?
- Wie kann ich negative Emotionen wandeln?
- Gibt es in meinem Leben einen Glaubenssatz, der für mich nicht länger gültig ist?
- Wir können uns zu den Geistern der Elemente bringen lassen.
- Wir können die innere Welt erforschen.
- Wir können uns zu Heilern, Heilerinnen, Lichtstätten und Lichttempeln bringen lassen.
- Wir können uns Medizin für die Seele geben lassen.

Für alle Fragen in unserem Leben können wir auf einer schamanischen Reise eine Antwort finden. Vielleicht ist es nicht die Antwort, die wir gern hören oder die wir erwarten, aber wir erfahren das, was für unsere Seele richtig ist. Wenn du Anweisungen erhältst, wie beispielsweise »Trinke zwei Wochen lang täglich warmes Wasser«, so ist es ratsam, diese zu befolgen.

Führe ein Tagebuch, und wenn du noch nicht sicher bist, tausche dich mit anderen aus, oder frage zum selben Thema noch einmal anders.

Hier nun weitere Tiergeister, ihre Lebensweisen, ihre kulturellen und mythologischen Hintergründe und ihre möglichen Botschaften. Die Botschaft, die du in deiner Seele findest, ist genau die richtige und kann in keinem Buch nachgelesen werden. Dieses Buch kann jedoch andere Informationen geben und deine nächste schamanische Reise intensivieren. Möge es dir viel Segen bringen.

KRAFTTIERE/ HELFERTIERE

VON A BIS Z

ALPAKA

Herzenswärme, Sanftmut, Heilung des Inneren Kindes

Das Paradies ist immer noch auf Erden,
es ist mitten unter den Alpakaherden.
In Harmonie, Schönheit
und im Einklang mit der Natur
leben sie in Gruppen nur.
Extreme Bedingungen sind kein Problem,
sie passen sich an, sind aus der Quelle angeleitet,
sanft und anmutig ist ihr Wesen, das sie leitet.
Engel der Erde werden sie genannt,
wirken mit den Menschen Hand in Hand.
Verbunden mit dem Meer,
mit Seen und Flüssen,
grünen Tälern und Auen, den Bergen,
verbinden sie alle Dinge.
Aus ihrer Wolle webt sich der Lebensteppich,
er erzählt von altem Wissen und alten
Legenden, hüllt die Menschen wärmend ein –
ihre Wolle, ja, die ist fein.
Pachamama hält ihre Hand über dich und
sendet dir ihre sanften Wesen,
friedlich ist der Weg dieser Weisen,
lass dich begleiten von Alpakas auf deinen Reisen.
Mutter Erde beschützt dich
und führt dich auf ihren Wegen,
so empfange ihren Segen.

Lebensweise des Alpakas

Die sanften, anmutigen und friedliebenden Alpakas *(Lama pacos)* stammen aus der Familie der Kamele und leben in den Anden. Sie sollen von den Guanakos abstammen, die auch die Vorfahren der Lamas sind. Alpakas sind in Chile, Peru und Bolivien beheimatet, also in einer wilden, rauen Landschaft, die in besonderer Harmonie und Schönheit das Meer, die Berge und das Grünland miteinander verbindet. Schon seit etwa 7000 Jahren liefern Alpakas den Menschen Wolle, Fleisch und Milch. Diese Tiere haben einen lang gestreckten Körper, schlanke Beine, einen dünnen, langen Hals und einen kleinen Kopf. Sie sind kleiner und leichter als Lamas. Die Fellfarben reichen von Weiß über Beige und Braun bis hin zu Rottönen in allen Schattierungen und Abstufungen sowie Grau und Schwarz. Es gibt viele Variationen und neben einfarbigen auch mehrfarbige und gescheckte Tiere. Alpakas sind zäh und robust und können daher extremen klimatischen Verhältnissen gut Widerstand leisten. Sie sind soziale Tiere, die sich in der Gemeinschaft am wohlsten fühlen. Alpakas ernähren sich ausschließlich von Gräsern. Ihre Tragzeit beträgt fast elf Monate. Die Jungtiere werden acht Monate lang gesäugt und sind mit ein bis zwei Jahren geschlechtsreif. Alpakas werden bis zu 25 Jahre alt.

Als Nutztiere werden Alpakas vorwiegend wegen ihrer Wolle gehalten. Es gibt zwei Alpakaarten, das Suri-Alpaka und das Huacaya-Alpaka, die sich im Aussehen und in der Struktur ihrer Fellfasern unterscheiden. Das Suri-Alpaka wirkt oft schmaler, weil seine Haare in Strähnen am Körper herabhängen. Das Huacaya-Alpaka hingegen hat ein gekräuseltes Fell. Einmal im Jahr werden die Tiere geschoren. Verarbeitet wird die Rohwolle zu hochwertigem Alpakagarn, das die Körperwärme besser als jede andere Wolle speichert. Teppiche mit Mustern und geheimen Symbolen, Ponchos, Pullis und Decken werden aus dieser Wolle hergestellt.

Das Alpaka und seine Kraft in den Kulturen der Welt

Alpakas gelten als Aristokraten unter den landwirtschaftlichen Nutztieren, weil sie sich optimal an die Landschaft und an die Gemeinschaft anpassen können und in großer Harmonie mit allem leben. Sie sind heilige Tiere und spielen eine wichtige Rolle in den Legenden und Mythen der südamerikanischen Ureinwohner. Als gleichgestellte Wesen bringt man ihnen Anerkennung und Respekt entgegen, weil ihre Gegenwart Reichtum symbolisiert und sie alte Geheimnisse hüten. In einigen Geschichten heißt es, dass Alpakas aus den heiligen Jagdgründen, ähnlich unserem Paradies, stammen und uns daran erinnern, dass das Paradies auf Erden im Einklang mit allen Geschöpfen und in Harmonie mit der Natur noch immer möglich ist.

Alpakas gelten als Begleiter von Gottheiten und Himmelsgeschöpfen und kennen die Dimensionstore in andere Welten. Alte Symbole und Zeichen werden oft in Decken aus ihrer Wolle eingewebt und offenbaren sich zeitlos denen, die zu sehen bereit sind. Alpakas führen uns Menschen zu Seen, Quellen, Heilplätzen und Kräutern und eröffnen eine höhere Sicht auf die Dinge. Sie sind von Pachamama gesandt, um uns durch ihre Wolle Wärme, Geborgenheit, Vertrauen, Heilung und Schutz zu geben. Bei den Inkas galt Kleidung aus Alpakawolle als Zeichen des Wohlstands. Alpakawolle zählt neben Kaschmir und Seide zu den edelsten Naturfasern und ist weltweit in der Textilindustrie sehr begehrt. Alpakawolle gilt als »Gold der Inkas« oder »Vlies der Götter«. Es gibt 22 natürliche Alpakafarben. Alpakawolle ist weich, fein, wärmend, Wasser abweisend, selbstreinigend, elastisch, widerstandsfähig, langlebig, Schmutz und Geruch abweisend und hat einen feinen Glanz. Das sanfte, anmutige und liebevolle Wesen der Alpakas schenkt Vertrauen und öffnet die Menschenherzen. Kinder lieben diese Tiere und fühlen sich besonders von ihnen angezogen. Alpakas wurden früher auch in Heil- und Fruchtbarkeitszeremonien eingesetzt. Als soziale Wesen stehen sie für die Verbundenheit mit allem Leben. In der heutigen Zeit werden Alpakas in der Therapie eingesetzt und bereichern als sanfte Wesen das Familienleben.

Alpakamedizin

Ein freundliches und gutmütiges Wesen der Oberen Welten betritt dein Leben. Seine sanften Eigenschaften beruhigen dein Gemüt und wirken besonders heilsam auf das Innere Kind in dir. Das Alpaka ist intelligent, neugierig und liebevoll. Als soziales Herdentier zeigt es dir neue Wege des Miteinanders. Durch seine Laut- und Tonvielfalt und seine unterschiedlichen Körperhaltungen lehrt es dich die vielen Möglichkeiten der Kommunikation und des In-Verbindung-Tretens. Es ist Zeit, begrenzende und eingefahrene Haltungen aufzugeben und andere Formen des Miteinanders einzuüben. Das Alpaka hilft dir, neue soziale Kontakte zu knüpfen und neue Freunde zu finden, die dir wohltun. Es setzt sich Angreifern wirkungsvoll zur Wehr, beschützt so seine Lieben und ist umsichtig und fürsorglich. So lehrt das Alpaka uns alle, in der Gemeinschaft gesunde Grenzen zu setzen, rechtzeitig Signale zu senden, Respekt für uns selbst und Respekt für andere zu entwickeln.

Sein anmutiges Wesen bringt auch unsere liebenswerte Seite an die Oberfläche. Viele Dinge können auf harmonische und freundliche Weise geregelt werden, wenn wir die Geistige Welt und unsere Engel mit hinzunehmen. Alpakas können summende und beruhigende Töne von sich geben. Auch wir tragen einen Ton der Harmonie und der Liebe in uns und sollten ihn öfter vor uns hin summen, um den Frieden zu spüren, der in uns wohnt. Alpakas öffnen das Menschenherz für Liebe, Mitgefühl, Vertrauen, Freude und Kraft. Sie lieben es, das ganze Jahr im Freien zu sein, und sind ausgezeichnete Landschaftspfleger, weil sie sich ihrer Umwelt sehr gut anpassen. Das Alpaka zeigt dir, wie schön es ist, einen Tag nach dem anderen in Frieden und Harmonie zu verbringen, mit weit offenem Herzen durch die Welt zu gehen und Konflikte auf positive Weise zu lösen, damit sich Vertrauen, Fürsorge, Herzenswärme und Geborgenheit aufbauen können. Alpakas helfen, alte Wunden im Inneren Kind zu heilen und uns erneut für die Schönheit und Harmonie des Miteinanders, der Natur und des Lebens zu öffnen. Ihre Wolle gibt dir die Möglichkeit, deinen Lebensfaden selbst zu spinnen und zu entscheiden, welchen Mustern und Pfaden du folgen willst. Jacken, Pullis und Decken aus ihrer Wolle hüllen dich ein, wärmen und schützen dich und erinnern dich an die Selbstheilungskräfte, die in dir wohnen. Nimm das Geschenk des Lebens an.

VON SEINER LICHTVOLLEN SEITE BETRACHTET: Das Alpaka ist ein liebevolles Wesen, zart, wärmend und vertrauenerweckend. Es vermittelt das innere Feuer, soziales Verhalten, Einfühlungsvermögen, die Heilung des Inneren Kindes, Frieden, Genügsamkeit und Gemeinschaft.

VON SEINER DUNKLEN SEITE BETRACHTET: Das Alpaka ist ängstlich, es kann nicht gut allein sein und braucht immer jemanden bei sich.

Weitere Informationen

RAT DES TIERES: »Gehe den Weg des Friedens und der Harmonie, so findest du in das Paradies auf der Erde zurück.« **FARBEN:** bunte Farbenvielfalt, aus der sich der Lebensteppich webt; **ELEMENTE:** Erde, Luft, sanftes Feuer, klare Quellen; **WEITERE ASSOZIATIONEN:** Engel, mit Engeln arbeiten und sie in den Alltag hereinbitten, Arbeit mit dem Inneren Kind, Heilung des Urvertrauens, Energiearbeit, Heilarbeit, Arbeit mit Kräutern und alternativer Medizin, heilende Symbole, neue Kräfte und Energien, Zugang zu altem Wissen der Inkas, Azteken, Tolteken und Mayas; **STEINE:** Andenopal; **TRAUMSYMBOL:** Ein Bote des Paradieses berührt dein Sein. Folge seinem Ruf, beachte seinen Hinweis. **AFFIRMATION:** »Ich bin göttlich geführt. Frieden ist in mir, Frieden strahlt aus mir, Frieden ist um mich herum. Ich verankere die Schwingung des Friedens einer neuen Zeit in mir und meiner Umgebung. Ich öffne mich für neue Wege des Miteinanders. Ich respektiere mich und andere.«

AXOLOTL

Schattenseiten, Heilung, Ahnen

Im Wasser in der Dunkelheit
lauert die Angst im schwarzen Gewand.
Opfer oder Jäger – das frage dich.
Willst du lernen und Heilung finden,
so musst du dein Licht
an die Dunkelheit binden.
Tief in dir findest du deine Kraft,
welche Wandlung und Heilung schafft.
Ein guter Begleiter ist nun bei dir,
fürchte dich nicht, tritt ein die Tür.
Mag manches auch unheimlich erscheinen,
lass dich nicht von Äußerlichkeiten leinen.
Der Weg zur Heilung und zu deinem Glück
liegt im Gang ein Stück des Weges zurück.
Axolotl heißt der Weg – unbekannt ist er,
doch führt er dich zu dem Licht in dir.

Lebensweise des Axolotls

Axolotl *(Ambystoma mexicanum)* sind mexikanische Schwanzlurche, die dem Grottenmolch und anderen Amphibien dieser Art ähnlich sind. Das Wort »Axolotl« stammt aus der aztekischen Sprache Nahuatl und setzt sich zusammen aus »atl« (»Wasser«) und »xolotl« (eine aztekische und tolketische Gottheit). Somit bedeutet es so viel wie »Wassergottheit, Wasserpuppe, Wasserspiel«.

Der mexikanische Schwanzlurch erreicht eine Größe von 24 bis 30 cm und kann bis zu 28 Jahre alt werden. Er hat einen langen Schwanz und ein breites Maul mit weit auseinanderliegenden Augen. Er lebt vorwiegend im Xochimilcosee, im Chalcosee und in kleineren, kühlen und sauerstoffreichen Gewässern Mexikos. Der dämmerungs- und nachtaktive Jäger ernährt sich von Krebstieren und kleinen Fischen. Eine Besonderheit ist, dass dieser Lurch nie richtig erwachsen wird, sondern sein gesamtes Leben im Larvenstadium unter Wasser verbringt. Der Axolotl wächst zwar wie andere Lurche heran, verwandelt sich jedoch nie. Er hat die Fähigkeit, Gliedmaßen, Organe und Teile des Gehirns und des Herzens im Laufe seines Lebens voll-

ständig zu regenerieren und wieder funktionstüchtig zu machen. Dies macht ihn für viele Forscher interessant, die herausfinden wollen, wie dieser überaus gut ausgeprägte Heilmechanismus funktioniert.

Der Axolotl und seine Kraft in den Kulturen der Welt

Die ersten Axolotl wurden von Alexander von Humboldt (1769–1859), dem deutschen Naturforscher und Mitbegründer der Geografie als empirische Wissenschaft, nach Europa gebracht. Als exotische Kuriositäten waren sie im Pariser Naturkundemuseum zu sehen. Für die Azteken war der Axolotl ein heiliges Tier mit heilenden Fähigkeiten und stand mit dem Gott Xolotl in Verbindung. An Festtagen diente er jedoch auch als Leckerbissen.

Der aztekische und toltekische Gott Xolotl, nach dem dieser mittelamerikanische Salamanderverwandte benannt ist, ist der dunkle Zwillingsbruder Quetzalcóatls. Xolotl ist der Gott des Blitzes, des Todes und der Dunkelheit, als Gott der Unterwelt und Herr des Abendsterns hütet er die dunklen Kräfte. Er unterstützt den Menschen im Kontakt mit den Ahnen und die Verstorbenen auf ihrer Reise durch das Jenseits. Auch begleitet er die Sonne nachts auf ihrem Weg durch die Dunkelheit. Er wird oft als Skelett dargestellt, manchmal mit verdrehten Füßen und einem Hundekopf, da »xolotl« in Nahuatl auch »Hund« bedeutet. Manchmal ist er auch bucklig und trägt eine Axt als Zeichen für die Spaltung und Trennung und eine Sonnenscheibe auf dem Rücken. Um die fünfte Sonne in Bewegung zu setzen, sollten einst Götter geopfert werden. Xolotl versteckte sich, um so dem Tode zu entgehen. Er verwandelte sich in eine Agave und nahm verschiedene weitere Gestalten an, bis er zuletzt zum Axolotl wurde. Wenn wir dem Gott Xolotl in Form des Axolotls begegnen, erschreckt er uns erst einmal, und wir haben das Gefühl, ein Unglück komme über uns. Doch wenn wir uns von ihm führen lassen, kann eine tief greifende Heilung in uns geschehen, denn er hilft uns, Schattenaspekte anzuschauen und Heilung für verwundete Teile unserer Seele zu finden. Er ist ein guter Begleiter und Beschützer, der

den Weg in das Ahnen- und Totenreich kennt und das Licht der Seele unversehrt hindurchführen kann. Er hilft uns, Unglück in Glück zu verwandeln, indem er uns zeigt, wie wir uns den dunklen Seiten stellen. Leider ist er vom Aussterben bedroht.

Axolotlmedizin

Fühlst du dich als Jäger oder Opfer? Der Axolotl verkörpert beide Rollen, denn als nachtaktiver Jäger sucht er sich das, was er braucht, während er am Tag oft zum Opfer wird, wenn man ihn entdeckt. Betritt dieser selten vorkommende, dir zunächst unbekannte Geselle dein Sein, so führt er dich tief in die Dunkelheit hinein. Er lehrt dich, wie du dich von Dingen, die dich einschränken, befreien, dich mit dem Tod beschäftigen und so mit dem unsterblichen, ewigen Teil von dir in Kontakt treten kannst. Fürchtest du den Tod? Was kommt nach dem Tod? Hast du dir diese Fragen jemals gestellt? Im Kontakt mit der Quelle in dir findest du Heilung und kannst vollkommen regenerieren. Der Axolotl nimmt dich mit in deine eigenen Schattenseiten. Wo bist du noch nicht in der Liebe? Wo blockierst du den Fluss der Liebe? Wo verharrst du im Unglück, ohne die Bereitschaft, dir die Situation anzusehen und dein Licht hineinzubringen? Wo verweigerst du dir und anderen Wachstum, indem du an Altem festhältst?

Der Gang in die Unterwelt, in die eigene Innenwelt steht nun an. Schaue dir deine Schattenseiten an, bringe dein Licht, deine Sonne hinein, und berühre die alten Wunden mit deiner Liebe. Dann wird Heilung geschehen. Der Axolotl lebt im Wasser, er führt dich in deinen emotionalen Bereich, zu Gefühlen wie Angst, Ärger, Schuld, Zorn, Scham, Rache, Groll, Trauer, Einsamkeit, Unfrieden, und in unerlöste Felder, die du jetzt mithilfe deiner geistigen Führung mit Liebe berühren und erlösen kannst. Auf diese Weise kann alles Festgehaltene abfließen und Heilung finden.

Es gibt eine Ebene in dir, die immer vollkommen ist, immer vollkommen war und immer vollkommen sein wird. Sie enthält die heile Matrix, nach der du dich ausrichten und wiederherstellen kannst. Wie der Axolotl besitzt du nun in Gegenwart dieses Meisters die Fähigkeit zur vollkommenen Regeneration.

VON SEINER LICHTVOLLEN SEITE BETRACHTET: Der Axolotl steht für die Auseinandersetzung mit dem Tod und den Schatten, für Heilung, Mut, Regeneration, neue Heilungswege, Anbindung an die Quelle, Wachstum, für neue Erkenntnisse, Heilung alter Emotionen, Gnade und Vergebung.

VON SEINER DUNKLEN SEITE BETRACHTET: Das Tier verweigert sich der Entwicklung und Heilung, befindet sich oft in einer Opferrolle, bleibt im Drama stecken, suhlt sich im Unglück, macht alles andere für eigene Lebensumstände verantwortlich, hält dunkle Gefühle hoch und kann nicht vergeben.

Weitere Informationen

RAT DES TIERES: »Die Quelle ist in dir.« **FARBEN:** Schwarz, Gold, Grün; **ELEMENT:** Wasser: Gefühlsebene; **WEITERE ASSOZIATIONEN:** Der Axolotl steht für die dunkle Seite der Venus, für die Frage »Wo bist du noch nicht in der Liebe?«, für Ahnen- und Familienthemen, ebenso für Themen, die mit Tod, Wandlung und Loslassen zu tun haben, für altes Karma, emotionale Heilung und Regeneration; **STEINE:** Onyx, Knochen, Skelettteile; **TRAUMSYMBOL:** Taucht der Axolotl als schwarzer Lurch oder als Skelett mit seinen Attributen Axt, Blitz, Donner oder Stern auf, so sieht es zunächst so aus, als ob ein Unglück passieren, die Lebensgrundlage zusammenbrechen oder das Licht erlöschen würde. Als Führer in der Dunkelheit und der Unterwelt trägt er die Sonnenscheibe sicher auf seinem Rücken in der Gewissheit, dass sie bald wieder in ihrer vollen Größe, Wärme und Kraft am Himmel scheinen wird. Er kündet von Heilung und Regeneration, wenn wir bereit sind, die Schatten anzuschauen, und unsere Mitschöpferkraft annehmen. **AFFIRMATION:** »Es hilft und heilt die göttliche Kraft.«

BEO

Neugierde, Freude, Verbundensein

Recke den Körper weit nach vorne,
na, was haben wir denn gerne?
Bin ganz da im Hier und Heute,
öffne mich dem neuen Tag,
freue mich auf das, was er wohl bringen mag.
Höre zu und ahme nach,
liebe es, verbunden zu sein
mit den Freunden in meinem Heim.
Kommuniziere gerne mit der Welt,
tue einfach das, was mir gefällt.
Hüpfe ich in dein Leben hinein,
fordere ich dich auf, auch mal zu schrei'n.
Drück dich aus, und nimm dein Leben –
es wurde dir von der Schöpfung gegeben.

Lebensweise des Beos

Der Beo *(Gracula religiosa)* gehört zur Familie der Stare und ist auch unter dem Namen »Mynah« bekannt. Der Name »Beo« stammt aus dem Indonesischen und bedeutet so viel wie »sprechen, reden, plappern«. Der Vogel ist in Südostasien beheimatet, in Indien, im Himalajagebiet, auf Borneo und Java, in China und auf den Sundainseln. Er bewohnt die tropischen Wälder, Bergwälder, Obst- und Teeplantagen seiner jeweiligen Heimat. Beos sind gesellige Vögel und leben in Paaren oder kleinen Familienverbänden zusammen. Ihr Gefieder ist schwarz und schillert im Licht manchmal grünlich. Seine auffälligsten Merkmale sind sein gelber Schnabel, seine gelben Füße und die gelben Hautlappen, die an beiden Kopfseiten bis zum Hinterkopf reichen.

Beos sind drollige, aufgeweckte, neugierige, abenteuerlustige, vorlaute und intelligente Wesen. Diese Vögel sind ausgesprochen sprachbegabt, können Töne, Geräusche und ganze Sätze nachahmen, ohne dass sie ihnen beigebracht werden. Sie können extrem laut schreien, und das tun sie am liebsten am frühen Morgen und zum Sonnenuntergang. Zudem haben sie eine umfangreiche Körpersprache. Sie lieben Bewegung und müssen frei herumfliegen können. Ein Beo fühlt sich wohl, wenn er auf einem Ast sitzt, sein Gefieder putzt, im Wasser oder im Sand badet und vor sich hin tönt.

Beos sind beliebte Haustiere, aber in Gefangenschaft können sie durchaus aufmüpfig sein. Diese Vögel werden zwischen 15 und 20 Jahre alt.

Der Beo und seine Kraft in den Kulturen der Welt

Der Beo ist in seiner Heimat sehr beliebt. Er ist ein Botschafter guter Gottheiten und ebenso ein Unterhalter, der Menschen fröhlich stimmt und sie auch nicht selten an der Nase herumführt. Der Beo gilt als guter Hausgeist und Beschützer der Hausbewohner. Im balinesischen Kalender wird er dem Gott Indra zugeordnet, der als »König der Götter« gilt, und zudem als Vogel des Liebesgottes angesehen. In alten Überlieferungen heilt der Beo Gefühle wie Einsamkeit, Trauer und Heimweh. Er hilft der Liebe, dem Licht, dem Lachen, der Lebensfreude und der Neugierde auf das Leben dabei, wieder in die Herzen zurückzukehren. Der Meister der Mimik und des sprachlichen Ausdruckes bringt Schönheit und Kraft ins Leben.

Beomedizin

Ein munterer, weltoffener Geselle hüpft nun in dein Leben und macht dich darauf aufmerksam, dass dir vieles gegeben wird. Begrüße am Morgen den neuen Tag, und verabschiede dich am Abend von allem, was gewesen sein mag. Der Beo fordert dich auf, wach, munter und voller Freude in den Tag zu gehen, da zu sein und dich immer wieder neu zu öffnen. Jeder Tag ist einmalig und bringt neue Lebenserfahrung. Du wirst genährt vom Leben. Oft schauen wir auf das, was wir nicht haben und was uns fehlt. Wir bleiben in der Vergangenheit und verpassen den Augenblick mit all seinen wunderbaren Möglichkeiten, die uns jetzt gerade begleiten.

Sein Gefieder, schwarz-grünlich schimmernd und gelb, weist darauf hin, dass du du selbst sein, deine Kraft annehmen und den Mut haben sollst, dich auszudrücken, auch wenn dies für die Umgebung manchmal anstrengend sein kann. Heilung beginnt in dir, wenn du zu dir selbst stehst, »Ja!« zu dir sagst und dem Ausdruck verleihst, was dich im Augenblick bewegt.

Beos lieben Geselligkeit, sie sind ihren Freunden treu verbunden und tauschen sich mit ihnen aus. Darin liegt eine große Kraft, darum nimm dir

Zeit dafür, dich mit anderen auszutauschen und dich mit ihnen zu treffen. Beos können sich gut abgrenzen, sie drohen und zeigen deutlich, wenn man ihnen nicht zu nahe kommen soll. Der Beo fordert auch dich dazu auf, gesunde Grenzen im Umgang mit anderen Menschen zu wahren und auch darauf zu bestehen, dass andere sie entsprechend einhalten. Du bist der Hüter deiner Grenzen, also schreite zur Tat, setze Signale, wenn der Abstand für dich nicht stimmt.

Alles in allem lehrt der Beo dich, mit deiner Umwelt einen gesunden Austausch zu pflegen und das zu kommunizieren, was dich bewegt, denn dadurch kannst du lernen. Öffne dein Herz, und drücke aus, was dich bewegt. Du bist einmalig. Sei du selbst.

VON SEINER LICHTVOLLEN SEITE BETRACHTET: Der Beo steht für Gemeinschaft, Kommunikation, einen guten Austausch mit der Umwelt und die Verbindung mit allem. Er beteiligt sich aktiv am Geschehen in der Gemeinschaft und fühlt sich dazugehörig. Das Tier lässt sich auf neue Erfahrungen ein und geht neue Wege. Es lebt gegenwartsbezogen und reflektiert viel.

VON SEINER DUNKLEN SEITE BETRACHTET: Der Beo steht für Unruhe, Lautstärke, und er reagiert auf alles, was um ihn herum passiert. Er kann eine Nervensäge sein, ist manchmal zu neugierig, braucht viel Aufmerksamkeit und zieht viel Aufmerksamkeit auf sich.

Weitere Informationen

RAT DES TIERES: »Sei ein Kind der Schöpfung, und öffne dich jeden Tag aufs Neue.« **FARBEN:** Gelb: eigene Kraft, Macht, Selbstermächtigung; Schwarz: Abgrenzung, bei sich sein, gesunde Grenzen, sich ausdrücken und mitteilen; Grün: Heilung, Freude, Fülle; **ELEMENTE:** Erde, Luft, Feuer; **WEITERE ASSOZIATIONEN:** Freiheit, Selbstermächtigung, Weite, Offenheit; **STEIN:** Onyx; **TRAUMSYMBOL:** Höre auf dein Herz, auf deine Eingebung und auf deine Stimme im Inneren, denn hier sprudelt die Quelle der Freude. Lege sie frei, indem du dich mehr dir selbst zuwendest. Verbinde dich mit dem, was dir guttut. **AFFIRMATION:** »Ich sage ›Ja!‹ zu mir. Das Leben nährt mich und bringt mir alles, was ich für den Tag brauche. Ich öffne mich dem, was heute ist.«

BOTO

Verzauberung, Verwandlung, Liebe

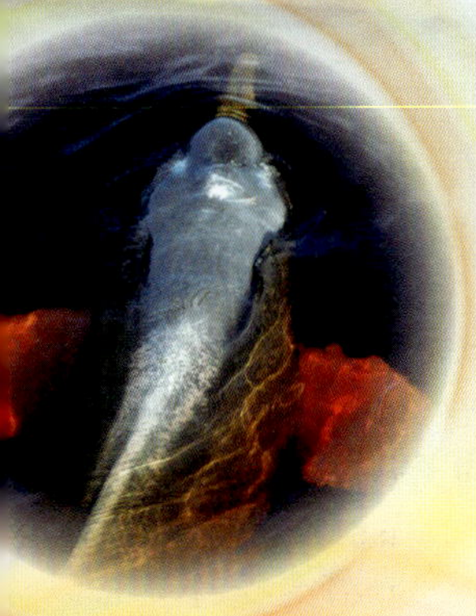

Geister des Amazonas
werden wir genannt,
wir bringen die Liebe in dein Sein,
holen den Zauber des Lebens herein.
Je nachdem, wie du dein Leben lebst,
ob du rein bist in deinem Herzen
oder übel handelst aus deinen Schmerzen,
lenken wir die Geschicke hier –
Schicksalsweber, das sind wir.
Wir können erwecken, betören
und uns verwandeln,
dann in menschlicher Gestalt
mit dir handeln,
dich verführen, mit dir lachen und
freudige Sachen mit dir machen.
Tauchen wir auf, sind wir bei dir
– ein Klangfeld der Liebe erbauen wir hier –,
wecken die Seele aus ihrem Schlaf,
das Leben ist mehr als schlafen, essen, handeln,
du kannst es auch lichtvoll weiter verwandeln.
Erinnere dich an die geistigen Regionen,
hohe Lichtwesen hier oben wohnen.

Lebensweise des Boto

Der Boto (*Inia geoffrensis*) ist ein rosafarbener Süßwasser-Flussdelfin, der im Amazonas und vielen seiner Nebenflüsse lebt. Er wird unter anderem auch »Amazonasdelfin«, »Bufeo Colerado«, »Boto Rasa« oder »Tonina« genannt. Dieses Tier ist ein Einzelgänger, zudem meidet er große Ströme und hält sich vorzugsweise in stehenden, sumpfigen Nebenarmen des Amazonas auf. Amazonasdelfine werden bis zu drei Meter lang. Als Jungtiere sind sie silbergrau und färben sich erst mit dem Älterwerden rosa. Der Kopf des Botos ist rundlich, seine Schnauze lang und deutlich vom Kopf abgesetzt, die Augen sind winzig und verkümmert. Die Halswirbel sind nicht miteinander verwachsen, dadurch ist der Boto in der Lage, seinen Hals im 90°-Winkel zu biegen, um Fische in überfluteten Waldgebieten zu jagen. Die Zähne in seinem hinteren Maulbereich sind breiter als die im vorderen; er kann damit große Beutefische zerkauen und sogar Panzer knacken. Die Botos tauchen etwa alle 30 Sekunden kurz auf, springen aber im Gegensatz zu anderen Delfinen kaum. Wenn es in den Amazonasgebieten regnet, erschweren – so vermutet man – die auf die Wasseroberfläche trommelnden Regentropfen die Verständigung der Botos untereinander. Deswegen tauchen die Tiere bei Regen auf, um mit Pfeif- und Quietschlauten über der Wasseroberfläche zu kommunizieren. Dies übt einen besonderen Zauber auf die Menschen aus, die diese Töne hören. Botos wurden im Jahre 1817 durch den französischen Zoologen Blainville in Europa bekannt.

Der Boto und seine Kraft in den Kulturen der Welt

Es gibt viele Mythen und Legenden über Botos, die auch als »Geister des Amazonas« bekannt sind. Sie sollen Gestaltenwandler sein, die ihr Aussehen verändern können, so beispielsweise die Gestalt von wunderschönen Männern und Frauen annehmen, um Mädchen und Männer zu verführen. Auf diese Weise erwecken sie übernatürliche Liebeskräfte und die Leidenschaft. Einer Legende nach stammen sie aus einem paradiesischen Reich der Fülle und des Reichtums, das »Encante« genannt wird und in dem es weder Schmerz noch Alter noch Tod gibt – sie werden auch als »Encantados« bezeichnet. Botos sehen die Nöte und Freuden der menschlichen Welt und versuchen durch ihre Töne, ihre Verwandlung und ihr Eingreifen, die Liebe in den Menschen zu erwecken.

Botos erscheinen bei Dämmerung gern in menschlicher Gestalt auf Festen und haben eine unwiderstehlich charismatische Ausstrahlung. Da sie ihre vorgewölbte Delfinstirn nicht mit verwandeln können, tragen sie für gewöhnlich eine Kopfbedeckung. Sie bringen Fröhlichkeit, Frieden, Leichtigkeit und ein Stück vom Paradies. Sie erinnern uns Menschen an unsere unsterbliche geistige Natur. Im Morgengrauen verschwinden sie dann eilig zum Fluss, um sich wieder in Delfine zu verwandeln. Den Botos werden in den Legenden viele weitere magische Fähigkeiten zugeschrieben. So sollen sie Fluten herbeiführen, Stürme kontrollieren und Menschen verzaubern können, je nach deren Verhalten zum Segen oder zum Fluch. So können sie sowohl Liebe, Glück und Reichtum als auch Unglück, Wahnsinn, Krankheit und Tod bringen. Es galt einst als Herausforderung des Unglücks, einen Boto zu töten. Wer ihm in die Augen sah,

konnte für den Rest seines Lebens Albträume haben. In anderen Geschichten wiederum verwandeln sich ertrunkene Menschen in Flussdelfine. Als Flussdelfin kann die Person in ihrem neuen Leben zu bestimmten Zeiten in menschlicher Gestalt zu den Menschen zurückkehren. Es gibt einen brasilianischen Film, »Ele, o Boto« (1987), der von der übernatürlichen Liebe zwischen einer jungen Frau und einem Boto handelt, aus deren Verbindung ein Sohn hervorging.

Botomedizin

Ein Boto taucht in deinem Leben auf, um dich an deine Freiheit, deinen Lebensatem und deine Ausdrucks- und Kommunikationsfähigkeit zu erinnern. Der Süßwasserdelfin des Amazonas erinnert dich an die Kraft des Herzens, die Kreativität und die Fruchtbarkeit und Freude, die der Selbstausdruck bringen kann. Als Einzelgänger fordert er dich auf, deinen Weg zu gehen und dich ab und zu aus der Gemeinschaft zurückzuziehen, um den Pulsschlag deines Herzens zu hören. Wähle einen neuen Weg. Sprenge die Grenzen, und entscheide dich jetzt für deine Lebensrichtung.

Die silberne und rosa Farbe des Delfins erinnert an den Schutz, die Führung und deine Anbindung an die Quelle. Der Boto fordert dich auf, alte Verletzungen im Herzen zu heilen und es dann erneut dem Leben und der Lebenskraft zu öffnen. Lasse dich nicht von den Schatten der Vergangenheit oder eines Partners aufhalten … Baue dein Leben auf deinem tiefen, kraftvollen Selbst auf, und wende dich der göttlichen Quelle zu. Dein inneres Feuer erwärmt deinen Körper und entfacht deine Stärke. Der Boto zeigt dir, wie du dir die Luft und die Freiheit verschaffen und deine eigenen Wege abseits des Mainstreams gehen kannst. Verleihe deiner Kreativität Ausdruck, bringe deine Fähigkeiten zum Leuchten. Sie wurden dir von der Schöpfung geschenkt. Jetzt, in diesem Augenblick, kannst du glücklich sein und den Zauber des Lebens spüren. Rosa symbolisiert die magnetische Kraft des Herzens, die alles, was du brauchst, in dein Leben zieht. Wie ist dein Herzensmagnet ausgerichtet? Auf welche Gefühle und Gedanken konzentrierst du dich die meiste Zeit des Tages? Beobachte dich selbst. Als mächtiges Geistwesen kann dir der Boto erscheinen, um dich auf neue Wege zu leiten. Er kann dich zu alten Heilerinnen und mächtigen Schamanen führen, die deine Seele befreien. Er kennt die Geheimnisse im Dschungel des Lebens. In dir findest du alles, was du brauchst. Du kannst jetzt deine Fesseln lösen.

VON SEINER LICHTVOLLEN SEITE BETRACHTET: Der Boto steht für höhere Ebenen, die Geistige Welt, für Kommunikation, hohe Liebesfähigkeit und Wandlungsgabe. Er folgt seinem eigenen Weg, verfügt über heilerische Fähigkeiten, kann für Erlösung, Herzöffnung und die Erweiterung des Seins sorgen.

VON SEINER DUNKLEN SEITE BETRACHTET: Der Boto repräsentiert alte Flüche, karmische Verstrickungen und nicht gelöste Liebesbande sowie Verzauberungen, Sehnsucht und Leere. Er ist nicht fest in der Realität verankert und steckt in alten Emotionen fest.

Weitere Informationen

RAT DES TIERES: »Wende dich nicht von der Quelle ab. Unglaube blockiert die Lebensenergie. Erkenne endlich die Größe, Kraft und Schönheit deines Selbst an. Lasse dein Herz leuchten.« **FARBEN:** Silber, Rosa, Grün: die Farben des Herzchakras; **ELEMENT:** Wasser; **WEITERE ASSOZIATIONEN:** Amazonasgebiet: Lunge der Erde, Atem, Austausch, Wandlung, Blick auf das eigene Atemgeschehen; oft dunkelgrüne Flussfarbe: Ausdruck, Heilung, Herzchakra, sich der Umwelt öffnen, Klänge, Töne, Laute, Harmonisierung, Kommunikation, Austausch; mit dem Herzen denken, reden und fühlen; Verzauberung: sich dem Fluss des Lebens hingeben und sich einer anderen Ebene des Seins öffnen; **STEINE:** Rhodochrosit, Rosenquarz, rosa Andenopal; **TRAUMSYMBOL:** Je nachdem, wie sich dir dieser Delfin zeigt, kann er auf deinen emotionalen Zustand hinweisen. Er kann eine neue Liebe ankündigen, eine neue Ebene bestehender Liebe, aber auch Verstrickungen in dieser Liebe und ebenso unerlöste Liebesbande. Beachte auch das Wasser, in dem der Boto schwimmt. Ist es klar, sauber, hellgrün oder strahlend blau, so deutet es auf gute Emotionen hin – ist es schlammig, grau und schmutzig, so verweist es auf Emotionen, die deine Liebesfähigkeit blockieren. **AFFIRMATION:** »Ich öffne mich dem Zauber des Lebens und meiner geistigen Führung. Ich folge der Eingebung, die sie mir sendet. Dies ist zu meinem Besten.«

CHINCHILLA

Intuition, Sensibilität, soziales Verhalten, spirituelle Erkenntnisse

Lautlos am Tag und tief verborgen
wohnen wir in Höhlen,
Spalten und Felsen,
ruhig und unerkannt,
in unserem eigenen Traumland.
In der Dämmerung,
wenn die Sonne untergeht
und der Mond am Himmel steht,
werden wir aktiv und rege –
folgen unserer eigenen Spur,
hören das Raunen in der Nacht,
die Stimmen der geistigen Welten,
spüren die unsichtbaren Fäden,
lassen uns leiten in neue Weiten.
Neugierig, wach, frech und aufgeweckt –
nagen wir hier und kauen dort.
Kaum bewegt sich was,
sind wir schon fort.
Sei still, und höre in dich hinein,
hier findest du Erkenntnis im Sein,
hier erwacht dein inneres Herzensfeuer.
Dein Fell sei dir lieb und teuer.

Lebensweise des Chinchillas

Der pflanzenfressende Chinchilla *(Chinchillidae)* ist ein mittelgroßes Nagetier, das in Südamerika, genauer in Peru, Bolivien, Argentinien und Chile beheimatet ist. Chinchillas bewohnen in Südamerika grasbewachsene Ebenen und gebirgige Regionen, wo sie sich tagsüber in Felsspalten, Höhlen oder selbst gegrabenen Bauen aufhalten. Die in Gruppen zusammenlebenden Tiere sind dämmerungs- und nachtaktiv und können bis zu 20 Jahre alt werden. Chinchillas haben einen schlanken Körper mit weichem, dichtem grauem oder graubraunem Fell und einem buschigen, langen Schwanz. Ihr Kopf ist groß, die Augen ebenso, und die Ohren sind länglich. Sie haben kurze Vorderbeine, die wie die längeren und muskulöseren Hinterbeine je vier Zehen haben. Sie sind sehr schreckhaft, empfindlich, hochsensibel und unglaublich bewegungsfreudig. Zudem haben sie einen ausgeprägten Knabber- und Nagetrieb – alles, was ihnen zwischen ihre kräftigen Zähne kommt, wird bearbeitet. Chinchillas reagieren sehr empfindlich auf ihre Umwelt: Feuchtigkeit, Zugluft, Stress und Störungen am Tag vertragen sie nicht, und sie reagieren darauf mit Krankheiten.

Der Chinchilla und seine Kraft in den Kulturen der Welt

Chinchillas wurden von den Indios als Felllieferanten und Nahrungsmittel hoch geschätzt. Ihr Fell spendete Wärme und gab Geborgenheit. Aufgrund ihrer Sensibilität und ihrer Fähigkeit, Disharmonien anzuzeigen, wurden sie in schamanischen Heilsitzungen dafür eingesetzt, Krankheiten aufzufinden und sie dann aus dem zu behandelnden menschlichen Körper zu ziehen. Da Chinchillas dämmerungs- und nachaktiv sind und die Sonne meiden, wurden sie auch zu Ehren der Mondgöttin geopfert und mit deren Intuition, Wahrnehmung und Sensibilität in Verbindung gebracht. Als Tiere von Pachamama bringen sie Fruchtbarkeit. In ihnen verstecken und zeigen sich zudem die örtlichen Geister. Nach der Entdeckung Südamerikas erschoss man diese »Pelztiere« in unglaublichen Stückzahlen, um teure Mäntel herzustellen. Heute werden sie oft als Haustiere gehalten. Der Kurzschwanz-Chinchilla ist in freier Wildbahn vom Aussterben bedroht.

Chinchillamedizin

Ein ungewöhnlicher graubrauner Geselle hüpft mitten in dein Leben hinein. Das lustige, aufgeweckte Kerlchen schaut dir am Abend und in der Nacht mit seinen warmen, schwarzen Knopfaugen frech ins Gesicht, um dich an deine geistige Freiheit und die Kraft deiner Träume zu erinnern. Träume beeinflussen unser Tagesgeschehen, doch Albträume können gewandelt werden, und Lebensträume warten auf ihre Verwirklichung.

Der Chinchilla kennt die Wege ins Innere der Erde und in die Untere Welt, die Welt des Unterbewusstseins. Hier finden sich Ahnenthemen, die wahre Kraft, der eigene Anschluss an die Quelle und die Schattenthemen,

die in der eigenen Seele geheilt werden wollen. Gibt es Dinge, die tief in dir unermüdlich nagen? Dinge, die du einfach nicht verstehst oder nicht lösen kannst? Dann folge dem Chinchilla. Er bringt dich zu unerlösten Schatten, alten Schocks und großen Ängsten, die du jetzt mithilfe deiner geistigen Führung und deiner inneren Heilerin erlösen kannst.

Der Chinchilla fordert dich auf, nach innen zu gehen und auf deine Träume, körperlichen Empfindungen und Eingebungen zu achten. Er ist ein sehr genauer Beobachter und bekommt alles in seinem Umfeld mit, und so führen dich seine feinen Antennen auf die richtige Spur. Sieh dir die Kränkungen und Verletzungen, die sich in dir angehäuft haben, an. Erwache aus dem Schlaf, und gib dir eine herzliche, warme Umarmung. Triff eine Vereinbarung mit dir selbst, nicht mehr wegzulaufen, dein Leben so zu leben, wie du es für gut befindest, und das zu machen, worum das Leben dich in deinem Herzen bittet. Auf diese Weise kann es dir beistehen. Selbstliebe wird dir helfen, nagende Emotionen und Gedanken zu heilen und deinen Weg nach Hause in die eigene Anbindung zu finden. Wenn du deinen Weg

gefunden hast, dann hast du auch die Fähigkeit, vielen anderen die Hand zu reichen.

VON SEINER LICHTVOLLEN SEITE BETRACHTET: Der Chinchilla ist aktiv, aufgeweckt, intuitiv, sensibel, verständnis- und liebevoll und sehr mit seiner Umgebung verbunden. Er hat ein hohes Wahrnehmungs- und Einfühlungsvermögen und seherische Gaben. Ebenso ist er ein Channelmedium für geistige Wesenheiten. Das Tier zeigt soziales Verhalten, steht für die Arbeit mit Träumen, für die innere, geistige Welt, Fantasie und Schöpferkraft. Der Chinchilla hat ein gutes, offenes Herz, er symbolisiert Liebe und Selbstliebe.

VON SEINER DUNKLEN SEITE BETRACHTET: Das Tier ist schreckhaft, ängstlich, melancholisch und unsicher anderen gegenüber, sorgenvoll, schwer und wie erstarrt. Es ist in sich gekehrt, zusammengekauert, macht sich klein, ist Opfer der Umstände. Der Chinchilla kann auf alte Schocks und Opferrituale hinweisen, die in der Seele noch nicht gelöst sind.

Weitere Informationen

RAT DES TIERES: »Achte auf deine Träume, deine Eingebungen und deine Intuition.« **FARBEN:** Grau, Braun, Weiß; **ELEMENTE:** Erde, Wasser; **WEITERE ASSOZIATIONEN:** dunkle Geheimnisse, verborgene Wege und unsichtbare Vernetzungen, Ahnenthemen, Karma, Seelenverbindung mit dem südamerikanischen Kontinent, Verbindung zu den indigenen Völkern der Anden, Mexikos und Guatemalas (Inkas, Azteken, Tolteken, Mayas), Rückkehr alten Wissens, Besitz alter Weisheiten; **STEINE:** Kristalle, Granit, Vulkangestein, Knochen; **TRAUMSYMBOL:** Der Chinchilla im Traum symbolisiert Fruchtbarkeit, kleinere und größere Sprünge im Leben, neue Einsichten und familiäre Angelegenheiten. Sein Erscheinen kann aber auch bedeuten, dass etwas an dir nagt, dich etwas tief in deinem Inneren beschäftigt. Schaue genau hin. **AFFIRMATION:** »Ich vertraue der inneren Weisheit, ich vertraue meiner Intuition. Ich werde göttlich geführt.«

DINOSAURIERARTEN

Urkräfte, fremde Welten, Abenteuer

Auf alten Spuren der Erde wandeln sie,
mit längst vergessenen Kräften handeln sie,
sind mächtig, gewaltig, nicht zu benennen,
lerne sie nun endlich kennen:
Lang ist es her – begegne mir, das rate ich dir.
Meine Kraft ist verankert in deinem Sein.
Auch wenn ich dir nicht real begegnen kann,
rege ich deine Fantasie mächtig an.
Steuere deine Reaktionen,
habe dich fest im Griff,
setze urgewaltige Energien in dir frei –
kannst du sie nicht lenken,
geben sie dir zu denken.
Sie lähmen dich, versetzen dich
in Angst und Schrecken,
wecken in dir Wut und Aggressionen.
Gewaltige Kräfte, die in dir wohnen,
beeinflussen deine Reaktionen.

Lebensweise der Dinosaurier

Dinosaurier und allgemein prähistorische Tiere werden im herkömmlichen Sinne nicht als Kraft- oder Helfertiere gesehen. Sie zeigen sich jedoch öfter in schamanischen Reisen, besonders bei Jugendlichen, und stellen sich dann als solche vor. Die Urkräfte, die sie besaßen, lösen in uns eine Faszination aus, die die Zeit überdauert. Deshalb habe ich sie mit in dieses Buch aufgenommen und stelle die bekanntesten Arten und ihre Bedeutungen in knapper Form vor.

Das Wort »Dinosaurier« stammt aus dem Griechischen und bedeutet »schreckliche, gewaltige Echsen«. Sie lebten im Erdmittelalter vor rund 235 Millionen Jahren bis zur Kreidezeit, am Ende des Mesozoikums verschwanden sie jedoch. Die Dinosaurier lebten in einer Zeit, in der die heutigen Festlandplatten noch vereint waren. Überreste der urzeitlichen Riesen sind deshalb auf allen Kontinenten einschließlich der Antarktis gefunden worden. Das Wissen über Dinosaurier stammt aus Forschungen und Un-

tersuchungen an Fossilien, beispielsweise in Form von versteinerten Abdrücken von Knochen, Haut und Gewebe, Eiern und Nestern. Reptilien gehören zu den ältesten Lebensformen der Erde. Einige von ihnen haben in bestimmter Form seit der Zeit der Dinosaurier überlebt. Zu ihnen zählen Eidechsen, Schlangen, Krokodile, Schildkröten, Alligatoren und auch Vögel. Dinosaurier waren aktive Tiere mit erhöhtem Stoffwechsel und anpassungsfähiger sozialer Interaktion. Es gab sehr viele Dinosaurierarten – bisher sind ein paar tausend Arten bekannt, und jedes Jahr werden ca. 30 neue entdeckt. Sie waren Fleischfresser und/oder Pflanzenfresser, zweibeinig oder vierbeinig. Viele hatten Knochenplatten, Schilde, Rückensegel, Panzer oder Hörner und variierten in ihrer Größe beträchtlich. Das Aussterben der Dinosaurier gehört zu den letzten Rätseln unserer Erde. Es gibt unterschiedliche Vermutungen, so könnten beispielsweise ein Meteoriteneinschlag, gesteigerte Vulkantätigkeit, ein rapides Absinken des Meeresspiegels oder Klimaveränderungen dafür verantwortlich gewesen sein.

Dinosaurier und ihre Kraft in den Kulturen der Welt

Im 19. Jahrhundert fand die Nachricht über die einstige Existenz der Dinosaurier erstmals den Weg in die Öffentlichkeit. Keine anderen ausgestorbenen Tiere sind so bekannt, haben derart großes Interesse und so viel Begeisterung ausgelöst und sind so beliebt wie die Dinosaurier.

Die Entdeckung von Dinosaurierknochen wurde in allen Kulturen Grundlage für Legenden, Sagen und Mythen. So wurden sie unter anderem als Knochen der Drachen bezeichnet. Dinosaurier inspirierten viele Autoren und Filmemacher. Die berühmte Zeichentrickserie »Familie Feuerstein« (1960–1966) oder Filme wie »Reise in die Urwelt« (»Journey to the Beginning«, 1954), das Buch »Vergessene Welt« (»The Lost World«, 1995), die BBC-Dokumentation »Dinosaurier – Im Reich der Giganten« (»Walking with Dinosaurs«, 1999), die »Jurassic Park«-Trilogie (1993–2001) sowie die Zeichentrick- und Animationsfilme »In einem Land vor unserer Zeit« und »Ice Age« brachten uns die Welt der Saurier in gewisser Weise ebenfalls näher. Auch in vielen Fantasy- und Computerspielen dürfen die Saurier nicht fehlen. Viele Verteidigungswaffen, Kostüme und Schilde sind an ihre Besonderheiten angelehnt. In

Science-Fiction-Filmen spielen die Knochenformen, Panzerplatten und Farben der Dinosaurier eine große Rolle, wenn es um die Darstellung von Leben auf fernen Planeten geht. Sie beflügeln die Vorstellung von Gut und Böse, übernatürlichen Kräften, Naturgewalten und Schreckgestalten, die man entweder als Verbündete hat oder gegen die man kämpfen muss, um seine Kraft zu entfalten und zu gewinnen. Dinosaurier stehen für Abenteuer, Sehnsucht nach unentdeckten Welten und echten Herausforderungen, für Gefahren, das unbekannte Unheimliche, Machtkämpfe und das Ringen mit den elementaren Kräften. Umgangssprachlich benutzen wir das Wort »Dinosaurier« für unzeitgemäße, rückwärtsgewandte und lang überholte Arbeitsweisen, Denk- und Reaktionsmuster. Es geschieht nicht zufällig, dass die Urzeitriesen mit dem Übergang in eine neue Zeit, die im 19. Jahrhundert begonnen hat, wieder auf der Bildfläche erscheinen und eine solche Faszination auslösen, stehen wir doch gerade mitten im nächsten Evolutionsschritt. Unser Gehirn ist sozusagen die Zusammenfassung der evolutionären Geschichte, denn Überreste der Reptilienevolution tragen wir in unserem »limbischen System«, dem sogenannten Reptilienhirn (Hirnstamm). Dieses ist für einfache körperliche Mechanismen zuständig. Urimpulse und urzeitliche Reflexe steuern unsere emotionalen Entscheidungen, um das Überleben zu sichern. Bei diesen Reflexen handelt es sich beispielsweise um Verteidigung, Flucht und Totstellen. Das limbische System reagiert auf Reize, so wird auch unser Verhalten beim Autofahren zu 60 Prozent durch das Reptilienhirn geprägt. In Gefahrensituationen schaltet sich unser Reptilienhirn ebenfalls ein, und wir handeln instinktiv. Manchmal sind wir verwundert über die gewaltigen Kräfte, die in einer Notlage freigesetzt werden können.

Fühlen wir uns angegriffen, können wir nicht mehr klar denken und handeln aus unserem Reptilienhirn heraus. Je stärker wir uns angegriffen

fühlen, desto heftiger reagieren wir. Die Frage ist allerdings, ob emotionale Reaktionen im heutigen Alltag noch in dieser Form notwendig sind oder ob wir ganz neue Aktions- und Reaktionsmuster entwickeln und weitere Fähigkeiten unseres Gehirns entfalten können. Immerhin kommen oft nur 10 Prozent unserer urzeitlichen Reflexe zum Einsatz. Überlegen wir doch einmal ganz ehrlich, wie oft wir damit beschäftigt sind, etwas abzuwehren, wie oft wir uns angegriffen fühlen, uns verteidigen oder uns zurückziehen, statt offen den gegenwärtigen Augenblick in seiner ganzen Fülle zu genießen. Wie sehr bestimmt deine Reptiliennatur dein Leben?

Dinosauriermedizin

Kommst du mit den Giganten der Urzeit in Kontakt, so hast du es mit unbekannten, großen und machtvollen Kräften zu tun, die noch tief in uns verankert sind. Sie betreffen unsere Grundbedürfnisse, sind mit einfachen, aber wirkungsvollen Reaktionsmustern verbunden und sichern so unser Überleben. Je nachdem, mit welcher Urkraft du in Verbindung trittst, sind das die Kräfte, die näher erforscht und verstanden werden wollen, wenn du dich weiterentwickeln und entfalten willst. Wenn diese urzeitlichen Kräfte erwachen, fordern sie dich heraus, mit ihnen zu ringen und sie auf die richtige Weise zu lenken. Diese Urkraft ist in dir, denn sie ist dein instinkthaftes Handeln, das du dafür verwenden kannst, etwas zu zerstören oder aufzubauen, je nachdem, wie du deine Stärke lenkst und leitest. Die Verbindung mit Urzeittieren regt deine Fantasie an, steigert deine Energie und die geistigen Kräfte der Macht. Sie symbolisiert das Ringen mit den Kräften, die real nicht greifbar sind. In der Begegnung mit ihnen kannst du etwas über deine Reaktionsmuster lernen und auch darüber, wie du diese zum eigenen Wohle und zum Wohle aller einsetzen kannst, wenn du sie verstehen gelernt hast.

Es kann sein, dass deine Kraft blockiert ist oder du oft in emotionale Situationen gerätst, die du nicht mehr steuern kannst, so zum Beispiel heftige Wutausbrüche, Gewalt, Machtausübung, Kampf, Flucht, Gelähmtsein, Totenstarre oder Versteinerung. In diesem Falle handelt es sich um einfache Re-

aktionen, die durch geringe Anlässe ausgelöst werden können, aber mächtige Auswirkungen nach sich ziehen.

Ein Dinosaurier ist ein uralter und weiser Lehrmeister, der klar strukturiert dein Basiswissen trainiert und dich in Kontakt mit deinen unbewussten Impulsen, deinem instinktiven Wissen bringt. Tritt der Saurier in dein Leben, so ist es Zeit, dass du deine Instinkte trainierst und vielleicht mithilfe dieser Kräfte auch auf dem Weg deiner eigenen Evolution weitergehst. Du kannst vielfältige Arten von Reaktionsmustern entwickeln, um zum Steuermann oder zur Steuerfrau deines Lebens zu werden, gut zu agieren und auf verschiedene Lebenssituationen angemessen zu reagieren. Die Urkräfte können dich kontrollieren, oder aber du kannst lernen, sie zu lenken und zu leiten. Wähle.

VON IHRER LICHTVOLLEN SEITE BETRACHTET: Dinosaurier stehen für instinkthaftes Verhalten, eine gute Reaktionsfähigkeit, aktives Handeln, vitale Energie, Abenteuer, das Freisetzen mächtiger und ungeahnter Kraftreserven, für Macht, Elementarkräfte, für Entdeckungsgeist und den Einsatz von Kraft, um Situationen zu wandeln. Sie vermitteln eine lebhafte Fantasie, eine gute Vorstellungsgabe und Schöpferkraft.

VON IHRER DUNKLEN SEITE BETRACHTET: Dinosaurier stehen für Realitätsflucht, Sucht, Suche, Kampf mit oder gegen die eigene Kraft und deren Einsatz, um etwas zu zerstören. Sie verkörpern auch die Angst vor sich selbst und der eigenen Kraft, und sie stehen für Gefühle, die sich nicht steuern lassen. Des Weiteren repräsentieren sie überalterte, eingefahrene, längst überholte Ansichten, Verhaltens- und Handlungsweisen. Wutausbrüche, Aggressionsanfälle, Ohnmacht, Trotz und Zerstörungswut zählen ebenso zur dunklen Seite der Dinosaurier wie der Überlebenskampf, die Konfrontation mit Mangelsituationen und versteinerten Seelenanteilen.

Weitere Informationen

RAT DES TIERES: »Lerne, die Urkräfte zu verstehen, denn dann werden sie dir dienen. Wenn du deine Reaktionsmuster kennst und weißt, wie sie funktionieren, kannst du sie erweitern, lenken und leiten.« **FARBEN:** Grün, Rot, Grau, Braun … alle Farben; **ELEMENTE:** Feuer, Erde, Wasser, Luft; **WEITERE ASSOZIATIONEN:** Stammhirn, Grundstrukturen, Mars, explosive Kräfte, Vulkanlandschaft, Verteidigung-Flucht-Verhalten, Gewalt, unkontrolliertes

Verhalten, Überlebensinstinkt, einfache, aber dennoch wirkungsvolle Handlungen; **STEINE:** Vulkangestein, Onyx, Versteinerungen (Fossilien, Holz); **TRAUMSYMBOL:** Dinosaurier im Traum können Angst und Schrecken auslösen. In der Traumdeutung stehen sie für versteinerte Persönlichkeitsanteile, für nicht kontrollierbare Kräfte wie Aggressionen, Panik, Erstarrung und unbekannte, unerklärliche Ängste, denen man sich ausgeliefert fühlt. **AFFIRMATION:** »Meine instinktiven Handlungen dienen mir auf beste Weise und damit dem Wohle aller.«

HINWEIS

Zweck des limbischen Systems ist das Sichern des Überlebens. Unser Reptilienhirn ist viele Millionen Jahre alt und beeinflusst unsere Emotionen und Reaktionen. Du kannst lernen, deine Reaktionsmuster zu erweitern, die Urkräfte in dir zu lenken, Altes hinter dir zu lassen und dir damit glückliche Lebensumstände zu schaffen. Wenn wir uns mit einer Saurierart besonders verbunden fühlen oder sie auf einer schamanischen Reise treffen, könnten wir erkennen, mit welchem Reaktionsmuster wir verbunden sind, welche unserer Verhaltensweisen über- oder unterbetont ist.

DINOSAURIER

ANKYLOSAURIER

Wechsel vom Mangeldenken in die Fülle, in der wir leben.

Der pflanzenfressende Ankylosaurier lebte im mittleren Jura vor etwa 160 Millionen Jahren. Fossilien dieses Dinosauriers wurden auf allen Kontinenten gefunden. Das Tier erreichte eine Länge von bis zu neun Metern und bewegte sich ausschließlich auf allen vier Beinen. Der Körper war stämmig und breit, die Beine jedoch verhältnismäßig kurz, der Schädel war massiv und das Gehirn sehr klein. Das Besondere am Ankylosaurier war die Panzerung aus Knochenplatten, zum Teil mit Stacheln versehen, die den Nacken, den Rücken und die Oberseite des Schwanzes wie ein Schild bedeckte. Bei manchen Unterarten waren sogar die Augenlider gepanzert, und der Schwanz glich einer Keule. Die Auswertung der Fossilfunde hat gezeigt, dass sich Ankylosaurier von feuchter und üppiger Vegetation ernährten und dass sie wohl in kleinen Gruppen lebten. Rückzug und vor allem ihre Panzerung – insbesondere die Schwanzkeule – waren die effektive Verteidigung gegen Fressfeinde.

Ankylosauriermedizin

Erscheint der Ankylosaurier in deinen schamanischen Reisen, so zeigt er dir, wie du dich schützen und abgrenzen sowie deiner Spur folgen kannst. Immer nur der unmittelbar bevorstehende Schritt ist wichtig. Als längst ausgestorbenes Urzeittier kann er dich zudem darauf aufmerksam machen, dass es Zeit ist, eingefahrene Denkweisen und überalterte Strukturen zu verlassen und sich neue Wege und Richtungen zu erschließen. Er macht dich besonders auf den Schutzpanzer aufmerksam, den du dir vielleicht in einer Zeit aufgebaut hast, an die du dich nicht mehr erinnern kannst, und auf Situationen, in denen du schutzlos ausgeliefert warst. Ein Panzer kann schützen, doch er hält dich auch davon ab, mit deiner Umwelt in Kontakt zu treten. Manchmal sind deine Reaktionen aufgrund deines Schutzbedürfnisses unangemessen. Vielleicht wertest du alles, was von anderen kommt, ab und entziehst dich häufig der jeweils gegenwärtigen Situation. Du musst aber nicht gleich mit der Keule um dich schlagen, wenn jemand ein ungewohntes Anliegen hat.

Es ist nun an der Zeit, deinen Blick zu erheben, um die Schönheit und Fülle um dich herum wahrzunehmen und nicht nur auf die physische Ebene zu schauen, in der du sowieso nichts ändern kannst. Schaue dir dein Verhalten von Neuem an. Wozu hat der Schutzpanzer gedient? Was in dir möchte Heilung und Erlösung finden? Wie lange willst du überalterte Angelegenheiten noch aufrechterhalten? Wo brauchst du deinen Schutzpanzer jetzt noch, wo kannst du dich neu öffnen und neue Erfahrungen der Liebe machen? Was hast du für dich erreicht, wofür kannst du dich anerkennen? Wer steht dir zur Seite? Es geht darum, Gefühle wieder zu erlauben, dich etwas fühlen zu lassen. Entlarve die alten schmerzhaften Bilder, die heute keine Gültigkeit mehr haben, dich aber immer noch beeinflussen und vom Glücklichsein abhalten.

VON SEINER LICHTVOLLEN SEITE BETRACHTET: Der Ankylosaurier steht für enorme Stabilität, für klare Abgrenzung nach außen und für Routine. Er ist erdverbunden, stark gegen äußere Einflüsse geschützt, er kann gut allein sein und folgt seinem Weg. Ebenso ist er leicht einschätzbar, sein Verhalten ist überschaubar, und somit lässt er sich gut kontrollieren.

VON SEINER DUNKLEN SEITE BETRACHTET: Allerdings hat dieser Saurier einen eingeschränkten Blickwinkel und eingefahrene Denk- und Sichtweisen. Er ist unbeweglich im Geist, engstirnig, zeigt kein Interesse an seiner Umwelt, ist abweisend, unzugänglich, unnahbar, er teilt sich nicht mit und will seine Ruhe. Des Weiteren ist sein Blick nur auf die materielle, realistische Welt gerichtet, er nimmt die Schönheit und Liebe um sich herum nicht wahr.

DINOSAURIER
ARCHÄOPTERYX
Übergang, Wandlung

Der Archäopteryx lebte vor etwa 150 Millionen Jahren. Sein Name stammt aus dem Altgriechischen und setzt sich zusammen aus den Wörtern »archaios« (»uralt«) und »pteryx« (»Schwingen, Flügel«), also bedeutet er so viel wie »uralte Schwingen«. Gut erhaltene fossile Skelette, teilweise mit Federabdrücken, wurden vorwiegend im 19. Jahrhundert in Steinbrüchen bei Solnhofen, Eichstätt, Riedenburg und Langenaltheim gefunden. Der Archäopteryx wird als Urvogel und von einigen Wissenschaftlern als gefiederter Dinosaurier bezeichnet. Er war taubengroß und hatte Zähne, Rippen, eine lange Schwanzwirbelsäule und drei Fingerklauen. Vermutlich konnte er Gleitflüge von Bäumen und Bergen starten, jedoch nicht selbstständig vom Boden abheben, weil er dazu wohl zu schwer war. Die Fossilien des Archäopteryx gelten als besonders wertvoll, weil sie eine Art Übergangsform darstellen, was die Evolutionstheorie von Charles Darwin stützt, der vorhersagte, dass es in der Entwicklung Arten geben müsse, die Merkmale der alten und Merkmale einer neuen Gruppe aufweisen. Zu Darwins Zeit gab es jedoch noch keine Beweise. Diese fehlenden Glieder in der Evolutionskette nennt man »missing links«. Als ein solches gilt der Archäopteryx, weil er Merkmale sowohl von Reptilien als auch von Vögeln in sich vereinte.

Archäopteryxmedizin

Erscheint der gefiederte Urvogel in deinem Leben, so kannst du jetzt den »missing link« finden, das fehlende Glied in der Kette, und ganz neue Erkenntnisse für dein Leben gewinnen. Du befindest dich in einer Zeit des Übergangs, wie sie

im Leben immer wieder eintritt: vom Embryo zum Baby, vom Kleinkind zum Schulkind, vom Kind zum jungen Erwachsenen, von Frau und Mann zu Mama und Papa, dann zu Oma und Opa.

In diesen Zeiten der Wandlung, in der Altes losgelassen werden muss, weil Neues entstehen will, hilft dir der gefiederte Urzeitvogel. Wende dich vom Alten ab, denn neue Schritte im Leben stehen an.

VON SEINER LICHTVOLLEN SEITE BETRACHTET: Der Archäopteryx steht für neue Erkenntnisse, bahnbrechende Einsichten, für eine höhere Perspektive und eine weitere Sicht. Er bietet Unterstützung, repräsentiert Kraft und Entwicklung.

VON SEINER DUNKLEN SEITE BETRACHTET: Dieser Dinosaurier steht für Schwerfälligkeit, Flucht in Theorien und Thesen, für wilde Vermutungen und Behauptungen. Er kann Altes nicht loslassen, versteht Dinge zwar, kann sie aber nicht umsetzen und scheint nicht ganz anwesend zu sein.

DINOSAURIER
CERATOSAURIER

Gruppendruck, eigene Bedürfnisse spüren und zu sich stehen

Der Ceratosaurier soll ein Rudeltier gewesen sein, das in der Gruppe andere Saurier aggressiv angriff. Er hat vor ca. 155 Millionen Jahren gelebt. Fossilien von ihm sind in Nordamerika, Europa und Afrika gefunden worden. Er soll fünf bis sechs Meter Länge und zwei Tonnen Gewicht gehabt und ein kleines Horn auf der Nase getragen haben – daher wird er auch als »Hornechse« bezeichnet. Er hatte muskulöse Hinterbeine mit vier Zehen, auf denen er lief, und kleine Vorderarme.

Ceratosauriermedizin

Erscheint ein Ceratosaurier auf deiner schamanischen Reise, so kann er dich zu alten Situationen führen, in denen du der Gruppe zuliebe gegen dein Empfinden Dinge getan hast, die dir im Nachhinein leidtaten. Solche Verhaltensmuster mögen in der Urzeit dem Überleben der Gruppe gedient haben, doch heute sind sie nicht mehr notwendig. Der Ceratosaurier macht dich auf Gruppenzwänge, destruktives Verhalten in Gruppen, alte Regeln, Abmachungen, Verträge und Bindungen aufmerksam. Diese sind noch nicht gelöst, wahrscheinlich folgst du ihnen immer noch gehorsam, obwohl sie schon längst keine Gültigkeit mehr haben. Vielleicht halten sie dich davon ab, dein Glück zu leben und zu dir selbst zu finden.

VON SEINER LICHTVOLLEN SEITE BETRACHTET: Der Ceratosaurier steht für Mut, Angriff, Schnelligkeit, für Gruppengefühl und soziales Gefüge sowie für das Motto »Gemeinsam sind wir stark«.

VON SEINER DUNKLEN SEITE BETRACHTET: Dieser Saurier folgt Gruppentrieben, ohne sich abgrenzen zu können. Er legt gewaltsames Verhalten an den Tag, zu dem er allein nicht den Mut aufbringen würde. Für andere macht er alles, nur damit er dazugehört. Somit verleugnet er sich selbst. Der Ceratosaurier steht für alte Versprechen und Bindungen und für karmische Verstrickungen aus vergangenen Leben.

DINOSAURIER

DIPLODOKUS

Brücken schlagen, die eigene Größe, Kraft und Stärke anerkennen

Der Name des Diplodokus stammt aus dem Altgriechischen und bedeutet so viel wie »Doppelbalken«. Man nennt diesen Saurier so, weil er Doppelknochen im Mittelteil seines Schwanzes hatte. Dieser Saurier lebte vor etwa 150 Millionen Jahren und erreichte mit etwa 27 Metern eine der größten Körperlängen unter den Dinosauriern. Allein der Hals war sechs Meter lang, und der peitschenartige Schwanz bestand aus etwa 80 Knochenwirbeln. Es wird spekuliert, dass dieser zur Abschreckung und Verteidigung diente. Der Saurier lief auf vier Beinen, der Körper war massig und der Schädel im Verhältnis zum Körper sehr klein. Vermutlich lebte der Diplodokus in ufernahen Gebieten, hielt sich im Wasser und an Land auf und ernährte sich vorwiegend von Wasserpflanzen.

Diplodokusmedizin

Wenn dir ein Diplodokus auf der schamanischen Reise erscheint, so bedeutet dies, dass dir eine gewaltige Kraft dabei hilft, Brücken zu schlagen, mit denen du Dinge wieder miteinander verbinden kannst.

Du kannst Visionen, die tief in dir schlummern, wecken und umsetzen. Vielleicht brauchst du viel Raum und Zeit für dich, um das, was du dir wünschst, in deinem Leben zu verwirklichen, vielleicht bist du bei manchen Dingen langsamer als andere – aber Wachstum hat alle Zeit der Welt. Folge deinem eigenen Tempo, egal, wie schnell sich die Welt um dich herum dreht. Du kannst große Kräfte in dir halten und ausgleichen. Du hast die Fähigkeit, Umstände zu harmonisieren und Himmel und Erde in dir zu vereinen. Höre auf dein Bauchgefühl. Versuche nie, mit einem Läufer zu rennen oder mit einem Maler zu malen, wenn du Musiker

bist – in diesem Fall mache Musik. Konzentriere dich also auf deine Stärken, dann wirst du deine wahre Größe erkennen.

VON SEINER LICHTVOLLEN SEITE BETRACHTET: Der Diplodokus ist friedliebend, verbunden und intuitiv. Er steht für Harmonie, für das Gleichgewicht zwischen Oben und Unten sowie für Innenschau und Gemeinschaftssinn.

VON SEINER DUNKLEN SEITE BETRACHTET: Dieser Saurier braucht viel Platz, er ist massig und träge, steht für langsames Wachstum und ist gekennzeichnet durch seine ständige Fresstätigkeit.

DINOSAURIER
MAIASAURIER
Liebevolle Fürsorge

Maiasaurier bedeutet »gute Mutter-Echse«. Diese Gattung von Dinosauriern lebte vor 74 Millionen Jahren, der bisher einzige Fossilienfundort ist in Montana (Nordamerika). Maiasaurier gehören zu den sogenannten Vogelbeckendinosauriern und waren Pflanzenfresser, die vermutlich in Herden über die mit Farnen, Schachtelhalmen und kiefernartigen Gewächsen durchzogene Landschaft wanderten. Sie hatten einen Entenschnabel mit bis zu 2 000 Zähnen, waren sieben Meter lang und konnten vermutlich ein Gewicht von bis zu drei Tonnen erreichen. Sie brüteten, wie viele heute lebende Vogelarten, in Kolonien. Auf engstem Raum wurden mehrere sehr gut erhaltene Dinosauriernester gefunden. Man geht davon aus, dass Maiasaurier ihre Brut so lange pflegten und hegten, bis die Nachkommen alt genug waren, selbst auf Futtersuche zu gehen. Die Tatsache, dass die Nester bis zu zwei Meter breit, rund angelegt und mit weichen Pflanzenteilen ausgelegt waren, zeugt von einer aktiven Brutpflege der Eltern – dazu passt auch der Name »gute Mutter-Echse«.

MAIASAURIERMEDIZIN

Zeigt sich der Maiasaurier, so erinnert er dich an Liebe, Fürsorge und Zärtlichkeit sowie an alles, was du von deinen Eltern und innerhalb deiner Gemeinschaft erhalten hast. Der Maiasaurier kann dich mit allen Mutterthemen, die noch nicht frei sind, in Verbindung bringen. Vielleicht ist es jetzt an der Zeit, dein Leben selbst in die Hand zu nehmen, die Grenzen neu zu stecken, dir selbst und anderen deine Liebe und Fürsorge zukommen zu lassen, liebevoller mit dir und anderen umzugehen, dich deinen Lieben zuzuwenden. Als Nestbauer kann dir der Maiasaurier zeigen, wie du dein eigenes Nest bauen und es gemütlich gestalten kannst. Es kann sein, dass es an der Zeit ist, dich aus alten Abhängigkeiten zu befreien, dein altes

Nest zu verlassen, eigenverantwortlich dein Leben kreativ und schön zu gestalten und ein neues Nest herzurichten. Lasse dich vom Maiasaurier zu den Themen bringen, die in deinem Leben auf Erlösung warten, weil genügend Zeit vergangen ist. Du bist bereit, jetzt noch einmal in die Vergangenheit zu blicken und dich um alte Themen, die mit Familie und Zuhause zu tun haben, zu kümmern.

VON SEINER LICHTVOLLEN SEITE BETRACHTET: Der Maiasaurier steht für Fürsorge, Liebe, Schutz und Versorgtsein, für Gemütlichkeit, das Zuhause und für die Schaffung einer Grundbasis.

VON SEINER DUNKLEN SEITE BETRACHTET: Er ist ein Nesthocker, der Unselbstständigkeit verkörpert, er traut sich nichts zu und lässt aus Bequemlichkeit andere alles machen. Durch seine Fixierung auf die Mutter steht er für unerlöste, nicht mehr zeitgemäße Mutterthemen, für Elternthemen und die Sehnsucht nach mütterlicher Liebe.

DINOSAURIER

PLATEOSAURIER

»Meine Freunde und meine Familie unterstützen mich jetzt in meinem Lebensplan.«

Der Plateosaurier (»flache Echse«) lebte vor 220 Millionen Jahren auf dieser Erde und gehört zu den bekanntesten Gattungen, die in Europa gefunden worden sind. Es gibt hier zahlreiche Knochenfunde und auch vollständig erhaltene Skelette. Dieser Saurier konnte bis zu 13 Meter lang und bis zu drei Meter hoch werden. In warmen Regionen wurden Plateosaurier größer als in kälteren. Man vermutet, dass die Tiere in Herden lebten, weil man zahlreiche Fossilien an einem Ort fand und die Tiere relativ wehrlos gegen Angreifer waren. Die Herde bot zusätzlichen Schutz für den Einzelnen.

Plateosauriermedizin

Der Plateosaurier zeigt sich, um dir die Urinstinkte von Gemeinschaft, Zusammenhalt und Freundschaft zu übermitteln. Diese Gruppierungen geben dir Kraft und stärken das eigene Feld. Dieser Saurier vermittelt die Kraft der Erde und Erdverbundenheit, denn stabile Verbindungen geben dir Halt und Schutz. Vertraue deinen Instinkten, du weißt, was gut für dich und deine Lieben ist. Vielleicht geht es darum, längst vergessene soziale Bindungen, Familienverbindungen und alte Freundschaften noch einmal anzuschauen, zu würdigen, um stabil, gut und sicher im Leben stehen zu können. Wer ein gutes Fundament hat, kann hoch bauen. Vielleicht hast du oft das Gefühl, dass deine Familie und deine Freunde dich davon abhalten, deinen Weg zu gehen, dass deine Energie zu sehr in einer Gemeinschaft gebunden ist. Lasse alte Überzeugungen los, und ersetze sie durch neue, kraftvolle, dich unterstützende Einstellungen.

VON SEINER LICHTVOLLEN SEITE BETRACHTET: Der Plateosaurier ist friedliebend und fürsorglich, er hat ein gutes soziales Verhalten und einen ausgeprägten Gemeinschaftssinn. Er steht für gute Bodenhaftung, Erdverbundenheit, für Stabilität, Ruhe und Kraft sowie für ein positives und gutes Eingebundensein.

VON SEINER DUNKLEN SEITE BETRACHTET: Er ist schutzlos und lebt in der Einsamkeit. Er fühlt sich nicht zu einer Gemeinschaft gehörig, steht für Opferdasein und versteinerte Verbindungen.

DINOSAURIER
PTEROSAURIER

Höre auf deine innere Stimme, Perspektivenwechsel

Pterosaurier (Flugsaurier) sind eine Gruppe urzeitlicher Tiere, die vor etwa 215 Millionen Jahren lebten und den Reptilien zugeordnet sind. Sie konnten mit großen tragflächenartigen Flughäuten fliegen. Es hatten sich zur damaligen Zeit erstmals fliegende Wirbeltiere entwickelt, unabhängig davon entstanden auch Fledertiere und Vögel. Bei den Flugsauriern wird zwischen zwei Gruppen unterschieden, den Langschwanzflugsauriern und den Kurzschwanzflugsauriern, die sich aus ihnen entwickelten.

Flugsauriermedizin

Flugsaurier kreisen über deinem Leben, um dich an dein gutes inneres Navigationssystem zu erinnern, das seinen Weg findet, auch wenn es zunächst nur die nächsten Meter sieht. Du weißt, welche Schritte als nächste anstehen. Nimm eine übergeordnete Perspektive ein, so weißt du, wenn es auch einmal schwierig wird, dass dies dazugehört, wenn du dein Ziel erreichen willst. Pterosaurier können dich zu alten, längst vergessenen Feldern führen, damit du und alle, die mit dir verbunden sind, heilen können. Wenn du schon Flügel hast, nutze sie auch dazu, dich in andere Perspektiven zu erheben, statt immer nur hin und her zu laufen und zu keinem Ergebnis zu kommen.

VON IHRER LICHTVOLLEN SEITE BETRACHTET: Pterosaurier stehen für eine gute Navigationsfähigkeit, sie wissen instinktiv, wo es langgeht und wie sie ihre großen Pläne und neue Ideen umsetzen können. Sie betrachten die Dinge aus einer übergeordneten Perspektive, entdecken so neue Möglichkeiten und gute Gelegenheiten. Das Tier symbolisiert schöpferische Gedankenkräfte und ist ein guter Empfänger für Botschaften. Zudem repräsentiert es Freiheit und Weite.

VON IHRER DUNKLEN SEITE BETRACHTET: Diese Saurier stehen auch für die Flucht nach oben, für wenig Erdung. Sie verlieren sich leicht in Gedanken, Träumen und Fantasien, und sie grübeln viel.

DINOSAURIER

STEGOSAURIER

Einmaligkeit

Stegosaurier bedeutet so viel wie »Knochenechse, gepanzerte Dachechse«. Dieser Saurier lebte vor etwa 155 Millionen Jahren in Nordamerika und Europa. Es gibt verschiedene Unterarten des Stegosauriers. Mit seinen ungewöhnlichen, imposanten, senkrecht stehenden Knochenplatten und Schwanzstacheln zählt er zu den populärsten Dinosauriern. Über den Hals, den Rücken und den Schwanz verliefen in zwei Reihen unterschiedlich große, rautenförmige, flache Knochenplatten in Verbindung mit langen Schwanzstacheln, die in Paarreihen nach oben standen. Man vermutet, dass die Schwanzstacheln der Verteidigung dienten und die Knochenplatten der Temperaturregulierung, Tarnung und Brautwerbung. Der Stegosaurier war ein vierbeinig laufendes, schwer gebautes, vier Meter hohes und neun Meter langes Pflanzen fressendes Tier mit relativ kleinem Schädel. An den Hinterfüßen hatte er drei kurze Zehen, die Vorderfüße wiesen fünf Zehen auf. Aufgrund verschiedener Studien vermutet man, dass der Stegosaurier nicht besonders schnell gegangen ist. Fossilienfunde zeigen eine große Aushöhlung in der Beckenregion des Tieres, vermutlich gab es dort eine Art »zweites Gehirn«, das die Reflexe der hinteren Körperhälfte steuerte und bei Angriffen eine Verstärkung der Gehirnleistung geboten hat. Der Stegosaurier wird heute oft in Filmen, Computerspielen, Comics und Cartoons gezeigt. Er wurde im Jahre 1982 zum Staatsdinosaurier von Colorado ernannt.

Stegosauriermedizin

Erscheint der Stegosaurier in deinem Leben, so erinnert er dich an deine unvergleichliche, unverwechselbare, einmalige Art. Du bist einzigartig, ein Unikat der Schöpfung. Verstecke dich nicht, sondern betone deine Stärken und Vorzüge vorteilhaft, und zeige sie mit Stolz und Würde. Sie lassen dich unvergesslich werden. Der Stegosaurier soll friedliebend gewesen sein, konnte sich und andere jedoch im Angriffsfall gut verteidigen. Wenn

du weißt, wer du bist, kannst du ruhigen und sicheren Schrittes deines Weges ziehen und dich und andere, die dir lieb und teuer sind, gut verteidigen. Du kannst Ungerechtigkeiten ausgleichen. Lasse Selbstbilder der Unvollkommenheit und Selbsterniedrigung los, und sei das, was du bist, voller Stolz und Würde.

VON SEINER LICHTVOLLEN SEITE BETRACHTET: Der Stegosaurier steht für Ausgleich und Balance, für Einmaligkeit, Extravaganz und betonte Besonderheiten. Er geht seinen Weg in einem ruhigen und gleichmäßigen Gang und steht für Schutz und Verteidigung. Er hat ein gutes Bauchgefühl und einen ausgeprägten Wahrnehmungssinn.

VON SEINER DUNKLEN SEITE BETRACHTET: Dieser Saurier repräsentiert auch Überheblichkeit, Eitelkeit und übertriebenes Balzverhalten. Er stellt sich zur Schau und kann bei Angriffen verletzen.

DINOSAURIER
TRICERATOPS
Neue Wege der Kommunikation

Der Triceratops (*»Dreihorngesicht«*) gehört zu den größten und bekanntesten Vertretern der Ceratopsia. Er lebte vor etwa 68 Millionen Jahren am Ende des Zeitalters der Oberkreide im heutigen Nordamerika. Er erreichte eine Länge von acht Metern und wog mehrere Tonnen. Sein Schädel war grob dreieckig und wuchtig. Er hatte zwei Knochenhörner und ein etwas kleineres Horn auf der Nase. Eine weitere Besonderheit war sein großer Nackenschild, der aus dem Scheitel- und Schuppenbein gebildet wurde. Dieser Saurier hatte Zahnbatterien, also zahlreiche hintereinander angelegte Zähne, die abgenutzte oder ausgeschlagene Zähne immer wieder ersetzten. Seine Gliedmaßen waren robust, die Hinterbeine etwas länger als die Vorderbeine. Es gibt keine Erkenntnisse über sein Sozialverhalten. Hörner und Nackenschild dienten vermutlich der Verteidigung – die Hörner als Stoßwaffen und der Schild als Schutz vor Bissen – bei Auseinandersetzungen um das Revier und um Paarungspartner. Man vermutet, dass er sich vorwiegend von krautigen Pflanzen ernährte. Säugetiere wie die heute lebenden Nashörner und Flusspferde ähneln diesen Dinosauriern.

Triceratopsmedizin

Zeigt sich dir der Triceratops, so verweist er dich auf deinen eigenen Willen. Du bist beschützt und wirst getragen vom Leben, egal, wofür du dich entscheidest. Vielleicht fühlst du dich manchmal zu schnell angegriffen und meinst, dich ständig verteidigen oder rechtfertigen zu müssen für das, was du machst. Das kostet dich viel Energie.

Oder du stellst dich vielen Situationen nicht, sondern entziehst dich ihnen und verpasst wunderbare Gelegenheiten des Miteinanders, des Glücks und neuer Chancen. Hebe deinen Kopf, es gibt viele Möglichkeiten zu kommunizieren. Folge einfach deinem Weg, wiege dich in Sicherheit. Entlarve mithilfe des Triceratops deine Verteidigungs- und Vermeidungsstrategien, die dich davon abhalten, die glücklichen Momente deines Lebens zu genießen.

VON SEINER LICHTVOLLEN SEITE BETRACHTET: Der Triceratops steht für Schutz, Sicherheit, Verteidigung und Rückzug, dafür, andere ihr Ding machen zu lassen und sich aus fremden Angelegenheiten rauszuhalten. Er achtet die Grenzen anderer und kann seinen eigenen Weg gehen.

VON SEINER DUNKLEN SEITE BETRACHTET: Er repräsentiert auch Trägheit, Schwere, Eigenwilligkeit, Dickköpfigkeit und Verbohrtheit. Er ist nicht greifbar, verliert schnell sein Ziel aus den Augen, lässt sich lenken und leiten von dem, was gerade ist. Zudem steht er für das Motto »Was du nicht meiden kannst, musst du vertreiben.«

DINOSAURIER
TYRANNOSAURUS REX

Das Schöpfungsfeuer lenken und leiten

»Tyrannos« bedeutet »Herr, Gebieter, Allein- und Gewaltherrscher«, »sauros« bedeutet »Echse« und »rex« »König« – der Tyrannosaurus Rex, auch T-Rex genannt, ist also der König der Echsen. Dieser fleischfressende, räuberische, aggressive Echsenbeckendinosaurier lebte vor 68 bis 65 Millionen Jahren in weiten Teilen Nordamerikas und gilt als das bekannteste und berühmteste damalige Tier des Festlandes. Zu seiner Rasse zählen der südamerikanische Mapusaurus und Gigantosaurus sowie die afrikanischen Carcharodontosaurus und Spinosaurus; fossile Reste weiterer Verwandter wurden auch in China, der Sahara und der Mongolei gefunden.

Der Raubsaurier T-Rex soll 13 Meter lang gewesen sein und ein Gewicht von bis zu sieben Tonnen erreicht haben. Er war groß und bewegte sich aufrecht auf kräftigen Hinterbeinen. Seine Arme waren so lang wie die eines Menschen und hatten je zwei Finger. Sein langer Schwanz diente dem Tyrannosaurus Rex vermutlich als Ruder und als Waffe. Der Kopf war ungewöhnlich groß und mit einem massiven Gehirn ausgestattet, und der Kiefer hatte einen starken Überbiss, wodurch das Tier seine Beute förmlich in Stücke reißen konnte. Er war aller Wahrscheinlichkeit nach ein aktiver Jäger, der lebende Beute verfolgte. Färbung, Lebensweise und Brutverhalten sind weitgehend unbekannt. Der T-Rex ist weltweit der populärste Dinosaurier, in Filmen ist er die Gefahr Nr.1 und wird meist als überlegene, aggressive und tödliche Fressmaschine dargestellt.

Tyrannosaurus-Rex-Medizin

Der T-Rex bringt dir das Feuer. Wie gehst du mit deiner Energie, deiner Kraft um? Kannst du sie konzentriert und genau auf deine Ziele richten? Kannst du diese Ziele verwirklichen?

Gibt es in deinem Leben Themen, die mit Gewalt, Aggression und unkontrollierter Wut zu tun haben? Fühlst du dich schnell angegriffen? Schlägst du manchmal zurück und merkst gar nicht, wie verletzend deine Reaktion sein kann? Gibt es große Verlust- und Todesängste? Lerne, dein Feuer zu verstehen, es zu lenken und zu leiten. Vielleicht kämpfst du um deinen Platz, deine Position, mit unlauteren Methoden, indem du anderen drohst, deine Macht demonstrierst, rumbrüllst, sie einschüchterst und in die Ecke drängst. Du bist der Herrscher in deinem Leben, aber ohne andere beherrschen zu wollen. Früher dienten viele Verhaltensweisen dem Überleben. Dies ist jedoch in deinem heutigen Leben längst überholt und veraltet. Vielleicht gibt es lange zurückliegende Dinge, die du in Ordnung bringen solltest, damit du im Frieden mit deiner eigenen Seele leben kannst.

VON SEINER LICHTVOLLEN SEITE BETRACHTET: Der T-Rex strahlt als Herrscher und Jäger Überlegenheit und Stärke aus. Er steht für Zielorientierung und hohe Konzentration, ist siegessicher, schnell, übermächtig, ohne Angst und Erschrecken, und er kann jedes Mittel einsetzen. Er greift an, schlägt zu und zögert nicht. Der T-Rex ist beeindruckend, bekannt und Respekt einflößend.

VON SEINER DUNKLEN SEITE BETRACHTET: Dieser Saurier ist ein aggressiver Angreifer. Er hat ein hohes Gewaltpotenzial, ist nicht zu bremsen, zutiefst verletzend, schreckt vor nichts zurück, auch nicht vor unlauteren Methoden, verhält sich maßlos, gierig, skrupellos, räuberisch und nimmt sich, was er will und was er braucht. Er handelt ohne Rücksicht auf Verluste.

DONNERVOGEL

Übernatürliche Kraft, Segen, Führung

Mit Gedonner und Getöse
kreisen wir über deinem Sein,
hast du die Kraft, hast du die Gabe,
dich selbst zu überwinden
und dich an die Kräfte
des Himmels zu binden?
Hab keine Angst, du wirst geführt,
hast du uns erst mal gespürt.
Wir wachen über die unsterbliche Seite in dir,
hohe geistige Führer, das sind wir.
Hörst du den großen Geist in allem rufen, wandelst du die Feuerstufen,
du bist geboren, um zu geben und neue Verbindungen zu weben.
Wir helfen, zu erhellen diese Welt, in der das Wandeln oft sehr schwerfällt,
wecken auf, rufen herbei Respekt und Demut, innere Haltung,
Führung und gute Lebensgestaltung.
Du trägst das Feuer, hältst die Kraft,
welche die Schöpfung durch dein Wesen schafft.
Handle weise auf deiner Lebensreise,
in Respekt und Achtung einer höheren Natur.
Stelle dich nicht über das Licht,
lasse es leuchten in dir, lasse dich führen,
du wirst es spüren.
Hörst du den Donner, das alte Grollen,
es erinnert dich an das Wissen und Wollen.
Die Absicht zählt, drum prüfe genau,
und nutze das richtige Know-how.

Wissenswertes über den Donnervogel

Der Donnervogel, auch »Thunderbird« oder »Donnerwesen« genannt, ist ein hohes Geistwesen aus der spirituellen Tradition der nordamerikanischen Indianer. In der Sprache der Lakota wird er beispielsweise »Wakinyan« genannt, was so viel wie »heilige Schwingen« bedeutet. Seine Flügelspannweite soll zweimal so groß sein wie der größte Baum. Er ist eine feurige Gestalt, kann mit seinen Flügeln Stürme und Blitze entfachen und ballt die Wolken zusammen, um eine mächtige Kraft zu entfesseln. Sein Flügelschlag ist der Donner, und sein scharfes Auge, dem nichts entgeht, blickt mit durchdringenden Blitzen auf die Erde. In heiligen Tänzen und Zeremonien der Ureinwohner werden aus Adlerfedern gefertigte Masken getragen, die manchmal zwei gewundene und gedrehte Hörner und einen Schnabel mit Zähnen haben.

Es ist nicht klar, ob der Donnervogel ein Einzelwesen ist oder eine Gattung von Wesenheiten. Er ist jedoch mächtig, Ehrfurcht gebietend, intelligent und energiegeladen. Laut den alten Mythen und Legenden soll er auf dem Gipfel des Berges leben und ein Diener und Götterbote des Großen Geistes sein. Man sollte ihn ehren und es tunlichst vermeiden, ihn zu verärgern. Donner kündet einerseits von großen Kräften, aber er ermahnt auch. In den spirituellen Traditionen der Ureinwohner Amerikas hüten bestimmte Menschen spirituelle Kräfte, die sie mit Bedacht und zum Wohle der Gemeinschaft einsetzen. So gibt es einen Donnervogelclan, der eine bestimmte Medizin hütet und den Ausgleich und die Harmonie wiederherstellen kann, weil er größere Zeitzyklen überblickt. Im indianischen Medizinrad sind die Donnervögel dem Element Feuer mit all seinen Qualitäten und Eigenschaften zugeordnet. In der Tradition der Indianer entspricht der Donnervogel den westlichen Sternzeichen Widder (21.3.–20.4.), Löwe (23.7.–23.8.) und Schütze (23.11.–21.12.).

Es gibt Donnervögel, die in Australien und Tasmanien vor mehr als 20 Millionen Jahren gelebt haben und vor 25 000 Jahren ausstarben. Diese sind jedoch hier nicht gemeint.

Der Donnervogel in der Mythologie

Der Donnervogel ist in der Mythologie der größte Raubvogel, der jemals hier auf Erden gelebt haben soll. Er war einst ein großartiger, bewundernswerter, überaus imposanter Vogel, gut, umsichtig, fürsorglich, freundlich, stark und mächtig. Er konnte die Erde fruchtbar machen, Regen bringen und Menschen zusammenführen. Sein Rat war geschätzt und gefragt. Sein Lied war magisch, er konnte Regenwolken herbeisingen, neues Leben erwecken, neue Energie entfachen, die Atmosphäre reinigen und negative Kollektivfelder auflösen. Eines Tages jedoch erkannte er all dies und wurde ein Opfer seines Egos. Sein eigenes Erscheinungsbild stieg ihm zu Kopf, er fing an, um sich selbst zu kreisen, sich selbst zu bewundern und in den Himmel zu heben. Er nutzte den Geist, um sich selbst zu lobpreisen, und führte magische Tänze der Eitelkeit auf. Der Schöpfer sah dies eine Zeit lang mit an, dann schickte er einen Flammenstrahl zur Erde, und ein Blitz trug den Donnervogel zum Großen Geist empor. Der Vogel erhielt eine weitere Chance und wurde als mächtige Kraft mit einer Warnung in den Dienst des Donnerwesens gestellt. Er erkannte nun die Freude daran, der Schöpfung zu dienen, und lernte seine Aufgabe und seinen Platz im großen Ganzen kennen. Der Donnervogel hilft uns heute, unsere Feuerkraft zu meistern und sie auf richtige Weise anzuwenden – herrschen bedeutet dienen.

Donnervogelmedizin

Menschen mit Donnervogelmedizin sind die Hüter des Feuers mit all seinen Aufgaben. Wir müssen manchmal zuerst durch das Feuer gehen, um auf richtige Weise damit umgehen zu können. Wer mit dem Feuer spielt, kann sich verbrennen, lernt aber auch, es zu beherrschen. Das Leben schenkt uns immer wieder neue Gelegenheiten, aus alten Situationen zu lernen und unsere Kräfte auf gute Weise einzusetzen. Je mehr wir unsere Kraft spüren und anwenden, desto mehr gelangen wir in Versuchung, mit dieser Kraft zu prahlen, sie nur noch eigennützig einzusetzen und uns über andere zu erheben und zu meinen, wir seien etwas Besseres. Der Donnervogel erinnert uns durch seinen eigenen Weg daran, demütig auf den Schöpfer und im Herzen ausgerichtet zu bleiben. Jeder und alles hat seine Aufgabe im großen Plan. Er lehrt uns, die Feuerkraft, die »Fackel des Lebens«, richtig zu hüten, zu lenken und so zu leiten, dass sie im Einklang mit den höchsten schöpferischen Kräften ist.

Erscheint dir der Donnervogel, so erhältst du eine zweite Chance. Lerne aus den Fehlern, die du gemacht hast, und vergib dir und anderen. Setze dein Feuer nicht in Form von Rachegedanken, ewiger Wut und Zorn ein, sondern schaue, wie du dieses Feuer auf gute, heilsame Weise anwenden kannst. Du wirst von höheren Mächten, die nicht von dieser Welt sind, geleitet. Du bist eine Seele, die eine menschliche Erfahrung macht, aber du kannst dich über die menschliche Ebene erheben und neue Wege im Einklang mit der Schöpfung gehen. Verzeihe, bereinige und gehe weiter, denn es dient niemandem, wenn du dich in Schuldgefühlen und Scham windest. Kein Heiliger ist ohne Vergangenheit, kein Sünder ohne Zukunft. Wir erhalten immer wieder die Gelegenheit, die Kraft der Ewigkeit durch uns in die Schöpfung zu lenken und Aufgaben im Dienst an der Menschheit zu verrichten.

Menschen mit Donnervogelmedizin sind geborene Führer und haben die Kraft, Zeremonien und Rituale zur Heilung und zum Wohle aller zu leiten. Zuerst werden sie geprüft und haben einige Hindernisse zu überwinden. Nutze die Kraft des Feuers dazu, zu erlösen. Die Schwingen des Lichtes, die mit Donner über das Land hallen, sind Macht, Kraft und Warnung zugleich. Was ist deine Absicht? Was ist das Motiv deiner Handlung? Kommt es aus der Kraft deines Herzens?

VON SEINER LICHTVOLLEN SEITE BETRACHTET: Der Donnervogel steht für aktives Handeln, Gerechtigkeit, Erkenntnis und Erleuchtung, Freude, Ekstase, Visionen, Heilung. Er kann aus Fehlern lernen, anderen dienen und für sie da sein, heilsame Wege finden, er sucht das Gespräch, läutet fruchtbare Phasen ein, entfacht das Licht in anderen und sorgt für Begeisterung, allumfassende Liebe und Mitgefühl.

VON SEINER DUNKLEN SEITE BETRACHTET: Der Vogel steht für Arroganz, Eitelkeit, Überheblichkeit, Rache, Wut, Zorn, Manipulation und Selbstdarstellung. Er urteilt, verurteilt, mutmaßt.

Weitere Informationen

RAT DES DONNERVOGELS: »Lebe das Licht aus dem Zentrum deines Herzens. Erkenne das Feuer der Seele an, das in jedem lebendigen Geschöpf brennt. Du wirst göttlich geführt.« **FARBEN:** Rot, Orange, Gelb, Weiß, Blau; **ELEMENTE:** Feuer, Flamme, Licht, Blitz, Donner, Wolken; **WEITERE ASSOZIATIONEN:** karmischer Ausgleich, Gerechtigkeit, Balance, den Platz im Universum finden, Seelenplan erfüllen, Lenken und Leiten der schöpferischen Kräfte, Selbstermächtigung durch »Angebundensein« an die Quelle, schlummernde Kräfte und Fähigkeiten, Bewusstsein und Erkenntnis, Selbsterkenntnis, zweite Chance, Umkehr durch Liebe, Gnade und Vergebung. Die Anwesenheit der Donnervögel erkennt man an Donner, Blitz und Regenwolken. Die Spirits führen dich, wenn deine Absichten rein sind. **STEINE:** Gold, Feueropal, Karneol, Rubin, Diamant; **TRAUMSYMBOL:** Erscheint der Donnervogel in deinen Träumen, so kann dies ein Hinweis auf eine bevorstehende Prüfung sein. Wisse, du hast die Kraft, alles, was in dein Leben kommt, zu meistern. Der Donnervogel kann für Geschütztsein, Prüfung und Ausgleich stehen. **AFFIRMATION:** »Großer Geist, du durch mich, so soll es sein. Lenke meine Gedanken, lenke meine Worte, lenke meine Handlungen alle auf rechte Weise zum Wohle aller Beteiligten, auch zu meinem.«

EISBÄR

Heilung alter Emotionen, Kraft und Schutz aus der Quelle, Meisterschaft

Bärenstark im Schneegewand,
führen wir mit starker Hand,
lenken und leiten die Energien und Kräfte.
Entscheidest du dich für die Quelle in dir,
so kommen wir,
lehren dich, die Kraft in dir zu entdecken,
Geborgenheit und Liebe zu erwecken.
Dann bedeutet dies, die Meisterschaft steht an –
du bist jetzt in deinem Leben dran.
Hier wird gehandelt,
mit den Kräften gewandelt,
Altes darf heilen – du kannst verweilen –,
Zeit heilt die Wunden, lass es geschehen,
wir sind bei dir, du kannst uns sehen.
Sind Gesandte der göttlichen Welten,
bilden aus die wahren Helden.
Erscheinen wir,
dann ist die Quelle nun in dir.
Du bist verantwortlich für dein Leben –
kannst niemand anderen mehr in diesen Stand erheben.
Du hast die Kraft, zu stehen und stabil zu sein –
rufe das große »ICH BIN« in dich herein.
Fülle, Glück, Erfolg und Wohlstand werden nun dein … im Sein.
Wende dich der Sonne zu –
in dir findest du Frieden und Ruh'.

Lebensweise des Eisbären

Der Eisbär *(Ursus maritimus)*, auch Polarbär genannt, gehört zu den Großbären und ist eines der größten Raubtiere dieser Erde. Sein Lebensraum ist die Arktis rund um den Nordpol. Das Fell wirkt gelblich weiß und dient der Tarnung. Es ist zudem dicht, ölig und Wasser abweisend. Die Haare des Eisbären sind durchsichtig und leiten das Licht zu seiner schwarzen Haut, die so durch die Sonne gewärmt wird. Sie hat eine dicke Fettschicht, die ausgezeichnet der Wärmeisolation dient. Der Eisbär kann bis zu drei Meter lang werden und wiegt zwischen 300 und 700 Kilo. Das Gewicht variiert deshalb so stark, weil es von den Jahreszeiten abhängt: Im Sommer wiegt ein ausgehungerter Eisbär deutlich weniger als zur winterlichen Jagdzeit. Er ist aber in der Lage, große Mengen an Nahrung aufzunehmen und dann auch wieder längere Zeit zu hungern. Dank seiner stark entwickelten Hinterbeine kann er sich zu seiner ganzen Größe aufrichten. Sein Geruchssinn ist ungewöhnlich gut ausgebildet und sein Gehör empfindlich. Eisbären sind gute Läufer, Sprinter, Schwimmer und Taucher. Sie haben Schwimmhäute zwischen den Zehen, können über sechs Meter breite Eisspalten springen und weite Strecken ohne Pause schwimmen. Eisbären halten Winterschlaf in einer Schneehöhle, in der sie sich einschneien lassen. In dieser Höhle werden auch die Jungen geboren, die mit der Mutter drei Monate dort bleiben und sie insgesamt zwei Jahre begleiten. Sie lieben Treibeisfelder und gehen dort auf die Jagd. Ihre bevorzugte Nahrung sind Robben, Lemminge, Lachse und Aas, manchmal auch Beeren. Außer dem Menschen haben Eisbären keine Feinde. Eisbären sind sehr neugierige, tagaktive und standorttreue Einzelgänger. Sie können bis zu 45 Jahre alt werden.

Der Eisbär und seine Kraft in den Kulturen der Welt

Eisbären werden in der Welt der Inuit hoch verehrt, weil sie mächtige Kräfte besitzen, mit denen sie den Lebenskampf meistern. Sie werden »Nanuq« (englisch »Nanook«) genannt. In den Märchen und Mythen der Inuit erscheinen Meister, Schamanen, Richter und mächtige Lehrer oft in Eisbärengestalt. Der »Herr der Eisbären« entscheidet über die Jagd und bestimmt auch die Regeln des Jagdgeschehens. Wer sich mit ihren Kräften verbindet, sie ehrt und achtet, der erlebt den Dank der Bären in Form von Fülle, Versorgtsein, reicher Beute, Genährtsein vom Leben und Schutz in allen Lebenssituationen. Wer sich gegen sie stellt, habgierig, neidisch und hochmütig ist, den verlässt dieses Glück.

Nimm an, was dir im Leben geschenkt wird, es kommt direkt aus der Quelle. Der Eisbär lehrt uns Dankbarkeit für das, was ist. Es gibt verschiedene Geschichten, in denen sich der Eisbär um Menschen kümmert, die früh ein Elternteil oder beide Eltern verloren haben oder schlecht behandelt wurden, sich aber ein offenes und liebendes Herz bewahrt haben. Genauso gibt es auch Mythen, in denen der Eisbär ein Mädchen in seiner Höhle gefangen hält, bis es bereit ist, seinen eigenen Weg zu gehen, bis es den alten Schmerz überwunden hat, um dann das Glück aus eigener Kraft zu suchen. Eisbären helfen, das Innere Kind zu heilen. Diese Tiere sind mächtige Lehrer und Meister. Manchmal begleiten sie uns in einer bestimmten Situation, die mit Trauer, Enttäuschung durch eine geliebte Bezugsperson oder Verlust zu tun hat, und manchmal begleiten sie uns ein Leben lang. Ist der Schüler bereit, tritt der Meister in Form eines Eisbären auf den Plan. Dem Eisbären ist die Rune Isa zugeordnet. Er steht für eine Zeit des scheinbaren Stillstandes, in der Altes heilen und Neues entstehen kann – ganz von allein, ohne dass etwas dafür getan werden muss, so, wie es der Natur entspricht. Der Eisbär ziert das Wappen Grönlands und viele andere Flaggen und Wappen in nordischen Ländern. In den Jahren 2007 und 2008 wurden die Zoobären Knut und Flocke geboren. Sie waren die Hoffnungsträger einer neuen Zeit und zogen die globale Aufmerksamkeit vieler Menschen auf sich. Das Alte darf gehen, das Neue kommen.

Eisbärmedizin

Eisbärmedizin hilft, emotionale Wunden und tief sitzende Ängste zu überwinden und Heilung in sich zu finden. Der Eisbär lehrt dich, Geborgenheit, Liebe und Kraft aus dir selbst heraus zu entwickeln. Er begleitet dich, solange du in einer Zeit, in der du emotionale Verluste zu verarbeiten hast, Schutz, Rückzug und Geborgenheit oder Ruhe brauchst. Dadurch, dass der Eisbär die Sonnenenergie über sein Fell aufnimmt, lehrt er dich, dich an die Quelle, die immer da ist und aus der alles Leben hervorgegangen ist, anzuschließen, dich aufzuladen und aus eigener Kraft zu handeln. Der Eisbär rät dir, auf dich selbst zu vertrauen und die Fähigkeiten, die du mitgebracht hast, zu entfalten. Er verlässt sich auf seine Nase und sein Gehör und zeigt dir, wie du deine Sinne einsetzen und schulen kannst, um den richtigen Weg zu finden. Als Einzelgänger will er dich darauf hinweisen, dass du dich auf dich verlassen kannst und alles finden wirst, was du im Leben brauchst. Alles ist bereits in dir, wenn du dich deiner wahren Natur öffnest. Als Wanderer, Schwimmer, Taucher und Sprinter zeigt dir der Eisbär viele Wege, wie du dich nähren kannst. Er hält sich an die Zyklen der Natur – ist mal aktiv, schläft mal, ist mal lang unterwegs und zieht sich dann wieder in seine Höhle zurück und ruht – und fordert dich auf, deiner Natur zu folgen. Eisbärmedizin ist mächtig und verlangt viel von dem, den sie erreicht. Sie ist eine große Chance, den Weg der eigenen Meisterschaft zu gehen. Menschen mit Eisbärmedizin können mächtige Schamanen werden, die die Quelle in sich entdeckt haben, Meisterschaft erlangt haben und anderen helfen, den Weg dieser Selbstmeisterung zu gehen. Der Eisbär ist in extremen Situationen ein Lebenskünstler, er nutzt seine Kraft, um sein Leben zu gestalten, egal, wie hart die Bedingungen auch sein mögen. Sein Blick ist in die Tiefe des Herzens gerichtet.

VON SEINER LICHTVOLLEN SEITE BETRACHTET: Der Eisbär steht für Größe, Stärke, Kraft, Schutz und für die eigene Anbindung. Er ist Lehrer und Meister, hat Führerqualitäten, kann für sich stehen und für sich sorgen, er handelt eigenverantwortlich. Des Weiteren repräsentiert er Selbstermächtigung und Freiheit, aber auch Anbindung, Lebensfreude, Lebenskraft, Stabilität und Beweglichkeit.

VON SEINER DUNKLEN SEITE BETRACHTET: Er kümmert sich nicht um sich selbst, erträgt viel und hält viel aus, ohne sich mitzuteilen oder Hilfe zu holen, manchmal erfolgt ein starker Rückzug in sich selbst, er zeigt sich nicht, befindet sich im Kampf mit alten Emotionen, die er nicht loslassen kann, steht für alte Wut, die er gegen sich selbst richtet, er fühlt sich nicht richtig versorgt, hadert mit seinem Schicksal, statt anzunehmen, was ist. Der Eisbär lebt in der Vergangenheit und beachtet andere zu wenig.

Weitere Informationen

RAT DES TIERES: »Du bist jetzt groß genug, du kannst dich und deine Lieben allein durchbringen. Wenn du mal nicht weiterweißt, rufe mich. Ich werde dir beistehen, alles zu meistern, was du in deinem Leben zu meistern hast. Vertraue, du wirst sehr geliebt und bist beschützt.« **FARBEN:** Weiß: Farbe der Reinheit, Klarheit, Energieerhöhung; neue Wege, neue Kraft, eigener Anschluss an die Quelle; Beige (Gelb-Weiß): »Ich werde aus der Quelle gespeist«; Polarblau: Schutz, von Gott beschützt, behütet und begleitet; Gesandte, Gesandter Gottes; Sonnengelb: Freude am Dasein, Selbstermächtigung, Annahme der eigenen Kraft; **ELEMENTE:** Erde, Wasser in Form von Eis, Kraft auf der Erde, Stabilität, ICH BIN; **WEITERE ASSOZIATIONEN:** Rune Isa, Stillstand, Anbindung an die eigene Quelle, Erkennen der eigenen Kraft, Schutz aus der Quelle, in Gott gebettet, loslassen und sich öffnen, Heilung des Inneren Kindes, Erlösung von Traumata; **STEINE:** Bergkristall, Milchquarz, Lapislazuli; **TRAUMSYMBOL:** Erscheint der Eisbär im Traum, so kann dies verschiedene Bedeutungen haben. Schaue einfach, wie du dich am Morgen kurz nach dem Aufwachen fühlst. Gutes Gefühl: Altes vergeht, und Neues entsteht. Eine alte emotionale Wunde heilt. Eine alte Kraft, die du verloren geglaubt hast, kommt auf neue unterstützende Weise zurück. Ein neues Potenzial, eine neue Quelle öffnet sich dir. Emotionale Schocks lösen sich und können überwunden werden. Schlechtes Gefühl: Diesem kann die Enttäuschung durch geliebte Menschen zugrunde liegen, Gefühlskälte lähmt dich, du fühlst dich emotional nicht beschützt, etwas oder jemand fehlt im Leben. Dies kann erlöst werden, indem du nach Quellen, die dich nähren und dir Kraft schenken, Ausschau hältst und das Alte in Frieden ruhen lässt. **AFFIRMATION:** »Ich lasse los und öffne mich dem Strom des Lebens. Ich bin genährt, geschützt, geliebt und versorgt.«

EISVOGEL

Treue, höhere Verbindung, Vision

Schillerndes Wesen in Türkis und Orange,
am Wasser drehst du deine Runden
und hast so manche Visionen gefunden.
Mehrst das Glück und bringst den Wohlstand
für jeden, der dich sah und fand.
Lass das eigene Licht erstrahlen –
erhellst auf diese Weise jeden Raum
und führst uns zu dem Glück im Traum,
zeigst uns, wo die Schätze wohnen.
Der Kontakt mit dir – der wird sich lohnen.

Lebensweise des Eisvogels

Der Eisvogel (*Alcedo atthis*) wird auch »Uferspecht«, »Blauspecht«, »Wasserhähnlein«, »Kingfischer«, »Königsfischer« oder »Martinsfischer« genannt. In Frankreich, Italien und Spanien nennt man ihn auch »Sankt-Martins-Vogel«. Er besiedelt weite Teile Europas, Nordafrikas und Asiens und lebt an fließenden und klaren stehenden Gewässern. Seine Hauptnahrung sind Fische, Kaulquappen und Wasserinsekten. Sein herausragendes Merkmal ist sein auffälliges, metallisch türkis, azurblau und rostrot schimmerndes Federkleid. Der Ruf des Eisvogels ist kurz und scharf. Er ist ein standorttreuer, tagaktiver Einzelgänger, der oft lange Zeit ganz still auf einem Ast über dem Wasser sitzen kann.

Der Eisvogel und seine Kraft in den Kulturen der Welt

Als Orakeltier gilt der Eisvogel als Wetterprophet, der Regen und Eis ankündigt. Er schützt vor Gift und Not und wendet mit seiner Kraft Böses ab. Nach alten Geschichten mehrt der Eisvogel auch Geldschätze. Er wurde zu früheren Zeiten, wenn er tot aufgefunden wurde, in Seidentücher gewickelt und mit goldenen Ringen um den Hals aufbewahrt, weil er angeblich Ehre und Wohlstand brachte und das Charisma, die Ausstrahlung auf andere, verstärkte. Er diente, an einem Faden aufgehängt, als Wetterfahne und Kompass, denn sein Schnabel zeigte immer nach Norden oder in Windrichtung – es gab darüber unterschiedliche Auffassungen. In der griechischen Mythologie finden wir die

Geschichte von Alkyone, die mit ihrem Gemahl Keyx in innigster Liebe verbunden war. Dieser brach, trotz der Warnung seiner Gattin, zu einer Mission auf und kam im Mittelmeer ums Leben. Als Alkyone dies erfuhr, wollte sie nicht mehr leben, sondern sich in die Fluten des Meeres stürzen. Als sie sich von den Klippen warf, verwandelte sie sich dabei in einen Eisvogel und flog in Richtung ihres toten Gatten, der ebenfalls zu einem Vogel geworden war. Die Götter waren gnädig. Da Alkyone die Tochter von Aiolos, dem Gott der Winde, war, gewährte dieser zur Brutzeit der Halkyonen (Eisvögel) sieben Tage Windstille, damit sie ihre Nester bauen konnten. Sobald der Nachwuchs geschlüpft war, erhoben sich die Winde und brachten die Wellen zurück. Zur Wintersonnenwende gibt es die »halkyonischen Tage«, die diese Zeit der Windstille bezeichnen. So gewährt der Eisvogel Stille, Liebe und Frieden in turbulenten Zeiten. Er steht für Treue und ewige Liebe und soll ebenso Reichtum und Schönheit bringen. Sein Erscheinen kündigt den Fischern eine gute Reise und einen reichen Fang an. Auch die Federn gelten als Glücksbringer, die die Schönheit betonen.

Eisvogelmedizin

Zeigt sich der Eisvogel in deinem Leben, so leuchtet das Glück auf. Ein Bote, nicht von dieser Welt, wurde in dein Leben geschickt, um dich an deine Höherführung, die Schönheit, Liebe und Fülle, die das Leben für dich bereithält, zu erinnern. Als Einzelgänger fordert der Eisvogel dich auf, dich zurückzuziehen, in die Stille zu gehen, zu meditieren und deine Vision zu finden. Nur wenn die Wasseroberfläche ruhig ist, bist du in der Lage, den Grund klar zu erkennen: Warum bist du hier? Was hast du dir für dieses Leben vorgenommen? Stelle eine Verbindung zu deinem Höheren Selbst her. Der Vogel hilft dir, deine Kraft zu entdecken und zu entwickeln und das Feuer unter dem Eis zu entfachen. Folge deinem Gefühl, und lasse dein Licht aus dir leuchten. Du hast die Fähigkeit, deine Lebensumstände zu verändern, indem du dich mit deinem Höheren Selbst und deiner wahren Heimat in Verbindung setzt. Achte auf deine Träume und Gefühle. Betrachte sie, und lerne, ein wacher Beobachter dieser Welt zu werden. Du wirst viele Überraschungen erleben, und ungeahnte Möglichkeiten werden sich dir auftun. Als Glücksbote hilft dir der Eisvogel, Unglück abzuwenden. Alles in dir ist bereit. Du kannst jetzt deine Ausstrahlung, dein Charisma in der Welt leuchten lassen und anderen Hoffnung bringen.

VON SEINER LICHTVOLLEN SEITE BETRACHTET: Der Eisvogel steht für Meditation, Stille, Innenschau und Charisma, für überlegtes, zielgerichtetes Handeln. Er gilt als Visionär, soll Visionen aufsteigen lassen können, soll helfen, das Glück selbst in die Hand zu nehmen und eine gute Intuition zu entwickeln.

VON SEINER DUNKLEN SEITE BETRACHTET: Dieser Vogel steht auch für Eitelkeit, Einzelgängertum, Unnahbarkeit und Grübelei, er kreist immer nur um sich selbst mit dem Gefühl, nicht von dieser Welt zu sein.

Weitere Informationen

RAT DES EISVOGELS: »Suche einen Platz auf, an dem du meditieren und Innenschau halten kannst. Hier findest du die Schätze der Weisheit, die dein Leben bereichern. Vertraue, das Leben bietet dir Reichtum und Fülle.« **FARBEN:** Azurblau, Türkis, Orange, Rostrot; **ELEMENTE:** Luft, Wasser; **WEITERE ASSOZIATIONEN:** Weisheit von Atlantis, Erinnerung und Erweckung alter Fähigkeiten wie Telepathie, Hellhören, Hellsehen, Astralreisen, Erinnerung an deine ursprüngliche Schönheit und Reinheit; Erkenntnis und Weisheit; reinigen, Wasser trinken; du bist ein Lichtbringer; **STEINE:** Türkis, Lapislazuli; **TRAUMSYMBOL:** Erscheint der Eisvogel in deinem Traum, so bringt er Glück ins Haus. Er kann Reichtum, eine echte Liebesverbindung und ein gutes Geschäft ankündigen. **AFFIRMATION:** »Ich halte inne und werde still. In mir liegt alles, was ich brauche.«

ERDMÄNNCHEN

Aufgabenteilung, Sozialverhalten, Kommunikation

Putzige Gesellen springen in dein Leben,
es geht um Jagen,
Gemeinschaft und Vergeben.
Tagaktiv im Sonnenschein,
lassen sie das Licht der Quelle in sich herein.
Auch du bist eingebunden in ein Gefüge,
es abzulehnen ist eine Lüge.
Familie, die Liebe der Gemeinschaft,
sie gibt dir Kraft,
hier kannst du aufladen den Lebenssaft.
Schließt euch zusammen,
teilt die Arbeit auf,
lernt voneinander, so gewinnt ihr Zeit
und seid gut drauf.
Sei ab und zu still, lausche in dich rein,
alles liegt auf dem Weg
und kommt in dein Leben herein.

Lebensweise des Erdmännchens

Die geselligen, tagaktiven Erdmännchen *(Suricata suricatta)* leben im südlichen Afrika in den Savannen und Halbwüsten Namibias und Botswanas. Sie lieben die Sonne und die Wärme und können sich stundenlang in der aufgerichteten »Männchenhaltung« sonnen und ihre Umgebung beobachten – deswegen werden sie Erdmännchen genannt. Die Tiere sind leicht und schlank gebaut und können ungefähr 35 cm groß werden. Ihre Fellfarbe variiert von Hellgrau und Beige bis Ocker. Das Unterfell ist rötlich, auf dem Rücken haben sie ein paar Streifen, und ihr Schwanz ist buschig. Das Maul ist klein und läuft spitz zu, die dunklen Ohren bilden einen Kontrast zum hellen Kopf. Wie eine Maske sind die Augen von einer schwarzen Fellzeichnung eingerahmt. Erdmännchen können mit ihren Vorderpfoten graben, und sie scharren auf dem Boden, um Nahrung zu finden – diese besteht vorwiegend aus Insekten. Die reinlichen Tiere leben in Gruppen von bis zu 40 Mitgliedern und können sechs Jahre alt werden. Nachts oder in Gefahrensituationen suchen sie selbst gegrabene Erdbauten auf. Zum

Schlafen stapeln sich die Tiere übereinander, um die Wärme zu bewahren. In ihren Kolonien herrscht eine genaue Aufgabenteilung: Einige Tiere halten Wache, andere suchen Nahrung, wieder andere graben neue Bauten. Ein schriller Ruf genügt, und alle Erdmännchen verschwinden flink unter die Erde. Erstaunlich sind ihr Sozialverhalten und die Art und Weise, ihre Jungen zu erziehen. Sie unterstützen sich gegenseitig sehr gut. Erdmännchen sind nicht immer gern gesehen, weil sie Farmland untergraben und Krankheiten wie Tollwut übertragen können.

Das Erdmännchen und seine Kraft in den Kulturen der Welt

Erdmännchen stehen mit dem kleinen Volk und den Naturgeistern der Orte in Verbindung. Sie können sich in die kleinen Wesen verwandeln und blitzschnell Informationen über das Land verbreiten. Sie sind mit der Quelle, ihrer Sippe und der Erde verbunden und somit wunderbare Vermittler zwischen Himmel und Erde.

Das Erdmännchen ist besonders durch die Walt-Disney-Produktion »König der Löwen« bekannt geworden, in der eine der Hauptfiguren Timon, das Erdmännchen ist. »Meerkat Manor« (deutsch »Und täglich grüßt das Erdmännchen«) ist eine erfolgreiche Dokusoap, in der vier Erdmännchenfamilien die Hauptfiguren sind. Auch in dem Film »Wächter der Wüste« dreht sich die Handlung um eine Erdmännchenfamilie.

Erdmännchenmedizin

Ein kleines soziales Raubtier betritt dein Sein. Als in gut organisierten Gemeinschaften lebendes Kerlchen führt es dich zu deiner Familie, zur Ursprungsfamilie oder der von dir gegründeten Familie, zu den unausgesprochenen Sippengesetzen und verborgenen Verbindungen in deinem Clan. Als Wesen, das sich gern sonnt und die Wärme in sich aufnimmt, zeigt es dir, wie du dich an die Quelle, das Licht in allem, anschließen kannst. Erdmännchen sind lustige, freundliche Gesellen, die in der Gemeinschaft, die sie umgibt, in Harmonie leben. Sie lehren dich, mit allem zu kommunizieren und dich mit allem, was dich umgibt, zu verbinden. Nimm dir immer wieder Zeit, still zu sein, zu beobachten. Freue dich an dem, was auf dem Weg liegt. Du wirst versorgt mit allem, was deine Seele braucht; alles, was in diesem Augenblick wichtig ist, wird dir zugetragen, wenn du still bist, dich öffnest und lauschst. Gib anderen von deiner Wärme, deinen Erkenntnissen und dem Licht, das in dir strahlt, etwas ab. Bringe dein Licht in das Dunkel, und erhelle und erwärme die Erde. Das Erdmännchen kann dich führen in den Gängen der Unteren Welt, du bist nicht allein. Was du für dich erlöst, erlöst du für die ganze Gemeinschaft. Folge deiner Aufgabe. Als Wesen, das Steppenlandschaften bevorzugt, lehrt das Erdmännchen dich, auf das Wesentliche im Leben zu schauen und zu erkennen, was dir Kraft gibt. Lass dich nicht ablenken vom Lärm der Welt. Du kannst nicht außerhalb der Gemeinschaft leben. Jedes Wesen hat seinen Platz und seine Aufgabe im großen Ganzen, was das Leben in der Gemeinschaft sichert. Menschen beeinflussen dein Dasein. Schaue, wie viel Verantwortung du selbst für deine Lebensbereiche übernehmen möchtest. Achte auf Aufgabenteilung. Welche Aufgaben müssen dringend erledigt werden? Was kannst du deiner Familie an Aufgaben zumuten? Arbeitsteilung bedeutet mehr Freizeit für alle.

VON SEINER LICHTVOLLEN SEITE BETRACHTET: Das Erdmännchen repräsentiert soziales Verhalten, es ist angeschlossen an die Quelle, neugierig, komisch, liebenswert, gesellig, friedliebend und aufmerksam. Es steht für gegenseitige Unterstützung, angemessene Erziehungsmaßnahmen, Optimierung von Aufgaben in der Gruppe, Arbeitsteilung, Lebensfreude, Inspiration, Entspannung und Verständnis füreinander.

VON SEINER DUNKLEN SEITE BETRACHTET: Das Tier untergräbt auch fruchtbaren Boden, kann zur Plage werden und ist ein Krankheitsüberträger. Es ist schreckhaft, bissig und flüchtet schnell. Ebenso lebt es in einem starren Rollenverhalten, kann die Ablehnung der Familie erfahren, es hat keinen stabilen fruchtbaren Boden und kann mit dem Überlebenskampf konfrontiert werden.

Weitere Informationen

RAT DES TIERES: »Für alles gibt es eine Zeit.« **FARBEN:** Ocker, Gold, Braun, Grau; **ELEMENTE:** Erde, Luft; **WEITERE ASSOZIATIONEN:** Sippenverhalten, Neuordnung, Erziehung; **THEMEN:** Gemeinschaft, Ahnen, unerlöste Ahnenthemen, Familie, Familiengeheimnisse, unterirdische Verbindungen, unbewusste Rollen in der Familie; **STEINE:** Landschaftsjaspis, Unakit, Tigerauge; **TRAUMSYMBOL:** Erscheint dir das Erdmännchen im Traum, solltest du auf Botschaften aus der Sippe achten, denn es handelt sich um Ahnungen, Warnungen oder Aufforderungen, je nachdem, wie sich das Erdmännchen in deinem Traum zeigt. **AFFIRMATION:** »Zusammen sind wir stark und schaffen alles.«

FAULTIER

Energie sparen, faul sein, auf dem Kopf stehen

Hängen zwar in den Bäumen herum,
wir Faultiere sind jedoch gar nicht dumm.
Schlafen, träumen von unserem Leben,
geben kleinen Lebewesen ein Zuhause,
sind friedlich, ruhig und in der Stille da,
vom Boden aus nimmst du uns gar nicht wahr.
Erscheinen wir, kehre vor deiner eigenen Tür.
Sieh dir die Welt aus einer
anderen Perspektive an,
schau, dass du entspannst und auch
mal ohne Arbeit faul sein kannst.
Lass die Leute einfach reden,
folge jetzt nur deiner Spur.
So kann sich deine Batterie aufladen,
und du verlierst nicht den Lebensfaden.
Heilung kann geschehen in deinem Sein –
lässt du die ewige Sonne herein.

Lebensweise des Faultiers

Das Faultier *(Folivora)* gehört zu den Säugetieren und ist mit dem Gürteltier und dem Ameisenbären verwandt. Man unterscheidet Faultiere anhand der Anzahl ihrer Finger – es gibt Zweifingerfaultiere und Dreifingerfaultiere. Bereits vor 10 000 Jahren ausgestorben ist das Riesenfaultier, das die Größe der heutigen Elefanten hatte. Es war ein Pflanzen fressender Bodenbewohner und wurde wahrscheinlich durch Menschen ausgerottet.

Faultiere findet man vorwiegend in Nord- und Südamerika, wo sie tropische Regenwälder bewohnen. Sie werden einen halben Meter groß und bis zu neun Kilo schwer. Ihre Klauen sind gebogen und fungieren als Haken. Faultiere verbringen fast ihr gesamtes Leben einzelgängerisch mit dem Rücken nach unten an einem Ast hängend. Faultiere sind die Energiesparer der Tierwelt, denn sie bewegen sich langsam, zögerlich, und nur mühsam, in Zeitlupe, hangeln sie sich durch das Geäst. Allerdings sind sie gute Schwimmer. Sie schlafen täglich bis zu 16 Stunden. Ihre Körpertemperatur

kann je nach Aktivität um mehr als 9 °C schwanken, im Schlaf kann sie auf 24 °C absinken. Ein Sonnenbad hilft ihnen bei der Regulierung ihrer Temperatur. Am Boden sind sie schutz- und hilflos und halten ihren Aufenthalt dort so kurz wie möglich. Im Baum verteilen sie aber plötzliche, starke Hiebe mit ihren Armen, wenn sich Angreifer nähern. Das Faultier hat eine ungewöhnliche Tarnvorrichtung entwickelt: Pelzmitbewohner wie Schmetterlingsraupen, Parasiten und Algen siedeln in den Rillen seiner Haare, sodass diese eine grünliche Färbung annehmen. Das dicke Fell schützt das Tier zudem bei Abstürzen vor Verletzungen. Das Faultier hat einen guten Geruchs- und Tastsinn, das Gehör und der Gesichtssinn sind allerdings eher schwach entwickelt.

Das Faultier und seine Kraft in den Kulturen der Welt

Die brasilianischen Karajá-Indianer erzählen eine Legende von einer Faultierfamilie, die eines Nachts fror und beschloss, sich ein Nest zu bauen. Als die Sonne am nächsten Tag schien, aalten sich die Tiere aber, sie aßen und schliefen wieder ein. Sie vergaßen schlichtweg, was sie sich vorgenommen hatten. Es kam eine weitere kalte Nacht, und wieder entschloss sich die Familie, doch besser ein Nest zu bauen. Als die Sonne erneut aufging, ward der Beschluss abermals vergessen, und so ging es Tag für Tag. Bis heute hat die Familie kein Nest gebaut.

Das südamerikanische Volk der Shuar sieht in dem Faultier ein Ahnentier: Der erste Shuar soll ein Faultier gewesen sein. Dieses Volk jagt Faultiere zur Herstellung von Schrumpfköpfen, denen magische Kräfte zugesprochen werden. Die Schrumpfköpfe dienen der Abschreckung und Demütigung der

Gegner und zeugen von einem gewonnenen Kampf. Die Kraft geht in den Menschen ein, der den Kopf hergestellt hat.

Durch den Film »Ice Age« hat das Faultier an Beliebtheit und Popularität gewonnen.

Faultiermedizin

Ein Faultier hängt in deinem Leben. Stelle dich einfach mal auf den Kopf, und lasse dein Bauchgefühl sprechen. Betrachte die Situation aus einer anderen Perspektive, denn auf diese Weise kann sie ganz anders aussehen. Ziehe dich ab und zu zurück in die Oberen Welten, um aufzutanken, dich auszuruhen und Neues zu erfahren. Lasse einfach mal geschehen. Wenn wir aufhören, alles unter Kontrolle haben zu wollen, kann der Kosmos wirken, und Heilung kann geschehen. Dinge kommen und gehen in unserem Leben, und es gibt nicht wirklich viel, wofür es sich lohnt, seine Energie einzusetzen. Faultiere können dir also helfen, zu erkennen, an welchen Stellen du unnötig Energie durch Reden und Handeln verschwendest. Vieles bringt nichts, außer dass du deine Energiereserven aufbrauchst.

Es wird Zeit, mit der eigenen Energie zu haushalten und dich nach und nach von all dem, was dich zu viel Kraft kostet, zu verabschieden. Wenn du etwas tun willst, so tue es. Wenn es nicht in deinem Sinne ist, dann lasse es. So einfach ist es. Versprich nichts, was du sowieso nicht halten kannst. Rede kein unnützes Zeug. Das Faultier wird dich begleiten und lehren, wie du deine Energie am besten erhältst, einsetzt und einsparst. Entspanne dich, und lasse die Welt Welt sein – sie dreht sich auch ohne dein Zutun weiter. Im Rückzug kannst du auftanken. Wenn es wirklich notwendig wird, zu handeln, dann wirst du es augenblicklich aus deiner Mitte heraus tun.

VON SEINER LICHTVOLLEN SEITE BETRACHTET: Das Faultier steht für energiesparendes Verhalten, für das Bündeln und das Bei-sich-Behalten von Kraft und Energie. Es kann sich gut gegen ungute Gefühle abgrenzen, folgt dem Bauchgefühl statt dem Kopf und ist mit sich allein zufrieden. Des Weiteren steht es für Ruhe, Anschluss an die göttliche Quelle, Versorgtsein, Tarnung und Verbundenheit.

VON SEINER DUNKLEN SEITE BETRACHTET: Das Faultier steht für leere Versprechungen, Faulheit, Trägheit und Bequemlichkeit, dafür, keine Anstrengungen zu unternehmen, sich nicht richtig abzugrenzen und nicht Nein sagen zu können. Andere ziehen Nutzen aus seiner Kraft. Es symbolisiert wenig Bodenhaftung sowie Unsicherheit und Schutzlosigkeit, es kreist um sich selbst, wird zum Opfer, entzieht sich und hat kein Interesse am gesellschaftlichen Leben. Auch zieht es Parasiten an.

Weitere Informationen

RAT DES TIERES: »Sei einmal faul, und genieße dein Leben. Überlege dir, wofür du deine Lebensenergie wirklich einsetzen willst. Lege dir ein dickes Fell zu, und folge deinen eigenen Träumen und dem, was dir wichtig ist.« **FARBEN:** Grün, Grau; **ELEMENTE:** Luft, Erde, Wasser; **WEITERE ASSOZIATIONEN:** »Abwarten und Tee trinken«, faul sein, Rückzug, der Gehängte im Tarot, Sonnenenergie, universelle Energie, Anschluss an die ewig fließende Lebensenergie, »Finde deine Mitte«, »Sei in deiner Mitte«. Auch kann es auf eine alte Verbindung mit den Amazonasindianern hinweisen, auf altes Wissen und auf die Kraft der Ahnen. Achte darauf, wofür du deine Lebensenergie einsetzt. **STEINE:** Kristall, Hölzer; **TRAUMSYMBOL:** Erscheint das Faultier, so kann dies bedeuten, dass du Erholung und Ruhe brauchst und einfach einmal abhängen solltest. Pause machen und die Dinge geschehen lassen ist angesagt. **AFFIRMATION:** »Es gibt nichts zu tun außer Einatmen, Ausatmen, ahhhhh.«

GARUDA

Unsterblichkeit, Segen, Glück

Ein reines Wesen mit großer Kraft
dir den Aufstieg in höhere Welten verschafft,
aus Erdgebundenheiten in neue große Weiten.
Kein Gift der Welt kann es bezwingen,
es kann mit dunklen Kräften ringen.
Aus den unsterblichen Bereichen muss die
Dunkelheit jetzt weichen.
Das Licht der Seele wird nun frei –
leuchtend, strahlend, funkelnd, hell,
bahnt es sich den Weg ganz schnell
in die eigene Anbindung,
raus aus der alten, engen Windung.
Es trägt die Götter dieser Welt,
die Schöpferkraft enthält.
Lausche auf das, was dieses Wesen dir bringt,
lausche auf sein Lied, das es in deinem Herzen singt.
Du bist nun verbunden mit den Oberen Welten
und kannst gehen in Frieden den Weg der wahren Helden.

Garuda und seine Kraft in den Kulturen der Welt

Das mystische, adlerähnliche, gigantische Vogelwesen Garuda finden wir in der asiatischen Kultur als Reittier der Götter Vishnu und Lakshmi. Der Legende nach war Garuda ein Sklave zweier Nagas, riesiger Unterweltsschlangen. Sie verlangten, dass er ihnen das Unsterblichkeitselixier Amrita bringe. Er konnte in den Himmel gelangen und das Elixier stehlen, doch nahm er es selbst ein, und es verlieh ihm Unsterblichkeit – so stand er plötzlich in Augenhöhe mit den Gottheiten, die von ihm sichtlich beeindruckt waren. Garuda ist in der asiatischen Mythologie ein Götterbote, der den Menschen Nachrichten, Botschaften und Anweisungen der Götter übermittelt. Den Kampf der spirituellen Gegensätze von Vogel (Adler) und Schlange finden wir auch in unserer westlichen Kultur. Garuda wird als »Schlangenverschlinger« bezeichnet, der durch seine spirituelle Macht über die Wirkung des Giftes erhaben ist. Es handelt sich hier nicht um einen einsamen Vogel – in vielen buddhistischen Legenden werden in Schwärmen auftauchende große Vögel beschrieben, sie stammen aus dem mystischen Königreich Shambhala. In Kambodscha wird Vishnu von Garuda getragen. Auf balinesischen Häusern finden wir oft aus Holz geschnitzte Garudas, die das Haus und seine Bewohner segnen, sie beschützen und Feuer und Zerstörung fernhalten. Garuda ist das Wappentier Indonesiens und in Thailand das persönliche Emblem der Königsfamilie. In Indonesien und Thailand ist Garuda zudem das Amtssiegel von Behörden und Regierung. Die größte indonesische Fluggesellschaft trägt ebenfalls seinen Namen.

Garudamedizin

Ein Lichtbote der Oberen Welt erscheint in deinem Leben. Erhebe dich, finde deine eigene Anbindung. Ein Problem kann nicht auf der Ebene gelöst werden, auf der es entstanden ist, und deswegen ist es nun Zeit, dich mit anderen, lichtvolleren Ebenen zu verbinden und dir die Lage aus einer höheren Perspektive anzuschauen. Garuda kann dir als Botschafter zwischen den Welten Nachrichten, Weisheiten und Anweisungen aus dem Reich der Unsterblichkeit übermitteln, die dir helfen, Bewegung in festgefahrene Situationen zu bringen, neue Bereiche zu erschließen und deinen Weg aufrecht mit nach vorn gerichtetem Blick zu gehen. Folge seinen Anweisungen, steige auf seinen Rücken, und lasse dich führen in die mystischen Reiche von Shambhala oder zu den Gottheiten, mit denen er verbunden ist. Sie werden dir segensreich weiterhelfen und dir beistehen, deine Lebensaufgabe zu meistern. Widme dich aktiv der spirituellen Seite des Lebens.

VON SEINER LICHTVOLLEN SEITE BETRACHTET: Garuda steht für die eigene innere Anbindung, für Sieg, die Auflösung alter Verstrickungen und Führung von innen. Des Weiteren repräsentiert er Segen, Fülle, Schöpferkraft, neue Wege, Schutz, sichere Begleitung, ewiges Licht und Obere Welten sowie den inneren Meister oder die innere Meisterin.

VON SEINER DUNKLEN SEITE BETRACHTET: Er steht auch für den Kampf mit der Erdgebundenheit, für Verstrickungen, menschliche Verwicklungen, undurchschaubare Verhaltensweisen sowie das Gefühl, gefangen und mehr Opfer als Schöpfer zu sein.

Weitere Informationen

RAT DES TIERES: »Ich sende dir Botschaften aus höheren Welten. Höre auf die Stimme deines Herzens.« **FARBEN:** Gold, Rot, Weiß; **ELEMENTE:** Licht, Feuer, Luft; **WEITERE ASSOZIATIONEN:** Obere Welt, Verbundenheit mit der asiatischen Kultur (Bali, Indonesien, Thailand, Indien), Garuda ist das Reittier von Lakshmi, der Göttin des Glückes, der Schönheit und des Reichtums, und von Vishnu, dem Schöpfergott. Er kann dich mit ihnen verbinden. Er ist Botschafter, Überwinder von Schwierigkeiten; Segensbringer, bietet Schutz und Führung von oben. **THEMEN:** alte Wunden und Verstrickungen, karmische Bindungen, alte Abmachungen und Verträge; **STEINE:** Topas, Rubin; **TRAUMSYMBOL:** Dein Höheres Selbst sendet dir eine wichtige Botschaft, die du ernst nehmen und mit der du dich beschäftigen solltest. **AFFIRMATION:** »Ich bin göttlich geführt. Segensreiche mächtige Kräfte haben sich meiner angenommen. Der Sieg ist mir gewiss.«

GÄMSE

Eigene Anbindung, Kräutermedizin, Heilung von innen, Aufstieg

Selten sieht man die Tiere in Herden.
An den Grenzen von Vergehen und Werden,
an Stellen der Übergänge sind sie da,
nehmen die steilsten Wege gar,
klettern mit traumwandlerischer Sicherheit
in den Bergen ziemlich weit,
sind selten zu fangen, kaum zu kriegen,
da sie sich im Schoße der großen Mutter wiegen.
Finden die feinsten Kräutlein, Moose und Flechten,
können harte Kämpfe ausfechten,
hohe Höhen erklimmen
und im Schöpfungslicht entrinnen.
Sie stehen im Verbund mit dem wilden Volke,
seinen magischen Fähigkeiten
und öffnen neue Dimensionen und Weiten.

Lebensweise der Gämse

Die Gämse *(Rupicapra rupicapra)* ist in Europa und Kleinasien beheimatet. In Europa bewohnt sie die Alpen und andere felsige, bewaldete Bergregionen. Sie wird etwa 130 cm lang und 75 cm hoch und wiegt zwischen 30 und 55 Kilo. Ihr Körperbau ist kräftig und gedrungen, mit schlankem Hals und kurzem Kopf. Das kurze Fell variiert, je nach Jahreszeit, in rotbraunen, dunkelbraunen oder braunschwarzen Tönen. Die Hörner, die rückwärts gebogen aufsteigen, werden »Krucken« genannt. Gämsen halten sich am liebsten im oberen Waldgürtel auf. Sie ernähren sich von Alpenrose, Erle, Weide, Wacholder, Kiefer, Kräutern, Blättern und Gräsern, im Winter auch von Flechten und Moosen. Sie steigen im Sommer weit in die unzugänglichsten Gebiete der Gebirge auf. Gegen Winter kommen sie näher zu den Wäldern. Sie leben in Herden mit bis zu 30 Tieren, die jeweils von einer erfahrenen Gämse angeführt werden. Ein Tier in der Herde ist stets als Wächter abgestellt und warnt die anderen durch einen Pfiff, wenn Gefahr droht. Die meisten Böcke leben einzelgängerisch, stoßen erst im Spätsommer zur Herde und verscheuchen die männlichen Jungtiere durch Kämpfe. Ende November ist

Paarungszeit, und Ende Mai werden die Jungen geboren. Gämsen werden zwischen 15 und 20 Jahre alt. Gefährdet sind sie durch Raubtiere, herabrollende Felsen, Lawinen und Futtermangel. Da Gämsen keine steilen Grate und keine felsigen Gegenden scheuen, ist die Jagd auf sie oft gefährlich und mühsam. Gämsen liefern Fleisch, Fell, Leder, ihre Hörner werden zu Stockgriffen und ihr Haar auf dem Widerrist zum »Gamsbart«, einem traditionellen Hutschmuck, verarbeitet.

Die Gämse und ihre Kraft in den Kulturen der Welt

Da Gämsen meist in unberührter Natur leben, werden sie in Sagen und Legenden oft als Tiere bezeichnet, die am Ursprung der Schöpfung leben. Die Gämse ist ein Tier der Großen Mutter, dem in diesen Erzählungen oft ein dämonischer Charakter zugeschrieben wird. Sie leiht Hexen, Feen und verwunschenen Mädchen ihre Gestalt, damit sie entfliehen können. Die Gämse ist ein Tier der Saligen, sagenhafter Frauengestalten der Alpenregion. Auch der Teufel kann sich in Gämsengestalt zeigen. So mancher Jäger wurde von der Gämse ins Andersreich geführt, ins Reich der Zwerge, Feen und Elfen, der Märchen und Mythen, in die Welt, aus der alle Geschichten stammen, und musste dort verschiedene, sehr schwierige Aufgaben lösen, um die richtige Medizin für die Seele zu finden. Gämsen sollen hervorragende Kräuterkenntnisse haben. Da sie mit traumwandlerischer Sicherheit die schmalsten Grate und glattesten Felswände überqueren können, stehen sie für das Lösen der schwierigsten Aufgaben und für das Annehmen von Situationen.

Als wachsames und scheues Tier, das aus der Schöpfungsquelle stammt, steht die Gämse für die inneren Abgründe, den dunklen und gefährlichen Bereich des Unterbewussten und für die Gefahr, die der Aufstieg ins Licht mit sich bringt, aber auch für die Fähigkeit, diese zu meistern. Herz und Herzblut der Gämse sollen gegen Schwindel helfen und gegen Krankheiten, die durch Höhe verursacht werden. Weiße Gämsen stehen für Loslassen, Übergang und Tod, schwarzgraue Gämsen für unerlöste Schatten und Emotionen, braunrote für Kräuterkunde und die Medizin von Mutter Erde.

Gämsemedizin

Erscheint die Gämse auf deiner Reise, so nimmt sie dich mit nach oben zur Quelle des Ursprungs. Durch den Kontakt mit der Quelle kannst du Anbindung und Heilung erfahren. Vielleicht hast du ein schweres seelisches Problem, bist schon viele Wege gegangen, hast schon auf vielen Seiten Rat gefunden, der aber nur kurzfristig gewirkt hat, um dann wieder in den Weiten deiner Einsamkeit von den Abgründen in deiner Seele verschluckt zu werden. Die Gämse erinnert dich an die Quelle in deinem Sein, die du nur in dir finden kannst. Nur du kannst deinen Weg gehen. Als Ursprungstier deutet sie auf die Abgründe in deinem Unterbewusstsein hin, auf verdrängte Erfahrungen, verteufelte Bereiche, gefährliche Erinnerungen, Einsamkeit, Härte gegen dich selbst, seelische Misshandlungen und Verurteilungen, die dich davon abhalten, deinen Weg zu gehen. Nun hast du einen trittsicheren, vortrefflichen Helfer gefunden, der dich traumwandlerisch und spielend in die unberührte Natur, noch nicht erschlossenes, brachliegendes Gebiet, große Höhen und die eigene Anbindung an die Quelle führen kann. Folge ihr, und schaue, was sie dich lehren möchte. Auch wenn ihr Weg karg und unwegsam wirken mag und ihre Umgebung scheinbar nicht viel zu bieten hat, steht sie doch mit vielen unsichtbaren Geistern, weisen Lehrern alter Zeiten und den Schicksalsweberinnen in Verbindung, die eine große Unterstützung sein können und heilige Kräfte hüten. Die Gämse lehrt dich, Altes zu überwinden, dich neuen Gebieten zu öffnen, anzunehmen, was ist, bei dir zu bleiben und dein Schicksal selbst in die Hand zu nehmen, um es neu zu weben. Wenn du die Verbindung in dir gefunden hast, und damit viele Freunde in der unsichtbaren Welt, kannst du die Bereiche heilen, würdigen und anerkennen, die dir lange Schmerzen bereitet haben. So geschieht Heilung. Jage keinen Illusionen nach, beschwindle dich nicht selbst, denn auf diese Weise kannst du schnell zum Opfer werden. Nur der nächste vor dir liegende Schritt zählt, und deine Seele weiß, was du dafür brauchst. Die Gämse ist eine gute, weise, humorvolle Geistführerin, die trotz ihres Einzelgängertums den Platz in der Gemeinschaft und die Aufgabe, die darin liegt, kennt. So wie in einer Gämsenherde jedes Tier seine Aufgabe hat, kannst du deine Aufgabe in der Gemeinschaft, den Grund deines Daseins finden.

VON IHRER LICHTVOLLEN SEITE BETRACHTET: Die Gämse steht für Weisheit, Aufrichtigkeit, traumwandlerischen, trittsicheren Instinkt, sie ist angebunden an die Quelle, hat Würde, Kraft und magische Fähigkeiten. Sie verfügt über ein soziales Verhalten mit spezifischen Aufgaben, reagiert angemessen auf Einflüsse von außen und kennt ihren Weg. Sie hat ihren Blick auf das Wesentliche gerichtet, findet neue Perspektiven, behält den Überblick und besitzt Kräuterweisheit. Ebenso steht sie für Selbstermächtigung, und sie kommt gut mit Kargheit zurecht.

VON IHRER DUNKLEN SEITE BETRACHTET: Die Gämse ist scheu, ängstlich, ausweichend, sie springt und irrt ständig umher und flüchtet sich in abstrakte geistige Welten. Sie steht für Flucht, Verdrängung, Schwindel, Lüge und Verweigerung sowie für Flüche und Verwünschungen, und sie nimmt eine Opferhaltung ein.

Weitere Informationen

RAT DES TIERES: »Folge mir, verlasse die eingetretenen Pfade, komm zu dir, alle Weisheit ist bereits in dir. Setze dich auf meinen Rücken, ich zeige dir, wie das Schicksal dein Leben webt. Erkennst du die unsichtbaren Fäden, so kannst du selbst dein Schicksal weben und deine Aufgabe im Leben finden. Verbinde dich mit der Quelle.« **FARBEN:** Weiß, Schwarz, Grau, Braun; **ELEMENTE:** Erde, Wasser, Eis, Schnee, Fels, abweisende, windige, kalte, karge Gegenden; **WEITERE ASSOZIATIONEN:** Eremit, höhere Wahrheiten suchen, Aufstieg, breite ausgetretene Pfade der Routine verlassen, neue Wege gehen, sich neuen Erkenntnissen öffnen, Humor, Schwarz und Weiß und alle Zwischentöne entdecken, Kräuterkunde, Kräutermedizin, Naturführer, Verbindung zum kleinen Volk, mit dem Licht der Seele verbunden, Drang, sich zurückzuziehen und in neue mystische Gebiete vorzudringen, Überprüfung und Auflösung alter, nutzlos gewordener Ansichten und Überzeugungen, Wachstum, Beschränkung auf das Wesentliche, Auseinandersetzung mit Leben und Tod; **THEMEN:** unerlöste Schatten, eingefrorene Emotionen, seelische Leiden; **STEINE:** Onyx, Schneeflockenobsidian, Bergkristall; **TRAUMSYMBOL:** Erscheint die Gämse im Traum, so kann dies bedeuten, dass sie dich in Verbindung mit deinem Licht oder deinem Schatten bringen möchte – je nachdem, wie sie dir erscheint. **AFFIRMATION:** »Nur der nächste vor mir liegende Schritt zählt. Alles ist vorhanden, um diesen bestmöglich auszuführen. Ich werde göttlich und auf beste Weise geführt.«

GECKO

Schutz, Erneuerung, Heilung

An der Decke aus der Ecke
leuchtet ein strahlender Punkt hervor,
senkrecht hoch und wieder runter,
klettert und rennt er hier ganz munter,
kennt sein Reich, bewacht sein Haus,
ungebet'ne Gäste fliegen raus.
Still und friedlich ist er da,
strahlt still und einfach wunderbar.
Kann mit dem Göttlichen kommunizieren,
als Wanderer zwischen den Welten
begleitet er die Helden.
Mit Humor und Lachen in deinem Sein
bringt er dich in Frieden heim.

Lebensweise des Geckos

Geckos (*Gekkonidae*) gehören mit insgesamt 800 anderen Tierarten zur Ordnung der Schuppenkriechtiere. Es gibt diese kleinen bis mittelgroßen Echsen schon seit etwa 50 Millionen Jahren. Im Laufe der Zeit haben sie es dank ihrer hervorragenden Anpassungsfähigkeit zu einer großen Vielfalt gebracht. Geckos sind in verschiedenen Lebensräumen anzutreffen und haben neben den gemäßigten Zonen auch die Tropen, warme Inselketten und Wüsten erobert. Es gibt Taggeckos, die auf Madagaskar, den Seychellen und den Komoren leben. Weitere Geckoarten leben im Mittelmeerraum, in der Südsee und auf Hawaii. Sie sind dämmerungs- und nachtaktiv. Geckos sind wundervoll gefärbt und schön anzuschauen, sie haben eine kräftige grüne Grundfärbung mit einem Muster aus roten, gelben, blauen, violetten oder grünen Flecken, Punkten und Linien. Sie leben an Baumwurzeln, unter Stauden und Mauern und haben auch schnell Einzug in die Häuser der Menschen gehalten. Die stillen, scheuen und sehr flinken Tiere können an Wänden und sogar Decken entlangklettern – manche Arten sind sogar zum Segelflug fähig. Sie wittern Gefahr augenblicklich und bringen sich dann blitzschnell in Sicherheit. Manche Geckos sind

in der Lage, ihren Schwanz abzuwerfen und ihn nachwachsen zu lassen. Da sie dabei helfen, die Häuser von Insekten freizuhalten, die in den Tropen schwere Krankheiten übertragen können, sind sie recht gern gesehen.

Der Gecko und seine Kraft in den Kulturen der Welt

Der Gecko gilt als Glücksbringer und wird als »Wächter der Heilung« bezeichnet. Er öffnet das Herz, bringt Freude, Heilkraft und beschützt die Seele eines Ortes, eines Menschen, eines Lebewesens. Der Gecko verbindet uns mit der alten Weisheit von Lemurien und trägt aufgrund seiner langen Existenz hier auf der Erde altes, stilles Wissen in sich, das er hütet und auf telepathischem Wege übermittelt. Er steht für Schnelligkeit, neue Perspektiven, für ungewöhnliche Wege, Heilung und Humor. Geckos stehen mit den Erd- und Naturreichen in Verbindung, sind Erdwächter und Erdwächterinnen. Kleine feurige Koboldkönige, Feuerelfen und Feen, Hüter und Wächter von Orten und Plätzen sowie Elementarwesen verwandeln sich gern in Geckos, um über ihr Reich zu wachen und Orte und Menschen, denen sie zugetan sind, zu beschützen und sie zu führen. Geckos bringen Farbe ins Leben und Kinderseelen zum Strahlen. Sie bringen die Elemente Erde, Feuer und Luft in Einklang und zeigen uns eine friedliche Verbindung mit allem, was im Sein ist. Sie wecken die Kraft der Intuition in uns und führen uns zu den heilsamen Verbindungen mit lichtvollen Führern und Führerinnen.

Geckomedizin

Ein wunderschön leuchtender, putziger Geselle hat sich auf den Weg gemacht, um an deiner Seite zu wachen. Flink und schnell hilft er dir, alte Angelegenheiten zu bereinigen, alles aus verschiedenen Perspektiven zu betrachten, mal abzuwarten, mal wachsam zu sein, sich mal aus dem Staub zu machen, sich zu zeigen, wieder wegzubleiben und mal schnell und unvermittelt zu handeln. Sein heilsames Verhalten bringt dich in eine gute Anbindung mit deiner Intuition und inneren Führung. Als dämmerungs- und nachtaktives Wesen hat der Gecko die Fähigkeit, in zwei Welten zu Hause zu sein und dich in das Andersreich zu führen, damit du Antworten und Neues auf geistigen Ebenen erfahren kannst, um dir und anderen Heilung zu bringen. Er lebt in

den Paradiesen dieser Welt und den Anderswelten, verbindet dich mit der uralten Weisheit von Mutter Erde, mit ihren unterirdischen Wegen. Er bringt dich über geheime Verbindungen in eine leuchtende Welt des Seins, führt dich zu längst vergessenen Geheimnissen, ermöglicht dir die Anbindung an deine leuchtenden Ahnen und den wahren Kern, der in dir strahlt und funkelt. Jedoch ist er auch ein ganz praktischer Lebensberater. Er zeigt dir, wann du handeln solltest und wo es angebracht ist, stillzuhalten und abzuwarten. Er führt dich zu neuen Perspektiven – schaue eine Situation von oben, unten und von verschiedenen Seiten an, und lerne auf diese Weise, einen neuen Bezug zu den Dingen zu entwickeln. Alles hat seine hellen und dunklen Seiten, schöne und weniger schöne Aspekte, und jede Situation hält einen versteckten Segen für dich bereit. Der Gecko lehrt dich, diesen Segen durch die neuen Perspektiven zu entdecken. Man kann eine Sache an sich nicht ändern, allerdings den Blickwinkel, aus dem man sie betrachtet. Seine Regenerationskraft ist enorm, und diese überträgt er auf dich. Lasse los, und schaue nach vorn. Alles kann Heilung finden, wenn du dich dem Strom der Heilung öffnest und dich ab und zu im Sein sonnst. Du hast einen treuen, aufgeweckten Begleiter an deiner Seite, der dich in eine tiefe Anbindung mit Mutter Erde und dem weiblichen Prinzip bringt. Durch seine sanfte Feuerkraft lernst du, lichtvoll zu wandeln und zu handeln.

VON SEINER LICHTVOLLEN SEITE BETRACHTET: Der Gecko steht für die Heilung von Mutterthemen, für heilsame Wege auf Mutter Erde, für Herzkommunikation, die keiner Worte bedarf. Er entfacht das Feuer der Erde und des Herzens für das Leben neu.

VON SEINER DUNKLEN SEITE BETRACHTET: Der Gecko steht auch für Versteck, Übervorsichtigkeit, Einzelgängertum und Zynismus und dafür, sich oft anders und nicht dazugehörig zu fühlen. Wissen kann so nicht vermittelt werden, weil es oft von anderen nicht oder falsch verstanden wird.

Weitere Informationen

RAT DES TIERES: »Betrachte eine Situation von vielen Seiten. Du hast viele Möglichkeiten. Wähle diejenige, die dir Heilung und Kraft bringt. Lache, und freue dich am Leben.« **FARBEN:** Weiß, Grün, Violett und andere mehr kombiniert in Punkten, Strichen und Mustern; **ELEMENTE:** Feuer, Luft, Erde, er trägt das Licht dorthin, wo es gebraucht wird, damit Heilung geschehen kann; **WEITERE ASSOZIATIONEN:** kleine Heilflamme des Lebens; **STEINE:** grüne Heilsteine, Felsen, Vulkangestein, Wärme speichernde Steine, altes Gemäuer; **TRAUMSYMBOL:** Erscheint der Gecko im Traum, so übermittelt er Botschaften aus einer anderen Welt. Er kann warnen und beschützen. Geckos können erscheinen, wenn eine Krankheit seelischer oder physischer Natur überwunden ist. **AFFIRMATION:** »Ich bin beschützt und gut beraten.«

GEPARD

Schnelligkeit, Spezialisierung, Dimensionssprung

Aus dem weisen Sonnenland
kommt er blitzschnell angerannt.
Mal Katze, mal Hund –
das Gesicht klein und rund.
Wach und hell, am Tag sehr schnell,
kennt er den Segen auf allen Wegen.
Strategien,
denen keiner so schnell kann entfliehen.
Drückt sich aus auf vielfältige Weise,
ist ein König – still und leise,
herrscht aus der Stille, kann gut warten,
drückt sich aus auf tausend Arten.
Ein Wunder der Natur
eröffnet sich dir nur,
wenn du mal still und leise
lauschst – auf deiner göttlichen Reise,
dann wieder schnell und aktiv flexibel handelst
und so dein Leben in Erfolg verwandelst.
Der Gepard hilft dir mit seiner Energie –
Wandlung geschieht jetzt, so schnell wie nie.

Lebensweise des Gepards

Geparde (*Acinonyx jubatus*) sind Savannen- und Steppentiere. Der englische Name »cheetah« stammt von dem Hindi-Wort »chita« und bedeutet »der Gefleckte«. Es gibt afrikanische und asiatische Geparde. Die ältesten gefundenen fossilen Überreste sind 500000 Jahre alt. Der Gepard gilt als schnellstes Landtier der Welt, weil er in drei bis vier Sekunden von 0 auf 100 km/h beschleunigen kann und im Lauf 114 km/h erreicht, die er aber nur etwa 400 Meter durchhält. Trotz der hohen Geschwindigkeit ist er in der Lage, blitzschnelle Richtungswechsel zu vollführen. Dem Gepard wird unter den Großkatzen eine Sonderstellung eingeräumt. Sein Körperbau und seine Gestalt unterscheiden sich deutlich von denen anderer Katzen. Seine Anatomie ist auf Schnelligkeit ausgelegt. Er hat extrem dünne und lange Beine, einen sehr schlanken, dem eines Windhunds ähnelnden Körper, einen kleinen runden Kopf und einen langen Schwanz. Das Fell hat eine gelbliche Grundfarbe und ist mit schwarzen kleinen Flecken übersät, die Bauchseite ist deutlich heller. Das Gesicht des Gepards ist dunkel und ungefleckt mit zwei schwarzen Streifen, die von den Augen zu den Mundwinkeln laufen und »Tränenstreifen« genannt werden. Geparde sind tagaktiv und geselliger als die meisten anderen Großkatzen, sie können sich in Gruppen von bis zu 15 Individuen zusammentun. Diese Raubtiere haben vielfältige Jagdstrategien, sie pirschen sich auf 50 bis 100 Meter heran und greifen dann mit hoher Geschwindigkeit an. Sie haben eine sehr hohe Erfolgsquote beim Jagen, jedoch sind ihre Krallen stumpf, und ihr Kiefer ist schwach, wodurch sie selbst angreifbar und den meisten Fleischfressern nicht gewachsen sind. Dies gleichen sie durch ein kompliziertes Mienenspiel mit allerlei Drohgebärden aus – überhaupt haben sie eine außerordentlich ausgeprägte Ausdrucksweise.

Der Gepard und seine Kraft in den Kulturen der Welt

Der Gepard war früher Ratgeber bei der Jagd und der Verteidigung, was für den Menschen und das Überleben des Stammes einen hohen Stellenwert hatte. Er lehrte die Menschen, wie sie erfolgreich ihr Ziel erreichen konnten. Seit dem dritten Jahrtausend v. Chr. verstand man es in Mesopotamien wie auch im alten Ägypten, Geparde zu zähmen, zu dressieren und sie als Jagdbegleiter abzurichten. Sie werden auch als »Jagdleoparde« bezeichnet. In Europa konnten sich nur reiche Königshäuser den besonderen Luxus leisten, mit Geparden zu jagen. Da sie sich in Gefangenschaft nicht vermehren, wurden immer neue Tiere gefangen, was zu ihrer Dezimierung beigetragen hat.

Das Fell des Gepards sollte unsichtbar machen und einen in Lichtgeschwindigkeit in andere Dimensionen und an andere Orte der Welt tragen, wo man spezielle Informationen einholen konnte, die für die Heilung, den Segen und den guten Ausgang einer Angelegenheit notwendig waren. Aus schamanischer Sicht ist der Gepard zudem ein Tier, das seinem Träger Erfolg, Status, Würde, Autorität, Macht, Respekt und Kraft verleiht. Feuer und Luft sind seine Elemente. Er entfacht Energie und Intuition, lehrt uns, der inneren Führung zu folgen und nicht aufzugeben.

Heute findet man den »Gepard« auch als Panzerbezeichnung in der Bundeswehr, da dieser aufgrund seiner guten Tarnung sehr erfolgreich ist.

Gepardenmedizin

Kommt der Gepard zu dir, so wird er dich lehren, wie du dein Leben erfolgreich wandeln kannst. Er hilft dir, es grundlegend umzugestalten und deine eigene Basis zu schaffen. Die Grundfarbe seines Felles ist Hellgelb, und dies ist auch die Farbe der Sonne und des Segens. Richte dich also nach der Sonne, nach dem Licht in allem aus. Sende den Segen in all deine Vorhaben, damit sie erfolgreich werden. Verbinde dich mit der ewigen Quelle. Der Gepard trägt schwarze Flecken und zwei Streifen im Gesicht, die Tränenstreifen. So weiß er um Licht und Schatten des Lebens. Er befähigt uns, durch die schlimmsten und traurigsten Momente unseres Lebens zu gehen und wieder in das Licht zu gelangen, das wir sind, waren und immer sein werden und das im Grunde unbeeinflusst in uns strahlt. Licht und Schatten gehören zum Leben, doch unsere Basis, unsere Grundausrichtung, sollte der Sonnenseite des Lebens gelten. Der Gepard rät dir, die Augen nicht zu verschließen, sondern echte Bereitschaft zu zeigen, alles zu sehen und anzuerkennen, was ist. Dann entwickeln wir mutig die richtigen Schritte, auch in Situationen, die uns normalerweise davon abhalten, unser Ziel zu verfolgen, gehen durch sie hindurch und erreichen unser Ziel mit ungewohnter Schnelligkeit. Der Gepard lehrt dich den Mut, zu handeln, flexibel zu sein und die Richtung, wenn es notwendig ist, blitzschnell zu ändern. Durch seine vielfältige Lautsprache lernst du, zu kommunizieren und deine Stimme einzusetzen.

Der Gepard gibt dir die Würde, die Ehre, den Respekt und die Achtung zurück, die du nach bestimmten Erlebnissen und Handlungen in deinem Leben verloren glaubst. Als Stratege mit vielfältiger Ausdrucksmöglichkeit lehrt er dich, Angelegenheiten aktiv anzugehen und sie auf deine Weise kreativ und intuitiv zu lösen. Folge deiner Eingebung und deinem Instinkt. Mit diesem hast du einen guten Begleiter in allen Angelegenheiten des Lebens. Grüble nicht zu viel, und verweile nicht im Gestern, sondern gehe mit dem Strom des Lebens. Öffne dich einem neuen Horizont. Dein Leben ist nicht statisch, alles kann sich blitzschnell verändern. Gib niemals auf, versuche es immer und immer wieder, und nutze die Gelegenheiten, die sich dir bieten. Gönne dir zwischen den Aktionen immer wieder Pausen zum Erholen und Entspannen. Du wirst erfolgreich sein.

VON SEINER LICHTVOLLEN SEITE BETRACHTET: Der Gepard steht für Entwicklungen, die mit hoher Geschwindigkeit stattfinden. Er verfügt über eine schnelle Auffassungs- und Umsetzungsgabe und unterstützt dich dabei, dich aus der Rolle des Opfers zu befreien und stattdessen die Rolle des Jägers anzunehmen. Das Tier verhilft dir zu einem Dimensionssprung und zeigt dir, wie du dich für andere Wirklichkeiten und das Wahrnehmen deiner spirituellen Natur öffnen kannst. Verborgene Talente und Fähigkeiten werden sichtbar. Der Gepard steht für neue Erkenntnisse und zielorientiertes Handeln; er verleiht Würde, Ehre und Respekt.

VON SEINER DUNKLEN SEITE BETRACHTET: Der Gepard steht auch für Überforderung und Überhitzung, er kann den Erfolg zwar sichern, doch andere schreiben ihn sich auf ihre Fahne. Er hat Neider, andere versuchen, ihm den Gewinn abspenstig zu machen, oder nutzen seine Kraft für ihre Zwecke. Das Tier ist gutmütig, lässt sich jedoch leicht ausnutzen und setzt sich oft nicht für sich selbst ein.

Weitere Informationen

RAT DES TIERES: »Gib niemals auf. Du schaffst es.«
FARBEN: Gold und Schwarz: Himmel und Erde miteinander verbinden, anerkennen, was ist; **ELEMENTE:** Feuer, Energie, Kraft und Luft in Form von Bewegung; **WEITERE ASSOZIATIONEN:** Königswürde, Strategie, ungewöhnliche Wege, Flexibilität, neue Basis, Intuition und Instinkt, Verbindung mit den Steppen und dem Ahnenland, rituelle Zerstückelung und neue Zusammensetzung, tiefe Heilung, Anerkennung der eigenen Kraft, Sieg und siegreiches Gelingen, Entwicklung auf sehr schnellem Wege, Dimensionssprung, spontane Erfahrungen mit übersinnlichen Kräften; **STEINE:** Gold, Topas, Onyx; **TRAUMSYMBOL:** Erscheint der Gepard im Traum, kann dies ein Hinweis auf eine plötzliche Veränderung sein. Weiter kann es ein Hinweis sein auf sexuelle Energie, die sich ausdrücken möchte. **AFFIRMATION:** »Niemals aufgeben, niemals kapitulieren. Ich schaffe es, ich erlaube der Kraft, die in mir leuchtet, mich zu führen. Ich öffne mich dem Licht und wachse jetzt über mich selbst hinaus.«

GORILLA

Stärke, Abgrenzung, Aufrichtung

Als Hüter der uralten Erde,
Wächter von Vergehen und Werden,
Träumer des ewigen Seins
laden wir dich in unser Kraftfeld ein,
schützen dich und deine Gemeinschaft.
Wir werden oft sehr schnell verkannt
und wegen unserer Größe und Kraft verbannt,
lieben den Frieden, das Beisammensein,
lieben die Erde, sie ist unser Heim.
Menschen lassen sich schnell von außen verführen,
statt das Licht der Seele zu berühren.
Schaue nach innen, hier kannst du sehen,
versuche, die Grenzen zu verstehen.

Lebensweise des Gorillas

Gorillas *(Gorilla)* sind die größten heute lebenden Primaten und leben im mittleren Teil Afrikas. Gorillas sind robust, stämmig und können zwischen 139 und 180 cm groß werden. Ihre Arme sind deutlich länger als ihre Beine, sie haben breite Hände mit großen Daumen und können sehr gut klettern. Ihre Fellfarbe variiert von Schwarz bis Graubraun, Gesicht, Handflächen und Fußsohlen sowie bei manchen älteren Tieren die Brust sind unbehaart. Gorillas sind ausgesprochen friedliche, tagaktive Waldbewohner, die viel Zeit mit der Nahrungsaufnahme verbringen – sie ernähren sich vorwiegend von Blättern und Früchten. Mittags legen sie eine Rast ein. Sie sind Gruppentiere, die miteinander über Gesten, Mimik, Laute und Kraftdemonstrationen kommunizieren. Die bekannteste Geste der Gorillas, sowohl männlicher als auch weiblicher, ist das Trommeln auf die Brust. Dies hat verschiedene Funktionen: Es dient als Standorts- und Begrüßungsritual sowie zum Einschüchtern anderer Männchen. Weitere Einschüchterungsgesten sind lautes Gebrüll, das Laufen auf zwei Beinen, das Abreißen und Wegwerfen von Pflanzen, das Schlagen auf den Boden und das Schütteln von Ästen. Gorillas haben keine Feinde im Tierreich, die größte Bedrohung geht von den Menschen aus, die den Lebensraum der Tiere zerstören. Der älteste bekannte Gorilla ist 60 Jahre alt geworden.

Der Gorilla und seine Kraft in den Kulturen der Welt

Der Gorilla wurde um 1860 in Europa und den USA durch den Afrikaforscher Paul Belloni Du Chaillu bekannt. Der Gorilla findet sich in zahlreichen Büchern, Comics und Computerspielen. Das dort gezeigte Verhalten des Tieres hat mit dem realen Leben jedoch kaum etwas zu tun. Der bekannteste Gorilla-Film ist »King Kong und die weiße Frau« (1933). Damals waren die Lebensweise und das Sozialverhalten dieser Tiere wenig erforscht. Das große schwarze Ungetüm machte den Menschen Angst, regte ihren Kampfgeist an (denn etwas, was Angst macht, muss bekämpft werden) und beflügelte die Schattenfantasien.

Erst um 1960 begann man, das Leben der Gorillas in freier Wildbahn zu erforschen. Mittlerweile sind verschiedene Gorillaarten durch die Zerstörung ihrer Lebensräume vom Aussterben bedroht. Gorillas greifen nur an, wenn sie stark gereizt werden, und dann wird klar, dass diese Tiere für unbekannte Kräfte stehen, die man falsch einschätzt. Das Herz eines Gorillas ist die zarte Seele der Natur, die sich in rauem, dunklem, undurchsichtigem und furchteinflößendem Gewand präsentiert, wenn man nicht mit dem Herzen schaut. Die Wahrheit hat nur einen Seinszustand, und dieser ist Frieden. Man schaut oft nur auf das Äußere und beginnt, es zu bekämpfen, ohne es zu verstehen und kennenzulernen. Auf diese Weise wurden in der Geschichte schon die unterschiedlichsten Tierarten ausgelöscht.

Gorillamedizin

Der Gorilla erscheint in deinem Leben und fordert dich auf, dich dem Unbekannten zu öffnen. Stelle dich deinen Ängsten, alten brutalen Erinnerungen und Befürchtungen, die dich auf Schritt und Tritt verfolgen und dich dazu bewegen, vor dir selbst zu fliehen.

Drehe dich um, denn wenn du deinen Ängsten direkt ins Gesicht schaust, dich ihnen stellst und dich mit ihnen beschäftigst, können sie sich wandeln. Sie werden dich von einem bösen, dich verfolgenden, übermächtigen Schatten, der dir die Sinne raubt und dich zum Opfer werden lässt, zu dem liebenswerten Wesen führen, das du in Wahrheit bist. Du wirst in der Lage sein, die Erkenntnisse, die du dabei ge-

winnst, auf gute Weise einzusetzen. Der Gorilla hilft dir dabei, dich zu wandeln und alte Ängste in einem neuen Licht zu sehen. Er lehrt dich, deine eigene Kraft aufzurichten, dein Schutz- und Abwehrsystem kennenzulernen, und er hilft dir, dich zu stärken und für dich einzustehen, indem du dir auf die Thymusdrüsen, klopfst und deine inneren Kräfte mobilisierst. Eine Sache ist so lange gefährlich, solange man nicht genau weiß, womit man es zu tun hat. Als schwarzes, tagaktives Wesen steht der Gorilla für die dunklen Ängste und alten Schatten, die in deiner Vorstellung und Fantasie aktiv sind und dein Handeln bestimmen. Beschäftige dich damit. Lasse dich von diesem liebenswerten Wesen mit seinen vielen abschreckenden Drohgebärden führen, um alte Themen zu erlösen. Der Gorilla bringt dir bei, wie man sich aufrichtet, auch ab und zu auf den Tisch haut und seine Grenzen klarmacht – und dennoch liebevoll für seine Gemeinschaft einsteht und im Einklang mit der Umwelt lebt. Mit ihm hast du einen wunderbaren Geistführer mit vielen Qualitäten an deiner Seite. Schaue mit dem Herzen, und sorge dafür, dass es offen und weit ist. Schutzpanzer und Drohgebärden schützen die zarte Seele, verhindern aber auch das wirkliche Erkennen und den Austausch der Liebe.

VON SEINER LICHTVOLLEN SEITE BETRACHTET: Der Gorilla steht für soziales Verhalten, er ist liebevoll, mit der Natur zutiefst verbunden und setzt klare Grenzen. Er schützt sich durch Größe und Ausdruck und lebt in Frieden und im Einklang mit dem eigenen Herzen. Er steht für Freude, Umsicht, Führernatur, Beweglichkeit und Flexibilität, aktives Handeln, Einsatz, Bewegung und Gegenwärtigkeit.

VON SEINER DUNKLEN SEITE BETRACHTET: Das Tier fühlt sich unverstanden, es ist nicht mit sich verbunden, sein Herz ist nicht offen, es lässt sich blenden und hat falsche Reaktionsmuster. Der Gorilla wird aufgrund seiner drohenden Gebärden und seines Machogehabes als einschüchternd, bedrohlich und verängstigend gesehen und deshalb gejagt. Innen und Außen werden als getrennt empfunden, Selbstbild und Fremdbild klaffen weit auseinander.

Weitere Informationen

RAT DES TIERES: »ICH BIN … egal, was andere sagen. Ich atme Liebe aus und Liebe ein.« **FARBEN:** Schwarz, Braun, Grün, Violett; **ELEMENTE:** Erde, Luft, Feuer; **WEITERE ASSOZIATIONEN:** Schattenthemen, Selbstwert, alte Ängste, sich übermächtigen Erlebnissen der Kindheit stellen (beispielsweise gewalttätigen Eltern) und sie wandeln, damit sie hier und heute zwischenmenschliche Liebe nicht blockieren, Heilung des Inneren Kindes, Masken ablegen, sich neu erleben, mit der Wahrheit in Kontakt kommen; **STEINE:** Jade, Malachit, Steine der Herzheilung; **TRAUMSYMBOL:** In der Traumdeutung wertet man den Gorilla als ungünstiges Zeichen. Er steht für Machtkampf, Machtgehabe, Zwang, diffuse Ängste, brutales Verhalten, Unterlegenheit, Kampf mit dem vermeintlich Bösen im Allgemeinen. Je nachdem, wie er sich dir zeigt, kannst du erkennen, wie weit du alte Ängste schon überwunden hast. **AFFIRMATION:** »Ich höre die zarte, weise Stimme in meinem Inneren jetzt immer öfter und immer deutlicher. Ich lasse mich von innen führen und richte mich in meiner Kraft aus.«

GREIF

Altes Wissen, bewahrend, schützend

Ein Wesen, halb Adler, halb Löwe genannt,
mit Klauen und Feuerkraft, dir zugewandt,
hütet das uralte Wissen der Macht,
das ewige Feuer,
Wasser des Lebens,
die Schätze der Erde,
die Weisheit der Luft,
die Elemente in ihrem Sein –
lade ihn jetzt zu dir ein.
An alten Heiligtümern steht er noch heute
und schaut mit scharfem Blick kritisch über die Leute.
Nicht jedem wird er sich offenbaren,
ist er doch hier, die Weisheit zu bewahren.
Er prüft dich mit seinen scharfen Sinnen,
ist dein Herz auch gut in dir drinnen?
Weißt du, wie du was verwendest?
Oder ob du Lebensenergie verschwendest?
Eine Feuerprobe steht vor dem Tor –
Wandlung und Weisheit treten nun hervor.

Wissenswertes über den Greif

Der Greif ist ein Mischwesen aus Löwe und Adler und lebt laut Mythologie hoch oben in den Bergen und am Roten Meer. Sein Rumpf und die Hinterbeine ähneln denen eines Löwen, Flügel und Krallen denen eines Adlers – er besitzt somit die königliche Würde eines Löwen und die Kraft des großen Geistes, die dem Adler zugesprochen wird. Auf der Engelebene wird der Greif den Cherubim zugeordnet. Cherubim sind hohe Engelwesen, die an den östlichen Pforten des Paradieses wachen und den Menschen den Zugang zum Garten Eden versperren. Der Greif soll aus dem Paradies stammen und das Wissen um die Unsterblichkeit hüten. Er gewährt keinen Eintritt. Darstellungen des Greifs findet man an den Pforten von Persepolis in Persien und Babylon, auf dem Athene-Parthenon, auf Helmen, Brustharnischen, römischen Säulen, als Wächter vor alten Tempelgebäuden im Orient, auf Münzen und an vielen Kultstätten längst vergangener Kulturen. Es gibt

Vermutungen, dass der Protoceratops, ein Dinosaurier aus der Kreidezeit, zu den Vorstellungen vom Aussehen des Greifs geführt hat. Dieser Saurier hatte einen Schnabel und wies vom Körperbau her gewisse Ähnlichkeiten mit Löwen auf. Oft bringt man den Greif auch mit der Sphinx in Verbindung. In der letzten Phase der atlantischen Zeit, so sagt man, wurde mit den Kräften der Schöpfung wild experimentiert. Man erschuf Mischwesen aus Tier und Mensch und Tier und Tier und erweckte sie zum Leben, um neues Potenzial und neue Kreaturen mit bestimmten Aufgaben zu erzeugen. Zu ihnen zählten der Greif, die Sphinx, die Zentauren und viele mehr. Heute leben sie nur noch in unserer Vorstellung und regen unsere Fantasie an. Vielleicht sind wir aber mit dem einen oder anderen Mischwesen und dessen Kräften auf besondere Weise verbunden.

Der Greif und seine Kraft in den Kulturen der Welt

Der göttliche, königliche Vogel ist Hüter, Wächter und Bewahrer alter Heiligtümer. Er steht für das mächtige, magische Wissen alter orientalischer Priester und Priesterinnen. In Persien ist er der Hüter des heiligen Feuers, des Lebensbaumes und des Wassers des Lebens. Der Greif beherrscht Feuer, Luft, Wasser und Erde. Er steht für Macht, Kraft, Weisheit und Reichtum, und er ist verbunden mit der schöpferischen Intelligenz des Universums. Sein wacher, allumfassender Blick steht für Scharfsinn, Klugheit, Sehertum und Wachsamkeit. In der indischen Mythologie bewacht er auf den Rhipäischen Bergen die Goldgrube. Der Meeresgott Okeanos reitet einen Greif oder spannt ihn vor seinen Wagen, Pallas Athene ist mit dem magischen Tier, das ihr Weisheit und Kraft schenkt, verbunden; mit dem Schöpfergott Apollon wird es ebenfalls in Verbindung gebracht, und es erinnert uns an die Fähigkeit, Neues zu erschaffen. Der Greif wacht über Heiligtümer an den Pforten des Paradieses, er hütet altes spirituelles Wissen und dient als mächtiges, würdevolles Reittier und Bote der Oberen Welt. Man findet ihn bei den Gebrüdern Grimm in den Märchen »Der Vogel Greif« und »Das singende springende Löweneckerchen«. Weiter befindet er sich in Wappen – beispielsweise ist er Schildhalter im Wappen des Großherzogtums Baden und Wappentier der Herzöge von Pommern – und als Namensgeber für den Greiforden, der im 15. Jahrhundert adligen Reisenden verliehen wurde. Ebenso taucht er in Computerspielen wie »World of Warcraft« und als Hippogreif bei »Harry Potter« auf.

Greifmedizin

Erscheint der Greif, so weißt du zuerst nicht, womit du es zu tun hast. Ein mächtiger, feuriger Würdenträger der Oberen Welt durchschaut dich auf den ersten Blick – und seinem Blick entgeht nichts, jeder Fehler in deinem System wird auf der Stelle erkannt. Kannst du ihm standhalten? Bist du mit dir und deinem Leben im Reinen? Sprichst du die Wahrheit? Beherrschst du das, was du tust? Sein leuchtendes, loderndes Licht ist wie ein Feuertor, durch das du unversehrt gehen kannst, wenn du diese Aufgaben gut gemeistert hast.

Ein Wächter betritt dein Leben, um dich zu prüfen, zu lenken und zu leiten. Manche Bereiche im Leben können erst erreicht werden, wenn bestimmte Aufgaben gemeistert wurden und man sich bestimmte Kräfte angeeignet hat. Der Greif ist ein weiser, aber auch strenger Lehrmeister, der dich sowohl ausrichtet als auch dir hilft, bestimmte Dinge in deinem Leben zu meistern, indem er dich an deine geistige Quelle anschließt. Der Weg ins Paradies steht dir offen. Gehe. Alles Glück der Welt wartet auf dich.

VON SEINER LICHTVOLLEN SEITE BETRACHTET: Der Greif verkörpert Scharfsinn, Weisheit, Würde, Intelligenz und einen guten Instinkt, er hat magisches Wissen, seherische Fähigkeiten und eine klare Wahrnehmung. Es ist vertrauensvoll und kann große Dinge bewältigen. Des Weiteren steht er für Abwehr, Verteidigung, Schutz, Wandlung, Heilung und Erhöhung, für die Rückkehr ins Paradies, eigene Anbindung, Glück, die Entfaltung des eigenen Seelenplans und für Neuerungen.

VON SEINER DUNKLEN SEITE BETRACHTET: Der Greif steht auch für Einsamkeit und sogar Eremitendasein, er wirkt abweisend und kalt, starr, aufgabenorientiert, dienstbeflissen und nur für eine Sache offen. Er verwehrt sich dem Glück, obwohl er es hütet, ist eigensinnig, wird von anderen Kräften gelenkt und geleitet, ist überheblich, besserwisserisch, verschwiegen, unverstanden, wird in seiner Tätigkeit nicht gesehen, hackt auf anderen herum, übt scharfe Kritik, verletzt mit Worten und ist nicht auf der Erde.

Weitere Informationen

RAT DES TIERES: »Befreie dich vom Drama des Lebens. Erlöse dich selbst, und öffne dich dem ewigen Licht.« **FARBEN:** Gold, Weiß, Rot, Violett; **ELEMENTE:** Erde, Wasser, Luft, ungestüme Winde, loderndes Feuer, mächtige Wolken, Naturgewalten; **WEITERE ASSOZIATIONEN:** loderndes Feuerschwert der Wahrheit, Handlungen und Taten werden genau geprüft, Wandlung, Bereinigung, Lösung alter Verstrickungen, Gnade, Heilung; **THEMEN:** Gerechtigkeit, Strafe, Selbstbestrafung, Vergebung, Würde, Weisheit, Rückkehr ins Paradies; **STEINE:** Stein der Weisen, Kristall; **TRAUMSYMBOL:** Erscheint der Greif, so steht eine Feuerprobe, eine Prüfung, aber auch die nächste Stufe im Leben bevor. **AFFIRMATION:** »Göttliches Feuer, loder in, durch und um jedes Elektron meines Seins. Verbrenne alles in deinem Licht, bis mein Seelenplan dem göttlichen Plan entspricht. Ich erwache jetzt in mein Sein.«

HUNDEARTEN

Der Haushund *(Canis lupus familiaris)* gehört unter anderem mit Wölfen, Kojoten, Füchsen und Schakalen zur Familie der Hunde *(Canidae)* und in die Überfamilie der Hundeartigen. Hunde sind mittlerweile auf allen Kontinenten dieser Erde in unterschiedlichen Rassen vertreten und nicht mehr wegzudenken.

In vielen Lehren des westlichen Schamanismus zählen domestizierte Hunde nicht zu den Krafttieren, doch in den vielen schamanischen Reisen, die ich bisher begleitet habe, hat sich auch der eine oder andere »Haushund« deutlich als Krafttier gezeigt und war für die betreffende Person vollkommen stimmig. Es ist schwierig, solche Hunde mit Worten, Regeln und Beschreibungen zu versehen, da sie aus dem unendlichen Raum stammen, der alles umfasst und viele Ebenen hat. Man sollte hier keine Dogmen aufstellen, denn die Ausnahmen werden das Feld der Weite halten und bestätigen, und das Leben ist lebendige, fließende Veränderung, Wachstum und Erneuerung.

Den Hund im Allgemeinen habe ich schon in meinem Buch »Krafttiere begleiten dein Leben« beschrieben. Hier eine kurze Zusammenfassung, denn auf den folgenden Seiten möchte ich auf die einzelnen Hundearten eingehen – es macht einen großen Unterschied, ob sich mir ein Windhund, ein Schäferhund oder ein Dackel zeigt. Hunde können die verschiedensten Charaktereigenschaften aufzeigen und unterschiedliche Aufgaben mit sich bringen. Kein Hund kommt zufällig zu uns, er passt oft sehr gut zu seinem Halter und kann einiges über ihn aussagen.

HUND

Spürsinn, bedingungslose Liebe und Treue, Führung

An der Schwelle wachen wir,
kommt jemand an, so sind wir hier,
kündigen an den Besuch,
egal, aus welchen Reichen,
wir sehen alles und stellen die Weichen.
Jenem, welchem wir untersteh'n,
sind wir zugetan, an dessen Energie
lassen wir gar nichts ran,
verteidigen ihn sogar mit unserem Leben –
ja, wir Hunde können sehr viel geben!
Schlagen wir an und bellen wir,
so bewegt sich etwas in deinem Revier.
Wir spüren sofort, wie es um dich steht,
instinktsicher tun wir das, was dann noch geht.
Wir schauen auf dein Seelenlicht
und nicht auf das, was gerade das Leben spricht,
sind treu da, verlass dich drauf,
folgen dir bergab, bergauf.
Mit unserer Kraft leihen wir dir
empfindliche Antennen im Jetzt und Hier.
So kannst du zu dir kommen
und handeln aus der Mitte, ganz besonnen.
Wir können dich begleiten
in unbegrenzte Weiten,
führen dich zu dir,
dafür sind wir hier.

Lebensweise des Hundes

In der jüngeren Altsteinzeit, vor etwa 12000 Jahren, hat der Mensch den Wolf domestiziert. Im Laufe der Zeit entstanden unzählige Hunderassen, die alle Gemeinsamkeiten aufweisen, jedoch in der Gestalt stark variieren: von der Größe eines Kaninchens bis zu der eines Fohlens, von kurzhaarig bis langhaarig, von kurzbeinig bis hochbeinig, von schlank bis massig, von

ruhig bis quirlig. Die vom Menschen gezüchteten Arten weisen spezifische Eigenschaften auf und waren ursprünglich für spezielle Aufgaben vorgesehen. Bei einem Hund als Krafttier ist es wichtig, die besonderen Eigenheiten der jeweiligen Rasse zu studieren, mit der man es zu tun hat.

Der Hund ist eines der beliebtesten Haustiere und entwickelt eine sehr enge Bindung zu seinem Herrn, was auf seine ursprüngliche Lebensweise als Rudeltier zurückzuführen ist. Der Mensch ist an die Stelle des Leithundes getreten. Der Unterschied zum Wolf ist, dass der Hund den Menschen immer wieder ansieht, um von ihm Anweisungen zu bekommen und sein eigenes Verhalten abzusichern. Hunde sind treu, anhänglich, gelehrig, klug, und sie haben besonders stark ausgeprägte Sinne. Hunde wollen und brauchen eine Beschäftigung und lassen sich zu den verschiedensten Aufgaben abrichten – so gibt es beispielsweise Wachhunde, Jagdhunde, Spürhunde, Führhunde und Hirtenhunde. In der freien Wildbahn bekäme eine Hündin zweimal im Jahr nach einer durchschnittlichen Tragzeit von 63–65 Tagen zwischen zwei und zwölf Junge, die im Alter von neun Tagen ihre Augen öffnen und acht Wochen lang gesäugt werden. Hunde können je nach Rasse durchschnittlich zwischen 9 und 15 Jahre alt werden.

Der Hund und seine Kraft in den Kulturen der Welt

In der Mythologie des alten Griechenlands ist er Begleiter Hekates, der Göttin der Entscheidung, und des Götterboten Hermes, außerdem zieht er mit dem Kriegsgott Ares in den Kampf. Am Sternenhimmel finden wir den Himmelsjäger Orion mit dem kleinen und dem großen Hund, und der dreiköpfige Zerberus wacht darüber, dass kein Toter wieder ins Reich der Lebenden entflieht. Der Stern Sirius verkörpert den schakalköpfigen ägyptischen Totengott Anubis, der oft als schwarzer wilder Hund dargestellt wird – er ist der Wächter der unsterblichen und sterblichen Energie des Menschen und geleitet die Neuankömmlinge in die Hallen des letzten Gerichts. Weiterhin war er mit der Einbalsamierung verbunden, die bei den Ägyptern für das Leben nach dem Tod eine besondere Bedeutung hatte. Khenti-Amentiu und der ägyptische Bestattungsgott Wepwawet sind dort weitere hundgestaltige

Gottheiten, die mit Ahnen, Totenreich und Gräbern in Verbindung stehen. Im Orient stellte man Hundestatuen vor Tempel-, Palast- und Grabeingängen auf, um böse Geister zu verscheuchen. In Süd- und Westchina ist der Hund ein Nahrungsbringer. Bei den Germanen wachte ein Hund am Tor zu Hels Totenreich, bei den Kelten traf man ihn im Geleit der Jagdgöttin Epona, und bei den Druiden galt der Hund Cu als treuer Gefährte und Freund auf dem Lebensweg in beiden Reichen. In den Legenden dieser Zeit wurden Helden oft von einem Hund begleitet (so König Arthur von seinem Hund Caball und der irische Held Ulster von seinem Jagdhund Cu-Chulainn). Häufig wurden Hunde mit ihrem Herrn begraben, damit sie ihn im Jenseits sicher führen konnten. In Japan hat der Hund einen hohen Stellenwert, er ist ein Symbol für Macht, Status, Gesundheit und Wohlergehen, und er schützt vor bösen Kräften und Träumen. Im Christentum ist der Hund ein treuer Begleiter der Heiligen, und einst zierte er häufig die Wappen französischer Edelleute. Die Dominikaner bezeichnen sich als Hunde des Herrn. Nach einer russischen Legende bewachen Hund und Katze das Paradies. Des Weiteren begleiten Höllenhunde den Seelenverführer Satan, schwarze Hunde gelten als Begleiter der Hexen und Magier. Der Hund gilt als Schwellenwächter, Richter und Hüter. Sein Spürsinn, seine feine Witterung und seine untrügliche Empfänglichkeit machen ihn zum Grenzgänger zwischen den Welten und zum Orakeltier, das über das Wetter oder den Ausgang bestimmter Angelegenheiten Auskunft geben kann. Der Hund ist Sinnbild absoluter Treue, bedingungsloser Liebe, ewiger Wachsamkeit, Tugendhaftigkeit und Wahrhaftigkeit.

Hundemedizin

Der Hund wird oft dem Element Wasser zugeordnet und bringt die Medizin, die man braucht, um sich zu finden und seinem Weg zu folgen. Er geht mit uns durch tiefe menschliche Emotionen wie Trauer, Leid, Schmerz und tief sitzende Ängste. Er ist immer für uns da und erfüllt seine Aufgabe: uns zu schützen, zu wärmen, zu begleiten, zu retten und unser Revier zu bewachen. Wenn niemand mehr für uns da ist, steht er uns treu zur Seite und ermutigt uns. Er kann einiges aushalten, auch uns, wenn wir uns nicht von unserer besten Seite zeigen. Schwanzwedelnd und freudig kommt er uns immer wieder entgegen und fordert Kontakt. Er appelliert an uns, egal, was ist, und gleich, wie es uns geht, uns nicht zu vergraben, sondern vor die Tür zu gehen, die Natur wahrzunehmen und sie zu akzeptieren, wie immer sie gerade ist. Er gibt uns Kraft, weiterzumachen, an uns und unseren Weg zu glauben und uns zu akzeptieren, wie wir gerade sind. Er zeigt uns mit bedingungsloser Liebe, dass jeder Morgen ein neuer Anfang ist und wir jeden Tag erneut die Chance haben, zu wachsen und mit der Welt in Beziehung zu treten. Er lehrt uns die Kunst, im Hier und Jetzt zu sein, jeden Tag unseren Aufgaben und Pflichten nachzugehen und unserem gewohnten Rhythmus zu folgen, was immer auch im Inneren arbeiten mag. Dank seiner Ausdauer, seines Rhythmus und seines Schutzes kann er große Heilung bringen, indem er uns beim Durchleben und Durchleiden der Emotionen hilft, bis wir uns schließlich von ihnen lösen können. So zeigt er uns den Weg zu höherer Lebensqualität.

VON SEINER LICHTVOLLEN SEITE BETRACHTET: Der Hund ist ein großartiger Begleiter und Lehrmeister, er kann Menschen treu und aufrichtig in schweren Lebenssituationen zur Seite stehen, ihnen auf dem Weg der Heilung beistehen und sie wieder zur Lebensfreude zurückführen. Er kann sich selbst zurücknehmen, sich ganz der Energie des anderen öffnen und ihm seine Kraft zur Verfügung stellen, um durch sein Dasein zu heilen. Mit seiner Wachsamkeit, seiner Empfänglichkeit, seinem Spürsinn und seiner Instinktsicherheit findet er die Ursache des Leides und die Medizin zur Heilung. Er bewacht dein Seelenfeld, sodass du in Ruhe zu dir kommen und aus dir heraus handeln kannst. Er gilt als geistsichtig und warnt frühzeitig vor Gefahren, die er, wenn sie zur Bedrohung werden, notfalls unter Einsatz seines Lebens abwehrt. Er verleiht dir die Gabe des Wahrnehmens von Wesen, bevor sie deine Grenzen, dein Revier erreichen. Als Jäger sorgt er für die Nahrung und die Kraft, die du brauchst, um dich zu entwickeln und weiterzugehen. Oft trägt er unbemerkt einen Teil deiner Last, nimmt treu die Bürde auf sich, damit du heil werden kannst. Er hütet deine Energie vor den Kräften, die versuchen, an dir zu zerren, und bewahrt und beschützt dich in der Dunkelheit. Er hält deine Energie sauber, zeigt dir, wie du dich von der Welt auf gesunde Weise abgrenzen und so zu dem finden kannst, was im Leben für dich wichtig ist, egal, was andere dazu sagen und meinen mögen.

VON SEINER DUNKLEN SEITE BETRACHTET: Der Hund ist auch befehlstreu, verschlossen, pessimistisch, mürrisch, unflexibel und hat Angst vor Strafe. Er mischt sich vorschnell in Angelegenheiten ein, die ihn nichts angehen. Zudem ist er mehr auf andere ausgerichtet als auf sich, steht für starke Abgrenzung und versteckte Aggressionen wie hemmungslosen Zorn. Der Hund kann auf Energieraub und dämonische Kräfte hinweisen, auf Besetzungen, die aus der Sippe, der Ahnenwelt und der Unterwelt bis ins Leben hineinwirken.

Weitere Informationen

In der chinesischen Astrologie ist der Hund das elfte von zwölf Zeichen, das in der westlichen Astrologie der Waage entspricht. Jahre des Hundes sind 1922, 1934, 1946, 1958, 1970, 1982, 1994, 2006, 2018, 2030 … In ihnen werden die Umwelt, der Idealismus, die Kontaktpflege und die Freiheitsrechte gestärkt. Hundemenschen gelten als zuverlässig, standhaft, treu, gewissenhaft, loyal und ehrlich. In den Kalendern der Mayas und Azteken verkörpert der Hund die Führerschaft. Das Hundeamulett steht für Wachsamkeit und Schutz; **FARBEN:** Blassgelb, Braun, Rosa, Schwarz, Dunkelblau; **ELEMENTE:** Erde, Wasser; **WEITERE ASSOZIATIONEN:** »hundeelend«, »hundemüde«, »pudelwohl«, »auf den Hund gekommen«, »da liegt der Hund begraben«; **STEINE:** Mondstein, Jaspis, Türkis; **TRAUMSYMBOL:** Der Hund symbolisiert das Bewusstsein des Menschen. Je nachdem, wie der Hund sich zeigt, kann er auf stabile Beziehungen, auf das Ende einer Beziehung oder auf treue und feste Beziehungen hinweisen, weiterhin auf Energieräuber, auf verdrängte Aspekte im Unterbewusstsein, tief sitzende Ängste, Tod und das Ahnenreich. **AFFIRMATION:** »Ich nehme bedingungslos die Umstände, das Hier und Jetzt in meinem Leben an. Ich sage Ja zu dem, was ist, und vertraue dem Weg.«

HUND

AFGHANISCHER WINDHUND

Freiheit, Würde, Unabhängigkeit

Schnell wie der Wind,
mutig wie ein Löwe
und treu bis in den Tod.

(afghanischer Spruch)

Der Afghane und seine Kraft in den Kulturen der Welt

Der Afghanische Windhund ist einer der ursprünglichsten Windhunde. Er stammt aus dem Hochland des Hindukusch und gelangte von dort nach Afghanistan. Bereits 4 000 v. Chr. wurde ein Vorfahr des Afghanen von den Nomaden Afghanistans gehalten. Er war dort hochgeachtet und hatte den Stellenwert einer teuren Kostbarkeit. In den Steppen und Bergen wurde er von den Nomaden, die ein karges Leben führten, als treuer Begleiter und exzellenter Jagdhund geschätzt, er sicherte das Überleben seines Besitzers sowie das von dessen Familie und brachte dieser Glück, Ansehen und Würde. Es sind drei frühe Arten des Afghanischen Windhundes bekannt, der Bakhmull, der Luchak und der Kalagh. Britische Soldaten brachten im 19. und 20. Jahrhundert die ersten Tiere mit nach Europa. Es entstanden unterschiedliche Zuchtlinien: der Rennafghane mit kurzem Fell und der Showafghane mit langem, vollem Fell. Der Afghane ist der Hüter des Windes und des Ostens. Sein Kommen kündet von neuen Möglichkeiten, neuen Weiten und originellen Ideen. Noah soll ihn mit auf die Arche genommen haben. Er ist ein gern gesehener Begleiter in adligen Kreisen und ausgesprochen freiheitsliebend. Der Afghane gilt als einer der merkwürdigsten Windhunde und zugleich als einer der originellsten. Seine besonderen Merkmale sind ein langer Kopf mit einem langen Haarschopf, langes, seidiges Fell in den Farben Rot, Creme, Silber, Schwarz, Schwarzbraun, Blau und Elfenbein. Die Höhe des Hundes liegt zwischen 63 und 74 cm, das Gewicht bei 20 bis 30 Kilo. Afghanen können etwa 12 Jahre alt werden. Eine häufige Krankheit bei Afghanen ist Afghanenmyelopathie, eine Erkrankung des Rückenmarks, die zur Lähmung führen kann.

Afghanenmedizin

Erscheint ein Afghane auf deiner schamanischen Reise, so kündet dies eine neue Weite, einen neuen Kreis an. Er führt dich in die Freiheit und hilft dir, dich von der Opfer- in die Schöpferrolle zu entwickeln. Er fördert die eigene Schönheit, Kreativität und Unabhängigkeit und hilft dir, zu dir selbst zu finden, zu dir und deinen Eigenheiten zu stehen, dich mehr um dich selbst zu kümmern, dich selbst mehr zu lieben und dir Aufmerksamkeit zu schenken. Er bringt Würde, Ansehen und Glanz ins Leben und fordert dich auf, mit der Energie statt gegen sie zu gehen. Er führt dich in unbekannte Kräfte ein, und diese Entwicklung kann mit großer Schnelligkeit vonstattengehen. Mit dem Afghanen lernen wir, unsere Originalität und Kreativität zu entdecken und auszudrücken. Als ursprünglicher Begleiter der Nomaden weckt er die Reiselust in uns, den Wunsch, neue Fähigkeiten und Kräfte zu erproben und uns neu zu erfahren. Er fordert uns auf, die Stille und den Rückzug zu suchen, denn aus der inneren Ruhe kommt alle Kraft. Seine unbändige Lust am Leben und sein Freiheitsdrang helfen uns, frei zu werden und dieses Leben zu genießen. Er zeigt uns, wie wir liebevoll und einfühlsam sein und zu dem stehen können, was zu uns gehört, und wie wir uns gleichzeitig immer wieder Raum für die eigenen Bedürfnisse geben. Auf diese Weise finden wir zu innerer Ruhe und erschaffen eine friedvolle Balance in uns.

VON SEINER LICHTVOLLEN SEITE BETRACHTET: Der Afghane steht für Unabhängigkeit, Eigenwilligkeit, Selbstausdruck, Lebensfreude, Originalität, Weite, Kreativität, Freiheit und absolute Ruhe, ebenso für Eleganz, Würde, Stolz, Sensibilität, Kraft und Schnelligkeit und auch für Sportlichkeit. Im Haus ist er ruhig, unauffällig, anpassungsfähig, sanftmütig und in der Regel kinderlieb. Er hat eine große Jagdleidenschaft und einen stark ausgeprägten Lauftrieb.

VON SEINER DUNKLEN SEITE BETRACHTET: Dieser Hund steht auch für Überheblichkeit, er wirkt gelangweilt, ist eitel, hochnäsig, nicht ausgelastet und fühlt sich schnell eingeschränkt. Er braucht viel Freiheit, Auslauf und Aufmerksamkeit. Die Pflege seines wunderschönen Haarkleides erfordert viel Zeit. Er ist schwer zu fassen und in freier Natur kaum zu halten.

Weitere Informationen:

LEHRE: »Setze deine Schöpferkraft richtig ein.« **AFFIRMATION:** »Ich bin frei, frei, ewig frei.«

HUND BEAGLE

Gemeinschaft, Ausdauer, Qualität

In der inneren Ruhe und der
eigenen Anbindung liegt die Kraft,
mit der du deine Aufgaben
in der Gemeinschaft erfüllen kannst.
Folge deinem eigenen Instinkt,
und bewahre dir stets Freundlichkeit,
einen guten Umgang mit anderen
und eine Portion Humor,
dann gelingt dir alles auf leichte Weise.

Der Beagle und seine Kraft in den Kulturen der Welt

Man vermutet, dass der Beagle ursprünglich aus der Normandie in Frankreich stammt. Um 1400 wurde er während des Hundertjährigen Krieges von den Briten im Süden Frankreichs entdeckt und fortan in England zum Einsatz bei der Treibjagd gezüchtet. Der Beagle als solcher tauchte 1515 das erste Mal in den Büchern König Heinrichs VIII. auf. 1615 wurde er als wichtige Jagdhundrasse erwähnt, als ein Hund, der in der Satteltasche des Jägers Platz hatte und alle Wildspuren verfolgen konnte. 1890 wurde der Beagle als eigenständige Hunderasse in Großbritannien anerkannt. Der Ursprung des Wortes »Beagle« ist nicht wirklich geklärt. Es könnte sich von dem französischen Begriff »begueule« ableiten, der so viel wie »lautes Maul, offene Kehle, Großmaul« bedeutet. Der Beagle ist ein kompakter, kleinerer, robuster und dennoch sensibler Jagdhund, der Qualität und Kompetenz vermittelt. Seine Fellfarbe variiert zwischen Braun, Weiß, Rotbraun und Zitronengelb, oft ist der Hund zwei- bis dreifarbig grob gefleckt. Seine braunen Augen sind groß und blicken liebevoll, vertrauenswürdig, zuversichtlich und freundschaftlich in die Welt. Dieser Hund hat tief angesetzte, lange Ohren, die am Ende abgerundet sind. Bei reinrassigen Beagles sind Pfoten, Maul und Rutenspitze weiß, der Kopf und die Ohren rötlich bis braun.

Beagles jagen hauptsächlich in der Meute. Der mittelgroße Hund beeindruckt durch seine Fähigkeit, unermüdlich und ausdauernd die feinste

Fährte über lange Zeit zu verfolgen. Seine tiefen Spürlaute sind weithin zu hören. Dank seiner hervorragenden Nase kann man seiner Spur stets trauen, er weiß, wo es langgeht. Wegen ihres guten Geruchssinns werden Beagles auch von Zoll- und Grenzschutzbehörden an internationalen Seehäfen, Flughäfen und Grenzen zur Suche nach illegalen Lebensmitteln, Drogen, Pflanzen- und Tierteilen und Sprengstoff eingesetzt.

Beagles stellen ihr eigenes Wohl zurück zugunsten ihrer Aufgaben in der Gruppe. Diese Hunde lieben Gemeinschaft und Geselligkeit und sind ausgesprochen gute Teamworker. Ihre freundliche, liebenswürdige und gewinnende Art hilft uns dabei, Vertrauen zu fassen. Da Beagles über Jahrhunderte für die Jagd gezüchtet wurden, wurden Merkmale und Eigenschaften, die nicht der Spurensuche und Treibjagd dienten, weggezüchtet. Seinen starken Jagdtrieb hat der Beagle noch immer, und er ist recht verfressen. Beaglehalter brauchen Erfahrung mit Hunden, Liebe und Geduld bei der Aufzucht sowie eine klare und feste Hand. Häufige Gesundheitsprobleme bei diesen Hunden sind erhöhtes Cholesterin, Herzkrankheiten und Verfettung.

Beaglemedizin

An den Grenzen und Übergängen in deinem Leben betritt ein fröhlicher, aufgeweckter und selbstsicherer Geselle dein Leben. Wenn du nichts zu verbergen hast, dann hast du auch nichts zu befürchten. Nimm die Dinge in deinem Leben mit einer Portion Humor und Freundlichkeit. Sie sind nicht gegen dich gerichtet, du stehst einfach nur auf einer ungünstigen Position, auf der du so manches auszuhalten hast, was dir von deinem Umfeld aufgebürdet wird. Du bist lange auf diese Aufgabe vorbereitet worden und besitzt alles, was du brauchst, um sie mit Bravour zu meistern. Lasse dich nicht

von ihr verschlingen, sondern achte immer wieder auf Pausen und Erholung. Folge deinen eigenen Eingebungen und Impulsen. Du hast den richtigen Riecher, vertraue darauf. Der Beagle gibt nicht auf und findet immer wieder die richtige Spur im Leben. Als Meutehund steht er für die Gemeinschaft im familiären Sinne, im Arbeitssinne und in Aufgabenbereichen. Er ist ein guter Koordinator, der dich auf die richtige Fährte führt. Er hilft dir, die Anbindung an die wahre Natur zu finden und trotzdem fest auf dem Boden der Tatsachen zu bleiben. Er verleiht dir Ausdauer, Zielstrebigkeit und Zähigkeit, sodass du deine Ziele mit großer Gewissenhaftigkeit verfolgen kannst. Da er weder angriffslustig noch ängstlich ist, steht er für ein ausgewogenes Verhältnis, einen gesunden inneren Abstand und eine freundliche, respektvolle und würdige Art im Umgang mit anderen Menschen und deren Eigenheiten. Menschen mit Beaglemedizin brauchen viel Bewegung in freier Natur. Du solltest auf deine Ernährung achten und für ausreichend Entspannung sorgen. Im Kontakt mit der Natur, im Kontakt mit dir selbst und lieben Menschen findest du Erholung, Harmonie und die richtige Eingebung, sodass du die richtige Fährte in deinem Leben wieder aufnehmen oder auf deiner Spur bleiben kannst.

VON SEINER LICHTVOLLEN SEITE BETRACHTET: Der Beagle hat stets den richtigen Riecher. Er ist freundlich, humorvoll, liebevoll, herzlich, warm, in sich ruhend, beharrlich und zielstrebig sowie ausdauernd, freiheitsliebend und beweglich. Er ist respektvoll im Umgang mit anderen, hat Teamgeist, starke Willenskräfte, und er beendet, was er begonnen hat.

VON SEINER DUNKLEN SEITE BETRACHTET: Der Hund ist auch verfressen und kann nicht genug bekommen. Er bürdet sich viel auf und merkt erst zu spät, dass es ihm nicht guttut, wenn er sich zu selten um sich selbst kümmert. Er kann nicht loslassen, fühlt sich der Gemeinschaft verpflichtet und wird für Dinge verantwortlich gemacht, für die er nicht verantwortlich ist. Es können Missverständnisse entstehen.

Weitere Informationen

LEHRE: »Verliere dein Wohl trotz Gemeinschaft und Arbeit nicht aus den Augen.«

AFFIRMATION: »Ich folge meiner Spur.«

HUND

BERNHARDINER

Ausgeprägter Beschützerinstinkt, Hilfsbereitschaft, Gottessuche

Wenn du mal nicht weiterweißt,
der heilige Bernhard dir
den Weg wieder weist.
Deine Gebete werden erhört.
Glaube, und vertraue.
Es hilft und heilt die
göttliche Kraft.

Der Bernhardiner und seine Kraft in den Kulturen der Welt

Der Bernhardiner, eine Schweizer Hunderasse, war ursprünglich ein Rettungshund. Der heilige Bernhard von Menthon, mittlerweile Patron der Alpenbewohner, Bergsteiger und Skifahrer, gründete um 1050 auf dem Mont Joux, beim Alpenübergang zwischen dem Wallis und dem Aostatal, ein Kloster, das noch heute von Augustinerchorherren betrieben wird. Wahrscheinlich ließ er auch ein paar Jahre später das Hospiz auf dem Kleinen St. Bernhard erbauen. Im Dienste der Nächstenliebe züchteten die Mönche ab dem Ende des 17. Jahrhunderts Hunde, trainierten sie auf die Rettung von Verschütteten und züchteten sie im Laufe der Zeit zu einer eigenständigen Hundeart weiter. Die Tiere, mit denen sie die Zucht begannen, sind wohl die Vorfahren des heutigen Sennhundes. Eine durchgängige Zucht war auf dieser Höhe jedoch nicht möglich, weswegen die Mönche auf Hunde aus der Umgebung zurückgriffen. Aus diesem Grund haben die heutigen Bernhardiner wenig Ähnlichkeit mit früheren Vorfahren – so war der Urbernhardiner beispielsweise wesentlich kleiner als das heutige Zuchtergebnis. Die Augustinermönche nutzten ihre Bernhardiner als Lawinenhunde, und diese konnten in der Tat unzählige Verschüttete auffinden. Der bekannte Lawinenhund »Barry« soll mehr als 40 Menschen das Leben gerettet haben. Heute ist der

Einsatz von Bernhardinern als Rettungshunde durch die Weiterzüchtung der Rasse nicht mehr möglich – der Schäferhund und teilweise auch der Golden Retriever haben sie als Lawinenhunde abgelöst. Bernhardiner zählen heute zu den Begleit- und Haushunden. Der Bernhardiner wird oft mit einem Schnapsfässchen abgebildet, das er um den Hals trägt und aus dem die Lawinenopfer einen Schluck zum Aufwärmen genommen haben sollen. Viele der großen Geschichten, die sich um ihn ranken, sind ausgeschmückt, verfremdet und frei weitererzählt worden.

Auf dem Großen St. Bernhard, einem Pass in den Walliser Alpen, ist der Bernhardiner eine der wichtigsten Touristenattraktionen. Es gibt in Martigny ein Museum, das »Barryland – Musée et Chiens du Saint-Bernard«, in dem die Besucher neben lebenden Tieren alles Mögliche im Zusammenhang mit den Hunden zu sehen bekommen.

Der Bernhardiner, wie wir ihn kennen, ist ein kräftiger und großer Hund, der 91 cm groß werden kann. Er zählt zu einer der schwersten Hunderassen und kann bis zu 90 Kilo wiegen. Sein Fell ist dicht, glatt anliegend und weiß und rotbraun in den verschiedensten Zusammensetzungen. Weiße Flecken sollten bei reinrassigen Bernhardinern aber an Nase, Hals, Brust, Pfoten und der Rutenspitze vorhanden sein. Der Bernhardiner erreicht ein niedriges Durchschnittsalter von sechs bis acht Jahren. Er ist sensibel, zuverlässig, sanftmütig, liebevoll, ausgeglichen und freundlich, auch gegenüber Fremden. Er hat einen ausgeprägten Beschützerinstinkt. Der Bernhardiner wurde bekannt durch seinen unfehlbaren Ortssinn, seine Wetterfühligkeit und Wetterfestigkeit, die gute Nase, seine Ausdauer und seine Hilfsbereitschaft. Gesundheitlich ist der Bernhardiner häufig von Hüftgelenksdysplasie, Osteosarkom (Knochenkrebs) und Magendrehung betroffen.

Bernhardinermedizin

Deine Gebete wurden erhört. Ein Botschafter hat dich aufgespürt in der misslichen Lage, in der du dich befindest. Er bringt dir rettende Hilfe und holt dich aus dem Loch, in das du geraten bist, heraus. Der Bernhardiner ist ein liebevoller und einfühlsamer Wächter und Beschützer auf den kargen, unzugänglichen Wegen des Lebens, auf denen du leicht verloren gehen könntest. Er hilft dir, alte Schocks aufzulösen, zu dir zu kommen, dich mit Gott und deiner höheren Führung zu verbinden.

Du hast eine zweite Chance erhalten. Nutze sie. Öffne dich erneut für die Liebe und die Nächstenliebe. Du bist gewollt und hast eine Aufgabe im großen Plan. Wende dich stärker der spirituellen Seite des Lebens zu, beziehe sie mit in den Alltag ein. Bitte Gott und die Engel, dich zu unterstützen und dir hilfreiche Lösungen für schwierige Angelegenheiten zu senden.

VON SEINER LICHTVOLLEN SEITE BETRACHTET: Der Bernhardiner ist Retter in der Not, er hilft bei der Überwindung alter Schocks, ist liebevoll, einfühlsam, mitfühlend, warmherzig, sensibel und treu. Er steht für eine zweite Chance, ist offen für Neues und Fremdes, sucht nach der Wahrheit und dem ewigen Leben. Ebenso beschützt, behütet und bewahrt er, ist ehrenhaft, verliert die Hoffnung nicht und setzt sich für andere ein.

VON SEINER DUNKLEN SEITE BETRACHTET: Alte, schwere Lasten können nicht abgelegt werden. Er steht für Traumata, Misshandlungen, Schocks in der Seele, Erstarrung, Versteinerung und seelische Lasten. Er geht auch falsche Wege, hat seinen Blick manchmal in die Vergangenheit und auf das gerichtet, was nicht ist, statt auf die Realität. Es besteht Suchtgefahr, beispielsweise die der Alkoholabhängigkeit.

Weitere Informationen

LEHRE: »Liebe deinen Nächsten wie dich selbst. Deine Gebete werden erhört. Es besteht Verbindung mit dem Heiligen Bernhard. Gehe deinen Weg in Frieden mit deiner Seele.«

AFFIRMATION: »Ich danke für das Geschenk des Lebens und nutze die zweite Chance. Das Licht, die Liebe und das ewige Leben erwachen in mir.«

HUND
BOXER
Lebendige Interaktion, Treue, Aufrichtigkeit

Einmal Boxer, immer Boxer.
Wer einmal einen Boxer hatte,
der möchte immer wieder einen.
Er hat eine ganz eigene, liebenswürdige Art
mit einem vielfältigen Mienenspiel.

Der Boxer und seine Kraft in den Kulturen der Welt

Der Boxer ist eine deutsche Hunderasse und wurde 1924 als Diensthundrasse anerkannt. Als unmittelbarer Vorfahre des Boxers gilt der Brabanter Bullenbeißer. Dieser wurde an europäischen Fürstenhöfen zur Jagd auf größeres Wild wie Wildschweine und Bären gezüchtet. Schließlich wurde er mit der Bulldogge gekreuzt. Friederun Stockmann, Bildhauerin und Malerin, begann 1911 mit der Boxerzucht. Sie hat ihr Leben mit diesen Hunden in dem Buch »Ein Leben mit Boxern« niedergeschrieben. Sie war es, die sozusagen den Grundstein für diese Hunderasse gelegt hat. Mittlerweile gibt es weltweit Boxervereine und -clubs. Es gibt regelmäßig Zuchtschauen und Leistungsprüfungen sowie nationale und internationale Meisterschaften.

Der Boxer ist ein Hund mit quadratischem Körperbau, starken Knochen und kräftiger Muskulatur. Das Fell ist glänzend und kurz, und es variiert in den Farben Gelb, Braun, Ocker, Weiß und Dunkelbraun bis hin zu Dunkelhirschrot. Es gibt auch gestromte Boxer mit dunklen oder schwarzen Streifen. Ein typisches Wesensmerkmal des Boxers ist der sogenannte Vorbiss: Der Unterkiefer überragt den Oberkiefer, doch die Lefzen liegen aufeinander. Es bilden sich so Wülste oder Falten im Gesicht. Die Nase ist recht platt. Der Boxer ist ein selbstbewusster, ausgeglichener, ruhiger und sensibler Hund mit einer sehr lebendigen Mimik. Er liebt seine Bezugsperson, ist treu und anhänglich denen gegenüber, die er als Familie kennt. Fremden jedoch begegnet er voller Misstrauen und Vorsicht. Er hat seinen eigenen Kopf und benötigt bei der Erziehung Geduld, Liebe und klare, aber bestimmte Anweisungen, auf keinen Fall eine harte Hand. Er hat Temperament und braucht viel Bewegung, damit er ausgeglichen ist. Boxer sind Familien-, Begleit-, Sport- oder Wachhunde. Sie haben einen hochempfindlichen Magen-Darm-Trakt und neigen zu Erkrankungen in diesem Bereich sowie zu Herzerkrankungen, Tumoren, Arthrose und anderen Gelenkerkrankungen.

Boxermedizin

Ein sonniger, ausgeglichener, einfühlsamer und hochsensibler Begleiter kommt in dein Leben, um dich und die Deinen zu beschützen und dir zu dienen. Der Boxer hilft dir, auf die Sonne in dir zu schauen und dich nicht von der Welt und all ihren Ansprüchen und Vorstellungen vom Leben verrückt machen zu lassen. Du hast deinen eigenen Weg und bist ganz individuell angeschlossen an die Natur des Seins. Der Boxer hilft dir, deine Würde zu bewahren, aufrecht zu gehen, egal, was andere sagen oder von dir erwarten. Du hast deinen eigenen Kopf. Sei dir treu, und folge deinem eigenen Stil und der Stimme deines Herzens. Du wirst jetzt mit einem Überschwang an Liebe verwöhnt. Boxer spiegeln durch ihre Mimik jede Stimmung und jede Veränderung wider, strahlen dabei aber Ruhe und Kraft aus und stellen so die innere Harmonie wieder

her. Du hast also einen lebendigen und verständigen Begleiter, der jede deiner Stimmungslagen widerspiegelt und dich wieder in deine innere Ruhe und den eigenen Frieden bringt. Er führt dich zu dir selbst. Sei dir gegenüber ehrlich, und lebe deine Wahrheit. Dein Körper lügt nicht und sendet dir die richtigen Impulse. Achte auf deinen Magen. Druck bedeutet, es tut dir nicht gut. Achte auf die Nervenimpulse, du hast sehr feine Antennen. Achte auf dein Herz. Es gehört dir, und du darfst lieben, wen immer du willst.

VON SEINER LICHTVOLLEN SEITE BETRACHTET: Der Boxer ist liebevoll, treu, ausgeglichen, fürsorglich, dienstbeflissen und beschützend. Ebenso ist er kraft- und temperamentvoll, aufgeweckt, kommunikativ, familiär, kinderlieb und verspielt. Er ist zutiefst dankbar, ehrlich, er weiß, wo er hingehört, kennt klare Abgrenzungen und hat ein gutes Gedächtnis. Er verkörpert Adel und Eleganz.

VON SEINER DUNKLEN SEITE BETRACHTET: Der Boxer ist auch dickköpfig, misstrauisch, verurteilend und sehr empfindlich, er bezieht alles auf sich. Ebenso ist er zurückhaltend und vorsichtig, öffnet sich nicht für neue Dinge, sondern lehnt sie sogar ab. Sein Kontrolltrieb ist stark ausgeprägt, und er kann vereinnahmend werden.

Weitere Informationen

LEHRE: »Sei mit dir selbst im Frieden, du verfügst über genügend Selbstbewusstsein und eine gute Selbstwahrnehmung.«

AFFIRMATION: »Ich gehe meinen Weg so, wie ich ihn als richtig empfinde. Meine innere Sonne leuchtet, mein Herz geht auf.«

HUND

BOBTAIL

Kreativer Spieltrieb, Liebe, Humor

Wer rastet, der rostet, das Leben ist
Bewegung, Spiel, Aufgabe und Freude.
Du hast also einen richtig guten,
humorvollen Kumpel an deiner Seite,
der immer zu Streichen aufgelegt ist.
Schaue, was heute ansteht.
Folge dem Plan des Tages.

Der Bobtail und seine Kraft in den Kulturen der Welt

Der Bobtail, auch »Old English Sheepdog« genannt, ist eine britische Hunderasse. Die Herkunft liegt weitgehend im Dunkeln. Es wird vermutet, dass er mit Herdenschutzhunden wie dem Owtscharka oder dem Pon verwandt ist. »Bobtail« bedeutet übersetzt »gekürzter Schwanz« oder »Stummelschwanz«. Es heißt, dass früher die Hundesteuer nach der Schwanzlänge berechnet wurde – indem der Schwanz des Hundes gekürzt wurde, konnte somit durchaus Geld gespart werden. Im 19. Jahrhundert lebte dieser freundliche, wache und sehr lebendige Geselle in Großfamilien und erfüllte seine Aufgaben als Hüte- und Begleithund. Er bewachte Herden und trieb sie damals auch über Strecken von fast 100 Kilometern. Später übernahm die Eisenbahn, mit der das Vieh schließlich transportiert wurde, dieses Aufgabengebiet. Der Bobtail wandelte sich im Laufe der Zeit immer mehr zu einem Familienhund.

Der Bobtail ist groß und kräftig mit einer Schulterhöhe von mindestens 56 cm. Das zottige, voluminöse Fell kann neben der Farbe Weiß die verschiedensten Grautöne haben. Die Ohren sind im Vergleich zur Körpergröße auffallend flach und klein. Bobtails müssen Beschäftigung, eine Aufgabe und viel Bewegung haben. Sie werden deshalb noch oft als Begleit- oder Hütehunde eingesetzt. Generell brauchen sie eine liebevolle, aber konsequente Erziehung und Verständnis für ihr ab und zu unvorhergesehen temperamentvolles Verhalten. Hartes Vorgehen nehmen sie übel. Bobtails haben einen außergewöhnlichen Spieltrieb, sie sind immer zu Streichen aufgelegt,

kinderlieb und liebevolle Beschützer der Familie. Diese Hunde wollen bei ihren Menschen sein und sind anderen Haustieren gegenüber freundlich. Es gibt viele lustige Geschichten über Bobtails, zum Beispiel soll einer einen Einbrecher ins Haus herein-, aber nicht wieder hinausgelassen haben.

Bobtailmedizin

Ein verspielter, liebevoller, herzerwärmender und ungestümer Beschützer springt temperamentvoll in dein Leben. Eine unendliche Lebensfreude strahlt dir entgegen. Er erinnert dich an deinen Seelenplan und an deine Aufgabe im Leben. Warum bist du auf die Erde gekommen? Was willst du hier machen, lernen, erfahren und der Erde bringen? Sein humorvolles Wesen erinnert dich daran, dass du die Dinge nicht so unglaublich ernst nehmen, sondern das Leben eher leicht und spielerisch und vielleicht auch mal kreativ angehen solltest. Er erinnert dich an das Kind in dir. Was wolltest du als Kind immer machen? Was waren deine Wünsche, deine Träume, deine Visionen vom Leben? Was hat dich interessiert und neugierig gemacht? Was hat deine Freude intensiviert? Was ist deine Leidenschaft?
Was hat dich davon abgehalten, deinen Weg zu gehen?
Es ist Zeit, die Richtung in deinem Leben zu ändern.
Wer voller überschäumender Lebensfreude seiner Aufgabe nachgeht, wird sie mit Erfolg, Spaß und Bravour meistern. Sag »Ja!« zum Leben. Der Bobtail lehrt dich Vertrauen ins Leben. Nervosität oder Aggressivität sind ihm fremd. Er gewinnt durch seine herzliche und lernwillige Art und zeigt dir, wie du die Familie und deine Bestimmung unter einen Hut bringen kannst. Auch lehrt er dich, dass du dich mehr um dich und um deinen Körper kümmern solltest. Achte auf diesen, er ist der Tempel deiner Seele. Pflege ihn regelmäßig und ausgiebig, sodass du dich richtig wohl mit dir selbst fühlst.

VON SEINER LICHTVOLLEN SEITE BETRACHTET: Der Bobtail hat ein gewinnendes Wesen, er ist freundlich, friedlich, gutmütig, humorvoll, kreativ und verspielt, aber auch aufmerksam, wachsam, zuverlässig, geschickt, intelligent und lernwillig. Er ist ebenso freiheitsliebend und eigenwillig wie anhänglich und verschmust. Der robuste Hund ist schnell und zeigt Ausdauer.

VON SEINER DUNKLEN SEITE BETRACHTET: Dieser Hund ist zeitintensiv, denn er braucht viel Zuwendung, und da sein Fell schnell verschmutzt, ist seine Pflege aufwendig. Bisweilen ist der Bobtail wild und stur und lässt sich nur schwer führen. Das Tier ist oft mehr auf andere als auf sich fixiert und steht sich manchmal selbst im Weg.

Weitere Informationen

LEHRE: »Achte auf das Innere Kind.«

AFFIRMATION: »Das Leben ist Licht und Freude.«

HUND

BULLDOGGE

Beharrlichkeit, Einsatz, Durchsetzungsvermögen

Niemals aufgeben, niemals kapitulieren, durchhalten bis zum Schluss.

Die Bulldogge und ihre Geschichte in den Kulturen der Welt

Die Bulldogge ist eine britische Hunderasse. Ihr Ursprung soll im 6. Jahrhundert v. Chr. liegen, als Phönizier Molosser (Hirtenhunde) mit doggenähnlichen Hunden aus Britannien kreuzten. Die Hundeart wurde im 13. Jahrhundert erstmals als »Bonddog« bezeichnet, der heutige Name entstand erst im 17. Jahrhundert. Dieser Hund wurde ursprünglich als Kampfhund für Bullenkämpfe gezüchtet, und er führte seinen Kampf mutig und aggressiv gegen Bullen aus. Mit seiner zurückliegenden Nase konnte er sich im Bullen verbeißen und trotzdem weiteratmen. Im Kampf bewiesen sich die Hunde entschlossen und furchtlos, sie waren bereit, bis in den Tod zu kämpfen. Selbst Hunde mit Verletzungen und Knochenbrüchen sollen das sehr viel größere Tier immer wieder angegriffen haben. Später wurden sie auch in reinen Hundekämpfen zur Unterhaltung der Menge eingesetzt. Erst mit dem Verbot von Hundekämpfen in Großbritannien im 19. Jahrhundert begann die Wandlung der Bulldogge vom Kampftier zum Familienhund. Es gibt nur wenige Hunderassen, die einen solch gravierenden Wandel durchgemacht haben.

Das Fell der Bulldogge ist kurz, dicht, glatt und von feiner Struktur. Es variiert in allen Schattierungen von Rehbraun über Rot bis hin zu Weiß, und es gibt auch gescheckte und gestromte Tiere. Der Kopf ist massig und im Verhältnis zum Körper recht groß, die Schnauze ist kurz und das Gesicht faltig. Die Ohren stehen weit auseinander und sind hoch angesetzt. Auffällig bei der Bulldogge sind die breite Brust und das schmale Hinterteil. Der einstige Kampfhund ist freundlich, selbstbewusst, mutig und schmerzunempfindlich, hat aber auch einen ausgeprägten eigenen Willen. Bei richtiger Erziehung ist er gutmütig und anhänglich – ein guter Familien- und Wachhund.

Bulldoggenmedizin

Die Bulldogge kommt in dein Leben, um dich auf unerlöste Angelegenheiten in der Vergangenheit aufmerksam zu machen. Da dieser Hund selbst einen Wandel vom Kampfhund zum Haustier durchgemacht hat, steht die Rasse für die Entwicklung vom Einsatz in Kampfsituationen hin zum Frieden mit sich selbst und der Umgebung. Wo befindest du dich noch im Kampf? Wo, glaubst du, musst du noch um dein Überleben kämpfen? Was bringt dein Blut in Wallung? Wo bist du noch nicht im Frieden mit dir selbst? In welchen Situationen hast du dich festgebissen? An welchen Entschlüssen hältst du fest, obwohl sie dir nicht mehr dienen? Wo verletzt du dich selbst und andere, weil du nicht loslassen kannst? Betrachte die Situationen mit Abstand aus einer höheren Perspektive – vielleicht aus der Perspektive deines Schutzengels. Alles kann sich wandeln, alles kann geändert werden, wenn wir bereit sind, hinzuschauen und uns neuen Impulsen und neuen Einflüssen zu öffnen. Die Bulldogge kann dich in frühere Leben führen, in alte Kampffelder, in Situationen deiner Kindheit, in alte Konflikte, die in deiner Fantasie übermächtig leben und deine heutigen Handlungen und Taten immer noch beeinflussen. Schaue sie dir an, vergib, und verzeihe. Sei bereit, neue Schritte in deiner Entwicklung zu machen. Die Bulldogge ist ein hervorragender Führer und Begleiter in allen Angelegenheiten des Kampfes, der Wandlung und des Friedens mit der eigenen Seele. Dein Leben muss nicht mehr von Kampf bestimmt sein. Du darfst genießen, was du dir aufgebaut und geschaffen hast. Nutze die Kraft, die Ausdauer und die Beharrlichkeit, die du hast, dafür, das zu schaffen, was du dir für deine Zukunft wünschst.

VON IHRER LICHTVOLLEN SEITE BETRACHTET: Die Bulldogge verkörpert Gutmütigkeit, Anhänglichkeit, Treue, Liebe, Ruhe und Frieden. Sie steht für Ausdauer, Kraft, Beharrlichkeit, Willenskraft, Wandlungsfähigkeit, Entwicklung und neue Perspektiven.

VON IHRER DUNKLEN SEITE BETRACHTET: Dieser Hund ist auch phlegmatisch, jähzornig, gierig und eigenwillig. Er meint oft, sich durchsetzen zu müssen, er kann nicht loslassen, beißt sich in einer Sache fest, er halst sich zu viel auf, übernimmt sich damit und kann sich selbst nicht verzeihen. Bisweilen legt er ein Machogehabe an den Tag und bläst sich auf.

Weitere Informationen

LEHRE: »Gehe vom Lebenskampf hin zum Frieden.«
AFFIRMATION: »Ich öffne mich für neue Impulse.«

HUND
COLLIE

Hilfsbereitschaft, Zuverlässigkeit, Freude

Wir sind beste Freunde für immer.
Du bist nicht allein.
Für jedes Problem gibt es eine gute Lösung zum Wohle aller.

Der Collie und seine Kraft in den Kulturen der Welt

Der Stammbaum des Collies geht auf die Zeit um 3000 v. Chr. zurück, als bestimmte Hunde zum Hüten von Schafen ausgebildet wurden. Im Zuge von Völkerwanderungen, auf die Hunde mitgenommen wurden, und nachfolgenden Kreuzungen verschiedener Hunderassen entstand im Laufe der Zeit der heutige Collie. Direkter Vorfahre ist der Schottische Schäferhund, der in den Hochmooren Schottlands als Hütehund für Schafherden genutzt wurde. Der Name der heutigen Hunderasse leitet sich von dem der gehüteten Schafe ab, der »Colleys«. Die Hunde wurden zunächst »Colley Dogs« und dann »Collies« genannt. Später wurden sie als die ersten Hunde im Kriegs- und Sanitätsdienst als Hilfs- und Meldehunde eingesetzt und retteten Tausenden von Soldaten das Leben. Collies waren auch beliebte Hunde der Königshäuser. Einige Tiere wurden geradezu Berühmtheiten, wie beispielsweise die schwarze Colliehündin Gypsy, die 1868 im Park von Schloss Windsor beerdigt wurde.

Eigentlich gehören zur Rasse der Collies zwei Hundearten – es wird zwischen langhaarigen und kurzhaarigen Collies unterschieden. Der langhaarige Collie, »Rough Collie« genannt, ist ein schöner, aktiver, geschmeidiger Begleithund, der vornehm, geradezu adlig wirkt. Er hat ein sehr dichtes Fell mit seidig weichem Unterhaar. Langhaarige Collies werden zwischen 61 und 66 cm groß und zwischen 25 und 30 Kilo schwer. Der kurzhaarige Collie, auch »Smooth« genannt, hat im Gegensatz dazu dichtes, kurzes und hartes Fell. Er ist robuster und wird bis zu 33 Kilo schwer. Als Arbeitshund braucht der »Smooth« viel Beschäftigung. Das Fell gibt es bei beiden Collies in den Farbvarianten Zobelweiß, Schwarz, Ocker, Mahagoni oder einem hellen Goldton. Es gibt meist zweifarbige Collies und sogenannte Tricolor, deren Fell schwarz, weiß und rotbraun gefärbt ist. Collies sind sehr kluge, sensible, wachsame, aufmerksame und hilfsbereite Tiere. Auf Veränderungen in ihrer Umwelt, auf schädliche Nahrung und auf bestimmte Medikamente reagieren sie sehr empfindlich. Typische Colliekrankheiten sind Magen-Darm-Erkrankungen, Augenerkrankungen (Collie Eye Anomaly) und Haut-Muskel-Beschwerden. Der Collie genießt einen guten Ruf als weltweit enorm einflussreiche und beliebte Hunderasse. Der bekannte Filmhund »Lassie« hat zu dieser Beliebtheit beigetragen – Lassie hat sogar einen Stern auf dem Walk of Fame in Los Angeles.

Colliemedizin

An deiner Seite ist ein wundervoller, intelligenter und aufmerksamer Begleiter, der dir hilft, jede Situation zu meistern. Wenn ein Problem entsteht, dann gibt es dafür auch eine Lösung, und als dein Weggefährte führt dich der Collie zur richtigen Lösung, die im Einklang mit deinem Herzen ist. Dieser Hund hat mit seiner Klugheit die Kraft, alles, was geschieht, zum Guten zu wenden. Er warnt vor Gefahren, hilft in der Not, weiß, wie man Hilfe herbeiholen kann, und vor allem, wie du die Hilfe, die dir geboten wird, auch annehmen kannst. Du findest den richtigen Weg in allen Lebenslagen, wenn du wie dein treuer Freund und Begleiter immer zuversichtlich bist und auf ihn hörst. Du bist nicht allein. Der Collie erinnert dich daran, dass du viele Helfer auf dieser und auf der geistigen Seite hast, wie beispielsweise die Engel, die dir in jeder Lebenslage behilflich sind. Wende dich an sie, und höre auf sie. Die Engel wachen über dich, und es gibt viele Menschen, die bereit sind, dir die Hand zu reichen. Nimm dir Zeit, nach innen zu lauschen und das zu tun, was dein Herz dir sagt.

Offenheit und Zuversicht sind die Kräfte, die helfen, eine missliche Lage zum Guten zu wenden. Achte auf die Zeichen, die dir gesandt werden. Ein guter Stern wacht über dich.

VON SEINER LICHTVOLLEN SEITE BETRACHTET: Der Collie ist lieb, einfühlsam, klug, hilfsbereit, wach, aufmerksam und treu, er weiß, was er tun muss, ist voller Lebensfreude und hat eine positive Einstellung. Zudem ist er elegant und schön anzusehen.

VON SEINER DUNKLEN SEITE BETRACHTET: Dieser Hund hat ein Helfersyndrom – alle anderen sind wichtiger als er selbst. Er kann nicht ruhig sein, braucht Aufgaben und schafft sich immer wieder neue Herausforderungen. Ab und zu leidet er an Geltungssucht.

Weitere Informationen

LEHRE: »Es geht um Geben und Nehmen.«

AFFIRMATION: »Ich bin göttlich geführt. Ich folge meinen Eingebungen.«

HUND
COCKERSPANIEL

Feuerkraft, Einsatz, Furchtlosigkeit

Das sagt man über den Cockerspaniel:
Lasse dich nicht
vom süßen Aussehen täuschen.
Traue den roten Rüden nicht,
sie sind unbändig und wild.
Sie bringen Feuer in dein Heim
und brauchen viel Auslauf.

Der Cockerspaniel und seine Kraft in den Kulturen der Welt

Cockerspaniels sind eine seit 1843 anerkannte britische Jagdhundrasse. Ursprünglich wurden sie bei der Jagd auf Waldschnepfen eingesetzt, die auf Englisch »woodcock« heißen – daher auch der Name Cockerspaniel. Diese Hunde haben ein weiches, dichtes, anliegendes, seidig schimmerndes Fell, das an den langen Hängeohren, der Brust, dem Bauch, den Beinen und dem Schwanz lang ist, am Kopf hingegen kurz. Die Fellfarbe variiert, es gibt orange, rotbraune, braune, schwarze und schwarz-weiße bis ganz weiße Tiere. Der Körperbau ist kompakt mit einem gut ausgebildeten Brustkorb. Diese Hunde erreichen eine Größe von etwa 40 cm und ein Gewicht von bis zu 14 Kilo. Allerdings neigen sie zu Übergewicht. Cockerspaniels haben große dunkle Augen, eine große Nase und kräftige Pfoten. Sie sind temperamentvoll, fröhlich, eigensinnig und fordern ihre Besitzer. Sie sind begeistert, wenn man mit ihnen spielt, wenn sie schwimmen und Gegenstände apportieren können. Diese Hunde brauchen ausgiebigen Auslauf und viel Beschäftigung, weil sie sonst alles Mögliche zerbeißen und alles jagen, was sich in ihrer Umgebung befindet. Der zuweilen sehr eigensinnige Cockerspaniel eignet sich als Jagd-, Spür- und Familienhund. Rassetypische Krankheiten sind Gleichgewichtsstörungen und Taubheit. Dem roten Cockerspaniel wird zudem nachgesagt, dass er grundlos aggressiv werden kann: Dieses Verhalten nennt sich die »Cockerwut«. Während eines solchen Anfalls sind die Tiere nicht zu halten, sie können andere durch Bisse verletzen und sind danach total erschöpft.

Cockerspanielmedizin

Ein lustiger Gefährte erscheint, der mit sonnigem, fröhlichem Gemüt dein Leben ordentlich aufmischt. Er bringt dich in die Natur, fördert deine Sportlichkeit und weckt deinen Tatendrang. Lasse dich nicht vom Äußeren einer Sache verleiten, sondern schaue auf den Kern.

Der Cockerspaniel spiegelt dir die Feuerkraft. Wofür setzt du deine Energie ein? Bist du in der Lage, sie zu lenken, oder leitet sie dich? Wo verausgabst du dich unnötig? Es wird Zeit, dass du mehr über die Energie und ihre Wege erfährst. Alles, was wir aussenden, kehrt zu uns zurück, deswegen ist es wichtig, zu beobachten, wie wir mit unserer eigenen Kraft umgehen und wofür wir sie einsetzen.

Mit diesem Gefährten an deiner Seite kannst du lernen, die Energie auf richtige Weise zu zügeln und zu lenken. Lerne, zu unterscheiden, wofür du verantwortlich bist, was sich im Verantwortungsbereich anderer befindet und was in der Hand Gottes liegt. Verändere das, was in deinem Bereich ist, auf positive Art und Weise, lasse anderen ihren Bereich, auch wenn sie nicht in deinem Sinne und nach deinen Vorstellungen handeln, und gib die Dinge, die du nicht ändern kannst, in Gottes Hand. Wenn du einmal über die Grenzen gegangen bist, gibt es immer Möglichkeiten, sich zu entschuldigen und die Unstimmigkeiten zu bereinigen.

VON SEINER LICHTVOLLEN SEITE BETRACHTET: Der Cockerspaniel steht für Ausdauer, Einsatz und Frohsinn, er ist liebevoll, furchtlos, ausgeglichen, unkompliziert und hat ein sonniges Gemüt. Er kann sich gut anpassen, ist anhänglich, gutmütig, aufgeweckt, aktiv, intelligent, lustig und sanft.

VON SEINER DUNKLEN SEITE BETRACHTET: Er braucht viel Aufmerksamkeit, Bewegung und Beschäftigung, sonst sucht er sich selbst eine Aufgabe. Trotz seiner generellen Ausgeglichenheit kommt es zu unerwarteten Aggressionen. Er kann wegen seines Jagdtriebs nicht lange ruhig sein.

Weitere Informationen

LEHRE: »Es geht um das Lenken der Feuerkraft.«
AFFIRMATION: »Ich setze jetzt meine Kraft auf richtige Weise ein.«

HUND

DACKEL

Selbstbewusstsein, Spürsinn, Neugierde

Laut stöbernd der Dackel die Fährte aufnimmt –
er schnüffelt schnell wie der Wind.
Hecken, Felsen, Dornen und Spalten
können ihn dabei so gar nicht aufhalten.
Er geht in die Tiefe der Erde hinein
und stellt sich gar furchtlos
dem inneren Schrein.
Zuerst wird im Inneren reinegemacht –
und dann genießt er die Sonne, die lacht.

Es wird gesagt, die Seele eines Dackels sei menschlicher als alle anderen Hundeseelen. Sein berühmter »Dackelblick« erweckt Liebe und Vertrauen. Er weiß, wie man seine Ziele erreicht.

Der Dackel und seine Kraft in den Kulturen der Welt

Der Dackel ist eine deutsche Jagdhundrasse. Er gehört zu den Zwerghunden und wird auch »Dachshund«, »Zamperl« oder »Teckel« genannt. Die Geschichte der Dackel ist lang. Bereits in altägyptischen Gräbern hat man Zeichnungen von kleinen, dackelähnlichen Hunden mit krummen, kurzen Beinen gefunden. Seit 1560 gibt es schriftliche Aufzeichnungen über den Dackel. Er wurde speziell für die Jagd auf Hasen, Füchse und Dachse gezüchtet und hat deshalb einen ausgeprägten Jagdtrieb. Charakteristisch ist seine niedrige, kompakte, kurzläufige und lang gestreckte Gestalt. Dieser Körperbau ermöglicht ihm das Eindringen in die unterirdischen Baue der bejagten Tiere. Es kann passieren, dass der Dackel ausgegraben werden muss, wenn es zu einem Kampf im Bau kommt. Dackel sind außer für Stöberarbeiten auch für das Verfolgen von verwundeten Tieren und die Suche eines toten Tieres auf der Jagd gut geeignet.

Der Dackel trägt seinen Kopf aufrecht und hat einen aufmerksamen Gesichtsausdruck. Hinsichtlich der Größe und des Fells gibt es deutliche Unterschiede innerhalb dieser Hunderasse. Es gibt Langhaar-, Kurzhaar- und Rauhaardackel in verschiedenen Farbtönen (Rot, Braun und Schwarz in unterschiedlichen Abstufungen) und auch mehrfarbige und gestromte Tiere.

Der Dackel hat ein ausgeprägtes Selbstbewusstsein und manchmal keinen Respekt vor größeren Hunden, was zu Konfrontationen führen kann. Er muss konsequent, aber mit liebevoller Hand erzogen werden. Spezifische Krankheiten sind die Dackellähmung, zu der es kommt, weil die Wirbelsäule im Verhältnis zu den Beinen sehr lang ist, Bandscheibenvorfälle, Taubheit und Übergewicht. Trotz seiner geringen Größe ist der Dackel ein guter Wachhund.
Es gibt allein in Deutschland mehr als eine Viertelmillion Dackel. Sie sind hauptsächlich Haustiere, werden aber durchaus auch noch bei der Jagd eingesetzt.

Dackelmedizin

Ein aufgeweckter kleiner Geselle mit einer großen Portion Selbstvertrauen und Eigensinn erscheint in deinem Leben. Er hilft dir bei der Vergangenheitsbewältigung. Vielleicht gibt es Ereignisse und Erlebnisse in deinem Leben, die du bisher nicht überwinden und loslassen konntest. Vielleicht hörst du in deiner Seele einen Schrei nach Gerechtigkeit. Der Dackel unterstützt dich dabei, alte Spuren aufzunehmen und neue Erkenntnisse über vergangene Ereignisse und alte Schocks zu erlangen. Als Hund, der auch in Dachs- und Fuchsbauen herumstöbert, steht er mit dem Zwergenreich in Verbindung, und er hilft dir, dein Unterbewusstsein zu durchforsten. Folge ihm in die unbewussten und verdrängten Bereiche deiner Seele. Der Dackel gibt dir die Kraft und den Mut, dort Licht, Liebe und Heilung hineinzutragen. Er hilft dir, zu dir zu kommen, alte Ängste zu überwinden, dich um deine Angelegenheiten zu kümmern und dich furchtlos der Vergangenheit zu stellen. Nicht alles, was passiert ist, hat auch direkt mit dir zu tun. Vielleicht hast du es zu sehr auf dich bezogen. Vergleiche dich nicht mit anderen, denn du bist einmalig, so, wie du bist. Entrümple, miste aus, und lasse los. Komme zu dir nach Hause. Halte die Stube deiner Seele in Ordnung, so findest du Frieden und Ruhe in dir.

VON SEINER LICHTVOLLEN SEITE BETRACHTET: Der Dackel ist mutig, wachsam, aufmerksam, furchtlos, flink, ausdauernd, selbstständig und intelligent. Er verfügt über eine gute Intuition, Selbstvertrauen, Sinn für Humor, und er steht für Hilfe, Schutz, Liebe, Treue, Freude, Häuslichkeit sowie für Vergangenheitsbewältigung – und dafür, das anzunehmen, was ist.

VON SEINER DUNKLEN SEITE BETRACHTET: Dieser Hund ist dickköpfig, eigensinnig, teils hinterhältig und vor allem neugierig, denn er steckt seine Nase in Angelegenheiten, die ihn nichts angehen. Er steht für Tratsch und Klatsch, Streitsucht, Selbstbehauptung, Selbstüberschätzung und Angeberei. Er übertreibt gern und sucht in den Krümeln.

Weitere Informationen

LEHRE: »Frieden wohnt in der Tiefe deiner Seele.«

AFFIRMATION: »Ich höre auf meine Intuition und meine Eingebungen.«

HUND
DALMATINER

Einsatzfreudig, arbeitswillig, vielseitig

Ein liebenswerter Hund,
zwischen schwarz und weiß,
mit unermüdlichem Spiel- und
Bewegungsdrang,
nicht geeignet für bequeme Leute
und faule Kompromisse.

Der Dalmatiner und seine Kraft in den Kulturen der Welt

Die Dalmatiner sind eine kroatische Hunderasse. Abbildungen von dalmatinerähnlichen Hunden fand man schon in ägyptischen Pharaonengräbern. Man vermutet, dass der Dalmatiner von Indien über Ägypten den Weg nach Europa gefunden hat. Wahrscheinlich wurden diese Hunde früher in Dalmatien gezüchtet, daher wohl auch der Name und die Bezeichnung als kroatische Hunderasse. Dalmatiner haben eine angeborene Vorliebe für Pferde. In der viktorianischen Zeit, die die Jahre zwischen 1837 und 1901 umfasst, liefen die Hunde in England in der Meute neben Kutschen, um diese vor wilden Tieren und Räubern zu schützen. Sie waren auch das Maskottchen der New Yorker Feuerwehr und liefen als »lebende Sirene« den von Pferden gezogenen Feuerwehrwagen voraus.

Dalmatiner sind mittelgroße, kräftige und auffallende Hunde mit ausgeglichenen Proportionen und einem schwarz-weiß getupften, kurzhaarigen Fell. Die Welpen kommen weiß zur Welt, die ersten Flecken zeigen sich nach zehn Tagen. Die Höhe des Hundes kann bis zu 65 cm betragen, das Gewicht bis zu 32 Kilo. Der Dalmatiner ist anpassungsfähig, ein wacher, lebhafter Familienhund, der zum treuen Freund werden kann. Ein Dalmatiner sollte mit Lob und Liebe erzogen werden, weil er sensibel und verschmust ist. Er ist freundlich und kontaktfreudig, und er liebt spielerische Herausforderungen. Wenn Dalmatiner nicht genügend Bewegung haben, können sie ein aggressives, abweisendes Verhalten und einen übertriebenen Schutztrieb entwickeln. Sie müssen deshalb gefordert werden – sie brauchen mindestens zwei Stunden Auslauf am Tag, besser sind sogar vier Stunden. Gern laufen sie neben dem Fahrrad oder dem Pferd, sie lieben es, zu schwimmen, zu apportieren und kleine Kunststücke zu erlernen. Der Dalmatiner neigt zu Blasen- und Nierenerkrankungen, Immunschwäche, Seh- und Bewegungsstörungen. Er kann als Begleit-, Rettungs- und Fährtensuchhund ausgebildet werden. Als ehemaliger Meutehund kann er mit mehreren Artgenossen gehalten werden. 1956 erschien das Buch »The Hundred and One Dalmatians, or the Great Dog Robbery« (»101 Dalmatiner«) von Dodie Smith. Die erfolgreiche Walt-Disney-Verfilmung hat zur Beliebtheit dieser Hunderasse beigetragen.

Dalmatinermedizin

Ein sensibler, beweglicher Geselle mit schwarz-weißem Fell springt in dein Leben. Er bringt frischen Wind und Bewegung hinein und motiviert dich, deinen sportlichen Neigungen nachzugehen – sei es dem Wandern, dem Schwimmen, dem Reiten, dem Radfahren oder einfach dem Draußensein.

Vielleicht neigst du zu Extremen und siehst die Zwischenstufen nicht. Der Dalmatiner hilft dir dabei, herauszufinden, was gut für dich ist. Als feinfühliger Begleiter kann er sehr gut unterscheiden, ob jemand Gutes oder Schlechtes für dich will. Er lehrt dich, keine faulen Kompromisse einzugehen und gut auf dich aufzupassen. Er unterstützt dich dabei, dich in der Gemeinschaft mit anderen zu bewegen, dein soziales Verhalten anderen gegenüber zu festigen und trotzdem deinen Weg zu gehen. Nicht »entweder oder«, sondern »sowohl als auch«. Er zeigt dir, wie du dich vielfältig und kreativ ausdrücken kannst. Schwierige Aufgaben können gelöst werden. Öffne dich der Außenwelt. In der Balance zwischen dem Innen und dem Außen, zwischen Ruhe und Bewegung liegen Kraft, Harmonie und Gleichgewicht. Ist ein Pol zu stark betont, entsteht ein Ungleichgewicht, und dadurch kommt es zu Störungen. Der Dalmatiner weist dich darauf hin, dass

Dinge zusammengehören und sich nicht gegenseitig bekämpfen müssen. Du kannst dein seelisches Gleichgewicht wiedergewinnen, wenn du beide Pole deines Seins berücksichtigst.

VON SEINER LICHTVOLLEN SEITE BETRACHTET: Der Dalmatiner ist intelligent, arbeitsfreudig, lernwillig, aufmerksam, schnell, humorvoll, sensibel und wendig, er liebt die Gemeinschaft, versteht sich gut mit Artgenossen, ist kontaktfreudig, kinderfreundlich, gutmütig und geduldig. Der Hund zeigt Einsatz für andere.

VON SEINER DUNKLEN SEITE BETRACHTET: Dieser Hund braucht viel Bewegung, er kann verhaltensauffällig und umtriebig sein, er neigt zu Extremen und übertreibt.

Weitere Informationen

LEHRE: »Auf Mäßigung und Gleichgewicht kommt es an.«

AFFIRMATION: »Ich öffne mich der Vielfalt des Lebens und tanze zwischen den Polen.«

HUND
GOLDEN RETRIEVER

Freundlich, friedlich, kraftvoll, hilfsbereit

Ein Golden Retriever ist ein Engel
auf Erden im Einsatz.
Es gibt einen Spruch unter
Retriever-Haltern:
»Kommt ein Einbrecher,
so wird er freudig empfangen.
Der Hund hilft noch mit,
die Wertsachen aus dem Haus zu tragen.«
Sein größter Wunsch ist es, Freude zu bereiten.
Er bringt goldenes Licht in die Familie.
Er wird liebevoll als »Blondine«
unter den Hunden bezeichnet.

Der Golden Retriever und seine Kraft in den Kulturen der Welt

Der Golden Retriever ist eine mittelgroße britische Hunderasse, die 1913 anerkannt wurde. Golden Retriever wurden im vergangenen Jahrhundert von Lord Tweedmouth herangezüchtet. Dessen sorgfältig geführten Aufzeichnungen wurden 1952 von seinem Großneffen entdeckt und der Öffentlichkeit zugänglich gemacht. Das Fell des Golden Retrievers ist gold- oder cremefarben, glatt oder leicht wellig, und das Unterfell ist wetterfest. Er ist ein geduldiger, aufmerksamer, freundlicher, friedfertiger, hilfsbereiter und intelligenter Hund mit sonnigem Gemüt und einem kaum ausgebildeten Schutztrieb – für Wach- und Abwehrfunktionen ist er deshalb nicht geeignet. Ursprünglich wurde er bei der Vogeljagd dafür eingesetzt, geschossene Vögel, auch aus dem Wasser, zu apportieren. Da »apportieren« auf Englisch im Zusammenhang mit der Jagd »to retrieve« heißt, erklärt sich auf diese Weise sein Name. Dank seiner ausgeprägten Muskulatur ist der Golden Retriever zu kraftvollen Bewegungen fähig. Er braucht Bewegung und eine Aufgabe, ist gut geeignet zur Fährtensuche oder zur Arbeit in der Rettungs-

hundestaffel. Wird er nicht gefordert, so entwickelt er unerwünschte Verhaltensweisen. Er braucht Anschluss an Menschen, ist offen für fremde Menschen und liebt Kinder. Gut eignet er sich nicht nur als Familien- und Begleithund, sondern wegen seiner hohen Sensibilität auch als Behinderten- und Rettungshund (nach Erdbeben und Lawinen), und er kann beim Zoll oder bei der Polizei bei der Rauschgift- und Sprengstoffsuche eingesetzt werden. Bei Arbeiten im Wasser ist der Retriever ganz in seinem Element. Häufige Auftritte in Spielfilmen und Werbesendungen erhöhten seinen Bekanntheitsgrad. Der Golden Retriever gehört zu den beliebtesten Hunderassen.

Golden-Retriever-Medizin

Erscheint der goldene Engel auf Erden in deinem Leben, so kann es für dich segensvoll sein, wenn du dich ihm zuwendest und ihm deine Aufmerksamkeit schenkst. Du bist nicht allein. Der Golden Retriever leiht dir seine Sinne und führt dich so in den dunklen Stunden des Lebens auf die goldene Fährte. Er richtet dich auf das Licht aus, das immer da ist und für jeden scheint. Du brauchst nicht zu kämpfen oder mit deinem Schicksal zu hadern – nimm es an, und mache das Beste daraus. Mit Leichtigkeit, Freude und Spaß erreichst du dein Ziel viel leichter und kannst den Weg dorthin sogar genießen. Dieser Hund mischt überall unauffällig mit und lenkt die Geschicke der Menschen in eine positive Richtung. Er bringt Frohsinn und Leichtigkeit und will dich an die Schönheit und das Licht in allem erinnern. Lasse dich nicht gehen, sondern kümmere dich um dich, sei dir den Aufwand wert. Viele goldene Stunden und goldene Gelegenheiten warten auf dich. Der Retriever erinnert dich an das, was du bist, nämlich eine wunderschöne, vollkommene Seele, die auf der Erde für eine bestimmte Zeit bestimmte Erfahrungen in einem Körper machen möchte. Das Licht ist in dir, nichts ist umsonst, und alles dient dem großen Ganzen. Warum bist du hier? Was ist deine Aufgabe? Was ist der Sinn des Lebens? Welche wunderbaren Seiten und Eigenschaften besitzt du? Hast du dich verloren oder aufgegeben? Du kannst eine Menge aus deinem Leben machen. Lasse deine Schutzhüllen fallen, lasse das Bedürfnis, das Leben zu kontrollieren, los. Öffne dich für die Liebe in deinem Herzen und für neue Begegnungen. Du wirst geführt.

Der goldene Same in dir kann sich jetzt entfalten, du kannst deine Aufgabe und den Sinn deines Lebens finden. Positive, freudvolle Gefühle können nun in dich einströmen, funkelnd, strahlend, leuchtend, hell – lasse es zu.

VON SEINER LICHTVOLLEN SEITE BETRACHTET: Der Golden Retriever ist geduldig, gutmütig, lernwillig, aufmerksam, intelligent, ruhig, friedliebend, hilfsbereit, liebevoll und sympathisch.

VON SEINER DUNKLEN SEITE BETRACHTET: Dieser Hund entwickelt bei Vernachlässigung Unarten. Er weiß dann nicht mehr, wer er ist, und verliert den Sinn des Lebens aus den Augen. Er lässt sich zu viel gefallen, kann sich nicht abgrenzen, und es fällt ihm schwer, Nein zu sagen. Ständig steht er im Dienst anderer, statt seinen eigenen Weg zu gehen, und somit hat er wenig Zeit für sich selbst.

Weitere Informationen

LEHRE: »Es geht um die Verbindung mit dem Höheren Selbst.«
AFFIRMATION: »Ich bin offen und bereit für neue und gute Erfahrungen in meinem Leben, alles ist möglich.«

HUND
HUSKY

Führung, intuitives Handeln, Teamgeist

*Ein klein wenig Hund
steckt auch in jedem Husky.
Aus Huskyaugen funkelt
der hypnotische wilde Blick des Wolfes.
Selten findet man so viel Ursprünglichkeit
in einem Hund.*

Der Husky und seine Kraft in den Kulturen der Welt

Es gibt vier anerkannte Huskyarten: den Grönlandhund, den Samojeden, den Sibirian Husky und den Alaskan Malamute. Von diesen unterscheidet man noch die Alaskan Huskies, die allerdings als Rasse nicht anerkannt sind. Huskys ähneln Wölfen noch sehr stark. Beheimatet sind die Huskys ursprünglich in den polaren, einsamen nördlichen Regionen dieser Erde – in Sibirien, Alaska, Grönland und den arktischen Regionen Kanadas. Die Geschichte der Huskys begann mit der Geschichte der Schlittenhunde. Schon vor 4 000 Jahren waren diese Tiere auf ausgedehnten Reisen in die Weiten der arktischen nördlichen Regionen Begleiter der alten Volksstämme der Tschuktschen und Korjaken. Auf solchen Reisen und im Zuge von Völkerwanderungen gelangten die Huskys wahrscheinlich über die Beringstraße nach Alaska und so nach Nordamerika. Auch die Inuit schätzen den Husky sehr. Ihre alten Geschichten sind eng mit dem Hund verknüpft, der als bester Freund und Berater an der Seite dieser Menschen steht. Er wurde als Jagdtier, Lasttier und Schlittenhund ausgebildet. Obwohl die Hunde sich frei bewegen konnten, folgten sie gut.

Huskys kamen um 1800 das erste Mal nach Europa. Unter anderem nutzten Polarforscher und Anthropologen die Hundegespanne mitsamt Führer, um neue Erkenntnisse über unwegsame Gebiete zu erlangen, Trapper und Goldgräber nutzten die Hunde auf ihren Reisen nach Alaska und Yukon.

Die wichtigsten Merkmale der Huskys sind ihr quadratischer, stabiler Körperbau und das dichte, Kälte und Wasser abweisende Fell, meist in den Farben Weiß, Schwarz und Grau sowie in Rottönen. Die häufigste Fellzeichnung ist eine kräftige Färbung am Rücken, die über den Bauch und zu den Seiten hin schwächer wird. Das Kopffell ist oft sehr auffällig und beinahe maskenhaft. Die Augen können blau und bernsteinfarben sein, manchmal ist auch ein Auge braun und das andere blau. Huskys sind zäh, arbeitswillig und genügsam. Ihre Pfoten sind klein, kompakt und gut gepolstert, Eis und Schnee kann ihnen nichts anhaben. Ein Husky kann sich in einem Schneesturm einschneien lassen, indem er die Nase unter seine buschige Rute steckt, die ihm als Luftvorwärmung und Filter dient. Auf diese Weise kann er die Nacht unter Schnee verbringen. Bei gutem Training ist dieser Hund in der Lage, das Neunfache seines Körpergewichtes zu ziehen. Noch heute wird er als Schlittenhund, Zug- und Lasttier eingesetzt. Diese Hunde haben einen verminderten Jagdtrieb und ein gutes Sozialverhalten. Sie sind menschenfreundlich und kommen gut mit Kindern klar, sind sehr folgsam und meist vollwertig akzeptierte Familienmitglieder. Huskys besitzen einen ausgeprägten Orientierungssinn, mit dem sie auf ihnen bekannten Wegen bleiben, auch wenn diese durch Eis und Schnee nicht mehr sichtbar sind. Sie leben meist in Rudeln und brauchen soziale Kontakte und viel Liebe.

Der Husky ist ein besonderer Hund, denn in ihm funkelt die vitale, wache, ursprüngliche Kraft des Wolfes. Da er ein Hund des Nordens ist, steht er für den Spirit des Nordens, für gute Intuition, gute Orientierung und großartige Führung in unbekannten Weiten und auf unbekannten Wegen, für Spurensuche und Auf-sich-gestellt-Sein. Der Hund steht in seelischer Verbindung mit den Völkern des Nordens und verfügt über altes schamanisches Wissen.

Huskymedizin

Der Husky hat eine sehr ursprüngliche Anbindung an die Natur. Wir hingegen haben uns häufig der Natur entfremdet und meinen, unser selbst geschaffener Käfig sei die Welt. Doch auch in uns gibt es noch eine tiefe Sehnsucht nach etwas Größerem, Weiterem, Freierem – nach den Abenteuern und den Herausforderungen des Lebens. Es ist der Ruf unserer Seele, die in kein von Menschen geschaffenes Konzept passt. Der Husky fühlt sich in kalten Regionen draußen am wohlsten und kann weite Strecken zurücklegen. Stille und Kargheit machen ihm nichts aus, der Blick auf das Wesentliche charakterisiert sein Verhalten. Dieser Hund bellt selten, doch er kann mit Hingabe den Mond anheulen. Kommt der Husky in dein Leben, so erinnert er dich an deine höhere Natur, an das Gebet und die Hingabe an die Schöpfung. Wir sind Seelen, Geistwesen, die eine irdische Erfahrung in menschlicher Gestalt machen. Der Husky verbindet dich mit dir selbst, mit deinem ursprünglichen Plan und der instinktiven, intuitiven vitalen Energie. Wo fühlst du dich nicht verbunden? Wo bist du gefangen in deiner Vorstellung vom Leben? Wo hast du deine Grenzen zu eng gesteckt? Auch wenn wir uns weitgehend aus Gemeinschaften und gegenseitigen Bindungen gelöst haben, so sind doch alle Dinge miteinander verbunden und voneinander abhängig. Ein Organismus kann nur funktionieren, wenn in einem Körper jedes Organ seine Aufgabe im Einklang mit dem großen Ganzen erfüllt. Respekt, Freundlichkeit, Kommunikation, gegenseitige Wertschätzung und ein guter Umgang miteinander, gepaart mit Instinkt und Intuition, werden uns ein gutes Er-

gebnis bringen. Jeder im Team hat seine Aufgabe, und alle tragen dazu bei, dass eine Angelegenheit zum Erfolg wird und wir unser Ziel erreichen. Im Husky hast du einen hochintelligenten echten Freund, der dich auf unentdeckten Wegen mit seinem guten Orientierungssinn führt.

Er lehrt dich, im schnellen Schritt und mit klarer Zielsetzung deinen Weg zu gehen, wach, bewusst, aufmerksam und mit dem Wissen, dass du immer wieder den Weg nach Hause findest, egal, wie weit du dich davon entfernst. Mit Zähigkeit und Ausdauer wirst du deine Ziele stets erreichen.

VON SEINER LICHTVOLLEN SEITE BETRACHTET: Der Husky ist familiär, sozial orientiert, hilfsbereit, zuverlässig, treu, sensibel, freundlich und liebevoll. Er verfügt über eine gute Orientierung, handelt auf das Ziel ausgerichtet, ist sehr leistungsfähig und hat eine enge Beziehung und Anbindung an die höhere Natur und an Kräfte höherer Ordnung. Er ist eine wahre Führernatur, hat Teamgeist und Ausdauer, er wächst oft über sich hinaus und fördert den Abenteuergeist und neue Entdeckungen.

VON SEINER DUNKLEN SEITE BETRACHTET: Der Husky ist wild, schnell und unordentlich, er bringt einen an seine Grenzen und darüber hinaus, nimmt viel Raum ein, führt Platzkämpfe aus, ist teilweise trotz des Teams um ihn herum ganz allein, fühlt sich verloren und ist dauernd auf der Suche.

Weitere Informationen

LEHRE: »Entdecke, mache dich auf den Weg nach deiner Bestimmung. Lausche dem Ruf deiner Seele.«

AFFIRMATION: »Ich bin frei, frei, ewig frei.«

HUND
LABRADOR
Dienstbereitschaft, Geduld, Verständnis

*Über den Labrador sagt man,
er habe den »will to please«.
Er will seinem Herrchen oder Frauchen gefallen
und ist am liebsten mitten in der Familie.*

Der Labrador und seine Kraft in den Kulturen der Welt

Der Labrador ist eine weitverbreitete Hunderasse. Seine Vorfahren stammen von der kanadischen Ostküste; Fischer brachten sie im 19. Jahrhundert nach England. Ursprünglich wurde der Labrador als Jagd- und Arbeitshund gezüchtet. Er hatte die Aufgabe, bei der Jagd aktiv mitzuhelfen und unter anderem Fischernetze aus dem Meer zu holen.

Der Labrador ist ein mittelgroßer, kräftiger Hund mit breitem Schädel und einer dicht behaarten Rute. Er kann schwarzes, braunes, weißes, rötliches und gelbliches Fell haben. Dieser Hund ist gutmütig, hilfsbereit, freundlich und ohne jede Scheu. Er liebt es, zu apportieren und lange zu laufen. Körperliche und geistige Beschäftigung sind für das intelligente und lernfähige Tier sehr wichtig. Ist er unterfordert, entwickelt er unerwünschte Verhaltensweisen. Der Labrador will gefallen und seine Aufgaben gut machen, er beobachtet »seine« Menschen und freut sich über jede Ansprache. Er ist sehr geduldig und nervenstark und kann als Therapiehund, Blinden-, Rettungs- und Spürhund eingesetzt werden. Des Weiteren ist er ein guter Sportkamerad. Da ihm die Menschen, die zu ihm gehören, besonders am Herzen liegen, trägt er viel zu einem guten Zusammenleben bei. Er ist eine äußerst beliebte Hunderasse.

Labradormedizin

Der Labrador kommt in dein Leben, um dir zu helfen, dich selbst einmal zu vergessen und aufzuhören, nur um dich und alte Geschichten, deine Sorgen, deinen Kummer und deine Schmerzen zu kreisen. Er fordert dich auf, zu spielen und Freude mit ihm zu haben. Schaue dich um, und du wirst das pralle Leben sehen. Gehe in die Natur, betrachte ihre Schönheit, die Vielfalt, die sie hervorbringt, und freue dich an der Schöpfung. Bringe dich in Schwung, widme dich einer Aufgabe mit ganzer Freude und Leidenschaft. Wähle eine Aufgabe, die du gern erledigst. Wenn dein Herz aufgeht und es in deine Umgebung strahlt, kommt viel Gutes zu dir zurück. Die Vergangenheit ist vorbei, die Zukunft noch nicht da, also ist dieser Augenblick der Augenblick der Kraft. Schaue in die leuchtenden, treuen Augen deines Freundes, und du weißt: Alles ist gut so, wie es ist, du wirst geliebt und kannst diese Liebe weitergeben und damit andere erfreuen. Die Freude, die du anderen von Herzen bereitest, bringt auch dich zum Strahlen. Der weise Lehrer, der oft im Labrador wirkt, weiß, dass alle Dinge miteinander verbunden sind und nichts getrennt existiert. Was wir anderen geben, geben wir in Wahrheit uns. Jeder Tag, der uns nicht erfüllt, ist ein verlorener Tag.

VON SEINER LICHTVOLLEN SEITE BETRACHTET: Der Labrador steht für Nächstenliebe, Treue, Geduld, alte Weisheit und neue Wege. Er ist nervenstark, ermutigend, aufmunternd, freundlich, lernfähig, aufmerksam und achtsam. Er weiß um einen natürlichen Umgang im Miteinander.

VON SEINER DUNKLEN SEITE BETRACHTET: Dieser Hund braucht viel Aufmerksamkeit und ständig neue Anreize. Er hat einen ausgeprägten Jagdtrieb, ist aber auch ängstlich. Er treibt und beeinflusst andere.

Weitere Informationen

LEHRE: »Geht es denen gut, die ich liebe, geht es auch mir gut. Ich freue mich mit anderen und über das, was gerade ist, das Hier und Jetzt. Ich will ein echter Freund sein.«

AFFIRMATION: »Ich gebe einfach mein Bestes in diesem Augenblick.«

HUND

MOPS

Charmanter, humorvoller Unterhalter

Ein Leben ohne Mops
ist wie Suppe ohne Salz.

Der Mops und seine Kraft in den Kulturen der Welt

Der Mops stammt ursprünglich aus China, wo er bereits vor mehr als 2000 Jahren gezüchtet wurde. Er galt lange Zeit als Tier der Kaiser, Könige und anderer Adliger. Im 16. Jahrhundert wurde er nach Europa gebracht und eroberte die Herzen der reichen Bevölkerung. Der Mops wurde hoch verehrt und sein Wesen sehr geschätzt. Es gibt viele Geschichten aus Adelskreisen über ihn, und er ziert Gemälde adliger Damen. Da der Mops gut dressiert werden kann und humorvoll, intelligent und lernfähig ist, fand er im italienischen Volkstheater anstelle des Affen Eingang. Der italienische Schauspieler Carlo Bertinazzi, bekannt als »Harlekin Carlin«, brachte diesen Hund sozusagen in Mode. Es gibt viele Bilder, Lieder, Filme und Literatur über den Mops. Beispielsweise schrieb Wilhelm Busch die Geschichte von »Plisch und Plum« (1882), Loriot verfasste »Möpse und Menschen. Eine Art Biographie« (1983), der Karikaturist und Journalist Emanuel Eckardt schrieb »Der Mops von Bornholm« (1985), und es gibt den Kinderfilm »Pinky und der Millionenmops« von Stefan Lukschy.

Der Mops ist ein robuster, kompakter und charmanter Hund mit Würde und Intelligenz. Er hat einen rundlichen Kopf mit kleinen Ohren, einer kurzen Schnauze und hervorstehenden Augen. Sein Fell ist kurz, glatt, glänzend und weich. Die Fellfarbe variiert von Schwarz und Silbergrau bis Beige, Weißgelb oder Gelbbraun. Manche dieser Hunde tragen Abzeichen wie Masken, Stirnflecken oder Muttermale am Kopf. Der Mops ist friedliebend, fröhlich, lebhaft, mutig und ausgeglichen. Er kann mit anderen Tieren gehalten werden. Allerdings neigt er zu Übergewicht, und deshalb ist es sehr wichtig, auf seine Ernährung zu achten.

Mopsmedizin

Der Mops ist ein beliebter, humorvoller Begleiter und Freund der Menschen. Mit seinem fröhlichen, aufgeweckten Wesen lässt er die Menschenherzen höher schlagen. Mit dem Mops an deiner Seite hast du einen guten persönlichen Berater gefunden, der dir treu zu Diensten steht und dich lehrt, auch mal über dich selbst zu lachen und nicht alles so ernst zu nehmen. Von ihm kannst du viel über eine ausgewogene und ausgeglichene Lebensweise lernen – nicht zu viel und nicht zu wenig. Der Mops ist gesellig, anhänglich, gefühlvoll und ein guter Spielkamerad. Er passt sich schnell den gegebenen Umständen an. Auf Veränderungen in der Stimmlage reagiert er äußerst sensibel, und so weiß er, wann Frauchen oder Herrchen es ernst meinen. Dennoch lenkt er gern durch Clownerie von jeglichen Erziehungsversuchen ab und bringt dadurch seine gesamte Umgebung zum Lachen.

VON SEINER LICHTVOLLEN SEITE BETRACHTET: Der Mops ist charmant, robust, mutig, aufgeweckt, intelligent, lernfähig, sensibel, gesellig, gesellschaftsfähig, ausdrucksstark und anhänglich.

VON SEINER DUNKLEN SEITE BETRACHTET: Dieser Hund ist bequem, gefräßig, dickleibig, stur, eigenwillig, hartnäckig und überzüchtet.

Weitere Informationen

LEHRE: »Lass es dir gut gehen. Nimm dich ab und zu selbst auf die Schippe, und sieh das Leben immer mit einer Portion Humor.«

AFFIRMATION: »Lachen ist die beste Medizin.«

HUND NEUFUNDLÄNDER

Innere Stärke, Größe, Geduld

Ein liebevoller, ausgeglichener Bär unter den Hunden. Versuche es doch mit Gemütlichkeit und Ruhe.

Der Neufundländer und seine Kraft in den Kulturen der Welt

Neufundländer sind große, massiv gebaute Hunde. Sie haben ein sehr dichtes, Wasser abweisendes Fell. Es gibt schwarze, braune und weiß-schwarze Neufundländer. Die Tiere werden durchschnittlich bis zu 70 cm groß und können ein Gewicht von 70 Kilo erreichen. Im Stammbaum dieser Hunde haben wahrscheinlich mehrere Rassen eine Rolle gespielt, viel ist darüber jedoch nicht bekannt – auch konnte bisher nicht eindeutig geklärt werden, ob Neufundländer wirklich von der Insel stammen, nach der sie benannt sind. Neufundländer wurden in vielfältigen Aufgabengebieten als Arbeitstiere eingesetzt. So halfen sie unter anderem Fischern dabei, Boote und Netze an Land zu ziehen, sie transportierten als Schlittenhunde Feuerholz aus den Wäldern, sie brachten Lebensmittel von Bauernhöfen, erhielten die Verbindung zwischen Siedlungen aufrecht, und sie wurden mitgenommen, wenn es darum ging, unbekannte Gebiete zu erforschen. Auch wurden sie in der Badeaufsicht, bei der Strandrettung und an Bord von Schiffen eingesetzt. Heute sind sie eher Begleit- und Familienhunde. Neufundländer haben einen ausgeprägten Apportiersinn. Sie sind freundlich, ausgeglichen, ruhig und friedfertig. Ihre Auffassungsgabe ist schnell und direkt. Sie brauchen Bewegung und frische Luft, im Sommer sollten sie ein schattiges Plätzchen im Haus und im Garten haben. Das Fell sollte gut gepflegt werden, und im Hinblick darauf, dass es sehr voluminös ist, kann dies viel Zeit in Anspruch nehmen. Das durchschnittliche Alter von Neufundländern beträgt acht Jahre.

Neufundländermedizin

Ein »Bärenhund« kommt in dein Leben, um dir Schutz, Frieden und Ruhe zu geben. Vielleicht hast du Erfahrungen gemacht, bei denen dein Vertrauen ins Leben zutiefst erschüttert worden ist, vielleicht hast du Entscheidungen getroffen, die nicht der Norm entsprechen. Vielleicht ist auch etwas in deinem Leben passiert, mit dem du niemals gerechnet hättest, mit dem du dich aber jetzt beschäftigen musst. Der Neufundländer hilft dir, in deiner Größe und Kraft zu bleiben und dich nicht klein zu machen, nur damit andere sich besser fühlen. Er gibt dir den Mut, zu dir zu stehen, die Stärke, um aufrecht zu bleiben, und die Kraft, deinen Weg weiterzugehen. Erkenntnisse bahnen sich ihren Weg, und an manchen Punkten gibt es kein Zurück. Dinge kommen und gehen im Leben. Der Neufundländer lehrt dich, dass es für alles eine Zeit gibt und dass die Zeit ein guter Heiler ist. Manchmal kann man in einer Situation nichts mehr machen, es ist alles gesagt und alles getan worden. Jedes weitere Wort wäre zu viel. In diesem Fall ist es angebracht, sich zurückzuziehen, zu sich zu kommen und sich einzurollen, so, wie es uns die Natur jedes Jahr vorlebt – und dann zu warten, bis sich das Leben neu in dir regt und du von alleine bereit bist, dich wieder zu öffnen. Der Neufundländer ist ein guter Begleiter durch die Gezeiten des Lebens. Er verbindet dich mit den natürlichen Rhythmen und hilft dir dabei, dich täglich zu entspannen und wieder zu dir zu kommen. Er unterstützt dich bei der Überwindung alter Emotionen. Du kannst mit ihm an deiner Seite die Geborgenheit und die Liebe in dir finden. Die Erde hält genug für dich bereit. Der Neufundländer geht gemütlich an deiner Seite, und du fühlst, wie sich – je mehr Zeit vergeht und je mehr Abstand du gewinnst – dein Blick für neue Möglichkeiten in deinem Leben öffnet.

Wahre Kraft und Stärke wachsen aus deiner inneren Anbindung. Der Neufundländer lehrt dich, auf deinen eige-

nen Herzschlag zu hören, im Einklang mit Mutter Erde. Du kannst aus deiner eigenen Kraft heraus leben. Sei eine Quelle der Kraft, und lasse deine Lebensenergie fließen.

VON SEINER LICHTVOLLEN SEITE BETRACHTET: Der Neufundländer ist friedliebend, nervenstark, umgänglich, hilfsbereit, gemütlich, entgegenkommend und majestätisch.

VON SEINER DUNKLEN SEITE BETRACHTET: Der Hund ist auch phlegmatisch und faul, und seine Pflege kann recht zeitintensiv werden. Er steht für Unmut, ist kompromisslos, nachtragend und fordernd. Er kennt keinen Weg zurück.

Weitere Informationen

LEHRE: »Gemütlichkeit und Ruhe schenken dir Kraft. Höre auf die Gezeiten, und warte den richtigen Zeitpunkt ab.«

AFFIRMATION: »Ich fühle mich beschützt und geborgen in meinem Sein. In mir leuchtet das wärmende Feuer der Geborgenheit.«

HUND

PUDEL

Eleganz, Luxus, Extravaganz

Ein quirliger Spiegel der Zeit,
ein extravaganter Wollknäuel mit Herz,
der mit uns ein eigenes Lebensmuster
im Spiegel der Zeit webt.

Der Pudel und seine Kraft in den Kulturen der Welt

Der Pudel war ursprünglich ein auf die Wasserjagd spezialisierter Hund. Sein Name kommt vom altdeutschen Ausdruck »puddeln« und bedeutet »im Wasser planschen«. Frankreich gilt vor Deutschland und Russland als Ursprungsland der Pudelzucht. Es gibt bei diesen Hunden vier Größenvarianten, den Groß-, Klein-, Toy- und Zwergpudel, und diese wiederum in vielen Farbvarianten und mit unterschiedlichen Felllängen. Typisch für alle Pudel ist ein lockiges, wolliges, dichtes und weiches Fell. Die beliebtesten Farben sind Weiß, Grau, Schwarz und Apricot. Das Fell sollte häufig gebürstet und alle zwei Monate geschoren werden, damit es nicht verfilzt. Dieser Hund bewegt sich elegant, anmutig und federnd leicht. Der Pudel ist seit Langem ein treuer, liebenswerter, hochintelligenter, anpassungsfähiger und würdiger Begleiter des Menschen. Er ist ein treuer Familienhund mit überdurchschnittlicher Lernfähigkeit in allen Bereichen. Häufige Gesundheitsprobleme sind Augenkrankheiten, Immunschwäche und verrutschte Kniescheiben.

Der Pudel spiegelt die Entwicklung der Zeit wider und musste im Laufe der Zeit schon einige menschliche Anwandlungen über sich ergehen lassen. So setzte man ihn beispielsweise bis in die 50er-Jahre des 20. Jahrhunderts in Paris dafür ein, die Kanalisation zu reinigen, indem man ihn durch die Abwasserröhren trieb. Heute löst der Pudel die unterschiedlichsten Reaktionen aus. Der Toy-Pudel ist die neueste »Auflage« dieser Hunderasse. Er stolziert mit den unterschiedlichsten Frisuren in den Farben Rosa, Pink, Blau und Grün durch die Straßen, wird in Markenkleidung gesteckt oder mit Schleifchen frisiert oder in eine Markentasche gestellt und von seinem Frauchen durch die Einkaufsmeilen getragen. Die eigentliche Natur des Hundes ist dabei häufig nicht mehr zu erkennen. In zahlreichen Ausstellungen wird das gerade angesagte »Treatment« für den Pudel gezeigt.

Es gibt verschiedene »pudelige« Ausdrücke wie: »sich pudelwohl fühlen« oder »dastehen wie ein begossener Pudel«. Der bekannte Spruch »Das also war des Pudels Kern!« stammt aus Goethes Drama »Faust« und meint, auf den Kern der Sache zu schauen, die Wahrheit hinter einer Erscheinung zu erblicken. Ein Fehlwurf beim Kegeln wird ebenfalls als Pudel bezeichnet.

Pudelmedizin

Der Pudel erscheint in deinem Leben, um deine Entwicklung zu spiegeln. Er bringt Fröhlichkeit, ist quirlig, aktiv, sportlich, extrovertiert und drückt pure Lebensfreude aus; zudem ist er treu, intelligent, wachsam und kann sich hervorragend an gegebene Situationen anpassen. Der Pudel macht dir Mut, dich kreativ auszudrücken und zu dir und deinen Überzeugungen zu stehen, dich zu verwirklichen, auch wenn dies als »peinlich« oder »unangenehm« angesehen, belacht oder niedergemacht wird und die unterschiedlichsten Emotionen hervorruft. Der Pudel hält treu zu dir und ermutigt dich immer wieder, deinen Weg voller Freude weiterzugehen, dich schöpferisch zu betätigen und dich nicht an den Äußerungen anderer zu stören. Du wirst geliebt, egal, was du tust oder machst. Der Pudel zeigt dir, dass du es wert bist, als Persönlichkeit behandelt zu werden. Würdevoll präsentiert er sich und spielt dabei so manchen Star an die Wand. Egal, was du tust, tue es mit Würde. Du bist einzigartig. Es geht um Spiel und Spaß, Selbstausdruck, Selbstliebe und Selbstentdeckung. Der Pudel wedelt wie ein quirliger Staubwedel mit seinem weichen Fell alle Selbstzweifel und Ängste, die Traurigkeit, das Unverstandensein und Schamgefühle einfach weg und lässt dein Energiefeld wieder strahlen. Er reinigt dich von den feinen Gedanken und Gefühlsschwingungen anderer Menschen, und auf diese Weise wacht er über dich. Er liebt es, dich glücklich zu sehen. Gehe deinen Weg.

VON SEINER LICHTVOLLEN SEITE BETRACHTET: Der Pudel ist weich und kuschelig, geduldig, treu, wach, aufgeweckt, intelligent, aufmunternd, liebenswert und anpassungsfähig. Er spendet Trost, hat ein großes Einfühlungsvermögen, ist voller Lebensfreude, Schönheit, Kreativität und Mut zum Selbstausdruck. Er verkörpert Eleganz, Stil, Würde, Extravaganz und Luxus.

VON SEINER DUNKLEN SEITE BETRACHTET: Dieser Hund kann affektiert, eitel, künstlich, zickig, arrogant und nur auf sich fixiert sein. Er ist hart gegen sich selbst, wird nicht ernst genommen, lässt viel über sich ergehen, will anderen alles recht machen, verliert dabei seine eigenen Bedürfnisse aus den Augen und leidet im Stillen. Er muss Tratsch, Klatsch und Mobbing aushalten, steht für Klammern, Abhängigkeit und Suchtverhalten.

Weitere Informationen

LEHRE: »Ich spiegle dir den Kern deiner Seele. Probiere dich aus, entfalte dich, lerne dich selbst kennen und lieben.«

AFFIRMATION: »Niemals aufgeben, niemals kapitulieren. Ich gehe meinen einzigartigen Weg voller Freude.«

HUND

ROTTWEILER

Robustheit, Wachsamkeit, Zielsicherheit

Ich kann knallhart sein,
wenn ich meine Arbeit mache.
Ich weiß, wer ich bin und was ich kann.
Doch wenn ich spiele, bin ich niemals grob.
Mein Ruf ist schlechter als mein Sein.
Lerne mich kennen, dann hast du's fein.

Der Rottweiler und seine Kraft in den Kulturen der Welt

Der Rottweiler ist eine deutsche Hunderasse. Man vermutet, dass der Urahne der Rottweiler in den römischen Legionen lebte und mit den Römern ins heutige Deutschland kam. Der Rottweiler wurde als Treibhund eingesetzt, um Menschen und Tiere zu beschützen und um Feinde aktiv zu bekämpfen. Im Mittelalter waren diese Hunde am häufigsten um die Stadt Rottweil vertreten, und daher stammt auch der uns bekannte Name dieser Rasse. Rottweil war im Mittelalter ein Viehhandelszentrum, von dem aus Rinder- und Schafherden in andere Regionen getrieben wurden. Der Viehhandel war Sache der Metzger, und ein »richtiger« Händler und Metzger hielt sich gleich mehrere Rottweiler, um Räuber, Wegelagerer und auch Wölfe fernzuhalten. Für diese Aufgaben sollte der Hund kräftig, wehrhaft, ausdauernd, klug und stark sein – und diese Eigenschaften sind im Rottweiler vereint. Später übernahmen Eisenbahnen und Lastwagen den Viehtransport, und damit veränderte sich die Aufgabe des Rottweilers. Er wurde oft als Polizei- und Militärhund eingesetzt, weil er dafür hervorragende Charaktereigenschaften aufwies. Da er schon Menschen angefallen, sie zum Teil lebensgefährlich verletzt oder sogar getötet hat, hat er heute einen schlechten Ruf. Dies liegt jedoch weniger am Wesen des Hundes als an einer entsprechenden Erziehung. In bestimmten Bundesländern müssen Rottweiler einen Wesenstest durchlaufen und speziell geprüft werden. In der Schweiz ist die Haltung von Rottweilern in einigen Regionen sogar verboten.

Rottweiler sind schwere, gedrungene, stämmige und robuste Hunde mit großer Kraft und viel Ausdauer. Ihr Gebiss ist kräftig und ihr Fell schwarz mit rotbraunen Abzeichen. Der Rottweiler beobachtet sehr aufmerksam seine Umwelt, ist nervenfest, unerschrocken und tritt ziel- und selbstsicher auf. Meist wird er als Wachhund gehalten. Er hat einen freundlichen und friedlichen Charakter und kann sehr gehorsam, gelehrig und gut zu führen sein. Häufige Krankheiten des Rottweilers sind Hüftdysplasie und Herzerkrankungen.

Rottweilermedizin

Der Rottweiler ist besser als sein Ruf. Er beschützt dich und hilft dir, deine Aufgabe gründlich, ohne Angst und Zögern auszuführen, dich klar abzugrenzen und auszudrücken. Er signalisiert dir, dass er bereit ist, zu verhandeln und sich alles anzuschauen, dass er sich aber nicht über den Tisch ziehen lässt und zur Not auch ganz anders kann. Arbeit und Spiel sind getrennt, und die Arbeit wird ausdauernd, genau, zuverlässig und gründlich nach Vorschrift gemacht. Der Rottweiler gibt dir innere Kraft und Stärke, eine gute Intuition und eine gute Anbindung an deine Wahrnehmung. Du kannst mit ihm an deiner Seite deine Angelegenheiten tatkräftig umsetzen. Zuerst werden die Positionen ausgelotet und die Grenzen geklärt. Du weißt, du kannst dich auf dich verlassen. Du weißt, was du kannst und wozu du fähig bist, und dies gibt dir von nun an eine gute, sichere Startposition im Leben. Innerhalb eines guten Rahmens kann man sich öffnen, locker sein und viel Spaß mit anderen haben. Auf diese Weise beschützt du alle, die du liebst. Der Rottweiler lehrt dich, deine Gefühle zu beherrschen und sie in die richtige Bahn zu lenken.

Auch wenn andere sich fürchten oder deine Gegenwart meiden, so gibt dir der Rottweiler Sicherheit, Stabilität und Kraft und bewahrt dich vor alten Erinnerungen, die tief in deiner Seele sitzen und noch nicht ganz gelöst wurden. Unter dem dunklen Fell wohnt ein gutes, liebes, mitfühlendes Herz aus Gold. Die Seinen können sich sicher und wohlbehütet fühlen.

VON SEINER LICHTVOLLEN SEITE BETRACHTET: Der Rottweiler ist ausdauernd, robust, mutig, einsatzfähig, treu, dienstbeflissen, nervenstark, beschützend, aufmerksam, wach, umsichtig und ordnungserhaltend, zudem klug, zielsicher, korrekt und zuverlässig. Er hat einen guten Spürsinn, eine gute Intuition und eine klare Wahrnehmung. Dieser Hund steht für Kraft und Schutz.

VON SEINER DUNKLEN SEITE BETRACHTET: Dieser Hund ist angsteinflößend, bissig, angriffsfreudig, ebenso abweisend und auf eine negative Sichtweise ausgerichtet. Er steht für unaufgearbeitete Erinnerungen im Energiefeld, starke Verlustangst und tiefen Vertrauensbruch, für Gewalterfahrungen, Festhaltenwollen und wenig Vertrauen ins Leben. Der Hund repräsentiert Wut, Zorn, Sucht, alte Themen mit dem Vater oder der männlichen Ahnenlinie und Albträume aus der Kindheit. Er fühlt sich nicht liebenswert, er wird verkannt, und die Liebe und die Freude am Leben kommen nicht immer zum Ausdruck.

Weitere Informationen

LEHRE: »Entwickle Liebe, und drücke sie aus.«
AFFIRMATION: »Ich öffne mich dem Leben, ich öffne mein Herz. Ich bin beschützt und werde geliebt.«

HUND
SCHÄFERHUND
Vielseitig, multitalentiert, anpassungsfähig

Ein treuer, liebenswerter Freund und Helfer,
der Himmel und Erde vereint,
verlässlich, bereit, nervenstark und klar,
mit der Sonne im Herzen und dem richtigen Riecher,
begleitet dich auf deinem Weg durchs Leben.
In der Ruhe liegt die Kraft zum richtigen Handeln.

Der Schäferhund und seine Kraft in den Kulturen der Welt

Der Deutsche Schäferhund zählt zu den weltweit beliebtesten Hunderassen und hält international die Spitzenstellung unter den Rassehunden. Ursprünglich war der Schäferhund, wie sein Name schon sagt, der Hund der Schäfer. Sein Vorfahre ist der Hütehund, der ein großes, kräftiges und ausdauerndes Tier war, das die Schafe gegen große und kräftige Tiere und Wilderer verteidigen konnte. Schließlich begann man, Schäferhunde zu züchten, und kreuzte die Hunde häufiger mit Wölfen, um deren Eigenschaften in der neuen Rasse zu stärken. Die »neuen« Hunde sollten gut gehorchen, selbstbewusst, aber nicht aggressiv, achtsam und aufmerksam sein, gut unterscheiden können, wendig und robust sein. Der Schäferhund verfügt über all diese Eigenschaften. Als »Vater« der Rasse wird der Züchter Max von Stephanitz gesehen, der auch ein Buch über Schäferhunde schrieb. Die ersten Rassestandards entstanden 1891, und 1899 wurde der erste Verein für Deutsche Schäferhunde gegründet. Bei Staatsmännern waren diese Hunde früher sehr beliebt. Im Dritten Reich waren sie ein Symbol für die Tugenden Vaterlandstreue und Mut, und sie wurden im Zweiten Weltkrieg (wie bereits im Ersten) auf allen möglichen Gebieten eingesetzt. So begleiteten die Hunde viele Menschen treu durch diese traurigen Kapitel unserer Geschichte.

Der Schäferhund kann langes, raues oder glattes Fell in den Farben Schwarz, Braun, Ocker und Weiß in verschiedenen Kombinationen haben. Der Schäferhund ist sehr anpassungsfähig, vielseitig und ein angenehmer, gern gesehener Begleiter, auch bei schlechtem Wetter. Er weiß um seine Kraft, muss diese aber nicht zur Schau stellen. Der Schäferhund ist treu, zuverlässig, gelehrig und einsatzfähig auf vielen Gebieten. Er braucht viel Aus-

lauf, Beschäftigung, Training und eine gute Erziehung. Man findet ihn heute als Hüte-, Wach-, Blinden- und Lawinensuchhund, als Polizei- und Schutzhund, Such- und Rettungshund und natürlich als Familienhund. Es gibt rund fünf Millionen Schäferhunde in Deutschland, nach ihm sind die beliebtesten Hunde der Dackel, der Labrador und der Golden Retriever.

Schäferhundmedizin

Ein Hund, der zugleich etwas Sanftes und Wildes, etwas Gelassenes und Aufmerksames, etwas Ruhiges und Aktives, etwas Verspieltes und Diszipliniertes, etwas Eigenständiges und Gehorsames in sich vereint, betritt dein Sein. Er ist ein weiser Lehrmeister von Yin und Yang, Männlich und Weiblich, Hell und Dunkel und kann somit ganzheitlich auftreten. Er passt sich an und geht dennoch seinen eigenen Weg durch die Geschichte. Er lehrt dich den Tanz des Lebens. Zwischen Schwarz und Weiß gibt es viele Töne, Gold steht für die innere Sonne und die eigene Anbindung an die Quelle. Der Schäferhund hilft dir, deiner Bestimmung zu folgen und das, was du zu tun hast, konsequent, ruhig und mit Ausdauer zu vollbringen. Er hilft dir, Vergangenes ruhen zu lassen, dich selbst zu meistern und Neues zu erfahren. Er lehrt dich, deine Wahrnehmung zu verfeinern und deine vitalen Kräfte zu aktivieren. Er ist an deiner Seite, und zugleich achtet er auch auf das ganze Umfeld mit Umsicht und Sorgfalt. Es ist heute, und heute ist der Tag deiner Kraft. Es gibt noch so viel zu erleben, und er führt dich zum Erfolg.

VON SEINER LICHTVOLLEN SEITE BETRACHTET: Der Schäferhund ist gern gesehen. Er hat ein sonniges Gemüt, ist anpassungsfähig, vielseitig, treu, ruhig, wach, gegenwärtig, bereit, vertrauenswürdig und verschwiegen. Er verfügt über eine gute Wahrnehmung und eine gute Intuition. Zudem steht er für Respekt, Achtung und Anerkennung.

VON SEINER DUNKLEN SEITE BETRACHTET: Manchmal ist der Schäferhund bissig, er braucht viel Aufmerksamkeit und kann nicht abschalten. Er kümmert sich zu viel um fremde Angelegenheiten, will viel über andere wissen, gibt aber nichts von sich selbst preis. Anderen traut er nicht sehr viel zu und übernimmt daher zu viel Verantwortung. Er ist sehr genau, ein wahrer »Vernehmungsbeamter«.

Weitere Informationen

LEHRE: »Bleibe auf deinem Weg, und verfolge ihn konsequent und ausdauernd weiter.« **AFFIRMATION:** »Aus der Mitte entfaltet sich meine Kraft.«

HUND
SCHNAUZER
Neue Wege, Reinigung, Innenschau

Pfeffer und Salz sind die Würze des Lebens. Der Schnauzer zeigt dir, wie du dir dein Leben richtig schmackhaft machen kannst.

Der Schnauzer und seine Kraft in den Kulturen der Welt

Es gibt drei unterschiedlich große Schnauzer: den Riesenschnauzer, den Mittelschnauzer und den Zwergschnauzer. Die Rasse geht auf den mittelalterlichen Biberhund zurück; die ursprüngliche Herkunft der Schnauzer liegt in Württemberg. Der Riesenschnauzer und der Mittelschnauzer waren ursprünglich Wach- und Hirtenhunde, die auch Fuhrwagen begleiteten. Sie wurden ebenso als Stall- und Hofhunde gehalten, die Kleintiere wie Ratten und Mäuse jagten. Der Zwergschnauzer ist kräftig, rauhaarig, elegant und klein mit einem quadratischen Bau.

Das Fell der Schnauzer variiert in den Farben Schwarz, Weiß und Schwarz-Silber, und es kann auch ein »Pfeffer und Salz«-Muster haben. Schnauzer sind wach, lebhaft, aufmerksam, freundlich, gefällig, lernfähig und intelligent. Sie brauchen viel Aufmerksamkeit, sind treu und anhänglich, verteidigen ihr Revier und brauchen viel Auslauf. Bei der Erziehung dieser Hunde sollte man Geduld und Liebe aufwenden, aber ein konsequentes Verhalten an den Tag legen. Wenn ein Schnauzer die Grundregeln beherrscht, ist er ein guter Begleithund.

Schnauzermedizin

Ein ständiges inneres Grummeln und Grübeln ist in dir. Du hast oft zu allem und zu jedem etwas zu sagen und hast deinen Blick mehr auf andere gerichtet als auf dich selbst. Wenn du grübelst, denkst du über Situationen nach, die dir jemand erzählt hat oder die du mitbekommen hast. Du betrachtest Neues eher kritisch und bist pessimistisch – bloß nicht zu früh freuen, erst einmal abwarten und beobachten. Du hältst dein Leben in ruhigen und gleichmäßigen Bahnen. Der Schnauzer ist an deiner Seite, um dich aktiver und freudiger mit deiner Umwelt zu verbinden und dir Mut zu machen, deinen Selbstausdruck zu finden. Er reinigt immer wieder das Energiefeld von all den aufgenommenen Informationen des Tages. Er saust um dich herum, um all die feinstofflichen Eindrücke zu bereinigen und dich aus deinen täglichen Grübeleien über dies oder jenes zu reißen. Seine Anwesenheit lässt dich ruhiger werden, und dein Herz öffnet sich. Kümmere dich mehr um deine Angelegenheiten, verwende deine Gedankenkraft konzentriert und zielgerichtet. Schaue, was dir Freude und Spaß macht, und verbringe damit deine Zeit. Du musst nicht überall eingreifen und die Dinge für andere managen und zu allem etwas sagen oder tun. Finde Ruhe in dir. Ein alter Weiser mit langem Bart und einem schelmischen Blinzeln in den Augen hat sich deiner angenommen, um dich von den Spinnweben deiner Gedanken zu befreien, die Dinge, die in dir nagen, zu verscheuchen und dich in deinen eigenen heiligen Seelenhain zu führen. Was nagt an deinen Wurzeln? Welche Dinge in dir möchten heilen? Schaue in deinen Spiegel, und erkenne, was wirklich wichtig ist. Richte dich auf in deiner Würde. Du kannst neue und andere Wege gehen.

VON SEINER LICHTVOLLEN SEITE BETRACHTET: Der Schnauzer steht für Stolz, Wachsamkeit und Kühnheit, er ist gutmütig, verspielt, offen und auf die feinstofflichen Energien ausgerichtet.

VON SEINER DUNKLEN SEITE BETRACHTET: Dieser Hund bellt viel, er »schnauzt« herum und regt sich über andere auf. Er fühlt sich als etwas Besseres, schaut auf andere herab und mischt sich in Dinge ein, die ihn gar nicht betreffen.

Weitere Informationen

LEHRE: »Ich lerne, meine Energie besser für meinen Weg zu nutzen.«

AFFIRMATION: »Ich bin präsent und zufrieden.«

HUND

SETTER

Selbstbewusstsein, Unabhängigkeit, innere Anbindung

Nimm deinen Platz im Leben ein.

Der Setter und seine Kraft in den Kulturen der Welt

Es gibt Irish Setter, English Setter, Gordon Setter, Irish Red Setter und White Setter. Diese verschiedenen Setterarten unterscheiden sich in Größe, Gestalt und Fellfarbe. Zu den Fellfarben gehören Schwarz-Weiß, Rot, Rot-Weiß und Schwarz. (Dies sind die Farben der dreifaltigen Göttin und die Farben der Schöpferkraft, des Tanzes zwischen Himmel und Erde.) Der englische Setter ist aus dem französischen Epagneul und dem Pointer hervorgegangen. Der Name »Setter« leitet sich vom Englischen »to set« ab, was so viel wie »aufstellen, hinstellen« bedeutet. Der Setter ist ein Vorstehhund, der bei der Jagd die Aufgabe hat, dem Jäger anzuzeigen, dass er das Wild gefunden hat. Der Irish Red Setter wurde auch oft im Sumpfgelände für die Schnepfenjagd eingesetzt.

Setter sind temperamentvoll, anmutig, voller Lebenskraft und Leidenschaft. Es ist nicht leicht, sie zu erziehen, denn sie haben einen großen Unabhängigkeitsdrang. Sie brauchen viel Auslauf und sollten mit fester Hand konsequent geführt werden. Ebenso benötigen sie Beachtung und eine gute Pflege. Sie sind sensibel und lieben ihre Familie, man sollte sie deshalb nicht aus ihrem »Rudel« aussperren und im Zwinger halten.

Settermedizin

Ein neuer Wind weht in deinem Leben. Er bringt dir die Botschaft, dass es mehr gibt im Himmel und auf Erden und dass es an der Zeit ist, dein inneres Feuer zu entfachen, deine Position zu vertreten und deinen Platz im Leben einzunehmen. Ziehe dich selbst aus dem Sumpf des Lebens, und schaffe dir eine Basis, auf der du gut und sicher stehen kannst. Der Setter kommt in

dein Leben, um dich an deine Ideale und deine Bestimmung zu erinnern, die dir in die Wiege gelegt wurden. Sanft, einfühlsam und ohne jede Strenge führt er dich zum Ursprung zurück. Was ist deine Leidenschaft? Was hast du schon immer gern gemacht? Was ist das wahre Erbe, das du in dir trägst? Vielleicht ist es notwendig, noch weiter zurückzuschauen oder noch tiefer zu gehen. Der Setter entfacht das Feuer der Leidenschaft und die inspirierenden Winde in dir. Hast du deine Bestimmung gefunden, so ist es an der Zeit, deinen Platz einzunehmen und das im Leben zu verwirklichen, was du in dir fühlst. Folge deiner Bestimmung, dann werden sich viele Dinge von allein regeln. Du bist bereit, dich in deiner ganzen Größe aufzurichten, selbstbewusst, mutig und agil genug, die Führung zu übernehmen, neue Dinge zu initiieren und sie zum Erblühen zu bringen. Stelle Ansprüche an dich und dein Leben, und pflege dich. Nimm deinen Platz im Leben ein, die Engel und die Geistige Welt unterstützen dich. Man sagt, die Setter tanzen mit den Engeln und Lichtwesen. Lade die Engel ein, tanze mit ihnen, und lasse dich von innen heraus führen. Du gehst deinen Weg in Anbindung an eine höhere Kraft.

VON SEINER LICHTVOLLEN SEITE BETRACHTET: Der Setter ist angenehm, elegant, wendig und anmutig, voller Lebensenergie, Leidenschaft und Begeisterung. Ebenso ist er selbstbewusst, aufrichtig, dankbar und vorausschauend. Er steht für Selbstverwirklichung und Durchsetzungsvermögen, für Glauben, Hoffnung, Visionen im Leben und für innere Anbindung.

VON SEINER DUNKLEN SEITE BETRACHTET: Dieser Hund steht für Traurigkeit, Energielosigkeit und fehlende Sinnhaftigkeit, dafür, im Sumpf des Lebens zu versinken, den Glauben an sich selbst zu verlieren, planlos zu sein, zu warten und nicht zu wissen, warum man hier ist.

Weitere Informationen

LEHRE: »Befolge die Lehre der Engel und der inneren Führung.«

AFFIRMATION: »Meine Bestimmung entfaltet sich jetzt. Die Stimme der Engel führt mich.«

HUND
SPITZ

Vielseitigkeit, hohe Sensibilität, Kommunikationsfreude

Spitz, pass auf! Mach den Weg frei,
hochsensibel sei dabei.
Hörst du die Flöhe husten,
die Frösche pusten,
siehst du in andere Welten,
die Welten der wahren Helden?
Spitz, lass uns durch deine Augen sehen –
erst dann werden wir die Welt richtig verstehen.

Der Spitz und seine Kraft in den Kulturen der Welt

Der Spitz zählt zu den Urtypen europäischer Hunderassen. Es gibt ihn in verschiedenen Größen und Fellfarben. So unterscheidet man zwischen dem Wolfs-, Groß-, Mittel-, Klein-, Zwerg- und dem Japanspitz. Der Spitz soll ursprünglich vom prähistorischen Torfhund abstammen. Früher war er ein guter Begleiter in der Wildnis und in Gebieten, in denen der Mensch ganz auf sich gestellt war. Er wurde später als Wach- und Jagdhund sowie als Begleithund von Schlitten, Kutschen und auf Booten eingesetzt. Einige Spitze wurden auch an den europäischen Höfen gesellschaftsfähig. Zudem konnten Spitze für Kunststücke dressiert werden und waren als Zirkushunde oft die Begleiter des fahrenden Volkes.

Auffällige Merkmale dieses Hundes sind sein spitz zulaufendes Gesicht, seine feine Schnauze, sein schönes Fell und sein nach oben geringelter Schwanz. Sein Fell variiert in den Farben Weiß, Creme, Orange und Braun und in vielen Zwischentönen; es gibt auch gescheckte Spitze.

Spitze haben sich ihre Begleit-, Jagd- und Wachhundfähigkeiten bewahrt. Sie schlagen schnell an und reagieren sehr aufmerksam auf jede Bewegung. Diese Hunde bellen auch, um einfach pure Freude und Spiellust zum Ausdruck zu

bringen. Sie lernen schnell, sind sehr aufgeweckt und gute Familienhunde. Da sie Vielfraße sind, sollte man auf ihre Ernährung achten. Heute gehören der Groß- und der Mittelspitz zu den gefährdeten Haustierrassen.

Spitzmedizin

Der Spitz ist ein hochsensibles Tier und zutiefst mit seiner Umwelt verbunden, nicht nur mit der sichtbaren, sondern auch mit der unsichtbaren Welt. Er nimmt feinstoffliche Dinge wahr, die wir noch nicht einmal erahnen können, und schlägt an, wenn »Geister« in der Nähe sind. Früher, als noch viel Raum um den Menschen und alles weiter und ruhiger war, war der Hund der geeignete Führer in der Natur, der so manches »unsichtbare Wesen« verscheuchte. Heute, in einer Zeit mit vielen Strahlungen, großer Bevölkerungsdichte und vielen Eindrücken, ist es für ein sensibles Wesen mit solch feiner Wahrnehmungsqualität eine Qual, alle Reize zu verarbeiten und angemessen darauf zu reagieren. Infolgedessen bellt der Spitz dauernd und dreht sich beständig um seine eigene Achse. Dennoch kann er feinstoffliche Energiefelder reinigen und nimmt viel mehr auf sich, als wir erahnen. Er reinigt in einer spiralenartigen Weise Haus, Hof und die Menschen, die er liebt. Wie eine sich schnell drehende Waschbürste saust er in den Energiefeldern hin und her, um sie zu klären. Ein äußerst feinfühliger Begleiter ist also an deiner Seite, der auf dich und deine Lieben auf eine besondere Weise aufpasst. Neben hochfrequenten Tönen, die er hört, sieht er die Geister der Naturwelten, Geister der Verstorbenen, die noch auf dieser Ebene festhängen, und auch dunkle, besetzte Felder. Er scheint oft ins Blaue hinein zu bellen, und wir verstehen dieses Verhalten nicht. Der Spitz fordert dich auf, mehr auf die Dinge hinter den sichtbaren Formen zu schauen und zu erkennen, was sich dort bewegt. Er hilft dir, Altes zu erlösen, und beschützt dich vor negativen Einflüssen. Reinige dein Energiefeld, löse dich von Dingen, die dir nicht guttun, und folge deinem Weg. Gehe in die Natur, reinige dich, und säubere deine Antennen. Auf diese Weise kann dein Leben leicht und angenehm sein. Du kannst mit dem Spitz lernen, deine feinstoffliche Wahrnehmung zu trainieren. Folge seinem Blick und seinem Bellen, und schaue, was er dir zeigen will. Es ist jetzt an der Zeit, ein größeres Potenzial in dir zu entfalten und über dich hinauszuwachsen. Verlasse die Komfortzone – Abenteuer warten auf dich.

VON SEINER LICHTVOLLEN SEITE BETRACHTET: Der Spitz ist aufmerksam und hellsichtig, er hat gute Antennen, eine feinstoffliche Wahrnehmung, ist mit der Umwelt verbunden und ein guter Spurensucher. Der Hund steht für Telepathie, Visionen und innere Bilder, er ist vielseitig, verständnisvoll, einfühlsam und liebenswert.

VON SEINER DUNKLEN SEITE BETRACHTET: Der Spitz steht auch für Reizüberflutung, Überforderung und innere Gereiztheit. Er nimmt zu viel auf, dreht sich im Kreis, kann die Richtung nicht mehr orten und weiß nicht mehr, wo oben und wo unten ist, er meint, in alle Richtungen agieren zu müssen, und fühlt sich irgendwann nicht mehr. Alles ist zu eng und zu klein.

Weitere Informationen

LEHRE: »Schaue dorthin, wohin sonst niemand schaut. Du wirst ganz neue Erkenntnisse erlangen.«

AFFIRMATION: »Eine Spirale aus Licht umhüllt und umgibt mich. Alles, was zu mir gehört, bleibt, und alles, was nicht zu mir gehört, löst sich jetzt in diesem wundervollen Licht auf. Ich bin beschützt und gut behütet und vertraue auf meine Wahrnehmung. Mein inneres Auge öffnet sich jetzt.«

HUND

TERRIER

Risiko, Mut, Durchsetzungsvermögen

Harte Schale – weiches Herz.
Ein echter Kumpel fürs Leben,
der so schnell nichts krummnimmt.

Der Terrier und seine Kraft in den Kulturen der Welt

Der Begriff »Terrier« stammt vom französischen »terre«, das übersetzt »Erde« bedeutet. Der Terrier ist ein Jagdhund, der bei der Jagd (beispielsweise der Fuchsjagd) seine Beute, die unterirdisch lebt, sozusagen aufgräbt und sie so aus dem Bau hinausjagt. Sobald der Terrier eine Spur aufgenommen hat, überlegt er nicht lange, sondern buddelt die Beute frei. Er springt dabei in einen dunklen Gang unter der Erde, ohne zu wissen, was ihn erwartet, und marschiert mutig in einen Kampf um Leben und Tod. Heute gibt es 29 Terrierarten in verschiedenen Größen, allerdings soll es noch weitere, bisher undokumentierte Arten geben. Terrier sind in England beliebte Begleiter und tauchen auch in vielen englischen Erzählungen auf. Diese Hunde halten Füchse von den Schafherden fern, kündigen Fremde an und verteidigen ihre Leute.

Terrier haben einen eigenen Charakter, den man anerkennen sollte, denn gerade der eigenwillige Dickkopf macht diese Hunde so besonders. Sie sind Kumpel und gute Begleiter und doch auf ihre Weise sehr selbstständige Wesen, die ihrem eigenen Willen auch durchaus folgen. Terrier sind wunderbare Familienhunde. Sie haben in ihrer Geschichte schon immer den Wohnraum mit den Menschen geteilt und geben ihnen viel Liebe und Kraft. Neuen Lebensbedingungen können sie sich hervorragend anpassen. Terrier haben eine gewinnende, fröhliche und liebenswerte Art, sind wachsam, aber nicht aggressiv. Man kann sich auf sie verlassen.

Terriermedizin

Egal, welchen Weg ein Mensch geht, wie er sich verhält und in welchen Verhältnissen er auch leben mag – die Würde des Menschen ist unantastbar.

Der Terrier trägt sein Schicksal mit Würde und Lebensfreude. Er ist aufmerksam, vielfältig in seinem Ausdruck und in der Lebensgestaltung, er ist anpassungsfähig und verfolgt doch immer wieder seine eigene Spur. Kommt ein Terrier in dein Leben, so macht er dich auf Möglichkeiten aufmerksam, dein Leben zu gestalten und dich abzugrenzen von denen, die deine Würde missachten. Du hast das Recht dazu, dein Leben nach deinem Geschmack zu gestalten. Der Terrier ist eine mutige Persönlichkeit, die dir neue Wege zeigt. Es geht nicht darum, sich unterzuordnen oder sich anzupassen, sondern darum, zu sich und seinen Qualitäten zu stehen, eigene Wege zu gehen und an den Herausforderungen, die das Leben bietet, zu wachsen, statt kläglich zu scheitern und aufzugeben. Der Terrier hilft dir, Vertrauen in dich und Vertrauen in andere zu gewinnen. Vertrauensbrüche können geheilt werden. Wenn du den Terrier an deiner Seite hast, kannst du dein Herz erneut für die Schönheit und Kraft des Lebens öffnen. Er zeigt dir gesunde Grenzen (nicht jeder hat dein Vertrauen verdient), Verteidigung und Abwehr, aber auch Freude und Spaß. Er weist dir die Wege und vielfältigen Möglichkeiten auf der Erde. Bleibe der Jäger in deinem Leben, bringe das Licht deiner inneren Sonne auf die Erde.

VON SEINER LICHTVOLLEN SEITE BETRACHTET: Der Terrier ist treu, risikobereit, lernwillig, mutig, lebensfroh und draufgängerisch, ebenso aufmerksam und zäh. Er folgt seinem Instinkt.

VON SEINER DUNKLEN SEITE BETRACHTET: Manchmal riecht der Terrier unangenehm, er braucht viel Fellpflege. Das Tier ist eigenwillig und nicht unbedingt bereit, sich unterzuordnen.

Weitere Informationen

LEHRE: »Liebe bedeutet nicht, allem nachzugeben und es jedem recht zu machen. Liebe bedeutet, auch mal seinen Weg zu verfolgen und neue Wege zu gehen. Liebe ist ein Kind der Freiheit.«

AFFIRMATION: »Ich folge meinem Weg und traue meiner Wahrnehmung.«

HUND
ZWERGPINSCHER
Aufmerksamkeit, Charme, Selbstliebe

Ein kleiner Kläffer mit Charme …
Ich kneife dich, wenn du mich nicht hörst

Der Zwergpinscher und seine Kraft in den Kulturen der Welt

Der Zwergpinscher, auch »Rehpinscher« genannt, ist eine deutsche Hunderasse. Die Vorfahren des heutigen Pinschers lebten auf Bauernhöfen und in Stallungen. Ihre Aufgabe bestand darin, Ratten und Mäuse zu fangen, um sie davon abzuhalten, die Ernte aufzufuttern. Anfang des 20. Jahrhunderts waren sie beliebte Schoßhunde für Damen, doch Mitte des 20. Jahrhunderts kamen andere Kleinhunde in Mode.

Der Zwergpinscher ist ein pfiffiger kleiner Hund mit einem glatten, glänzenden Fell in den Farben Braun, Schwarz oder Zwischentönen dieser beiden Farben. Der kleine Hund ist sehr anhänglich und braucht viel Aufmerksamkeit und Zuwendung. Wegen seiner niedrigen Reizschwelle bellt er schnell. Er übernimmt gern die Aufgabe eines Wachhundes und bemüht sich, ständig alles im Auge zu behalten. Zwergpinscher brauchen mindestens eine Stunde Bewegung am Tag. Kälte vertragen sie nicht sehr gut.

Zwergpinschermedizin

Bei all den Anforderungen der heutigen Zeit bleibt nicht mehr viel Raum, um zu sich zu kommen und sich eine Pause zu gönnen. Du versuchst, alles perfekt zu machen und zu organisieren, doch es ist nie genug oder gut genug. Der Zwergpinscher kommt in dein Leben, damit du dich so langsam wieder dir selbst zuwenden kannst. Ständig fordert alles andere Aufmerksamkeit, jeder möchte etwas von dir, du findest kaum Ruhe, dem nachzugehen, was dir wichtig ist. Der Zwergpinscher ist dein Komplize. Er flitzt um dich herum und macht dich darauf aufmerksam, dass es Zeit ist, nach draußen zu gehen, zu spielen, frische Luft zu schnappen und wieder zu dir zu kommen. Er braucht Spiel- und Schmusezeiten, die man sich ohne ihn in der Fülle des Alltags niemals einräumen würde. Der Zwergpinscher lehrt dich, dass du dich niemals mehr verlassen, sondern bei dir bleiben sollst. Wie schnell passiert es, dass du dich selbst verurteilst, abwertest und erniedrigst, wenn dir ein Fehler unterlaufen ist. Du lässt dich selbst fallen, bestrafst dich innerlich und stellst dich auf die Hinterfüße, um alles wiedergutzumachen. Es kommt dir gar nicht in den Sinn, dass es auch an anderen liegen könnte, dass die Dinge so sind, wie sie sind, oder dass alles einen tieferen Sinn hat. Nein, du fühlst dich für alles und jeden verantwortlich und verurteilst zuerst dich, wenn etwas nicht so läuft, wie es laufen soll. Hör auf, dich ständig zu verurteilen und dich kleinzumachen und alles auf dich zu beziehen. Welche Gedanken und Emotionen nagen an dir? Liebe und akzeptiere dich selbst, und nimm dir Zeit für das, was deine Seele braucht. Finde zu Ruhe und Kraft und zu deiner inneren Anbindung. Du bist geschützt und geliebt, und die Welt dreht sich auch mal ohne dich.

VON SEINER LICHTVOLLEN SEITE BETRACHTET: Der Zwergpinscher ist pflegeleicht, temperamentvoll, intelligent, gelehrig, sensibel, treu, aufmerksam, agil, verlässlich und praktisch veranlagt. Er ist immer mit dabei und fühlt sich für alles zuständig.

VON SEINER DUNKLEN SEITE BETRACHTET: Dieser Hund kann nicht gut abschalten, er fühlt sich getrieben und hetzt dem Leben hinterher. Wegen seines Perfektionismus meint er, was er macht, sei nie gut genug, er lädt sich zu viel auf, leidet unter Selbstverurteilung und seiner Ordnungs- und Planungssucht, unter innerer Unruhe und nagenden Gedanken. Er nimmt sich keine Zeit für sich und hat ein geringes Selbstwertgefühl.

Weitere Informationen

LEHRE: »Beziehe nicht alles auf dich, gewinne Abstand zu den Dingen, und finde Ruhe in dir selbst.«

AFFIRMATION: »Ich liebe und akzeptiere mich selbst so, wie ich bin. Alles ist gut.«

Der Hund war im Keltentum der Begleiter der Heiler und Heilerinnen. Er stand für die Heilung der Seele und den Kreislauf des Lebens.

Möglichkeiten zur Deutung der Symbolkraft verschiedener Hunde:

BLINDENHUNDE sind treue Führer in der Dunkelheit.
HÜTEHUNDE bewahren und erhalten gute Kräfte und schützen die Familie.
JAGDHUNDE stehen für Erfolg, Reichtum und Wohlstand.
KAMPFHUNDE werden mit Mars in Verbindung gebracht, sie stehen für Macht, Zerstörung, Wut, aggressives Potenzial und Feuerkraft.
SCHAUHUNDE stehen für Oberflächlichkeit und Eitelkeit, sie dienen der Unterhaltung.
SCHOSSHÜNDCHEN sind Ausdruck bedingungsloser Liebe und Hingabe.
STREUNENDE HUNDE symbolisieren Rohheit, Verwilderung und Vernachlässigung.
VERNACHLÄSSIGTE HUNDE verkörpern unverschuldetes Leid und Opferdasein.

BRAUNES FELL symbolisiert inneres Feuer, innere Geborgenheit, innere Anbindung sowie Schutz und Kraft.
CREMEFARBENES FELL weist auf die Überwindung von Hindernissen hin, auf Segen und Lebensfreude.
GOLDFARBENES FELL steht für innere Anbindung, einen guten Anschluss an die Quelle, Segen und Schöpferkraft.
GRAUES FELL symbolisiert Geister, Tarnung, verborgenes Wissen, Schutz und Selbstmeisterung.
ROTES FELL repräsentiert Feuer, Temperament, Ziele, Energie und deren Ausrichtung.
SCHWARZES FELL steht für die Überwindung von Trauer und Schmerz, für die Kraft der Ahnen und liebevollen Schutz.
WEISSES FELL steht für Blendung, Licht und Lichtwesen, für Engel und eine höhere Verbindung, für Glücksboten.
ZWEIFARBIGES FELL weist auf mehrere Wege und die Wahl zwischen ihnen hin, auf besondere Auszeichnungen, Yin und Yang, Frieden und Heilung zwischen Männlich und Weiblich.

DREIFARBIGES FELL ist ein Glücksfell.
FÄRBUNGEN AN DER RUTE symbolisieren Fruchtbarkeit.
FLECKEN AUF DEM FELL stehen für Segnungen.
ZEICHNUNGEN können Hinweise auf verborgene Kräfte sein, auf Wesen, die durch das Tier wirken, wie beispielsweise Engel, Lehrer, Meister und Naturgeister:

- **ENGEL** werden symbolisiert durch helle, strahlende Lichtpunkte.
- **MEISTER** zeigen sich in Sonnenzeichen, kosmischen Symbolen und sich wiederholenden Mustern.
- **NATURGEISTER, FEEN, ELFEN UND KOBOLDE** sind sichtbar in blumigen, natürlichen Musterungen, in ungewöhnlichen Mustern, die einen schmunzeln lassen.

Hunde sind Geschöpfe des »Hier und Jetzt«.
Sie sind nicht sentimental oder emotional.
Hunde tun das, was ansteht, und nicht das,
was wir als richtig empfinden.

Ami Moore: The Alphatude Attitude:
Your Dog Wants You to Lead!
Bloomington 2009.
(Übersetzung von Jeanne Ruland)

INSEKTENARTEN

Muster, Neuformationen, Botschafter aus anderen Welten

Sie sind kleine Wesen, uns bekannt seit Kindertagen,
doch sie kommen manchmal auch als große Plagen.
Die Welt der Insekten ist vielfältig und alt.
Sie sind Bewohner aller Lebensräume und Erfüller
der Glücksträume, kleine Wesen – doch haben wir oft große Angst,
gar Panik vor der Masse oder auch vor einer ganzen »Rasse«.
Sie summen, brummen, pieksen, stechen, brennen, rennen,
weben, spinnen, befindet man sich denn in ihren Fängen.
In Kinderliedern wir sie besingen, sie uns neue Erkenntnisse bringen.

Insekten bilden die artenreichste Gruppe der Lebewesen auf unserem Planeten. Es wurden fossile Insekten gefunden, bei denen ein Alter von etwa 400 Millionen Jahren nachgewiesen werden konnte. Es gibt über 800 000 bisher bekannte Insektenarten, und es wird vermutet, dass in den tropischen Regenwäldern noch unzählige unentdeckte Arten leben. Das Wort »Insekt« bedeutet so viel wie »eingeschnittenes Tier«. Dies bezieht sich auf die Körperteile Kopf, Brust und Hinterleib, in die der Insektenkörper unterteilt ist. Insekten können sich ihrer jeweiligen Umgebung sehr schnell anpassen, zum Teil sind sie auch hoch spezialisierte Lebewesen. Zahlreiche Arten kommen nahezu überall vor, andere wiederum leben nur in klimatisch extremen Gebieten wie der Antarktis und Wüsten. Einige Insekten werden als Ungeziefer, Schädlinge und Parasiten bezeichnet, doch sie sind zugleich auch Nahrung oder Nutztiere für andere Lebewesen. Sie können beispielsweise Altes auflösen und es neu formen oder Blütenpollen weitertragen, damit sich Früchte entwickeln können. Manche Insektenarten können fliegen und sich so über weite Gebiete verbreiten. Insekten haben Fühler und »Antennen«, mit denen sie ihre Umwelt auf besondere Weise wahrnehmen, ihre Organe sind speziell angeordnet, sie haben viele Schutzmechanismen, können ihre Gestalt ändern, sich zurückziehen und wieder hervorkommen.

Als Krafttiere sind sie umstritten, als Helfertiere jedoch anerkannt. Ich möchte nicht ausschließen, dass sie sich auch als Krafttiere vorstellen, denn im Andersreich ist alles möglich. »Gibt es nicht« gibt es dort nicht. Das, was sich gerade zeigt, ist für die jeweilige Situation von Bedeutung und sollte dankbar angenommen werden. Bei kleineren Tieren ist es wichtig, nicht nur ein Tier zu sehen, sondern sie sich in der Gruppe vorzustellen und damit das kollektive geistige Wesen. Ein Bienenschwarm stellt mit seinen Umrissen beispielsweise die Feenschwestern aus dem Andersreich Wyrd dar, die Hüterinnen des verlorenen Paradieses sind. Verstorbene Seelen, die in der Zwischenwelt feststecken und sie aus Gründen, die es zu erfahren und aufzuklären gilt, nicht verlassen können, zeigen sich oft als Mottenschwarm, der die Gestalt des Verstorbenen annimmt. Zeigt sich uns der Herr der Fliegen in Form eines Fliegenschwarms, so verweist er auf alte Muster und Kräfte in unseren Gedanken. Diese Muster und Kräfte strapazieren unser Nervensystem und müssen gereinigt und aufgelöst werden. Der Geist der feurigen Erde, der Wandlung und der Lockerung zeigt sich in Gestalt tausender Ameisen, die sich meist am Boden formieren. Sie kennen den Weg in die Pyramide der Einweihung, können Kräfte und Fremdenergien, die sich ungeordnet und belastend in unserem Energiefeld aufhalten, aufspüren und auflösen. Zu diesen Kräften und Energien gehören beispielsweise Zorn darüber, dass man keinen Platz im Leben findet, oder Wut aufgrund ungerechter Behandlung. Ameisen helfen dabei, Energiefelder durch Gegengift aufzulösen. Sie wandeln mit dem Feuer der Erde und machen uns frei für unsere Bestimmung. Außerdem lehren sie uns Fleiß, Ausdauer, Ordnung und den richtigen Einsatz unserer Energie. Dies sind nur ein paar Beispiele dafür, wie kleine Tiere Großes bewirken können. Sie können außerdem heilende Urformen und Urmuster aufbauen, uns zeigen, wo die Natur aus dem Gleichgewicht geraten ist, und uns mit unseren Schatten und Ängsten in Verbindung bringen. In schamanischen Behandlungen zeigen sich Insekten auf unangenehme

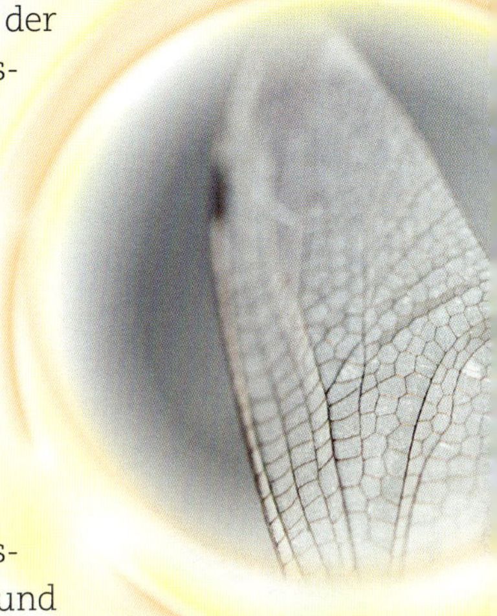

Weise in Energiefeldern, die durch dunkle Emotionen, schockartige Erlebnisse und negative Erinnerungen gestört sind und gelöst werden möchten.

Alles besteht aus Mustern und Formen, wenn wir es von der kleinsten Ebene des Atoms aus betrachten. Kleine Tiere können unser Energiefeld umstrukturieren und neue Informationen (gute oder schlechte, beispielsweise auch Krankheiten) in uns einspeisen. Alte Muster können auch komplett aufgelöst werden. So kann das Kleinste uns in jede Richtung verändern. Wenn wir die kleinen Tiere in ihrer Menge sehen und in ihrer geistigen Form, dann wirken sie gar nicht mehr klein. Nein, sie können unter Umständen machtvoller sein und mehr Hinweise geben als ein großes Krafttier.

Von daher sollten wir auch Insekten mit Achtung und Respekt begegnen und schauen, was sie in uns auslösen. Mit ihrer Hilfe kommen wir an ungelöste Emotionen, Ängste und Schatten sowie an die Süße des Lebens und zum Lebensglück. Manche von ihnen, wie bestimmte Käfer, Motten oder Kakerlaken, lösen in uns Furcht, Ekel, Abscheu oder Grauen aus und führen uns auf die Schattenseiten des Lebens. Andere, wie Schmetterlinge, Bienen oder Marienkäfer, können Glück, Freude und Liebe auslösen, und sie können Vorboten für eine gute Zeit im Leben sein.

Insekten in den Kulturen der Welt

Bei alten Völkern wurden Insekten mit Respekt behandelt, viele sogar verehrt, weil sie sowohl im Guten wie auch im Schlechten Großes bewirken konnten und können. Sie nähren Tiere und verhelfen Pflanzen zur Frucht, und sie zeigen uns, wie wir unseren Weg gehen können. Sie erscheinen aber auch als Plage, wenn sie in Massen auftreten und Pflanzen absterben lassen oder Krankheiten übertragen. Allerdings zeigen sie uns auch, wo etwas massiv aus dem Gleichgewicht geraten ist. Man glaubte einst, sie würden von einer Gottheit geschickt und stünden auch mit großen Wesen in Verbindung.

Es gibt einige Volksstämme, die Insekten heute noch als Verbündete haben. In Afrika zählen die Buschleute in der Kalahari die Gottesanbeterin zu

den Krafttieren, weil sie ihnen Weisheit liefert und für Rituale, Geschichten, Lehren und Gebräuche sorgt. Bei den Aborigines in Australien gibt es einen Termitenclan. Termiten höhlen das Eukalyptusholz aus, aus dem Didgeridoos gefertigt werden, und so bringen diese Insekten symbolisch gesehen den Ton der Erde hervor. Termiten spielen aber auch bei Wüstenvölkern Afrikas eine große Rolle, denn sie verkörpern die Gerechtigkeit einer Gottheit und eine Bestrafung durch sie. Ein ganz anderes Insekt, der Skarabäus, wird in Ägypten hoch verehrt. Einen Schmetterlingsclan finden wir bei den Stämmen Südamerikas. Auch in unseren Breiten ist der Schmetterling ein Vorbote für Wandlung, ein Zeichen dafür, dass Verstorbene ihren Weg gut gefunden haben. Der Schmetterling wird als Botschafter der Engel und Feen gesehen. Bienen sind, wie schon erwähnt, die Feenschwestern von Wyrd, die Libelle gilt als Hüterin des Feenreiches, Käfer sind Verbündete des Zwergenreiches, und Marienkäfer gelten von jeher als Glückssymbol.

Auch hält die Welt der Insekten Einzug in die modernen Medien, diese Tiere werden in vielen Kinderliedern besungen, in Büchern wie »Peterchens Mondfahrt« beschrieben, und sie kommen in Filmen wie »Biene Maja« oder »Das große Krabbeln« vor.

Hier nun die häufigsten Insekten, die in unserem Lebensraum vorkommen. Der Vollständigkeit halber habe ich ein paar Insekten, die ich in »Krafttiere begleiten dein Leben« aufgeführt habe, hier mit aufgenommen.

INSEKT
AMEISE

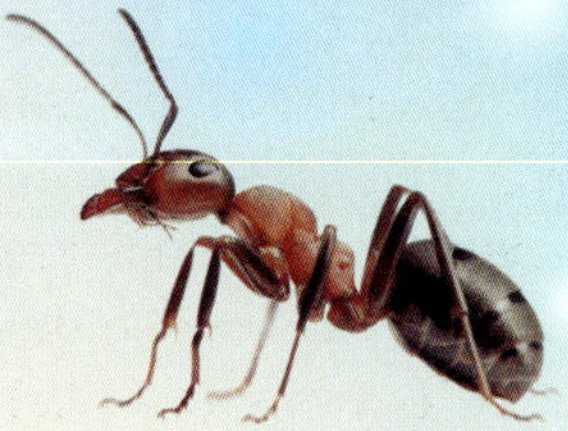

Fleiß, Organisation, Auflösung alter Energiefelder, Umformung

Ameisen *(Formicidae)* sind eine der ältesten Insektenordnungen der Welt. Sie sind »Hüter und Polizei« von Wald und Wiese. In unseren Regionen gibt es etwa 4 500 Ameisenarten, die in gut organisierten Gemeinschaften von ungefähr 200 000 bis zu 2 000 000 Ameisen leben. Jede Ameise hat in ihrer Kolonie eine ganz bestimmte Aufgabe. So sind einige Tiere zum Beispiel zuständig für den Bau des Ameisenhügels, andere für seine Reinigung und für Ausbesserungsarbeiten, die Aufzucht der Brut, für die Nahrungsbeschaffung, das Melken von Blattläusen oder für die Verteidigung des Hügels gegen Eindringlinge.

Betreten Ameisen dein Leben, so erinnern sie dich an die Ordnung und den Platz in der Gemeinschaft, der wir alle angehören. Jeder von uns hat seinen Platz und seine Aufgabe hier in dieser Welt. Jeder trägt einen Teil zum Ganzen bei. Ameisenkraft verhilft uns zu Eigenschaften wie Fleiß und Ausdauer und unterstützt uns beim Aufbau von Energiefeldern in der Gemeinschaft. Ameisen zeigen uns, wie wir unsere Projekte und Pläne umsetzen können. Indem Ameisen Dinge tragen können, die schwerer sind als sie selbst, zeigen sie uns, wie wir mit unserer Kraft über uns hinauswachsen und im übertragenen Sinne das bewegen können, was wir wollen. Diese Tiere lockern die Erde auf und bringen uns die Feuerkräfte der Wandlung, und damit lockern sie auch unsere festgefahrenen Muster und zu starren Verhaltensweisen. Sie wandeln mit ihrer Feuerkraft zu feste Energiefelder und eingefahrene Denkweisen, die uns nicht mehr dienen oder die uns am Wachstum hindern. Ihr Biss und das darauf folgende Brennen, verursacht durch ihr Gift, ist das Gegengift zu dem, was in uns »brennt«, unserer Wut, unsem Zorn. Sie konfrontieren uns mit unserer Feuerkraft und zeigen uns, wo wir diese nicht im positiven Sinne für unsere Entwicklung nutzen, sondern sie kontraproduktiv gegen uns richten. Wir machen uns selbst zu klein, geben anderen zu viel Macht und bringen uns dadurch in einen Zustand der Ohnmacht. Wir glauben nicht an uns und vertrauen nicht auf die Kräfte unseres Geistes. Diese hilfreichen Feuergeister aber wecken

unsere Feuerenergie und helfen uns dabei, unsere Energie zu bündeln und uns mit ihr zu konfrontieren. Ihre Hügel erinnern an Einweihungsstätten. Eine Neuerung, eine neue Einsatzmöglichkeit für unsere Energie steht demnach an, und wir werden darauf vorbereitet. Im umgekehrten Sinne, wenn sie als Störfaktor in unser Leben treten, erinnern sie uns an unsere Wut darüber, dass wir unseren Platz in der Gemeinschaft bisher nicht einnehmen konnten, dass wir nicht gesehen werden, dass in der Gemeinschaft etwas aus uns gemacht wird, was wir gar nicht sind. Ameisen können uns außerdem daran erinnern, dass wir uns zu sehr um Angelegenheiten anderer kümmern und uns einmischen, statt unsere eigenen Aufgaben zu erledigen. Sie zeigen es uns auch, wenn wir zu viel für andere tragen, zu viel Verantwortung für die Gemeinschaft übernehmen, anstatt uns auf das zu besinnen, was uns selbst betrifft. Sie werden uns so lange daran erinnern, bis wir unseren Platz gefunden und ihn eingenommen haben, unsere Aufgabe mit Ausdauer und Fleiß erfüllen, uns auf unseren Lebensweg besinnen und so unseren Teil zu der Gemeinschaft, der wir angehören, beitragen.

Weitere Informationen

Ameisen symbolisieren Gemeinschaft. Sie waren Demeter, der griechischen Göttin für die Fruchtbarkeit der Erde und der Saat, bzw. Ceres, der römischen Göttin des Ackerbaus, geweiht. Ameisen standen für gute Ernten und Prophetie. In China symbolisieren diese Insekten Tugendhaftigkeit, Patriotismus, Ordnung und Demut, in Indien spiegelt ihr unablässiges Tun die Vergeblichkeit des weltlichen Wirkens. Sie stehen für die Kraft, Falsches von Wahrem zu unterscheiden, und für Einfachheit, Besonnenheit und, weil sie Vorräte anlegen, auch für Voraussicht. Im indianischen Medizinrad steht die Ameise für den inneren Westen und für Stärke, sie bringt Ausdauer, Beständigkeit, Produktivität, Bedachtsamkeit, Mut und Gemeinschaft.

VON IHRER LICHTVOLLEN SEITE BETRACHTET: Die Ameise steht für Fleiß, Ausdauer, Teamgeist, sinnvolle Arbeitsteilung und Ordnung, zudem für Einweihung, Neustrukturierung und Erlösung. Das Tier hat Zugang zum Feuerreich, verfügt über Feuerkraft und vermag alte feurige Gefühle wie Wut, Zorn und Gier zu lösen und innere Geborgenheit herzustellen.

VON IHRER DUNKLEN SEITE BETRACHTET: Das Insekt sieht nur in der Arbeit einen Sinn und lebt zu sehr nach außen gerichtet. Es ist autoritätshörig und ängstlich, und es fühlt sich klein. Das Tier steht für den Ruf nach Gerechtigkeit. Es repräsentiert unerlöste Feuerkräfte, die dich gefangen halten.

INSEKT

BIENE

Sonnenkraft, Lösung und Bindung, Einweihung

Bienen *(Apiformes)* sind mit rund 20 000 Arten weltweit vertreten, in Deutschland gibt es davon etwa 500, beispielsweise Sandbienen, Mauerbienen, Honigbienen und Pelzbienen. Bienen und auch Hummeln gehören zur Ordnung der Hautflügler. Es gibt Solitärbienen und Einsiedlerbienen sowie Staaten bildende Bienenarten, zu denen die Honigbiene gehört. In der Mehrzahl sind diejenigen Bienenarten, deren Vertreter allein leben. Alle Bienen sind Blütenbesucher und sammeln, meist nach ihrer jeweiligen Aufgabe im Volk, Pollen, Nektar oder auch Wasser. Transportiert wird das Gesammelte an der Außenseite ihrer hintersten Beine im sogenannten »Körbchen«, einer Vertiefung, die aus langen Borsten besteht. In dieses schieben die Bienen mit ihren anderen Beinen den Pollen, der sich in den Härchen auf ihrer Körperunterseite angesammelt hat. In einem aufwendigen Prozess verarbeiten die Tiere Nektar zunächst in ihrem Körper und dann in den Waben zu Honig. Bienen haben einen ausgesprochen guten Orientierungssinn. Sie richten sich bei ihren Sammelflügen nach dem Sonnenstand – neuere Forschungen haben ergeben, dass sich diese Insekten ihre Umgebung vermutlich auch wie eine Art Landkarte einprägen können. Bienen verständigen sich über unterschiedliche Summtöne und verfügen über ein kompliziertes und sehr genaues Nachrichtensystem, den sogenannten Schwänzeltanz und auch den Ring-, Schüttel- oder Zittertanz. Der Stachel von Bienen dient der Verteidigung, doch das Zustechen bedeutet für diese Tiere den sicheren Tod, weil der Stachel beim Wegfliegen aus dem Bienenkörper gerissen wird, was das Insekt nicht überlebt.

Bienen zählen zu den heiligen Tieren der Anderswelt, die den Menschen einweihen und ihm die heilenden Sonnenkräfte zuführen. Erreicht die Biene deine Welt, so erinnert sie dich an den Plan und den Auftrag für dein Leben. Sie zeigt dir den Weg zurück zur Erde, aus der alles stammt, und dieser Weg führt dich über Fleiß, Ausdauer und Segnung der Sonnenkräfte. Die Biene lehrt dich, dich am Licht zu orientieren, dich zu wehren, wenn der Schatten sich nähert. Sie zeigt dir, wie du – mithilfe der Herzenskräfte, der Blumen, in Verbindung mit dem Geist, der Sonne – Materie in heilsamen Nektar verwandeln kannst, der für alle zum Segen werden kann. So finden wir über diesen Weg der Achtsamkeit und Ausrichtung in der Gemeinschaft die Süße des Lebens. Bienen können die Stricke und Fäden alter Verbindungen lösen und das Energiefeld klären, sodass Neues entstehen kann. Ihr Stich kann Einweihung, Entwicklung, das Öffnen verschiedener Energiebahnen, aber auch eigene Unachtsamkeit, den Blick auf Schatten und Schmerz bedeuten, der beachtet werden will. Umgekehrt kann sie verborgene Schatten ans Licht holen und auch zur Plage werden, wenn gegen die heiligen Gesetze verstoßen wird. Sie kann auf den heiligen Zorn hinweisen, wenn eine Grenze unerlaubterweise überschritten worden ist.

Weitere Informationen

Bienen stehen für das Feenreich und in der Mythologie für die jungfräulichen Priesterinnen. Die Biene gilt als Botentier der Göttin Demeter. Sie repräsentierte in Ägypten die Seele und die Sonne und die Tränen von Re. Im Hinduismus ruht die Biene auf der Stirn Krishnas, und Shiva wird durch eine Biene und ein Dreieck symbolisiert. Sie stehen auch für die Bogensehne des Liebesgottes Kama und für den süßen Schmerz einer Liebesverbindung. Honig ist die Speise der Götter und gilt als Aphrodisiakum.

VON IHRER LICHTVOLLEN SEITE BETRACHTET: Die Biene steht für Fleiß, Erlösung und die Erfüllung von Wünschen, für Freude, Gold, Segen, Fruchtbarkeit, Fülle, Überfluss und die Süße des Lebens. Sie ist auch selbst genährt vom Leben. Des Weiteren hat sie einen Zugang zum Feenreich.

VON IHRER DUNKLEN SEITE BETRACHTET: Das Insekt stellt hohe Anforderungen an seine Arbeit und ist streng mit sich selbst. Die existierende Fülle soll anderen dienen. Das Tier nimmt das Leben nicht einfach hin, es will nicht im Hier und Jetzt sein, sondern flüchtet in höhere Dimensionen. Es steht für verborgene Schatten.

INSEKT

BREMSE

Tiefe Beunruhigung, atmosphärische Störungen, Stress

Bremsen *(Tabanidae)* werden auch »Brämen«, »Dasen« oder »Blinde Fliegen« genannt. Es gibt ungefähr 4 000 Bremsenarten. Bremsen haben bunt schillernde Augen und lange Saugrüssel. Die Männchen der meisten Arten saugen Nektar, die Weibchen hingegen werden von Schweiß angelockt und saugen das Blut von Tieren und Menschen. In Zentraleuropa sind sie zwischen April und August, besonders an schwülen Tagen, sehr aktiv. Ihr schmerzhafter Saugstich kann sogar durch Kleidung hindurchgehen. Zuerst injizieren diese Insekten ein Sekret, das die Blutgerinnung hemmt und sie genügend Blut saugen lässt. Nach dem Stich entsteht ein vermehrter Juckreiz an der Stichstelle, und es bilden sich Quaddeln. Bremsen können Krankheiten wie Borreliosen auf den Menschen übertragen.

Da uns Bremsen plagen, wenn es warm und schwül ist, stehen sie für emotionalen Stress, Hitze (unterdrückte Gefühle wie Zorn und auch Wut), Druck, tiefe Beunruhigung, und sie spiegeln uns den Einsatz unserer Lebensenergie wider, die wir für Dinge wegfließen lassen, die uns erschöpfen. Wir wollen diese Tiere nicht in unserer Nähe haben, uns schon gar nicht mit ihnen beschäftigen, und doch lassen sie nicht ab und plagen uns immer wieder aufs Neue. Wenn wir nicht hinschauen, uns nicht entspannen, uns nicht abkühlen und uns nicht um uns kümmern, dann können uns Dinge, die uns plagen, schwer krank machen. Treten Bremsen verstärkt in deinem Leben auf, so ist es Zeit, zur Ruhe zu kommen. In der Ruhe finden wir Kraft, unsere Ausdünstungen verändern sich, und die Bremsen lassen von uns ab. In dem Moment, in dem wir nicht mehr im Schweiße unseres Angesichts stehen, finden wir zu uns. Wofür verwendest du deine Lebensenergie? Was plagt und beunruhigt dich tief in deinem Inneren? Was möchtest du nicht sehen? Wofür setzt

du deinen Lebenssaft ein? Was bringt dein Blut in Wallung? Wo lässt du zu, dass diese Kräfte dich plagen und Lecks in dein Energiefeld schlagen, über die Krankheitserreger eindringen können, die dich dann zur Ruhe zwingen?

Kümmere dich um dich. Versorge deine seelischen, emotionalen und physischen Wunden. Öle und reinige dich, und baue deinen Schutzschild auf, damit du aus deiner inneren Ruhe heraus handeln kannst.

VON IHRER LICHTVOLLEN SEITE BETRACHTET: Die Bremse macht dich darauf aufmerksam, dass bestimmte Dinge aus dem Gleichgewicht geraten sind. Achte auf deine Körpersäfte.

VON IHRER DUNKLEN SEITE BETRACHTET: Das Insekt steht für Stress, Ohnmacht, Leid und Selbstzerstörung sowie unerlöste Themen und eine tief sitzende Unruhe. Es hat keine Anbindung an seine Umwelt und tendiert dazu, alles gegen sich gerichtet und auf sich bezogen zu sehen.

INSEKT
FLIEGE
Nerven, Reinigung, Auflösung

Es gibt zunächst zwei grundsätzliche Fliegenarten *(Brachycera)*, die Spaltschlüpfer und die Deckelschlüpfer. Diese Unterscheidung beruht auf der Art und Weise, wie die Fliegen schlüpfen. Bezüglich der weiteren Untergliederung gibt es allein in Deutschland nahezu 10 000 bekannte Fliegenarten. Fliegen als solche sind relativ klein, braun, schwarz, gelblich oder rötlich mit zwei weißlich schillernden, transparenten Flügeln. Sie können gefährliche Krankheiten übertragen. Fliegen ernähren sich von organischen Substanzen jeglicher Art, die sie mit ihrem Rüssel aufsaugen. Allerdings dienen sie selbst auch vielen anderen Tieren als Nahrungsgrundlage. Fliegen tauchen dort auf, wo etwas entsorgt werden muss, sie weisen auf Störungen, stinkende Substanzen und alte Stoffe hin, die aufgelöst werden sollten. Somit stehen sie einerseits für Hilfe und Reinigung, werden aber, da sie in Scharen auftreten können, auch als dämonische Wesen gesehen. Fliegen stehen mit dem Element Luft in Verbindung, mit dem Geist und den Gedanken – sie können auf düstere, unruhige Gedankentätigkeiten hinweisen. Da

sie, wenn sie stetig und ausdauernd um einen herumsausen, zur Plage werden können, stehen sie auch mit dem Nervensystem in Verbindung. Sie deuten auf Dinge hin, die es strapazieren und belasten, die einfach nur nerven. Tritt eine Fliege auf den Plan, heißt es, ruhig zu werden und nach innen zu schauen. Irgendetwas ist nicht im Lot und stimmt mit der Energie nicht. Da Fliegen zugleich helfen und plagen, können sie auf Einmischung hinweisen, auf ungefragte und ungebetene Hilfestellung, übereifriges Tun aus einer eigenen Not heraus, ohne innezuhalten, und auf das Aufzwingen fremder Gedanken. In der christlichen Mythologie und im Volksmund trägt der Teufel oft das Synonym »Beelzebub«, das mit »Herr der Fliegen« übersetzt werden kann. Es gibt allerdings auch eine Überlieferung, in der ein Mönch mithilfe einer einfachen Stubenfliege die Weisheit des Schöpfers gepredigt hat.

VON IHRER LICHTVOLLEN SEITE BETRACHTET: Die Fliege lehrt dich, mit der Quelle des Seins in Verbindung zu treten und inmitten des Trubels gelassen zu bleiben.

VON IHRER DUNKLEN SEITE BETRACHTET: Das Insekt verweist auf innere Unruhe, unruhige, düstere Gedanken. Man kreist immer wieder um die gleiche Sache, ohne eine Lösung zu finden.

INSEKT
FLOH
Sprunghaftigkeit, Energieraub, Abhängigkeit

Flöhe *(Siphonaptera)* sind kleine, flügellose, sehr bewegliche, blutsaugende Insekten mit einem stromlinienförmigen, seitlich etwas zusammengedrückt aussehenden Körper. Es gibt insgesamt etwa 2 400 Arten. Eines ihrer besonderen Merkmale ist ihr parasitäres Leben. Diese Insekten haben kräftige Sprungbeine statt Flügel und schnellen mit ihrer Hilfe bis zu mehr als einen halben Meter weit nach vorn und fallen so ihren Wirt (meist Hund oder Katze) regelrecht an. Sie stechen und saugen innerhalb weniger Minuten, nachdem sie einen Wirt gefunden haben. Flöhe ernähren sich ausschließlich von Blut und lassen nur ungern von ihrer Nahrungsquelle ab.

Bei jedem Stich injizieren sie ihren Speichel in die Haut. Dieser Speichel kann allergen wirken, dann treten Juckreiz, Rötungen und Entzündungen auf, und es können auch ernsthafte Erkrankungen entstehen.

Taucht der Floh in deinem Leben auf, so zeigt er dir, wo es in deinem Fell juckt. Er macht dich aufmerksam auf Abhängigkeiten und ermüdende Verhaltensformen, die dir Energie nehmen, statt dir Kraft zu geben. Er zeigt dir Dinge, über die du hinweggehst, weil du sie nicht wahrhaben möchtest. Ebenso macht er dich auf unbewusste Konditionierungen aufmerksam, bei denen du dich nicht traust, deine volle Kraft zu leben, und stattdessen Dinge hinnimmst, die du genauso gut auch ändern könntest. Er fordert dich auf, dir Zeit für dich zu nehmen und dich um dich zu kümmern, dich zu pflegen und bestimmte Lebensumstände gründlich zu ändern. Bekämpfe nicht die Symptome, sondern gehe an die Wurzel, an den Ursprung der Angelegenheit. Da Flöhe in die Haut stechen, verweisen sie darauf, dass irgendetwas deine Grenzen überschreitet und dich fertigmacht. Der Floh fordert dich auf, nicht mehr hin und her zu springen, sondern innezuhalten und dich zu fragen, was du von deinem Leben eigentlich willst, was die Ursache der Störung ist, was dir Energie wegsaugt, dich schwach, klein und unscheinbar macht. Er deutet darauf hin, dass du dich in einer Auseinandersetzung mit Menschen befindest, die dich ausnutzen wollen. Die Lektion, die uns der Floh erteilt, ist, sich von solchen Konditionierungen und blutsaugenden Mustern, Menschen und Verhaltensweisen freizumachen. Er kann auf eine Überreizung der Nerven und eine Schwächung des Abwehrsystems hinweisen. Er steht für Ärger, Streit und nervige, unnütze Diskussionen, für Reibereien und Unannehmlichkeiten, die du als anstrengend und lästig empfindest.

Weitere Informationen

Die Redewendung »die Flöhe husten hören« meint, spitzfindig zu sein, immer über alle Neuigkeiten Bescheid zu wissen, frühzeitig informiert zu sein und sich vorzeitig über ein noch nicht vorhandenes Problem Gedanken zu machen, übervorsichtig, ängstlich und feinfühlig zu sein. Wenn man »jemandem einen Floh ins Ohr setzt«, dann bringt man ihn auf eine Idee oder einen Gedanken, auf die oder den er von selbst nicht gekommen wäre – und auch gar nicht hätte kommen müssen –, eine Sache, an die er ab dem Moment aber immerzu denken muss.

VON SEINER LICHTVOLLEN SEITE BETRACHTET: Der Floh erinnert dich an das Kollektivfeld und daran, dass du es für dich prüfen sollst.

VON SEINER DUNKLEN SEITE BETRACHTET: Das Insekt steht für Mittäterschaft, Klatsch und Tratsch und dafür, andere verbal zu verletzen. Es reagiert, statt zu agieren, es ist zudem zu empfindlich, und es kann sich schlecht abgrenzen. Das Tier prüft Dinge nicht, sondern übernimmt sie einfach. Es lässt sich anstecken und trägt die Dinge weiter.

INSEKT GRILLE

Entspannung, Harmonisierung, Erholung

Echte Grillen *(Gryllidae)* gehören derselben Ordnung an wie die Heuschrecken. Sie sind kleine bis mittelgroße, grabende Insekten und werden auch »Grabheuschrecken« genannt. Grillen haben auffallend lange, fadenförmige Fühler, die aus über 30 Gliedern bestehen können. Die meisten Arten haben zwei Paar gut entwickelte Flügel, manche aber auch nur sehr kleine oder gar keine. Ihre Hinterbeine sind lang und kräftig und dienen der springenden Fortbewegung. Diese Insekten häuten sich sehr oft. Im Winter und während Trockenzeiten können sie lange Ruheperioden überstehen. Grillen sind für ihre Lauterzeugung bekannt. Die Männchen haben an einem Flügel eine Schrillader, die sie durch Streichen mit dem anderen Flügel zum Klingen bringen. Damit locken sie Weibchen an und grenzen auch ihr Revier ab. Sie können einen monotonen »Gesang« oder aber wunderbare Melodien erzeugen. Für viele Menschen ist dieser Gesang entspannend und so wohlklingend, dass Grillen in manchen Ländern noch heute eingefangen und als »singende Haustiere« gehalten werden.

Die Grille steht für Glück, Mut und die Kraft des Sommers. Erreicht sie dein Kraftfeld, so macht sie dich darauf aufmerksam, dass du einen harmonischeren Ton in deinem Leben anschlagen solltest. Sie verbindet dich mit deinem feingliedrigen Nervensystem und dem zarten vorherrschenden Unterton in deinem Leben. Lausche ihm. Ist er gereizt, angespannt, harmonisch? Die Grille bringt Ruhe, Erholung und Entspannung. Sie fordert dich auf, mit nervenzerrenden Verhaltensweisen Schluss zu machen, dich zurückzulehnen und dem harmonischen Gesang des Kosmos zu lauschen. Dadurch erneuerst du die Kraft deiner Nerven. Höre auf, dir ständig selbst Stress zu bereiten. Entspanne dich. Genieße die schönen leichten Sommerabende, atme tief durch, mache Ferien vom Ich, und folge dem entspannten, erholsamen Verlauf des Hier und Jetzt. Alles ist gut. Die Grille macht dich unter Umständen auch auf Spannungen, Disharmonien, Stress, Unruhe und die Überstrapazierung deines Nervenkostüms aufmerksam.

VON IHRER LICHTVOLLEN SEITE BETRACHTET: Die Grille steht für Glück, Ausgleich, eine gute Anbindung an die Umwelt, den Zugang zum Naturreich, zu den Zwergen, Wichteln und Elfen. Sie hat eine leise innere Stimme und verkörpert Ruhe und Kraft im Inneren. Das Tier verfügt über eine gute feinstoffliche Wahrnehmung, es ist aurasichtig und energiefühlig. Es steht für Lichtfunken, Ideen und aufblitzende Visionen.

VON IHRER DUNKLEN SEITE BETRACHTET: Das Insekt symbolisiert das Außen, es ist sehr sensibel, nimmt alles auf und kann nicht unterscheiden, was zu ihm gehört und was von anderen kommt. Es steht für innere Unruhe, dafür, nicht auf seinem Platz zu sein und seine Qualitäten und Fähigkeiten nicht zu erkennen.

INSEKT

GRÜNES HEUPFERD

Status, Macht, Disziplin

Das Grüne Heupferd *(Tettigonia viridissima)* ist, wie sein Name bereits sagt, ein grün gefärbtes Insekt aus der Familie der Laubheuschrecken, und auch dieses Tier hat große Sprungbeine mit verdickten Schenkeln, mit denen es zu großen Sprüngen fähig ist. Zudem hat es auch zwei Flügelpaare und ist in der Lage, Töne zu erzeugen. Umgangssprachlich wird kaum zwischen den einzelnen Heuschreckenarten und -gruppen unterschieden, und alle Insekten, die sich im Aussehen und in der Verhaltensweise ähneln, werden als »Heuschrecken« bezeichnet. Heuschrecken mögen warme und trockene Lebensräume. Da sie sich häuten, stehen sie für Erneuerung. In kleinerer Anzahl repräsentieren sie Freude, Musik, Tanz und Kreativität. Treten sie allerdings in Massen auf, so kündigen sie große Verluste, Plagen und Zerstörungen an. Sie können auch für Unruhe, Labilität und einen unsteten Geist stehen.

Das Heupferd ist das Reittier der Zwerge und Wichtel. Klettere auf seinen Rücken, es trägt dich jetzt durchs Leben. Lasse deine Gedanken fließen, lasse neue Impulse zu, und folge ihnen. Lasse dich auch ab und zu einfach einmal treiben im Kosmos der unbegrenzten Möglichkeiten. Spiele, und erfreue dich an der Schönheit und Vielfalt. Durch die Hingabe an den Augenblick setzt der Energiefluss ein, und neue, ungeahnte Räume öffnen sich dir. Hüpft das Heupferd in dein Leben, so zeigt es dir neue Wege und unerwartete Möglichkeiten. Öffne dich der Schönheit, der Liebe und der Vielfalt. Die Ideen fallen dir nur so zu. Das Heupferd erinnert dich an die Fülle, die Künste, Musik, Tanz und Gesang und an deinen kreativen Ausdruck. Du kannst aus dem Vollen schöpfen. Neue Kraft, neue Energie und neue Impulse fließen in dein Leben. Die Farbe Grün steht für Erneuerung und Heilung. Du kannst jetzt große Sprünge machen und auf deinem Weg Fortschritte erzielen. Doch halte – wie das Heupferdchen es tut – immer wieder inne, lausche nach innen, bleibe flexibel und offen, und schaue, wie der nächste Schritt aussieht. Setze deine neuen Ideen und Impulse auch in die Tat um, denn dein Vorhaben wird dir Erfolg bringen. Die guten Geister und Schatzhüter der Natur sind mit dir.

Weitere Informationen

Das Heupferd wird allerdings auch mit Verantwortungslosigkeit in Verbindung gebracht, denn es scheint teils ziellos umherzuspringen. Im alten Athen trugen Adlige einen goldenen Grashüpfer im Haar, der ihren Status symbolisierte. In China steht das Insekt für Überfluss, Reichtum und Fruchtbarkeit, und es kündigte einst viele Söhne an. Wird eine Heuschrecke zusammen mit einer Chrysantheme dargestellt, so ist dies ein Hinweis darauf, dass die mit der Darstellung in Verbindung stehende Person ein hohes Amt ausführt. Heuschrecken gehören in der Bibel zu den von Gott geschickten Strafen. Johannes der Täufer soll sich von wildem Honig und Heuschrecken ernährt haben. In der Bibel wird die Disziplin dieser Insekten gerühmt. Wegen ihrer Eigenschaft, sich zu häuten, galten sie im christlichen Kontext auch als Auferstehungssymbol.

VON SEINER LICHTVOLLEN SEITE BETRACHTET: Das Grüne Heupferd hat Zugang zu den Naturreichen, zu den Feen, Elfen und Zwergen, und auch zum alten Wissen der Erde und zur Kräutermedizin. Es steht für Stille, dafür, genauer nach innen zu lauschen. Das Tier kann große Sprünge machen, entdeckt dabei neue Dinge und erlangt neue Erkenntnisse. Es verfügt über eine gute kreative Ausdrucksfähigkeit.

VON SEINER DUNKLEN SEITE BETRACHTET: Das Insekt ist gedanklich in Vorstellungen von Sünde, Strafe und Gerechtigkeit gefangen. Es kann nicht loslassen, verharrt in alten, längst vergangenen Situationen und kommt nicht vorwärts.

INSEKT HORNISSE

Panik, tief sitzende Ängste, blinder Zorn, Gefahr

Die Hornisse *(Vespa cabro)* gehört zu den Faltenwespen. Sie kann bis zu 3,5 cm groß werden und ist gelb- und rotbraun sowie schwarz gemustert. Hornissen nisten im Dachgebälk oder auch in hohlen Baumstämmen, und ihre Nester, die pergamentartig aussehen, bestehen aus Holzfasern. Die Nahrung der Hornissen sind Obst, Säfte, Larven und Insekten, darunter auch Bienen und Wespen. Im Winter sterben alle Tiere des Staates bis auf junge Königinnen. Im Volksmund besteht die Auffassung, sieben Hornissen könnten ein Pferd töten und mehrere Hornissenstiche einen Menschen umbringen. Tatsächlich bräuchte es mindestens 500 und mehr Hornissenstiche, bis diese eine tödliche Wirkung hätten. Hornissenstiche sind schmerzhaft, aber nicht gefährlicher als Wespenstiche. Allerdings sind diese Insekten eher scheu und nicht so aufdringlich, wie Wespen es sein können. Hornissen stechen nur, um sich zu verteidigen, doch sie bevorzugen es, zu fliehen, wenn nicht gerade ihr Nest in Gefahr ist. Wer respektvoll und ruhig mit ihnen umgeht, braucht nichts zu befürchten. Dennoch reagieren Menschen oft mit Panik auf ihr Erscheinen. Durch Unwissenheit, aufgebauschte Erzählungen und unbegründete Fantasien werden Dinge oft größer gemacht, als sie in Wirklichkeit sind. Unser Blick verändert sich, und wir geraten in Panik, weil wir einem Bild in unserem Kopf folgen, das Angst, in Einzelfällen sogar Todesangst, in uns auslöst. Von solchen Empfindungen nicht Betroffene können solche Reaktionen oft gar nicht nachvollziehen.

Erscheint die Hornisse in deinem Leben, so konfrontiert sie dich mit deinen wildesten Fantasien. Du reagierst reflexartig, anstatt die Situation im Hier und Jetzt zu erkennen und angemessen zu agieren. Es wird Zeit, dass du mit genügend Abstand und Ruhe zurück in die Vergangenheit, in alte karmische Verstrickungen schaust, um zu sehen, dass du jetzt mithilfe deines Verstandes und deiner erworbenen Fähigkeiten in der Lage bist, dich mit vergangenen Situationen, denen du dich damals nicht gewachsen gefühlt hast, noch einmal zu konfrontieren, damit sie ihre Macht über dich verlieren. Du hast jetzt die Kraft, dunkle Schatten deiner Vergangenheit zu überwinden, alte Angelegenheiten zu klären und dich von längst überholten Vorstellungen zu befreien. Laufe nicht mehr weg. Bist du von einer Hornisse gestochen worden, so kannst du davon ausgehen, dass du jetzt in der Lage bist, alte, behindernde Vorstellungen, tief sitzende Ängste und Fantasien hinter dir zu lassen.

Weitere Informationen

Hornissen sind gefürchtet, doch ihr Ruf ist schlimmer als ihr Sein. Lange vergangene Situationen, in denen wir schockierende Erfahrungen machen mussten, haben tiefe emotionale Spuren in unserem Inneren hinterlassen. Hornissen, so sagt man, sind die Verkörperungen dieser alten Ängste. Diese Empfindungen lähmen uns oder lassen uns wild und ziellos umherrennen, solange wir sie nicht in den Griff bekommen. Stellen wir uns ihnen, so können wir Frieden und Weisheit erlangen.

VON IHRER LICHTVOLLEN SEITE BETRACHTET: Die Hornisse hilft dir dabei, unerlöste Themen deiner Seele aufzudecken und sie zu heilen.

VON IHRER DUNKLEN SEITE BETRACHTET: Das Insekt steht für Panik, Angst, Schocks, Traumata, mächtige Fantasien, Unwissenheit und reflexartige, aber unangemessene Reaktionen in aktuellen Lebenssituationen.

INSEKT
HUMMEL

Entfaltung, Aufbruch, innere Vision

Hummeln *(Bombus)* gehören zur Überfamilie der Bienen und heißen auf Englisch »bumblebee«, was »Summ-Biene« bedeutet. Weltweit gibt es etwa 250 Hummelarten. Sie leben meist in gemäßigten, eher kühleren Klimazonen und sind von März bis in den Spätsommer zu sehen. Den Winter überleben die meisten Tiere nicht. Hummeln erkennt man an ihrem lauten Brummton beim Fliegen, an ihrem rundlichen Körperbau, ihrem Pelz und dessen Farbmuster. Meist sind Hummeln in Gelb- und Brauntönen gestreift, in Kombination mit Schwarz und teilweise auch Weiß. Diese Insekten bilden immer Staaten, ein Volk besteht aus 50 bis 600 Arbeiterinnen und einer Königin. Hummeln gehören zu den wichtigsten Bestäuberinsekten und sind unter anderem für viele Obstsorten zuständig. Ihre Nahrung besteht aus Nektar und Pollen, die sie über ihren Saugrüssel aufnehmen. Hummeln haben Pollenhöschen. Sie können stechen, im Notfall auch beißen.

Hummeln fliegen fleißig hin und her. Sie trinken vom Nektar des Lebens, sammeln Pollen und sind unabdingbare Helfer bei der Bestäubung der Blüten, die sich so fruchtbringend entwickeln können. Die Hummel folgt ihrem Auftrag, egal, was andere sagen. Brummt eine gutmütige Hummel in dein Leben, so kündigt sie neue Bewegungen, Vibrationen und Veränderungen an. Du wirst viele fruchtbare Erkenntnisse sammeln, neue Energiequellen für dich finden, neue Erfahrungen machen und einen regen Austausch erle-

ben. Die Hummel schenkt dir Ausdauer, Kraft und Geduld. Sie lehrt dich, dein Herz zu öffnen, es offenzuhalten und deinen Blick auf die Schönheit, das Licht und die Liebe zu richten. In dir schlummern ungeahnte Fähigkeiten, und neue Weisheiten reifen heran. Vertraue dem Weg, manchmal geht es auf und ab. Die Hummel brummt in dein Leben, damit du in Bewegung kommst, deinen eigenen Ton hörst und deinem Auftrag folgst, auch wenn er nicht der Norm dieser Welt entspricht. Öffne dein Herz für die Freude des Lebens, für »unmögliche« Möglichkeiten und für deine tiefsten Herzenswünsche. Entfalte dein Potenzial. Was würde dein Leben versüßen? Setze dich dafür ein. Nimm Schatten und Licht in deinem Leben an, sie gehören dazu.

Weitere Informationen

Im Volksglauben steht die Hummel für Gold und Geld bringende Kobolde, die dich zum Schatz führen, aber auch für das Volk der Elfenhelfer, die mit dem Nektarstaub helfen, Herzenswünsche zu erfüllen, wenn man gut zu ihnen ist. Wenn Hexen auf Trancereisen gingen, so wurden sie in der Gestalt einer Hummel beschrieben. Im Aberglauben zeigen sich Bösewichte und Totengeister in Hummelgestalt. Hummeln geben Auskunft über das Wetter. Schwärmen sie aus, wird es schön, bleiben sie in ihren Nestern, wird es Regen geben. Die Flugrichtung der Hummeln wird als Orakel gedeutet. Fliegen sie mit der Richtung des Weges, so ist alles gut und der Tag verheißt Glück und Gelingen, fliegen sie in die entgegengesetzte Richtung, ist mit Hindernissen zu rechnen, die aufgelöst werden können, wenn man sie im Vorfeld erkennt und innehält.

VON IHRER LICHTVOLLEN SEITE BETRACHTET: Die Hummel hat ein dickes Fell. Sie steht dafür, Unmögliches möglich zu machen und freudig an die Arbeit zu gehen. Sie repräsentiert Herzöffnung, Gutmütigkeit und Fruchtbarkeit. Des Weiteren hat sie Zugang zum Elfenreich.

VON IHRER DUNKLEN SEITE BETRACHTET: Das Insekt nascht gern. Es steht für Unruhe, Unzufriedenheit, Suche und dafür, getrieben zu sein.

INSEKT

KÄFER

Metamorphose, Veränderung, Neugestaltung

Es gibt mehr als 350 000 Käferarten *(Coleoptera)* auf dieser Erde. Sie dienen vielen Tieren als Nahrung, sie wandeln die Erde und sind mit diversen Kräften ausgestattet. Oft haben sie Fühler, ihre Flügel sind von besonderer Farbe oder mit besonderen Mustern versehen – es gibt gepunktete, quer gestreifte, metallisch glänzende, einfarbige, mehrfarbige, auffällige oder unscheinbare Exemplare dieser Insekten. Als Plage und als Parasiten können sie sich in unserem Leben zeigen, aber sie können auch Freude bringen. Viele Käfer durchlaufen in ihrer Entwicklung eine Verwandlung vom unscheinbaren Zustand hin zu einem farbenprächtigen geflügelten Wesen, das in der Lage ist, sich von der Erde in größere Höhen zu erheben. Käfer im Allgemeinen werden dem kleinen Volk, den Feen, Elfen und Zwergen, zugeordnet, aber auch den Schwarzalben und dämonischen Kräften. Sie gelten sowohl als Glücksbringer wie auch als Boten der Wandlung und Boten für bestimmte Phasen im Leben, die Aufgewühltsein, Unruhe, Suche, Umbrüche, Umgestaltungen und Erneuerungen mit sich bringen. Käfer helfen uns, neue Wege zu finden, unsere Antennen auszufahren, mit unserer Umwelt in Kontakt zu treten, aufzustehen, wenn wir einmal gestrauchelt sind, Altes loszulassen, mutig nach vorn zu schauen, weiterzumachen, neue Qualitäten zu entdecken und somit den Weg auf der Erde zu gehen und uns in unser Sein zu erheben. Bekannte Käfer sind das Glühwürmchen, der Hirschkäfer, der Maikäfer, der Marienkäfer, der Mistkäfer und der Totengräber, die im nachfolgenden Abschnitt näher erläutert werden.

INSEKT | KÄFER

GLÜHWÜRMCHEN

Leuchtkraft, Führung in der Dunkelheit, Verzauberung

Glühwürmchen *(Lampyridae)*, auch Leuchtkäfer genannt, sind eine umfangreiche Familie von Nachtkäfern, die für ihre Fähigkeit bekannt sind, nachts zur Kommunikation Lichtsignale auszusenden und so Weibchen oder Männchen anzulocken. Es gibt weltweit ungefähr 2 000 Leuchtkäferarten, in Deutschland aber nur drei. Sie haben einen recht schlanken und flachen Körper sowie weiche Flügeldecken. Bei den meisten Arten haben die Männchen vollständig entwickelte Flügel und Facettenaugen, die Weibchen hingegen sind meist flügellos. Glühwürmchen fressen Pollen und Nektar oder, im ausgewachsenen Stadium, meist gar nichts. Im Larvenstadium sind diese Insekten jedoch eifrige Schneckenfresser. Glühwürmchen erzeugen kaltes Licht, das an ihrem lichtdurchlässigen Körperende sichtbar wird. Es entsteht, wenn der Naturstoff Luciferin mit einem Katalysator-Enzym, Adenosintriphosphat und Sauerstoff reagiert. Nicht nur die ausgewachsenen Käfer, sondern auch die Eier, Larven und Puppen können in der Dunkelheit leuchten.

Betritt das Glühwürmchen dein Leben, so führt es dich in den Zauber und die Kraft der Dunkelheit ein. Es zeigt dir das Licht in dir selbst, deine Leuchtkraft. Dieser Käfer steht in Verbindung mit dem Elfenvolk, und er führt dich ein in die Medizin und die Kraft des Wissens der Erde. Er schenkt dir Freude, Entzücken und neuen Mut, deinen Weg auch in der Dunkelheit fortzusetzen. Das Insekt bringt dir die Funken des Lichtes, den Blick in die Sterne und das Vertrauen in große Geheimnisse. Zudem fordert es dich dazu auf, innezuhalten, die Schönheit der Dunkelheit wahrzunehmen, deine Energie zu erhöhen und dich daran zu erinnern, dass das wahre Licht nur in dir selbst gefunden werden kann. Dann kannst du mutig weitergehen, bis das strahlende Licht des Tages deinen Weg wieder bescheint. Der Käfer verbindet dich mit dem Urfunken, dem Seelenlicht, das, egal, in welcher Entwicklungsphase du dich befindest, immer da ist und in dir leuchtet.

Umgekehrt kann das Glühwürmchen auf Verzauberung, Blendung und Irrung hinweisen – etwas versucht, dich zu locken, zu bezaubern und zu täuschen.

Weitere Informationen

Das Glühwürmchen ist im indianischen Medizinrad dem inneren Osten zugeordnet und steht für die Botschaft der Erleuchtung, es sorgt für Verständnis, Lebenskraft aus der eigenen Mitte, für Wertschätzung, Licht und Dunkelheit.

VON SEINER LICHTVOLLEN SEITE BETRACHTET: Das Glühwürmchen steht für Licht in der Dunkelheit, für inneres Licht bzw. innere Fähigkeiten. Es verkörpert Schönheit und Zauberkraft, und es hat den Segen der Elfen und Feen.

VON SEINER DUNKLEN SEITE BETRACHTET: Das Insekt steht für Kurzsichtigkeit, für Blendung, Täuschung und Verführung und auch dafür, einem Irrlicht zu folgen, einer Illusion zu unterliegen.

INSEKT | KÄFER

HIRSCHKÄFER

Wachstum, Bereinigung, Klärung

Der schwarzbraune Hirschkäfer *(Lucanus cervus)* ist der größte in Europa lebende Käfer, die Männchen können bis zu 7,5 cm lang werden. Er verbringt den Großteil seiner Lebenszeit – bis zu acht Jahre – als Larve, bevor er sich verpuppt und verwandelt. Ausgewachsen leben Hirschkäfer dann nur etwa einen Monat lang. Zwischen Mai und August fliegen die ortstreuen, dämmerungs- und nachtaktiven Insekten um Bäume und sammeln sich bevorzugt an Eichen, um sich von deren Pflanzensaft zu ernähren. Die Männchen haben stark vergrößerte Mundwerkzeuge, die wie Geweihe aussehen und mit denen sie Zweikämpfe um die Weibchen ausführen. Hirschkäfer stehen auf der Roten Liste der vom Aussterben bedrohten Arten.

Kommt ein Hirschkäfer in dein Leben, so kündigt er eine neue Wachstumsphase an. Es ist Zeit, die Angelegenheiten, die dich betreffen, selbst in die Hand zu nehmen und für dich zu sorgen. Habe den Mut, deine Gedanken, deine Gefühle und deine Meinung ehrlich zu äußern, dich abzu-

grenzen, dich einzusetzen für die Liebe, deine Kinder, deine Freunde, deine Arbeit, deine Weiterbildung, deine Interessen. Dann wirst du viele neue fruchtbare Erkenntnisse gewinnen und eine neue Kraft in dir erfahren. In alten Mythen sind Hirschkäfer dem altnordischen Donnergott Thor (sein althochdeutscher Name ist Donar) geweiht. Der Käfer soll Mut zur Auseinandersetzung verleihen, angespannte Atmosphären bereinigen, Klarheit schaffen und neue Ideen und Geistesblitze bringen. Als Tier, das Eichen bevorzugt, steht er auch mit der Weisheit der Druiden in Verbindung, die sein Erscheinen oft als Orakel sahen. Da er sich verpuppen und verwandeln kann, steht er für Wachstum: Wir wachsen auch durch Konflikte, Auseinandersetzungen und schwierige Zeiten. Der Hirschkäfer schenkt dir die Kraft und den Mut, stehen zu bleiben, stabil zu sein, deine Meinung zu vertreten, Auseinandersetzungen einzugehen und dich neu zu erfahren. Warte nicht auf ein Wunder, sondern nimm die Angelegenheiten, die dich betreffen, selbst in die Hand. Es ist Zeit, aktiv zu werden und zu handeln. Drücke dich jetzt klar und unmissverständlich aus, und erlaube dir, deinen Weg zu gehen.

VON SEINER LICHTVOLLEN SEITE BETRACHTET: Der Hirschkäfer symbolisiert Wachstum, Weiterbildung und Fortkommen sowie Mut, Konfrontation, Klärung, Bereinigung, Kraft und Weisheit.

VON SEINER DUNKLEN SEITE BETRACHTET: Der Käfer steht für Kampf, auch Machtkampf, und dafür, sich in Kleinigkeiten zu verlieren, statt das Gesamte im Blick zu haben. Es werden nur die eigenen Angelegenheiten betrachtet.

INSEKT | KÄFER
MAIKÄFER
Reflexion, Gefühlsausbrüche, Neuorientierung

Der Maikäfer *(Melolontha melolontha)* ist in Mitteleuropa verbreitet und gehört zu den Blatthornkäfern, die so heißen, weil ihre Fühler ein blätterförmiges Aussehen haben. Zudem haben diese Fühler Geruchssensoren. Das Tier durchläuft eine meist vier Jahre andauernde Metamorphose vom unter der Erde lebenden Engerling zum Käfer. Er gräbt sich in den Monaten April und Mai aus dem Erdboden und fliegt hauptsächlich im Mai und im Juni. Seine Flügel sind braun, weiß und schwarz. Zum Fliegen »pumpt« sich der Maikäfer Luft unter die Flügel. Er ernährt sich überwiegend von Blättern an Laubbäumen und kann diese, wenn er in größeren Gruppen auftritt, kahl fressen.

Summt der Maikäfer in dein Leben, so bringt er dir eine Botschaft aus dem geistigen Reich. Es kann ein Hinweis, eine Warnung oder eine Ankündigung einer glücklichen Wendung sein. Achte auf deine Vorahnungen und die Zeichen, die dir gesandt werden. Lasse dich nicht von deinen Emotionen leiten, entspanne dich, und öffne dein Herz. Der Maikäfer führt von jeher eine Art Doppelleben. Als Einzelgänger ist er ein heiliger, geliebter und willkommener Frühlingsbote. Taucht er jedoch in Massen auf, gilt er als geächteter Schädling. Weil er in Massen innerhalb kurzer Zeit großen Schaden anrichten kann, steht er für unkontrollierte Emotionen, unerwartete Gefühlsausbrüche und unüberlegte Handlungen, Trägheit und Fresssucht. Da dieses Insekt angestammte Flugbahnen hat, symbolisiert es auch das Festhalten an alten Mustern und Bahnen. Im Sprachgebrauch bedeutet »maikäfern« »sich aufblasen«, »sich aufpumpen«, »sich wichtig machen«. Hat man das Tier jedoch unter Kontrolle, bringt es Spaß, Freude, Nähe und Liebe. Der Maikäfer ist in dein Leben gekommen, um dir zu zeigen, wie du emotional angemessen auf aktuelle Situationen reagieren kannst, denn manch alte Erfahrung, manch alte Erinnerung löst in aktuellen Situationen unangemessenes Verhalten aus, das eher etwas kaputt macht, als dass es förderlich ist. So stehen wir unserem Glück selbst im Weg. Es ist Zeit, innezuhalten, Altes gehen zu lassen, zu verzeihen und sich auf das Hier und Heute zu besinnen. Vieles hat sich geändert, und jeder Tag bietet uns eine neue Chance. Es ist nie zu spät. Überdenke deine Handlungen und deine emotionalen Reaktionen. Du erhältst jetzt die Chance, sie zu heilen und einen neuen Weg mit deinen Mitmenschen zu finden. Du bist deines Glückes Schmied. Der Weg lohnt sich.

VON SEINER LICHTVOLLEN SEITE BETRACHTET: Der Maikäfer ist ein Bote aus anderen Welten. Er steht für Erneuerung, neue Wege, neue Ziele und Richtungen, für Vorfreude auf das Kommende und eine positive Einstellung zum Leben.

VON SEINER DUNKLEN SEITE BETRACHTET: Der Käfer steht für Gefühlsausbrüche. Er macht sich wichtig, gibt an, spielt sich auf und sieht bei der ganzen Prahlerei nur sich selbst. Er steht für Trägheit, Fresssucht und Plagen.

INSEKT | KÄFER

MARIENKÄFER

Glück, Freude, guter Ausgang

Marienkäfer *(Coccinellidae)* gibt es in unzähligen Varianten. Sie sind weltweit verbreitet und können sich an verschiedenartige Lebensräume anpassen. Sie bevorzugen ein warmes Klima und besiedeln Wiesen, Wälder, Heiden, Moore, Parks und Gärten. Beim Gartenbau und in der Landwirtschaft sind Marienkäfer beliebt, weil sie sich von Läusen und Milben ernähren und somit sehr nützlich sind. Diese halbkugelförmigen Insekten können viele Mustervarianten aufweisen. Erkennungsmerkmal der Marienkäferart, mit der man es zu tun hat, sind die Punkte auf ihren Deckflügeln.

Ein Bote des Himmels landet in deinem Leben und schenkt dir Glückspunkte. Du erhältst neue Chancen und kannst auf eine glückliche Wendung in deinem Leben hoffen. Der Marienkäfer öffnet dich für eine positive, strahlende Grundhaltung in deinem Leben. Erwarte einfach das Beste. Du wirst geliebt und geführt durch die geistigen Welten. Bleibe dir und deinen Herzensempfindungen treu, dein Leben wird eine glückliche Wendung nehmen. Besinne dich auf das Innere Kind, das Staunen, die Unschuld und die Freude, die das Leben bringen kann. Besinne dich auf deine geistige Führung und deinen inneren Garten. Hier wirst du alles finden, was du jetzt brauchst. Glück hängt nicht von den äußeren Umständen ab, sondern von deinem inneren Empfinden. Öffne dich der Schönheit in deinem Leben, nutze die Chancen, die es dir bietet – das Schicksal meint es gut mit dir. Öffne dich für ungewöhnliche Wege und Räume, von denen du nie zu träumen gewagt hättest. Du bist göttlich geführt, die Geistige Welt ist mit dir. Du bist auf dem richtigen Weg.

Weitere Informationen

Der Marienkäfer kommt direkt aus der Geistigen Welt und gilt von jeher als Glücksbote des Himmels. Er trägt den Namen der Heiligen Jungfrau Maria und den Namen Maria Magdalenas. Seine Farben sind Rot und Schwarz, seine Flügel sind durchschimmernd weiß. Weiß, Rot und Schwarz sind die Farben der Göttin in ihren drei Gestalten. Die Anzahl der Punkte zeigte, wie es um das Glück bestellt war. Der 7-Punkt-Marienkäfer ist besonders beliebt, da die Zahl sieben heilig und mystisch ist. Das »Hergottsvögelein« bringt frohe Botschaften.

VON SEINER LICHTVOLLEN SEITE BETRACHTET: Der Marienkäfer steht für Glück, Hoffnung, Trost, Liebe, freudige Aussichten, neues Vertrauen, liebevolle geistige Begleiter sowie für Schutz und Bestätigung.

VON SEINER DUNKLEN SEITE BETRACHTET: Der Käfer steht dafür, sich nichts zuzutrauen, zu bangen, nicht zu wissen, ob man die richtige Entscheidung getroffen hat, und dafür, nicht an die eigene innere Führung zu glauben. Er repräsentiert Traurigkeit.

INSEKT | KÄFER

MISTKÄFER

Schöpferkraft, Schutz und Segen, Auferstehung und Leben

»Pillendreher« ist der Sammelbegriff für verschiedene Käfer, die zur Gruppe der Scarabaeoidea gehören. Zu ihnen zählt auch der Mistkäfer *(Coleoptera)*. Diese Insekten formen aus Mist und Kot Kugeln, die sie dann unter die Erde befördern, wo sich ihr Gangsystem befindet. In diese Kugeln legen die Käfer ihre Eier, damit der Nachwuchs Raum und Nahrung hat. In Ägypten war der Heilige Pillendreher hochverehrt. Ihm wurde die Fähigkeit zugesprochen, durch das Weglaufen vom Wasser das lang ersehnte Nilhochwasser anzukündigen. Nachbildungen dieses Käfers werden »Skarabäen« genannt. Der Skarabäus verkörpert den Gott Cheper, der den Sonnenaufgang und die Morgensonne symbolisiert. In der Hieroglyphenschrift der Ägypter bedeutet »Skarabäus« »werden« und »entstehen«. Er steht für die aus sich selbst erzeugende Schöpferkraft, die aus der Finsternis das Licht gebiert.

Ein heiliges Glückswesen hat den Weg zu dir gefunden. Alles ist gut, das Leben trägt und führt dich, die Quelle selbst hat sich deiner angenommen.

Ein neues Licht, ein neuer Glanz fällt auf dein Leben – öffne dich deinen schöpferischen Kräften. Dieser Käfer zeigt sich jetzt in deinem Leben, um dich mit deiner Schöpferkraft zu verbinden, mit der du dich schnell aus misslichen Lagen befreien kannst. Er bringt die Kunde von einer glücklichen, fruchtbaren Phase. Für dich wird gesorgt, also greife nicht nach den Sternen, sondern verwerte das, was du direkt vor dir hast, weil es fruchtbarer ist, als du ahnst. Verwandle Mist in Gold, indem du dich mit der Quelle verbindest, die Situationen und Angelegenheiten, in denen du dich momentan befindest, im Lichte der Sonne ansiehst, sie abwägst und zulässt, dass du in dir selbst eine gute Lösung für alles findest. Achte auf Träume, Eingebungen, Visionen und Zeichen in dir und um dich herum. Du kannst jetzt alles zum Guten wenden, also lasse zu, dass aus dem Alten Neues entsteht. Richte dich in allem auf Glück, Wohlstand und die Versorgung aus.

VON SEINER LICHTVOLLEN SEITE BETRACHTET: Der Mistkäfer steht für Sieg, Gelingen, Ausdauer, Geduld, Ruhe, Kraft, Wohlstand, Wandlung, gute Arbeit, Segen, neues Glück und fruchtbare Phasen.

VON SEINER DUNKLEN SEITE BETRACHTET: Der Käfer steht für Schwere, dafür, den Blick nicht vom Boden zu erheben. Er repräsentiert Ängstlichkeit und lässt Wandlungen und Neuerungen nicht zu.

INSEKT | KÄFER

TOTENGRÄBER

Loslassen, Altes wandeln, sich erneuern

Der Totengräber *(Nicrophorus)* ist ein schwarz-orangefarbener Käfer, der sich von Fliegen- und Mückenlarven, vorwiegend jedoch von Aas ernährt. Totengräber werden vom Aasgeruch kleiner Tierleichen angelockt und untergraben ihre Funde so, dass diese in die Erde einsinken und in einen zuvor gegrabenen Gang gezogen werden können. Totengräberlarven werden nach dem Schlüpfen zuerst von der Mutter gefüttert und fressen sich dann in das gelagerte Aas hinein. Danach verpuppen sie sich und bauen eine »Puppenwiege«, die durch die Rotation um die eigene Achse entsteht. Als Puppe überwintern sie auch und schlüpfen im darauf folgenden Jahr. Etwas Altes muss also sterben, damit etwas Neues geboren werden kann.

Totengräber kündigen an, dass eine Phase im Leben vorbei ist oder zu Ende gehen wird. Lasse los, ziehe dich in dein Innerstes zurück. Gib dir und dem Prozess Raum. Ohne dass du es merkst, beginnst du, dich zu verwandeln und von alten Dingen zu befreien. Dieser Prozess kann bis zu einem Jahr dauern. Du bist in der Lage, neue Wege zu gehen. Wenn deine Zeit kommt, wirst du dich in einem neuen Gewand dem Licht der Welt zeigen. Gib dir den Trost und die Geborgenheit, die Liebe und Fürsorge, die du jetzt brauchst, um mit dir selbst ins Reine zu kommen und das Alte zu beenden. Sei gut zu dir, pflege deine Talente und Fähigkeiten. Was zu dir gehört, wird bei dir bleiben, was nicht mehr zu deinem Weg gehört, wird verschwinden. Im negativen Sinne kann der Totengräber dich jedoch auch darauf aufmerksam machen, dass du ausgebeutet und »untergraben« wirst, dass jemand dein Wissen und deine Talente benutzt, um sich selbst groß darzustellen, ohne dir dafür zu danken. Wo ist ein Ungleichgewicht in deinem Leben? Sind Geben und Nehmen in der Balance? Wer ist dir nicht wohlgesinnt? Sei vorsichtig, erkenne die Zeichen, achte auf deine Umgebung, und löse die Bande, die dir nicht guttun.

VON SEINER LICHTVOLLEN SEITE BETRACHTET: Der Totengräber steht für Wandlung: Aus altem Mist entsteht der Dünger für morgen. Der Käfer repräsentiert die Erneuerung des Seins, Altes wird losgelassen und Neues angenommen.

VON SEINER DUNKLEN SEITE BETRACHTET: Das Insekt erhält alte Bilder aufrecht und kann langwierige Angelegenheiten nicht abschließen. Es steht dafür, andere zu beschuldigen, ohne den eigenen Anteil zu erkennen, für Groll, dafür, hintergangen zu werden sowie für ungelöste Verbindungen, die im Verborgenen immer noch wirken und Einfluss auf die Gegenwart nehmen.

INSEKT
KAKERLAKE

Reinigung, Überleben

Kakerlaken oder Schaben *(Blattodea)* gelten als überaus erfolgreiche Insekten, denn sie existieren schon seit über 300 Millionen Jahren. Es gibt über 3 500 Schabenarten, die fast jeden Winkel dieser Erde bevölkern, weil sie sich allen Umweltbedingungen anpassen können. Sie sind lichtscheu, häuten sich und kommunizieren untereinander durch Fühlen. Sie halten sich vorwiegend in dunklen, feuchten Ecken auf und fressen organisches Material aller Art. Sie sind die »Recycler« unter den Insekten, unser Abfall ist ihr Festschmaus. Die Kakerlake schenkt dir ihre uralten Fähigkeiten, sich zu schützen, zu tarnen, die schwierigsten Zeiten zu überleben, sich überall zu Hause zu fühlen. Es ist Zeit, innezuhalten, nach Hause zu kommen. Altes gärt in versteckten Ecken vor sich hin. Zeigt sich die Kakerlake in deinem Leben, dann solltest du in deine unteren Kämmerchen und geheimen Winkel Licht hineinbringen und aufräumen. Als ein Wesen, das in der feuchten Dunkelheit lebt, mit Vorliebe auch in Kellern und Zwischenräumen aller Art, bringt es dich in Kontakt mit dem Unbewussten, mit alten emotionalen Belastungen, zerbrochenen Bindungen und mangelndem Selbstvertrauen. Halte inne, schaue in die geheimen Winkel und Ecken, und beginne auszumisten. Entrümple sowohl deine Wohnung, deinen Keller als auch deine Seele. Löse dich von kaputten Gegenständen und beispielsweise Nachrichten, die dich verletzt haben, Erinnerungen, die unangenehme Gefühle erzeugen, und all den anderen »dämonischen Altären« in den versteckten Winkeln deiner Wohnung. Laufe nicht länger weg vor den unerledigten, unangenehmen Dingen in deinem Leben, sondern bringe Licht in die Angelegenheit, und bereinige, was zu bereinigen ist. Reinigen, Ausmisten und Putzen kann in manchen Phasen des Lebens notwendig sein. Wenn eine Lücke entsteht, kann auch etwas Neues kommen.

VON IHRER LICHTVOLLEN SEITE BETRACHTET: Die Kakerlake zeigt dir die Ecken, die emotional bereinigt werden sollen. Sie steht für Aufräumen, Ausmisten, neues Ausrichten, dafür, Altes loszulassen, damit Neues kommen kann.

VON IHRER DUNKLEN SEITE BETRACHTET: Das Insekt steht für emotionale Gebundenheit, Seelenverlust, Ängstlichkeit, Ahnenthemen, alte Erinnerungen, zerbrochene Liebe, alten Schmerz, Trauer, Unreinheit und Löcher im Energiefeld.

INSEKT

LAUS

Angst, Scham, Abhängigkeit und Sucht

»Laus« ist ein Sammelbegriff für bestimmte kleine Parasiten, die sich von Blut, Pflanzensäften oder anderen organischen Substanzen wie Federn, Haaren oder Schimmelpilzen ernähren. Es gibt viele unterschiedliche Arten dieser Insekten, so zum Beispiel Tierläuse (Kopfläuse, Kleiderläuse, Filzläuse), Staubläuse und Blattläuse. Läuse sind winzige flügellose Insekten. Mit ihren Beinen können sie sich gut festklammern und sich problemlos auch auf Haaren fortbewegen. Meist sind sie nur sehr schwer zu entdecken. Sie sind widerstandsfähig und können mehrere Tage ohne Nahrung auskommen. Der Befall erfolgt durch den direkten Kontakt mit einem bereits betroffenen Tier oder Menschen. Läuse lösen Juckreiz aus und können, je nach Region, in der sie vorkommen, schwere Krankheiten übertragen.

Erscheinen Läuse in deinem Leben, so ist es Zeit, dich aus Gruppen und zu engen Verbindungen zurückzuziehen, dich zu reinigen und dich ganz um deine Angelegenheiten zu kümmern. Du hast dich zu sehr von anderen beeinflussen lassen und Verhaltensweisen und Meinungen übernommen, die nicht der eigenen Seele und der eigenen Wahrheit entsprechen. Du bist so aus deinem inneren Gleichgewicht geraten. Läuse erscheinen in deinem Leben, wenn du dich an Orten mit vielen Menschen aufhältst, ohne auf gesunde Grenzen zu achten. Der Wert der anderen zählt mehr als dein Eigenwert, kollektive Kräfte können dich erfassen und dich zwingen, Dinge mitzumachen, die zu tun du normalerweise vermeiden würdest. Deine Haut juckt, du bist gefangen im eigenen geistigen Feuer, und es wird Zeit, dich zu reinigen, wieder ganz zu dir zu kommen, Ruhe und Frieden zu finden und dem Weg der eigenen Seele zu folgen. Vielleicht gibt es eine versteckte Scham, du fühlst dich nicht ganz sauber, lehnst dich oder deinen Körper ab. Du tust viel, um anderen zu gefallen, insgeheim jedoch hast du Angst, abgelehnt zu werden oder Dinge, die dich belasten, verheimlichen zu müssen. Stehe zu dir selbst. Befreie dich von all den aufgesetzten, dich plagenden Gedanken und Gefühlen. Es wird Zeit, dass du wieder du selbst wirst. Du bist ein wundervoller, einzigartiger und wertvoller Mensch. Die Menschen, die dich schätzen, werden an deiner Seite bleiben. Stehe zu dem, was du denkst und fühlst, löse dich aus Abhängigkeiten, und entdecke die Schönheit, die du bisher nur in anderen gesehen hast, nun in dir.

Weitere Informationen

Läuse stehen in manchen Geschichten für Luzifer, der sich in seinem eigenen Licht verzehrt, statt sein Licht in die Welt strahlen zu lassen. Man hat sich abgewandt von der göttlichen Kraft, die alles durchstrahlt und durchdringt, und fühlt sich getrennt. Es wird Zeit, alle Gefühle von Scham, Schuld und Minderwertigkeit abzulegen und das Licht zu entfesseln.

VON IHRER LICHTVOLLEN SEITE BETRACHTET: Die Laus zeigt dir, wo dein Fell juckt, und sie weist dich darauf hin, dass du gesunde Grenzen, eine eigene Meinung, eine eigene Anbindung, eigene Gedanken und neue Wege finden musst. Sie steht dafür, sich mehr um sich selbst zu kümmern und das, was für einen wichtig ist, mehr zu beachten.

VON IHRER DUNKLEN SEITE BETRACHTET: Das Insekt steht für Mittäterschaft, Kollektivfelder, dafür, nicht auf sich zu achten, zu viel im Außen zu sein. Das, was einem wichtig ist, hat keinen Platz im Leben, weil andere das Leben bestimmen. Die Laus steht für Sorgen, Existenzkämpfe, Minderwertigkeitsgefühle, Schamgefühle, Komplexe, Frust und dafür, im eigenen Feuer gefangen zu sein.

INSEKT

LIBELLE

Zauberkraft, Träume, Heilung durch Klang, Wasser und Gesang

Libellen *(Odonata)* sind auf allen Kontinenten anzutreffen. Sie sind mit ihren zwei Flügelpaaren Flugkünstler der Meisterklasse – manche der 4 700 bekannten Arten können sogar rückwärts fliegen oder bis zu 50 km/h schnell werden. Libellenflügel glitzern außergewöhnlich schön in den Farben des Regenbogens, und auch der Körper dieser Insekten kann die leuchtendsten Farben haben. Libellen halten sich mit Vorliebe in der Nähe von Gewässern aller Art auf, beispielsweise an Quellen, Teichen, Tümpeln, Seen und Wasserfällen und in Sumpfgebieten. Libellen stehen mit dem Elfen- und Feenvolk in Verbindung und sind Ix Chel geweiht, der Maya-Göttin der Heilkunst, die von diesen Insekten gesund gepflegt worden sein soll. Libellen erzeugen mit dem Schwirren ihrer Flügel eine heilende Schwingung. Leidende Menschen rufen Ix Chel an, um heilende Träume zu empfangen.

Der Zauber der Natur umgibt dich, Träume weben in den Zwischenräumen, und eine Botin des uralten Wissens berührt dein Herz. Ein zarter, alter, weiser Ruf hallt in deiner Seele. Achte verstärkt auf deine Träume, deine Eingebungen und deine Intuition. Folge Schritt für Schritt dem Tanz deiner Seele. Die uralte Kraft ist dabei, sich in dir zu entfalten. Gib ihr Raum, gib ihr Zeit, gib dich ihr hin. Lasse dich ins »Andersreich« führen. Fliegt die Libelle in dein Leben, so verbindet sie dich mit dem Zauber, der alles durchwebt. Betrachte ihre ungewöhnlich schimmernden Farben, den Glanz des Regenbogens im Sonnenlicht. Zeitlos, wohl aus fernen, uralten Zeiten, wohl auch aus der Zukunft kommend, berührt dich etwas seltsam Vertrautes. Erinnere dich an die vergessene Welt der Magie und des Zaubers. Höre den Ruf deiner Seele, und öffne dich dem Inneren Kind. Lasse die göttliche Heilenergie durch dich hindurchfließen, die du für deine Heilung und die anderer nutzen kannst. Werde still, und lasse zu, dass dich die Libelle auf ihrem Rücken in die Welt hinter den Nebeln führt. Die Quelle des Lebens liegt in dir, und Träume und Visionen entspringen ihr. Das Gold deiner Seele möchte entdeckt werden. Folge der zarten Macht, die jetzt an deine Herzenstüre klopft. Beachte deine Träume, folge dem Herzschlag oder dem Ruf deiner Trommel, und wende dich an deine geistige, liebende Führung. Lausche auf die feinen Töne, und richte dich im Inneren neu aus.

VON IHRER LICHTVOLLEN SEITE BETRACHTET: Die Libelle hat Kontakt zu den Feen- und Elfenreichen, Zugang zu den alten Quellen der Weisheit und zu den weiblichen Mysterien. Sie hat Anbindung an die Quelle und steht für altes inneres Wissen, Zauber, Träume, Visionen und Heilung.

VON IHRER DUNKLEN SEITE BETRACHTET: Die Libelle scheint mehr in den Träumen zu schweben als in der Realität zu leben. Sie steht für Ängstlichkeit, dafür, Dinge nicht vermitteln oder umsetzten zu können, für Unruhe, Ungeduld und fehlende Ausdauer. Dinge werden nicht zu Ende gebracht, und dadurch bleibt der Erfolg versagt.

INSEKT
MOTTE
Verstorbene Seelen, Gebundenheit, Zwischenebenen

Es gibt viele verschiedene, in zahlreichen Gebieten der Welt verbreitete Unterarten von Motten *(Tineidae)*, so zum Beispiel die Dörrobstmotte, die Mehlmotte, die Kleidermotte, die Samenmotte, die Speichermotte oder die Getreidemotte. Motten gehören zu den Kleinschmetterlingen und durchlaufen somit die gleichen Entwicklungsstadien, die wir von bunten Schmetterlingen kennen. Die meisten Motten sind recht unscheinbar, ihre Flügel sind meist in Braun- und Grautönen gefärbt. Je nach Art befallen sie unterschiedliche Materialien, beispielsweise Lebensmittel und Kleider. Sie legen ihre Eier in Lebensmittel und Stoffe, und die Larven, die bis zu zwei Wochen in diesem Stadium leben, ernähren sich von Kleidungsstoffen, vorzugsweise Wolle, von Lebensmitteln oder anderer arttypischer Nahrung. Die Larven der Kleidermotten hinterlassen Löcher in befallenen Kleidern, die der Lebensmittelmotten durch ihre permanente Spinntätigkeit Fäden und Verklumpungen und machen damit die Nahrungsmittel unbrauchbar.

Motten stehen für das sich immer mehr in die Materie verstrickende Leben, für Gebundenheit und Verdunkelung auf der Erde. Sie stehen für das Streben nach Licht, weil sie von diesem angezogen werden und es umschwirren. Da die Motte tagsüber meist schläft und normalerweise nachts aus ihrem Unterschlupf hervorkommt, steht sie für das unbewusste Handeln. Kleidermotten durchlöchern Kleidung, was für ein zerschlissenes Seelenkleid stehen kann, Mehlmotten streben nach dem weißen Material im Getreide, das bei ihrer Ankunft den ursprünglichen Zustand aber längst hinter sich gelassen hat. Motten stehen somit für das Festhalten an Vergangenem. In der Bibel steht die Motte für die Hinfälligkeit der irdischen Schätze. Die Motte an sich steht auch oft in Verbindung mit verstorbenen Menschen, die noch nicht verstanden haben, dass sie tot sind, weil der Tod plötzlich kam oder sie ihr Leben hier auf der Erde nicht loslassen können und deshalb in der Zwischenebene festhängen, wo sie das Licht nicht finden können. Zeigt sich dir die Motte, so wird es Zeit, innezuhalten und in den Schattenspiegel hineinzuschauen. Was hängt hier noch, was hast du nicht losgelassen, was hält dich fest, und was hältst du fest, sodass du im Leben nicht weiterkommst? Zorn, Wut und das Erwarten von Wiedergutmachungen können dich binden. Schaue dir an, was dich hält. Schaue in die Zwischenebenen, ob vielleicht Seelen versuchen, das Licht zu erreichen, es aber nicht können. In der Lektion, die die Motte dir erteilt, geht es um Wandlung, Lösung, Vergebung, Verzeihung und Demut vor dem Leben. In einer alten Geschichte sah ein Junge in einer kleinen Kristallkugel eine Motte um ein strahlendes Licht fliegen. Er dachte, es sei ein Adler, der um die Sonne kreist und ihm in seinen Träumen zuruft. Er machte sich auf, diesen Adler zu suchen. Auf dem Weg hatte er viele Hindernisse zu überwinden und Prüfungen zu bestehen, doch das Bild des Adlers vor der Sonne gab ihm Kraft. Er erreichte sein Ziel durch Demut, Lauschen auf die innere Stimme, das Bitten um Hilfe, das Lösen der Aufgaben, die auf seinem Weg lagen, und schließlich dadurch, dass er dem Adler ein Stück von seinem Fleisch opferte. Der Junge fand sein Ziel in der Sonnenstadt, im ewigen Leben, und auf dem Weg dorthin sogar noch seine Liebste. Als er am Ziel war, verschwand die Kugel mit dem Bild der Motte, die um das Licht kreiste. Im Gewand des Jungen blieb jedoch ein seltsames kleines Loch zurück. Dieses Loch war es, durch das der Spirit getanzt war. Wer reinen Herzens ist, hört den Ruf des großen Geistes in allen Dingen und hört auch im kleinen Dunklen den großen Ruf. Umgekehrt steht die Motte auch für unerlöste Muster, unerlöste Gefühle wie Wut und Zorn und auch für »Blindheit«.

VON IHRER LICHTVOLLEN SEITE BETRACHTET: Die Motte strebt nach Licht und Erkenntnis, sie gibt nicht auf, sondern macht sich bemerkbar. Sie steht für Wandlung, Erkenntnis, Vergebung und Erlösung.

VON IHRER DUNKLEN SEITE BETRACHTET: Das Insekt steht für sinnloses Bemühen, dafür, nicht gesehen und nicht erkannt zu werden, für das Gefühl, keine Hilfe zu erhalten. Es repräsentiert ungeliebte Seelenaspekte, die nach Erlösung rufen. Die Motte steht für Minderwertigkeitskomplexe, Wut und Zorn sowie Dinge, die man verdrängt.

INSEKT
STECHMÜCKE

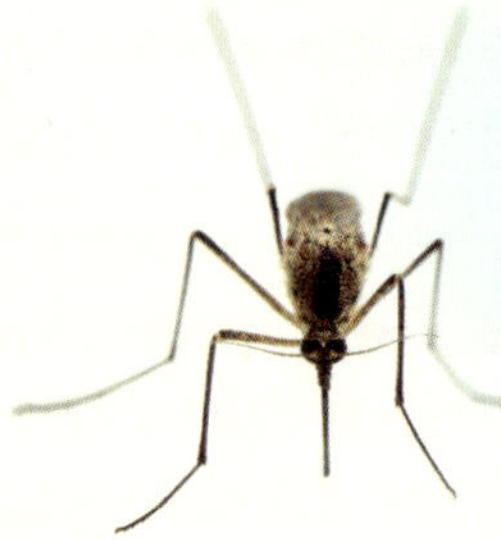

Energievampirismus, seelisches Ungleichgewicht, alte Ängste und Sorgen

Stechmücken *(Culicidae)*, wie wir sie kennen, gibt es seit ungefähr 80 Millionen Jahren. Es lassen sich etwa 2 500 Arten unterscheiden. Meist stechen die Weibchen der jeweiligen Art, weil sie das Blut von Tieren oder Menschen für die Produktion der Eier benötigen. Mit ihrem Stechrüssel stechen sie durch die Haut und sondern, bevor sie sich mit Blut vollsaugen, ein Sekret ab, das den Blutfluss an der Einstichstelle verstärkt. Auf diese Weise können sie gefährliche Krankheiten übertragen. Sie werden von der Körperwärme und den Ausdünstungen, hauptsächlich dem Schweißgeruch der menschlichen Haut, angelockt. Weil sich ihre Larven im Wasser entwickeln, treten Stechmücken besonders an stehenden Gewässern, auch Gartenteichen und unabgedeckten Wasservorräten sowie in feuchten und sumpfigen Gebieten aller Art auf. Diese Insekten sind dämmerungs- und nachtaktiv. Sie dienen vielen Tieren als Nahrung.

Summt die Mücke in dein Leben, so ist dies ein Zeichen dafür, dass du dich mit deinen gefühlsbetonten Gedankentätigkeiten beschäftigen solltest. Stechmücken stehen für eine emotional geladene Atmosphäre, für Gedanken der Wut, der Rache, der Missgunst, der Schadenfreude und der Angst, die aus alten seelischen Verletzungen und Situationen, die nicht verziehen werden, entstehen. Mücken weisen auf Energievampirismus hin. Die Seele ist aus dem Gleichgewicht geraten, sie produziert Stoffe, die Mücken anzieht. Es gibt immer wieder Zeiten, in denen dich diese emotionsgeladenen

Gedanken verstärkt plagen. Alte Angelegenheiten, die nicht geklärt werden konnten, kreisen in deinem Energiefeld, und innere, dunkle Geheimnisse peinigen die Seele. Diese Gedanken richten sich letztlich gegen dich, sie können dich schwächen, krank machen und dich daran hindern, nach vorn zu schauen und dein Leben glücklich zu gestalten. Es ist an der Zeit, verstärkt auf deine Gedankentätigkeiten und auf deine emotionale Verfassung zu achten. Übe dich darin, immer wieder in das Hier und Heute zu kommen und dich auf positive Gefühle auszurichten. Die Mücke kann auch ein Hinweis darauf sein, dass jemand von deinem Lebenselixier lebt oder dass deine Lebensenergie einfach wegfließt. Achte deshalb auf dein Umfeld, und umgib dich mit Menschen, die dir guttun und dich fördern, und nicht mit solchen, die dich schwächen. So kannst du deine Energie neu ausrichten. Du bist der Schöpfer und Träger deiner Gedanken und Gefühle. Schaue, was jetzt und hier ist, denn darin liegt deine Chance. Finde den richtigen Abstand und gesunde Grenzen, und richte dich bewusst und verstärkt auf die Schönheit im Leben, auf Wahrhaftigkeit und Entspannung aus. Schaue, was dir wohltut und was Balsam für deine Seele ist. Stärke dein Schutz- und Abwehrsystem beispielsweise mit ätherischen Ölen. Lerne, dich zu beschützen und für dich da zu sein. Vergib dir selbst.

Weitere Informationen

Im Aberglauben erscheinen Hexen und Zauberer als Mücken. Dämonen und böse Geister dringen bisweilen in der Gestalt einer Mücke in den Körper ein, um die Kraft der Seele zu schwächen oder sie zu holen, wenn sie an die dunklen Kräfte verkauft wurde. Des Weiteren gilt die Mücke als Orakeltier. Wenn Mücken aufgeregt sind, so wird es regnen, tanzende Mücken hingegen bringen Sonnenschein. Fliegen die Mücken nach Westen, so war dies einst ein Zeichen für einen bevorstehenden Krieg.

VON IHRER LICHTVOLLEN SEITE BETRACHTET: Die Stechmücke macht dich auf deine niedrig schwingenden Emotionen aufmerksam.

VON IHRER DUNKLEN SEITE BETRACHTET: Das Insekt steht für Stress, Wut, Ärger, unterdrückten Zorn, Abwehr, krank machende Emotionen, ungesunde Grenzen, Unruhe, Ahnenthemen, Familiengeheimnisse sowie für Trauer und Todessehnsucht. Es lässt zu viel zu, nimmt zu viel in sich auf, will nicht hier sein und nimmt das Leben nicht an.

INSEKT

WESPE

Aggression, Wut, Grenzüberschreitung, Ungleichgewicht

Es gibt verschiedene Wespenarten *(Vespidae)*. Wespen sind im Allgemeinen lang gestreckt, fast linienförmig und schwarz-gelb »gestreift«, doch anhand ihrer Hinterleibszeichnung lassen sich die verschiedenen Arten unterscheiden. Wespen ernähren sich eigentlich von den verschiedensten organischen Stoffen, sie sind also Allesfresser, fressen pflanzliches und tierisches Material. Dies reicht von Nektar über zuckerhaltige Säfte bis hin zu unseren Nahrungsmitteln, darunter auch Fleisch oder Fett. Sie werden von den Gerüchen der Nahrungsmittel angelockt und lassen sich nur schwer wieder vertreiben. Ihre Brutnester bauen diese Insekten aus klein geraspelten Holzstückchen, also Cellulose. Im Nest befinden sich unter einer kugelförmigen Hülle wabenförmig angeordnete Zellen. Wespennester werden oft unterirdisch oder an dunklen, geschützten Orten gebaut, etwa in Hohlräumen aller Art oder auch unter Hausdächern und gern auf Dachböden. Wespen gründen Staaten mit einer Königin und bis zu 7 000 Arbeiterinnen. Die Arbeitsaufteilung in einem Wespenstaat ist gut organisiert. Die Männchen, »Drohnen« genannt, sterben meist nach erfolgreicher Begattung, und bei Kälteeinbruch sterben auch alle anderen Wespen bis auf eine Jungkönigin, die in einer Winterstarre überlebt und im Frühjahr einen neuen Wespenstaat gründet. Wespen können beliebig oft zustechen. Sie sind meist unbeliebt, weil sie als hartnäckig und unberechenbar eingeschätzt werden und aggressiv gegen diejenigen vorgehen, die nach ihnen schlagen, sich ihrem Nest nähern oder versuchen, ihnen die gefundene Futterquelle zu entziehen.

Erscheinen Wespen vermehrt in deinem Leben, wirst du von ihnen verfolgt, so hast du dir Feinde gemacht. Du hast dich viel zu sehr nach dem Außen ausgerichtet und damit das Unglück auf dich gezogen. Vielleicht hast du zu viel geprahlt mit deinen Errungenschaften oder deinen Besitztümern. Vielleicht hast du andere schlechtgemacht, um in einem besseren Licht dazustehen. Vielleicht hast du auch ungefragt ein Original kopiert oder eine Idee geklaut. Vielleicht bist du zu fixiert auf die materielle Ebene und auf das »Haben-Wollen«, vielleicht schaust du mehr auf den Mangel als auf die eigentliche Fülle in deinem Leben. Möglicherweise vergleichst du dich zu sehr mit anderen, statt mit dem zufrieden zu sein, was du bist und was du hast. Eventuell hast du dich aber auch in einen Streit verstrickt. Wespen können für schwarzmagische Angriffe stehen. Jemand oder etwas schadet dir, darum wende dich nach innen, und schaue nach dem Resonanzfeld in dir. Oft projizieren wir unsere Schattenaspekte nach außen, statt sie in uns zu betrachten und aufzulösen. Erkenne dies, verändere es, löse Bindungen, die dir schaden, in Frieden, und vermeide es, durch Prahlerei Neid zu erzeugen. Wo empfindest du Wut? Was macht dich ungehalten und aggressiv? An wen erinnert dich ungehaltenes und aggressives Verhalten noch? Reagierst du allergisch auf dieses Verhalten? Wie siehst du dich selbst? Bist du mit dir und deinem Leben in Frieden? Gehe auf geistiger Ebene mit der betreffenden Person oder der Emotion in Kontakt, und heile die Verbindung durch Lösung, Vergebung und Anerkennung. Die Wespe schadet niemandem, der sich ruhig und achtsam verhält. Sie reagiert aber auf nervöses Fuchteln aufgrund alter Ängste und greift an, wenn sie sich in die Enge getrieben sieht. Du hast alles in der Hand – wenn du dich nach innen wendest und deinen inneren Magneten auf den Frieden ausrichtest. Gib dich nicht unkontrollierten Emotionen hin, handle zielgerichtet und gelassen aus deiner Mitte heraus. Achte auf gesunde Grenzen in deinem Leben. Statt Angriff und Kampf sind Rückzug, Innenschau und Abwarten angesagt.

Weitere Informationen

Die Wespe gilt vielerorts als Teufelsgeschöpf. Während Gott die Biene erschuf, soll der Teufel versucht haben, es ihm gleichzutun. Er brachte jedoch nur die Wespe zustande. Der Wespendämon gilt als überaus gefährlich. Er bildet sich aus Neid und Gier, aus Wut, die entsteht, wenn man sich immer mit anderen vergleicht und versucht, es jemandem gleichzutun, statt sein eigenes Leben zu leben. Hexen und Zauberer sollen einst einen Schadenzauber ausgesandt haben, indem sie Menschen, denen sie schaden wollten, die Wespe schickten. Die Wespe steht für krankhafte Verbindungen, Wut und Zorn, den jemand anderes auf einen hat.

VON IHRER LICHTVOLLEN SEITE BETRACHTET: Wenn wir im Frieden sind und ruhig bleiben, haben wir nichts zu befürchten.

VON IHRER DUNKLEN SEITE BETRACHTET: Die Wespe steht für schwarzmagische Angriffe, Feinde, den bösen Blick, Neid, Begierde, Verstrickung und Grenzüberschreitungen. Es geht darum, zu viel haben und nichts geben zu wollen, zu prahlen, anzugeben, andere neidisch zu machen und sie so zu verärgern. Das, was wir aussenden, kehrt zu uns zurück. Welche Botschaft hast du ausgesandt?

KATZENARTEN

Ein stiller Meister im Katzengewand
schleicht sich in dein inneres Land.
Spiegelt dir das pralle Leben und singt
ein Lied von Nehmen und Geben.
Meisterin Katze, schau dir bei ihr an,
wie man sein Leben gestalten kann.
Entspannt und auf der Lauer,
mal lustig und mal schlauer,
schaut sie sich die Beute an,
die ihr das Leben vorbeibringen kann.
Trifft die Entscheidung von innen heraus,
springt auf und schnappt sich die fetteste Maus.
Das Leben lohnt sich, es macht viel Spaß,
mal in Ruhe und mal mit Vollgas.
Katzengeflüster, hör genau zu,
schenkt dir die nötige innere Ruh.

Lebensweise der Katze

Die Katze zählt zu den ältesten Begleitern der Menschen. Im 10. Jahrhundert verbreitete sie sich in Europa und Asien. Später wurde sie auf Schiffen nach Nordamerika, Australien und Neuseeland mitgenommen.

Die Katze hat sehr gut ausgebildete Sinne. Ihr Gehör ist hervorragend, und mit ihren frontal ausgerichteten Augen ist exaktes räumliches Sehen möglich. Auch in der Dunkelheit sieht die Katze sehr gut und nimmt auch langsame Bewegungen problemlos wahr. Ebenso hat sie einen guten Gleichgewichtssinn und ist auch in großen Höhen schwindelfrei. Sie kann aus größeren Höhen springen und unbeschadet den Boden erreichen. Ihr Schwanz dient ihr dabei als Steuerruder. Eine Katze hat über den ganzen Körper verteilt Tastrezeptoren, die ihr eine genaue Wahrnehmung ermöglichen. Sie spürt auch Bodenerschütterungen und andere Bewegungen, die sie mit ihren Augen nicht erfassen kann. Ihre Schnurrhaare sind Sensoren, mit denen sie ihr Futter, andere Artgenossen und Lebewesen wahrnimmt. Katzen erkennen sich gegenseitig am Körpergeruch. Die Kommunikation erfolgt zum Großteil über Gerüche, Körpersprache und Laute. Die Katze läuft auf ihren Zehen, sie kann gut schleichen, lauern, springen und überaus schnell laufen.

In der Ruheposition sind ihre scharfen Krallen in eine Hauttasche zurückgezogen, erst beim Klettern, im Verteidigungsfall und beim Schlagen von Beute werden sie ausgefahren. Katzen können Einzelgänger sein, aber auch mit anderen Tieren zusammenleben. Sie haben einen ausgeprägten Spieltrieb, schlafen aber auch sehr gern. Katzen wählen sich ihren Besitzer und verbinden sich mit ihrer Heimat. Hauskatzen erreichen ein Alter bis zu 20 Jahren, frei lebende Katzen werden in der Regel bis zu 6 Jahre alt.

Bei ihrer Geburt haben alle Katzen eine hellblaue Iris, die sich in den ersten drei Lebensmonaten verfärbt. Man sagt, dass Katzen besonders gut im Indigo-Farbbereich sehen und geistersichtig sind. Sie nehmen feinstoffliche wie auch astrale Wesenheiten wahr und sollen Wesen, die einen Raum betreten wollen, schon lange vor deren eigentlicher Ankunft spüren und dadurch unruhig werden. Deswegen waren Katzen früher als Wächter in Tempeln zugegen. Mit ihrem Energiefeld reinigen sie dunkle Felder in Räumen und halten so das Energiekleid ihres Besitzers sauber. Sie kommen zu uns, um die Würde, das Licht der Seele und die Kraft wiederherzustellen. Sie sind Meister und Lehrer mit den unterschiedlichsten Aufgaben.

Die Katze und ihre Kraft in den Kulturen der Welt

Hier ein kurzer Einblick in die mythologische Geschichte der Katze:

KATZENGÖTTIN BASTET: Die ägyptische Katzengöttin Bastet steht für Liebe, Fruchtbarkeit, Schutz und Stärke. Sie wurde seit ca. 3050 v. Chr. hoch verehrt. Nach Überlieferungen ist sie die Tochter des Sonnengottes Re und die Mutter von Nefertem oder Anubis. Sie beschützt das Licht in der Dunkelheit. Ihre Attribute sind ein Papyrusstab als Zepter, eine Kette, eine Schachtel und ein junges Kätzchen. Bubastis war die Hauptkultstadt der Bastet, und dort befand sich auch ein riesiger Katzenfriedhof.

ALTE MUTTERKULTUREN, die Artemis, Diana und Freyia verehrten, stellten diese oft mit einer Katze dar, als Zeichen der Unabhängigkeit und Selbstständigkeit.

SHOSTI, die hinduistische Göttin der Geburt, reitet auf einer Katze.

MONDTIER: Die Katze gilt als Tier, das Sonne und Mond vereint. Wenn sie ihre Pupillen zu Schlitzen verengt und sie wieder vergrößert, erinnern sie an den Mond. Die Katze steht auch für Intuition, Wachstum und die unbewussten Kräfte.

TEMPELKATZEN IN BURMA: Hier behüten die Tempelkatzen alte Tempelschriften vor Ratten und Mäusen.

DER KATZENTEMPEL IN DER ANLAGE DES TEMPELS GO-TO-KU-JI IN TOKIO wurde zu Ehren Maneki Nekos, der winkenden Glückskatze, erbaut. Wenn sie winkt, verspricht sie Glück, Ehre und Reichtum.

IN CHINA UND THAILAND wurden Katzen als Gottheiten verehrt. Sie galten als Symbol für Glück und ein langes Leben.

HEXENTIER IN EUROPA: In alten Mutterkulturen galt die Frau als unabhängiges, lust- und freudvolles Wesen mit vielen Qualitäten und Fähigkeiten, und sie war dem Mann gleichgestellt. Als Zeichen der weiblichen Kraft und Unabhängigkeit hatte die Katze im Mittelalter keinen guten Ruf. Ebenso wie die Frauen im Mittelalter behandelt wurden (Hexenhammer, Hexenverfolgung, Hexenverbrennung), wurden auch die Tiere der Mutterkultur verteufelt und verbannt. Nicht selten erfuhren die Katzen das gleiche Schicksal wie die Frauen. Die Katze galt als Orakeltier der Hexen und Magier, und diese konnten angeblich in der Gestalt einer schwarzen Katze das Schicksal der Menschen beeinflussen. Man glaubte, in Katzen wohnten dämonische Kräfte, und deshalb wurden sie misshandelt. In Frankreich war es beispielsweise Brauch, eine Katze im Kirchenfundament zu begraben, um die bösen Mächte zu bannen. Katzen waren also einst eher zwielichtige und unheimliche Wesen, weil man ihre Kräfte nicht einschätzen und unter Kontrolle bringen konnte.

Heilwirkung der Katze

Katzen spüren genau, wo etwas aus dem Gleichgewicht geraten ist und »übernehmen« nicht selten Krankheiten und Aufgaben, die der Mensch allein nicht bewältigen könnte. Dadurch stellen sie das natürliche Gleichgewicht wieder her. Die Katze soll sieben Leben haben, feinstoffliche Energien wahrnehmen und diese bereinigen und klären können. Auch sagt man, sie sei geistersichtig, sehe Menschen in ihrer astralen Gestalt, Verstorbene, Naturwesen, Engel, Dämonen und Eindringlinge, die sich nicht selten in der Gestalt von Mäusen, Käfern und Ratten zeigen. Die Katze war einst die Hüterin der oberen Welten, der Sonnenwelten. Sie hütet demnach das Licht und die Weisheit. Ihr Fell soll gegen fremde Einflüsse wirken, Rheuma und Gicht bekämpfen. Ihre Krallen und Zähne wurden früher dazu verwendet, das Energiefeld zu reinigen. Ihr Geist wurde angerufen zum Schutz, für Kindersegen und Segen an sich. Aus dem gefleckten Wildkatzenfell stellte man

Trommeln her, mit denen man die höheren Kräfte anrief. Katzenfelle in verschiedenen Musterungen galten als Seelenplan und Orakeldecken.

Berühmte Katzen in den Medien

Aus der Märchensammlung der Gebrüder Grimm kennen wir den »Gestiefelten Kater«. Bei »Alice im Wunderland« gibt es die Cheshire Cat mit ihrem breiten Grinsen. In Walt Disneys »Micky-Maus« gibt es Kater Karlo, und in den Filmen und Serien »Aristocats«, »Chip und Chap« und »Cats & Dogs« spielen Katzen ebenfalls eine große Rolle. Weiter kennen wir »Tom & Jerry«, »Garfield« und aus der Augsburger Puppenkiste den »Kater Mikesch«. Der Film »Catwoman« fungiert als Gegendarstellung zu »Superman«. Das berühmte Musical »Cats« stellt Katzen in den Mittelpunkt. Es gibt unzählige weitere Beispiele für die Rolle von Katzen in Filmen, Büchern und Theaterstücken.

Spirituelle Sichtweise

Aus spiritueller Sicht sind Katzen Sonnenwesen. Einige Menschen sagen, diese Tiere kämen von den Plejaden, andere wiederum meinen, sie kämen direkt aus der Zentralsonne. Katzen sind freie und unabhängige Wesen, und diese Qualitäten haben sie sich in all ihren Erscheinungsformen, die es auf der Erde gibt, bewahrt. Sie brauchen von den Menschen nichts mehr zu lernen – eher sind sie Lehrmeister der Menschen und wünschen, würdevoll behandelt zu werden. Katzen hatten einst die Aufgabe, die Energie reinzuhalten, die alten Mysterien zu hüten, die Menschen daran zu erinnern, wer sie sind, und die Würde und Freiheit eines jeden Menschen zu erhalten. Priester und Priesterinnen, Hüterinnen alten Wissens, Heiler und Heilerinnen hatten die Katze als Ratgeberin bei sich. Sie behütet, wacht, beschützt und übernimmt feinstofflich Aufgaben, damit die Menschen ihre Tätigkeit weiter gut ausüben können. Oft zieht sie auch schwarzmagische Angriffe von Menschen, die ihrem Besitzer nicht wohlgesinnt sind, auf sich und füllt die Löcher aus, die im Energiefeld durch Missbrauch der heiligen Energie entstanden sind. Sie reinigt die Räume und bekämpft Dämonen. Ihre

Zähigkeit, Geduld und Kraft dabei sind zutiefst bewundernswert. Sie hilft Verstorbenen, den Weg auf die andere Seite zu finden. Ihre Hauptaufgabe ist, uns Lebenden dabei zu helfen, unseren siebten Sinn zu entwickeln und uns wieder an die universelle Lebensenergie anzuschließen. Sie zeigt uns, dass wir hier sind, um Freude, Glück und Spaß zu haben, um die Schöpfung zu feiern und damit das Göttliche zu preisen.

Eine Katze kann uns auch mit ihren größeren und mächtigeren Brüdern und Schwestern und deren Qualitäten in Verbindung bringen, beispielsweise den Löwen, Tigern, Jaguaren, Leoparden, Panthern und Luchsen. Angenommen wir haben den Panther als Krafttier, dann kann es sein, dass eine schwarze Katze stellvertretend für ihn in unser Leben tritt, um uns an seine Kraft zu erinnern.

Bekannte Katzenarten

Zu den Hauskatzenartigen zählen beispielsweise die Schwarzfußkatze, die Rohrkatze, die Graukatze, die Sandkatze, die Wildkatze und die Falbkatze. Die Hauskatzenarten an sich sind unterteilt in allgemeine Hauskatzen und Rassekatzen. Bei den Rassekatzen wiederum unterscheidet man zwischen Kurz-, Mittel- und Langhaarkatzen. Sie wurden über Jahrzehnte durch Kreuzungen verschiedener Arten gezüchtet und schließlich offiziell als Rassekatzen anerkannt. Ich werde hier nur eine kleine Auswahl der gängigsten Hauskatzenarten aufführen, weil ansonsten der Rahmen des Buches gesprengt würde.

KATZE

SÄBELZAHN-KATZE

Erlösung, Befreiung, Täter-Opfer-Kreislauf

Die Urkraft des Weiblichen –
Opfer oder Schöpfer?
Die Urkraft der Schöpfung
durchströmt mich.

Die Säbelzahnkatze und ihre Geschichte

Die Säbelzahnkatze *(Machairodontinae)*, auch »Säbelzahntiger« genannt, ist eine ausgestorbene Linie der Katzen. Ihre 15 Millionen Jahre alten Überreste wurden auf allen Kontinenten dieser Erde mit Ausnahme der Antarktis und Australien gefunden. Das auffallendste Merkmal dieses Tiers waren wohl die gebogenen Eckzähne, die bis zu 28 cm lang werden konnten. Man vermutet, dass sie ihr Maul weit aufriss, um diese Zähne zum Erlegen ihrer Beute einzusetzen.

Säbelzahnkatzenmedizin

Erscheint die Säbelzahnkatze in deinem Leben, so wirst du an die Urkraft in allem erinnert. Oft fühlen wir uns schutzlos, nicht in der Lage, uns zu wehren und abzugrenzen und unser Leben selbst zu gestalten.

Jemand, der sich immer in die Opferhaltung begibt, macht andere Menschen in seiner Umgebung zwangsläufig zu Tätern, weil das Opfer in uns in seiner Haltung bestätigt werden will. Ewiges Gejammer kann mit energetischen Zähnen verglichen werden, mit deren Unterstützung anderen die Lebensenergie ausgesaugt werden kann. Ganz gleich, was wir tun, es hört nicht auf, und es ist nicht gut genug. Solche Zähne können aber auch dafür stehen, dass man versucht, etwas mit Gewalt zu lösen, und dabei andere maßlos verletzt.

Gib diese alten Haltungen, den ewigen Kampf zwischen Opfer und Täter, auf. Du trägst alles in dir, das Opfer, den Täter, den Retter, den Schöpfer, den Zerstörer und den Erschaffer. Übernimm die Verantwortung für dein Leben. Mit deinem ersten Atemzug hast du Ja zu diesem Leben gesagt.

Auch wenn manche Dinge nicht so gelaufen sind wie erhofft, wenn sie schmerzhaft waren, du sie aber eine Zeit lang in deinem Leben ertragen musstest, so ist es jetzt an der Zeit, dich neu zu orientieren und dich dem tiefen Frieden zu widmen. Erscheint die Säbelzahnkatze, so geht ein alter Zyklus zu Ende, und ein neuer Zyklus beginnt. Alte Muster im Kampf um das Überleben verabschieden sich jetzt von dir. Du hast in deine wahre Kraft gefunden und bist jetzt in der Lage, mit diesen Kräften schöpferisch zu spielen und sie zu deinem und zum Wohle anderer einzusetzen. Stelle dich auf einen Felsen, spüre die Urkraft des Lebens durch dich fließen, und brülle ein Ja für das Leben.

VON IHRER LICHTVOLLEN SEITE BETRACHTET: Die Säbelzahnkatze steht für Urkraft, die Kraft der Erde und für aktives Vorgehen, das Zeigen der eigenen Kraft und das Gebrauchen der eigenen Stimme, also für einen gesunden Selbstausdruck. Altes kann endgültig überwunden werden. Sie repräsentiert die innere Mitte, Balance, Heilung, Respekt und gesunde Grenzen. Dieses Tier steht zu sich, es symbolisiert Selbstvergebung, das Annehmen der eigenen Ausdruckskraft, das Annehmen der Wildheit und Natürlichkeit.

VON IHRER DUNKLEN SEITE BETRACHTET: Die Säbelzahnkatze steht auch für alte innere Wut, alte Kämpfe, Aggressionen, Vampirismus und massive Grenzüberschreitung. Sie repräsentiert Abhängigkeit, Nicht-loslassen-Können, das Festhalten an alten Bildern, Schuldgefühle und Scham sowie einen blockierten Selbstausdruck, Opferhaltung und Neid.

Weitere Informationen

THEMEN: Opfer, Täter, Herunterspielen von Taten, Schutz, Abwehr, Kraft zur Verteidigung, Anbindung an die Urkraft, neuer Zyklus, Erlösung, Befreiung, Erweiterung; karmische Verbindung mit alten Kulturen dieser Welt, Menschenopfer, Blutopfer, Opferungen, das Ausüben von schwarzer Magie, Rückkehr alten Wissens, Verstrickung, Erlösung alter Seelenthemen, Befreiung, Gnade, Einweihung; **LEHRE:** »Das Ende eines langen Ringens ist erreicht. Erkenne deine eigenen Anteile, komme in den Frieden. Es geht nun um Erweiterung, Freude, Selbstvergebung, Selbstbewusstsein und Kraft. Die Energie der Erde durchströmt dich, genieße die Lebensfreude und die Schöpferkraft. Erschaffe das Leben neu.« **AFFIRMATION:** »Ich bin frei, frei, ewig frei. Die Urkraft der Erde durchströmt mich. Es ist, was ist. Ich werde göttlich geführt.«

KATZE

FALBKATZE

Würde, Kraft, Göttin, Ahnin, freies Wesen

Urkatze, du hast die Kraft bewahrt,
sie erhalten und dich immer wieder erneuert.
Erinnere uns an unsere Freiheit
und die Kraft der Göttin,
das Leben selbst zu weben.

Die Falbkatze und ihre Geschichte in den Kulturen der Welt

Die afrikanische Wildkatze (*Felis silvestris lybica*), meist »Falbkatze« genannt, ist die Ahnin der Hauskatzen. Vermutlich wurde sie bereits vor 9500 v. Chr. domestiziert. Ihre Züge kann man in Darstellungen der ägyptischen Katzengöttin Bastet wiederfinden. Diese kann in allen Angelegenheiten des Lebens angerufen werden. Sie weiht in die großen Mysterien des Lebens ein. Die Falbkatze lebt heute noch in Afrika, auf Sizilien und Sardinien, in der Osttürkei und im Iran. Sie ist schlank, hochbeinig und etwas größer als eine Hauskatze. Ihr Fell ist beige oder sandfarben bis grau, geziert mit einem schwach sichtbaren Streifenmuster. Diese Katze ist ein nachtaktiver Einzelgänger und hält sich vorwiegend am Boden auf, sie kann aber auch gut klettern. Männchen und Weibchen kommen nur zur Paarungszeit zusammen. Ihr Revier steckt die Falbkatze mit Duftmarken und Kratzspuren ab. Sie ist ein vorzüglicher Anschleichjäger und ernährt sich von kleinen Nagetieren, Vögeln, Reptilien, Spinnen und Amphibien.

Falbkatzenmedizin

Erscheint die Falbkatze in deinem Leben, so erinnert sie dich daran, wer du wirklich bist: ein Kind von Sonne, Mond und Sternen. Sie erinnert dich an deine Lichtfamilie, deinen Ursprung, deine Urahnen und an deine Kraft, die in dir ist und auf ihr Erwachen wartet. Die Göttin der Liebe führt dich in die Unabhängigkeit. Verbinde dich mit deiner Natur, und erweitere deinen Blick. Höre auf deinen Herzschlag, und folge deinem Weg. Stecke deine Grenzen und dein Gebiet genau ab, und erlaube anderen nicht, dein Revier ungefragt zu betreten. Zeige Grenzen klar, deutlich und unmissverständlich auf. Du kannst dein Leben in Würde und in der eigenen Anbindung an die ewige Quelle leben und die Aufgaben erfüllen, die das Leben dir stellt. Gehe deinen Weg selbstbewusst und frei. Nimm dir Zeit, dich zu sonnen, dich zu pflegen, dich auszuruhen und deinen Träumen zu lauschen – diese führen dich. In der Dunkelheit weißt du, dass du das Licht in dir trägst und deinen Weg findest. Deine Wahrnehmung erweitert sich. Nimm Kontakt mit deiner Seelenfamilie auf. Nimm auch Kontakt mit der Göttin in dir auf, denn sie kennt den Weg und deine Bestimmung. Du hast eine weise alte Begleiterin, die Große Göttin wacht über dich.

VON IHRER LICHTVOLLEN SEITE BETRACHTET: Die Falbkatze steht für Unabhängigkeit, Wildheit, Schöpfer- und Gestaltungskraft. Sie kann ihr Leben selbst organisieren und ihre Kraft leben, sich wehren, Grenzen klar abstecken und Regeln aufstellen. Angeschlossen an das Sein ist sie im Hier und Jetzt.

VON IHRER DUNKLEN SEITE BETRACHTET: Diese Katze ist auch egozentrisch, aggressiv, wütend und legt Gleichgültigkeit an den Tag. Sie hat keinen Sinn für Familie, fühlt sich unverstanden und nicht angeschlossen, sie weiß nicht, wo sie hingehört.

Weitere Informationen

THEMEN: Mutterthemen, Ahnenthemen, Familiengeheimnisse, weibliche Ahnenlinie, Fruchtbarkeit, Zeugung, Segen, Verbindung zur Großen Göttin, weiblicher Weg, Einweihung, Rückverbindung, karmische Verbindungen nach Ägypten, Pyramiden, Mysterien, Einweihung, Hallen von Amenti, Isiskult, alte Weisheit, Sternenwissen, Astrologie; **LEHRE:** »Du hast Anschluss an die Lichtfamilie, bist verbunden mit dem Netz der Welt. Es geht um Lichtarbeit und den Weg in die eigene Unabhängigkeit. Du hast ein Recht auf dein Leben, der Segen ist mit dir.« **AFFIRMATION:** »Ich bin frei, frei, ewig frei. Ich folge meinem Weg und betrachte mein Leben aus einer höheren Perspektive. Danke für die wundervolle Führung. Ich segne die, die vor mir kamen und mir meinen Weg geebnet haben.«

KATZE
HAUSKATZE

Liebe, Trost, Heilung

Gleich und Gleich gesellt sich gern,
doch auch Gegensätze ziehn sich an –
mal schauen: Was ist heute dran?
Das Leben ist ein Abenteuer, lebe es!

Die Hauskatze und ihre Geschichte in den Kulturen der Welt

Unsere heutigen Hauskatzen stammen maßgeblich von drei Katzenarten ab: Waldkatze, Steppenkatze und Falbkatze, wobei Letztere als Hauptstammform gilt. Die Hauskatze wurde vor etwa 9 500 Jahren domestiziert und wird seither von Menschen als Haustier gehalten. Heute zählt sie zu den beliebtesten Haustieren. Katzen hatten und haben vereinzelt noch immer die Aufgabe, den Hof und das Heim von Mäusen und Ratten freizuhalten. Der Begriff »Hauskatze« umfasst alle Katzenarten, die im Kontakt mit den Menschen leben und als domestiziert gelten. Generell unterscheidet man die gemeine Hauskatze und die Rassekatze. Beide kommen in einer breiten Vielfalt an Größen, Fellfarben und Charaktereigenschaften vor.

Es gibt Hauskatzen mit Auslauf und Naturanbindung und solche, die ausschließlich in der Wohnung oder im Haus leben. Sie dienen der Unterhaltung der Menschen und halten mit ihrer Anwesenheit die Räume energetisch rein. Katzen mit Freigang binden sich an ihre Besitzer, wenn diese sie gut behandeln – ansonsten kommt es durchaus vor, dass sie sich einen neuen Besitzer aussuchen. Die Tiere jagen aus Spaß an der Freude und bringen ihren Lieben nicht selten als Geschenk ein selbst gefangenes totes Tier mit nach Hause. Wohnungskatzen hingegen sind in Sachen Nahrung von ihren Besitzern abhängig. Bei diesen Katzen sollte man auf eine gesunde und ausgewogene Ernährung achten. Es ist sehr wichtig, genügend Zeit mit ihnen zu verbringen.

Eine Hauskatze kann uns an unser eigentliches Krafttier erinnern. Es kam schon oft vor, dass sich auf einer schamanischen Reise ein Löwe, Jaguar, Tiger oder Panther als Krafttier gezeigt hatte und der Reisende hinterher feststellte, dass seine eigene Hauskatze eine Miniaturabbildung des Krafttieres war.

Hauskatzenmedizin

Jede Hauskatze ist eine eigene Persönlichkeit und hat ihre ganz eigenen Verhaltensweisen. Manche Hauskatzen sind wie Elfen, Feen oder Kobolde, sie bringen ihre Besitzer mit den lustigsten Aktionen zum Staunen und Lachen. Andere Katzen sind wie Engel; sie merken genau, wann ihr Herrchen oder Frauchen Trost und Liebe brauchen, und legen sich ihnen dann schnurrend auf den Schoß oder streichen ihnen um die Beine, um die dunklen Wolken im Energiefeld wegzuwischen. Wieder andere Katzen sind Diven; sie haben ihre Besitzer gut im Griff, und man bekommt den Eindruck, die Hierarchie sei auf den Kopf gestellt. Noch andere Katzen sind Meister und Lehrer, die einem so manche Lektion in Sachen Entspannung und Loslassen erteilen können. Es gibt aber Schamanen- und Heilerkatzen; diese tun nicht, was man sich eigentlich von ihnen wünscht, aber genau das, was im Augenblick notwendig ist, damit man bestimmte Erkenntnisse gewinnt. Zen-Meister-Katzen zeigen uns den Genuss des gegenwärtigen Augenblicks.

Schaue dir die Hauskatze, die zu dir gekommen ist, genau an. Sie kann eine ganz besondere Persönlichkeit haben, und nicht selten ist sie dir von der Geistigen Welt geschickt worden, damit du zu dir kommst, Trost und Frieden in deinem Seelenheim findest, Freude am Leben gewinnst und Heilung und Kraft bekommst. Katzen zeigen uns, wie wir spielen können. Das wahre Spielzeug sind unsere Fantasie, der Mut, die Leidenschaft, die Hingabe und die Improvisation. Ein leerer Karton kann ein Katzenherz höher schlagen lassen, ein Stück raschelndes Papier kann die gesamte Aufmerksamkeit und das ganze Interesse wecken. Wahren Spaß finden wir nur in uns selbst.

VON IHRER LICHTVOLLEN SEITE BETRACHTET: Die Hauskatze steht für neue Erkenntnisse und Bereiche, inneres Wissen, Freude, Heimkehr, Nähe, Selbstbestimmung, Entspannung, Trost, Liebe, Wärme, Anregung, Würde, Kraft und Intuition. Ebenso steht sie dafür, in die Gegenwart zu kommen, einen Freund zu haben, mehr auf sich und sein Heim zu achten, Frieden mit sich zu finden und sich mit Leben und Tod auseinanderzusetzen. Sie ist ein Mysterium und symbolisiert Reinlichkeit, Achtsamkeit sich selbst gegenüber, feinstoffliche Wahrnehmung und Selbstmeisterung. Sie kann für Freiheit stehen.

VON IHRER DUNKLEN SEITE BETRACHTET: Ihre tägliche Pflege ist zeitaufwendig, und sie kann unangenehm riechen. Die Hauskatze steht für Zeitplanung, Verwüstung, unberechenbare Geschehnisse, Bruchlandungen, Versuch und Irrtum, Selbstüberschätzung, Belastung, Einsamkeit, Unnachgiebigkeit, Gleichgültigkeit anderen gegenüber, ebenso für fehlendes Einfühlungsvermögen, Narzissmus und langweilige Routine. Sie kann für Anhängigkeit und Beschränkung im Äußeren stehen.

Weitere Informationen

THEMEN: Die Themen der Hauskatze können sehr unterschiedlich sein, deshalb hier nur einige davon: Unabhängigkeit, Gestaltung des eigenen Lebens, Verbindung, Heilung der weiblichen Seite des Lebens, Intuition, Sexualität, Spiritualität, Beschäftigung mit den Themen des Lebens, Meditation, Yoga, Massage, Eigenverantwortung, Ja zum Leben, Hier und Jetzt, Ankommen, Dasein, Trost, Heilung, Liebe, Kraft, karmische Verbindungen mit den alten Priesterschaften, Ägypten, Atlantis, Tibet, China, Japan, Asien, Isiskult, Pyramiden, alte Heilkunde, Sternenwissen, Sternenbruderschaften, altes Naturwissen, Naturgeister, Schamanen, Heilkunde; **LEHRE:** »Feiere das Leben, spiele, meistere dich selbst. Gleichwertige Freundschaft zwischen unterschiedlichen Lebensformen ist wichtig. Sieh Tiere als Brüder und Schwestern, erkenne die Einzigartigkeit. Lebe im Hier und Jetzt. Habe Freude am Leben.« **AFFIRMATION:** »Das Wesen meiner Katze offenbart sich mir jetzt. Ich lasse neue und ungewöhnliche Erfahrungen zu und bin dankbar für das, was das Leben mir bringt. Danke.«

KATZE

ABESSINIERKATZE

Geheimnis, Lebensrätsel, Einweihung

Öffne dein Herz, erinnere dich –
woher kommst du? Wer bist du? Wohin gehst du?
Lasse deinen Stern am Firmament leuchten.

Die Abessinierkatze und ihre Geschichte in den Kulturen der Welt

Die Abessinierkatze wird auch kurz »Abessinier« und im Englischen »Aby« oder, wegen ihrer hasenähnlichen Fellfarbe, »Bunny Cat« genannt. Sie gehört zu den ältesten gezüchteten Rassekatzen. Als solche wurde sie 1882 anerkannt. Ursprünglich soll die Rasse aus Südostasien stammen. Im Zuge der Kolonialisierung kam die Abessinierkatze wahrscheinlich mit den Engländern nach Abessinien und gelangte von dort aus nach Europa. Durch ihre Eleganz und ihre Anmut erinnert sie an die ägyptische Katzengöttin Bastet. Die Abessinierkatze wird wegen ihres Aussehens auch oft als Minipuma bezeichnet und kann uns auf den Puma als Krafttier aufmerksam machen.

Abessinierkatzen sind mittelgroße Katzen. Ein typisches Erkennungsmerkmal ist ihr kurzes Fell, das in verschiedenen Farbtönen variieren kann, von Cremefarben bis Dunkelbraun. Es kann getigert, gestromt, getupft oder aber frei von jeglichen Zeichnungen sein. In jedem Fall verläuft ein dunkler Farbstreifen, »Aalstrich« genannt, über den Rücken bis hin zur Schwanzspitze. Manche Abessinier haben auch eine M-förmige Fellzeichnung auf der Stirn oder eine Augenumrandung. Diese Katzen haben einen langen, schlanken Hals, im Verhältnis zum Kopf recht große und weit auseinanderstehende Ohren und mandelförmige Augen, die grün, nussbraun oder bernsteinfarben funkeln. Abessinierkatzen miauen selten, sie sind unkompliziert, lebhaft, intelligent, neugierig, ausgeglichen, selbstständig und gesellig. Allein halten sollte man sie nicht. Sie spielen gern mit Artgenossen und vertragen sich gut mit Hunden. Schnell übernehmen sie allerdings das Kommando im Heim. Abessinierkrankheiten können Augenprobleme, Blutarmut, Nierenerkrankungen und Stoffwechselstörungen sein.

Abessinierkatzenmedizin

Eine geheimnisvolle Botin aus fernen Welten und unbekannten Weiten hat ihren Weg zu dir gefunden. Sie ist vertraut und doch so fremd und weckt

Erinnerungen an alte, wohlvertraute Situationen. Ein tief verborgener Teil deiner Seele wird von ihr berührt. Aufgeweckt und neugierig schaut sie sich um und hilft dir, Neues in deinem Leben zu entdecken, dich für neue Wege, neue Länder, andere Dimensionen und das Leben selbst zu öffnen. Sie trägt besondere Zeichnungen und Muster auf ihrem Fell, die Botschaften aus fernen Reichen beinhalten können. Es gilt, ein Geheimnis zu lüften. Eine alte Weisheit wartet in dir auf ihr Erwachen. Vielleicht hast du im Laufe der Zeit vergessen, warum du da bist, was du hier machst und was du hier auf der Erde bewirken sollst. Die Abessinierkatze erinnert dich daran, dich mit deinem wahren Ursprung zu verbinden und herauszufinden, warum du da bist und was dein Auftrag ist. Das Wesen der Abessinier ist wach, offen und neugierig. Werde auch du neugierig auf die wahre Bedeutung deines Lebens. Eine Einweihung in dein Sein steht an, wenn die Abessinierkatze in dein Leben tritt. Erwecke deine Schöpferkraft, und nutze sie dazu, mit ihr dein Leben in Würde zu gestalten und es nicht sinnlos zu vergeuden. Wie die Abessinierkatze aus eigener Kraft die Dinge in ihrem Leben lenkt und in ihrem Bereich wie selbstverständlich den Chefsessel einnimmt, so ist es auch an dir, der Steuermann oder die Steuerfrau deines Lebens zu werden.

VON IHRER LICHTVOLLEN SEITE BETRACHTET: Die Abessinierkatze ist ursprünglich, aufgeweckt, gesellig, wachsam, ausgeglichen, intelligent, scharfsinnig, verbindend und edel. Sie hat Führungsqualitäten und großes inneres Wissen.

VON IHRER DUNKLEN SEITE BETRACHTET: Diese Katze schnüffelt herum, lebt vor sich hin, nutzt nur 5 Prozent ihrer Kraft, stumpft ab und vergisst, warum sie hier ist. Sie steht für Sinnlosigkeit, Langeweile, tödliche Routine und Krankheit.

Weitere Informationen

ZUORDNUNGEN: Erbkrankheiten, Ahnen, Ursprung, altes Wissen, Geheimnisse, Entzifferung geheimer Schriften, Reisen, fremde Länder, Verbindung zu alten Kulturen im asiatischen Raum, alte asiatische Weisheiten und Künste, Einweihung, Pyramiden, Verbindung mit den Sternen, Astrologie, Lehrerin, Lehrer, Weisheitslehren, Offenbarungen, Einweihungen; **LEHRE:** »Warum bist du hier? Was willst du hier erfahren? Ergründe den Sinn deines Lebens. Lerne dich noch mehr kennen.« **AFFIRMATION:** »Der Sinn meines Lebens offenbart sich mir jetzt.«

KATZE

ANGORAKATZE

Charme, Feinfühligkeit, zielgerichtetes Handeln

Eine aristokratische Palastkatze des Sultans wohnt in deinem Heim. Edel ist sie in ihrem Sein. Lebe dein Leben in Würde.

Die Angorakatze und ihre Geschichte in den Kulturen der Welt

Die Angorakatze zählt zu den langhaarigen Rassekatzen. Ihr Name kann sich einerseits auf ihr sehr weiches Fell beziehen, andererseits auf die türkische Stadt Angora, die 1938 in Ankara umbenannt wurde. Die Angorakatze ist in der Türkei seit dem 15. Jahrhundert bekannt. Sie war einst eine Palastkatze und wurde von den Sultanen an die europäischen Königshäuser verschenkt. Die Anerkennung als Rassekatze erfolgte erst 1980.

Die ursprüngliche Fellfarbe dieser Katzen war Weiß, heute variiert sie zwischen Weiß, Grau, Schwarz und hellem Gelb, und es gibt sowohl einfarbige als auch zweifarbige Tiere. Das Fell selbst ist halblang und sehr fein und seidig. Aus diesem Grund wurden die Gene der Angorakatze in neue Züchtungen mit eingebracht, beispielsweise die der Perserkatze. Angorakatzen haben zierliche Pfoten, schlanke Beine und einen muskulösen, mittelgroßen Körper. Diese Katzen lieben Geselligkeit und sind intelligent, freundlich und temperamentvoll. Als edle, charmante und anmutige »Dame des Hauses« bestimmt eine Angorakatze gern selbst, was wann getan wird. Sie ist eine der Hauptfiguren in dem Film »Aristocats«.

Angorakatzenmedizin

Eine Beraterin des Sultans zeigt sich dir. Anmutig und leicht stolziert sie mit dem »gewissen Etwas« in dein Leben. Sie weiß, was sie kann, und kennt ihre Reize, ihre Qualitäten und ihre Wirkung. Sie legt auf ein gepflegtes Äußeres Wert und verbringt viel Zeit damit, sich rein zu halten. Lege Wert auf ein gepflegtes, natürliches Erscheinungsbild, mit dem du dich wohlfühlst und das deine Vorzüge unterstreicht. Es hat Aussagekraft.

Die Angorakatze lehrt dich, dich selbst zu präsentieren, deine Qualitäten hervorzuheben und deine Anliegen vorzutragen. So findest du Anklang und kannst auf charmante Weise deine Ziele verfolgen, neue Kontakte knüpfen und deine Anliegen umsetzen. Sie zeigt dir, wie du Verbindungen zu anderen dazu nutzen kannst, weiterzukommen. Die Angorakatze liebt Geselligkeit und führt dich in die Kreise ein, die dich weiterbringen werden. Bei allem, was sie tut, verliert sie ihr Anliegen nicht aus den Augen und weiß, wann sie wie handeln muss, um ihre Ziele zu erreichen. Sie verleiht dir eine gute Intuition und eine ausgesprochen feine, reine und klare Wahrnehmung. Sie ist klug und intelligent und weiß, auf geschickte Weise die Fäden zu spinnen und sie in der Hand zu halten. Sie muntert dich auf, immer wieder innezuhalten, nachzufühlen und dich neu auszurichten, bevor du weitermachst. Verbinde dich mit den Engeln und Lichtwesen, reinige dein Energiekleid von Fremdeinflüssen. Auf diese Weise kannst du deine Intuition stärken und noch mehr Vertrauen in deine innere Führung gewinnen. Du kannst in deinem Leben auf spielerische Weise erreichen, was du dir wünschst. Mit der Angorakatze hast du eine kluge Beraterin an deiner Seite. Richte deine Aufmerksamkeit nicht so sehr auf das Haar in der Suppe, sondern mehr auf die Suppe, die du essen willst.

VON IHRER LICHTVOLLEN SEITE BETRACHTET: Die Angorakatze ist charmant, edel, rein und klar, gesellig, gutmütig, intelligent, klug und gern gesehen. Sie kümmert sich um sich selbst, ist wählerisch, hat feine Antennen, eine gute Wahrnehmung und Anschluss an höhere Welten, insbesondere die Welt der Engel und Meister. Sie steht für ein höheres Selbst und innere Führung. Die Angorakatze ist entspannt, weise, warm, weich und schmeichelnd.

VON IHRER DUNKLEN SEITE BETRACHTET: Diese Katze kann zickig, abweisend, hinterlistig, zweckorientiert, kleinlich und peinlich genau sein. Sie regt sich schnell über andere auf und kann sich Fehler nur schwer verzeihen.

Weitere Informationen

THEMEN: Erfolg, Umsetzung von Zielen, Wert und Eigenwert, stille Rache, alte Wut, Herstellung von Würde, Erfüllung von Bestimmungen, Finden des Seelenpartners; die Katze kann auf karmische Verbindungen, unerlöste Seelenteile und verborgene Fähigkeiten und Qualitäten im Zusammenhang mit dem Vorderen Orient hinweisen, auf alte Frauen- und Männerbilder, Handel und Verkauf, unerlöste Muster; **LEHRE:** »Bringe auf freundliche, aber bestimmte Art zum Ausdruck, was du wünschst.« **AFFIRMATION:** »Ich bin zur richtigen Zeit am richtigen Ort und tue genau das Richtige. Ich lasse mein Licht leuchten und vertraue meiner inneren Führung.«

KATZE

KARTÄUSERKATZE

Sanftheit, Kontemplation, innere Wärme

Ein Traum in blaugrauem Plüschgewand,
mit bernsteinfarbenen Augen,
führt dich an der lieben Hand in seinem Sein geborgen.

Die Kartäuserkatze und ihre Geschichte in den Kulturen der Welt

Unter dem Begriff »Kartäuser« sind zwei unterschiedliche Katzenrassen zusammengefasst, die Chartreux (CHA) und die Britisch-Kurzhaar-Katze (BKH). Man vermutet, dass die Chartreux-Katze ursprünglich aus Syrien stammte und vor dem 19. Jahrhundert im Zuge von Handelsbewegungen nach Frankreich kam. Sie war ein bedeutendes Nahrungsmittel, und ihr schönes Fell wurde in der Pelzindustrie verwendet. 1970 wurden die blauen Farbschläge der Chartreux-Katzen und der Britisch-Kurzhaar-Katze unter dem Namen Chartreux zusammengefasst. Der Begriff »Kartäuser« ist die Eindeutschung des französischen »Chartreux«. Menschen, die sich mit dieser Katzenart auskennen, stimmen darin überein, dass alle Kartäuserkatzen einen unverwechselbaren Charakter haben. Sie haben eine stattliche Größe und einen kräftigen Körperbau. Das kurzhaarige Fell ist einfarbig, dicht, weich und plüschig in blaugrauer Färbung. Die Kopfform kann je nach Rasse unterschiedlich sein. Die Augen einer Kartäuserkatze sind schräg platziert, groß, auffällig, bernsteingelb bis kupferfarben. Kartäuserkatzen sind als Hauskatzen besonders gut geeignet, denn sie haben ein ausgeglichenes, ruhiges und sanftmütiges Naturell. Sie sind intelligente, anhängliche Schmusekatzen im Plüschgewand, die ihrem Menschen überallhin folgen. Sie lieben und genießen die menschliche Nähe und spielen sanft und vorsichtig. Kartäuserkatzen eignen sich sowohl für die reine Wohnungshaltung als auch für den Freigang.

Kartäuserkatzenmedizin

Ein liebevoller und anhänglicher Begleiter hält sich in deiner Nähe auf und wacht über deine Seele. Die blaugraue Farbe steht für Schutz und Geborgenheit und die Verbindung mit der Gefühlswelt. Die Kartäuserkatze hilft dir, deine weichen, zärtlichen, sanften und anmutigen Seiten mehr zum Ausdruck zu bringen. Sie zeigt dir, wie du das Vertrauen in das Leben und in deine Gefühle gewinnst. Entspanne dich, höre auf deinen Körper, schaue, was deine Seele zum Ausdruck bringen möchte. Die Kartäuserkatze führt dich im Traumland und in der inneren Welt und bringt dich stärker mit der astralen Ebene in Verbindung. Im inneren Spiegel erkennst du die wahren Bedürfnisse deiner Seele. Drücke dein Bedürfnis nach Zärtlichkeit, Sanftmut und Frieden aus. Beachte deine weiblich-empfangende Seite. Die Kartäuserkatze lehrt dich, zu meditieren, Innenschau zu halten und Dinge in deinem Leben zu reflektieren. Sie verstärkt die Intuition, öffnet das Herz und erweckt das Gold deiner Seele. Achte auf deine Träume und Visionen, und gehe ihnen nach – hier liegt der goldene Funke deines Seelenplans.

VON IHRER LICHTVOLLEN SEITE BETRACHTET: Die Kartäuserkatze ist sanft, verspielt, vorsichtig, anpassungsfähig, intuitiv, charismatisch und ruhig, ebenso mit der Seelenwelt verbunden, exklusiv, begabt und künstlerisch. Sie steht für kreativen Ausdruck, Glauben, Hoffnung, Spiritualität, Klarheit und starke Empfindung.

VON IHRER DUNKLEN SEITE BETRACHTET: Die Kartäuserkatze ist emotional, sentimental, eifersüchtig, verträumt, manchmal innerlich weit weg, nicht zu erreichen und gelangweilt, sie kann sich nicht für die Welt öffnen, ist uninteressiert, schwermütig und melancholisch.

Weitere Informationen

THEMEN: Träume, Visionen, innere Welt, Meditation, Schutz und Kraft, Kontemplationen, feinstoffliche Wahrnehmungsfähigkeit, Selbstverwirklichung, karmische Themen mit Frankreich, England, dem Vorderen Orient, Kreuzzügen, Bruderschaften, alte Verträge und Abmachungen, Gelübde, Schwüre, Machtkampf; **LEHRE:** »Achte auf deine Träume und Eingebungen. Sie werden dir aus anderen Ebenen geschickt. Nimm dein Leben in die Hand, und beginne, deine inneren Bedürfnisse zum Ausdruck zu bringen.« **AFFIRMATION:** »In meinen Träumen offenbart sich mein Weg. Ich werde immer klarer wie ein Kristall und empfange deutliche Visionen.«

KATZE

MAINE COON

Gemütlichkeit, Ankommen,
Chef im eigenen Reich

Ein sanfter Gigant im Waschbärgewand schleicht
durch dein Reich – macht dein Herz weich.
Zu Hause ist es wunderschön,
du solltest mal durch seine Augen sehn.

Die Maine Coon und ihre Geschichte in den Kulturen der Welt

Die amerikanische Maine Coon ist eine Halblanghaarkatze und gehörte, zusammen mit der Sibirischen Katze und der Norwegischen Waldkatze, ursprünglich zu den Wald- und Naturrassen. Ihren Namen – »Maine« bezieht sich auf den Bundesstaat im Nordosten der USA, und »coon« ist das englische Wort für Waschbär – hat sie aufgrund ihres Lebensraumes und ihrer Größe erhalten. Die Maine Coon ist die »Nationalkatze« des US-Bundesstaates Maine. Es ranken sich verschiedene Geschichten um ihren Ursprung. Da ihr buschiger Schwanz an einen Waschbären erinnert, erzählt man, sie sei aus der Verbindung zwischen einer Katze und einem Waschbären hervorgegangen. Weiter gibt es die Geschichte von einem Handelskapitän namens Coon, der seine langhaarige Schiffskatze einst mit an Land genommen haben soll. Diese vergnügte sich mit den Hafenkatzen, und so sollen die Coon-Katzen entstanden sein. Die Maine Coon ist die erste Showkatze Amerikas. Sie wurde 1976 als Rassekatze anerkannt.

Die Maine Coon gehört zu den schwersten und größten Hauskatzen. Sie kann von ihrer Schnauze bis zur Schwanzspitze 1,20 Meter lang werden und bis zu 9 Kilo wiegen. Sie ist groß mit langem, dichtem und Wasser abweisendem Fell, großen Ohren, die bei einigen Exemplaren Luchspinsel aufweisen, und einem langen, buschigen Schwanz. Ursprünglich war sie eine Arbeitskatze für Haus und Hof, weil sie ein besonders begabter und aufmerksamer Jäger ist. Sie kann sehr geschickt mit ihren Pfoten umgehen – sie nimmt ihr Futter mit der Tatze auf und kann ohne Mühe Türen, Fenster und Wasserhähne öffnen. Maine Coon spielen gern mit Wasser. Meist sind sie soziale, sehr »gesprächige« Tiere mit leiser, hoher Stimme, die sie zum Ausdruck ihrer Wünsche und Bedürfnisse einsetzen. Andere Haustiere werden von ihr geduldet, aber sie ist der Chef in Haus und Hof.

Maine-Coon-Medizin

Eine divenhafte Naturschönheit betritt dein Leben und erfreut dein Sein. Sie führt dich zu dir nach Hause. Schaue nicht auf das, was alle anderen machen und tun und was man unter anderen Umständen erreichen oder sich kaufen könnte. Schaue, was du hast, und habe Spaß daran. Genieße dein Leben jetzt und nicht erst, wenn sich das oder jenes erfüllt oder du dir dieses oder jenes leisten kannst. Du jagst ständig irgendwelchen Vorstellungen hinterher und verpasst dabei die wundervollen, lustigen Spielmöglichkeiten, die du hast, wenn du ganz im Hier und Jetzt bist. Komme nach Hause, Freund. Schaue dir deine Wohnung und deine Umgebung genau an, und habe Spaß daran. Pflege deine tägliche Grundlage. Mache es dir bewusst gemütlich, auf deinem Sofa, in deinem Bett, an deinem Tisch. Zufriedenheit beginnt im Inneren und kann nicht im Verfolgen von Zielen gefunden werden. Jagen kann man, wenn sich was regt, aus Leidenschaft oder aus Spaß an der Freude. Die Maine Coon schlendert mit dir durch dein Reich. Sei der König, die Diva in deinem selbst geschaffenen Reich, und genieße dein Leben jetzt in vollen Zügen. Entspanne dich, jeder Tag lebt sich ganz von selbst aus dem Augenblick heraus. Mit der Zeit wirst du ein Gefühl für den richtigen Zeitpunkt und die richtige Handlung bekommen. Mühelos entfaltet sich dein Sein.

VON IHRER LICHTVOLLEN SEITE BETRACHTET: Die Maine Coon ist in sich ruhend, im Einklang mit sich selbst, friedlich, schön, selbstbewusst und würdevoll im Auftreten. Sie hat eine gute Beobachtungsgabe, ist geschickt, kreativ und humorvoll und lebt auf die nähere Umgebung bezogen.

VON IHRER DUNKLEN SEITE BETRACHTET: Diese Katze ist faul, verfressen, gelangweilt, überheblich und von sich eingenommen.

Weitere Informationen

THEMEN: Abenteuer, neue Welten, Ankommen, Heimkommen, Entdeckergeist, innere Welt, Elemente, Naturkräfte, Naturwesen, karmische Verbindungen mit Europa, besonders den skandinavischen Ländern, Wikingern, Piraten, Entdeckern, Händlern, der Seefahrt; **LEHRE:** »Genieße ausgiebig das, was du hast und was gerade ist. Gestalte dein Zuhause schön und gemütlich, und halte es sauber.« **AFFIRMATION:** »Ich bin da, ich bin zufrieden. Alles, was gut für mich ist, kommt jetzt leicht und mühelos in mein Leben.«

KATZE

NORWEGISCHE WALDKATZE

Innere Führung, Meisterschaft, Natürlichkeit

Königliche Würde hat die Diva am Platz –
ist sie doch ein großer Schatz.
Natürlich zieht sie im Wald ihre Kreise,
findet innere Schätze auf ihrer Reise.

Die Norwegische Waldkatze und ihre Geschichte in den Kulturen der Welt

Die Norwegische Waldkatze schaffte im 18. Jahrhundert den »Sprung in die Adelshäuser«. In dieser Zeit erlebte die Zucht dieser Katzen ihre erste Blütezeit. Es wurden Treffen organisiert, und die erste Katzenausstellung fand 1871 in London statt. Die Norwegische Waldkatze ist größer als andere Hauskatzen. Sie hat ein halblanges, volles Fell mit dichter Unterwolle, das sie zweimal im Jahr wechselt, im Frühling und im Herbst. Das Winterfell schützt nicht nur vor Kälte, sondern, weil es leicht ölig ist, auch vor Wasser und Schnee. Auch an den Fußballen hat die Norwegische Waldkatze im Winter Fellbüschel, sogenannte »Schneeschuhe«, die Kälte und Nässe von den Füßen abhalten. Der Schwanz dieser Katze ist auffallend buschig und passt ausgesprochen gut zu ihrem restlichen Aussehen. Weil sie Haarpinsel an den Ohren hat, erinnert ihr Äußeres an das eines Luchses. Norwegische Waldkatzen können sehr gut klettern und wesentlich höher springen als andere Katzenarten. Sie bauen eine enge Bindung zu den Menschen auf, die sie lieben, sind unkompliziert und gutmütig, können sich aber auch wie Diven verhalten. Die Norwegische Waldkatze gehört zu den beliebtesten Hauskatzen in Deutschland.

Norwegische-Waldkatzen-Medizin

Kommt die Norwegische Waldkatze in dein Leben, so hast du einen wunderbaren würdigen Meister oder eine Diva gefunden, die genau weiß, was sie will, und die Fäden überaus geschickt lenkt. Diese Katze ist schön anzusehen, würdevoll liegt sie da und schaut sich das Leben an wie eine Theateraufführung. Wenn sie Lust hat, spielt sie mit, ansonsten beobachtet sie lieber. Sie lehrt dich, die Dinge mit deinem Geist zu lenken, mehr zu beobachten und mehr geschehen zu lassen. Wenn du weißt, was du willst, und dies als Vision aufrechterhältst, kommt alles wie von allein in dein Leben. Du musst nur noch wählen und zugreifen und mit den Vorstellungen, die du hast, spielen. Nimm die Dinge nicht allzu persönlich. Schaue, wofür du deine Lebensenergie einsetzt, und betrachte das Theaterstück des Lebens mit etwas Abstand und Gelassenheit. Nimm dir ab und zu Zeit, richte dich neu aus, und lege dir ein neues Fell zu, das der aktuellen Situation angemessen ist und zu deinem derzeitigen Lebensabschnitt passt. Die Fäden des Lebens weben sich in deinem Bewusstsein. Bewahre deine königliche Würde, egal, was du tust. Drücke dich kreativ und schöpferisch aus. Hindernisse kannst du im Inneren lösen.

VON IHRER LICHTVOLLEN SEITE BETRACHTET: Die Norwegische Waldkatze steht für die Tiefenreinigung von Energiefeldern, für alte Heilwege, Kräuter und Pflanzenmedizin. Sie weiß, dass man Dinge nicht persönlich nehmen, sie sich mit Abstand anschauen und eigene Wege gehen soll. Sie hält sich raus aus Angelegenheiten, die sie nichts angehen. In Ruhe empfängt sie Visionen und Traumbotschaften. Sie wird ihr eigener Heiler und ist naturverbunden.

VON IHRER DUNKLEN SEITE BETRACHTET: Diese Katze ist überheblich, gelangweilt, bequem, verfressen und unwillig. Sie ist nur an sich interessiert, wertet andere schnell ab und öffnet sich nur schwer.

Weitere Informationen

THEMEN: Das eigene Licht leuchten lassen, Selbsterkenntnis, Selbstbestimmung, Lebensvision finden, Selbstverantwortung, Selbstausdruck, Heilung, die Medizin der Seele finden, Verbindung mit Norwegen, dem Norden, dem Nordstern, der der Leitstern der Seefahrer ist, der inneren Welt, die symbolisch als Wald dargestellt wird, den Naturwesen, Elfen, Feen, Gnomen, Nixen; **LEHRE:** »Ziehe dich zurück in deine innere Welt, denn hier findest du alles, was du brauchst. Du bist der König/die Königin in deinem Reich.« **AFFIRMATION:** »Ich bin der/die, der/die ich bin.«

KATZE

PERSERKATZE

Status, Erfolg, Selbstliebe

Wo willst du hin? Was willst du erreichen?
Wer stellt in deinem Leben die Weichen?
Alles ist da, ist immer vorhanden.
Auf sanften Pfoten mit weichem Fell
erscheint der Meister.
Nimm dir Zeit, komme an,
und schaue – was ist in deinem Leben dran?

Die Perserkatze und ihre Geschichte in den Kulturen der Welt

Eine der ältesten und beliebtesten Rassekatzen ist die Perserkatze. Sie wurde im frühen 17. Jahrhundert aus dem Vorderen Orient nach Italien und Frankreich gebracht und lebte fortan an europäischen Adelshöfen, wo sie als Statussymbol galt. Im 19. Jahrhundert begann man, die Perserkatze, wie wir sie kennen, aus einer Kreuzung von Angora- und Langhaarkatzen zu züchten. Im 20. Jahrhundert wurde die Perserkatze als Rassekatze anerkannt. Infolge von Extremzüchtungen sind diese Katzen anfällig geworden für bestimmte Krankheiten und Erbschäden, beispielsweise Kurzköpfigkeit, Kurznasigkeit und Nierenerkrankungen.

Die Merkmale der Perserkatze sind eine kräftige Statur, ein muskulöser Körperbau mit kurzen stämmigen Beinen und kräftigen Pfoten, das typische kindliche Gesicht mit kleiner, breiter Nase, kleinen runden Ohren und großen runden Augen – und vor allem ihr langes Fell. Das Fell sollte täglich gebürstet und eventuell gepudert werden, um es glänzend zu erhalten und ein Verfilzen zu vermeiden. In der Farbe kann das Fell der Perserkatze stark variieren. Diese Katze ist gut im Haus zu halten, da sie nur einen mäßigen Drang nach draußen hat und selbst dann meist die Wohnung vorzieht, wenn sie Zugang zum Garten hat. Sie ist ein ruhiger, aufmerksamer Geselle, anhänglich, gutmütig, unkompliziert und sanft, und sie kommt mit wenig Streicheleinheiten und Zuwendung aus.

Perserkatzenmedizin

Ein wunderschönes, weiches und ruhiges aristokratisches Tier erscheint in deinem Leben, um dich an deine Würde und deinen eigenen Glanz zu erinnern. Vielleicht schaust du zu sehr nach außen, bist unzufrieden mit deinem Aussehen und kritisierst dich und andere ständig, weil dir alles nicht gut genug erscheint. Egal, was man macht, es ist nie ausreichend. Dein Blick ist auf Leistung, Statussymbole und Äußerlichkeiten gerichtet und auf das Wörtchen »hätte« (»Ach, hätte ich nur dies oder jenes, dann …«). Das Glück liegt mit dieser Einstellung immer ein Stück in der Ferne. Schönheitsoperationen, perfektionistische Bemühungen und alle Anstrengungen bringen dich dem Ideal in deiner Vorstellung zwar näher, und du bist bereit, viel dafür zu investieren und viel auf dich zu nehmen. Es plagt dich aber auch eine dauernde Unzufriedenheit. In deiner Vorstellung haben es andere immer besser als du. Die Perserkatze sieht dein Leid, und zum Teil trägt sie es mit dir. Sie weiß aus eigener Erfahrung, wie es ist, wenn nur das Äußere und nicht die inneren Qualitäten gesehen werden, und wie es sich anfühlt, vorgeführt statt geliebt zu werden. Doch die Liebe ist immer da und stellt keine Bedingungen. Jeder Mensch ist einzigartig und hat ganz besondere Qualitäten. Die Perserkatze schenkt dir mit ihrem weichen Fell Trost und mit ihren großen kindlichen Augen Freude und ein Stück Kindheit. Sie kann dich daran erinnern, dein Inneres Kind zu lieben, es in den Arm zu nehmen und ihm endlich das zu geben, was es wirklich braucht. Die Heilung des Inneren Kindes bedeutet Innenwendung, Ankommen, Liebe und Sein. Finde zu dir. Ruhe dich aus, du bist genau so, wie du bist, richtig und wirst von der Geistigen Welt unendlich geliebt. Lebe dein Leben mehr von innen heraus, mit Spaß und Freude, Anerkennung für dich selbst und andere – du musst nicht überall mit dabei und ganz vorn sein. Renne nicht mehr vor dir weg, sondern werde dein bester Freund. Die Perserkatze führt dich heim zu dir.

VON IHRER LICHTVOLLEN SEITE BETRACHTET: Die Perserkatze ist zuverlässig, zurückhaltend, ruhig, exotisch, außergewöhnlich, beliebt, erfolgreich, berühmt, spezialisiert, gutmütig, verständnisvoll, gesellschaftsfähig und hat ein gutes Benehmen.

VON IHRER DUNKLEN SEITE BETRACHTET: Ihre Pflege ist aufwendig. Die Perserkatze ist wählerisch, kritisch, abweisend, mürrisch, zickig, überheblich, unnahbar und affektiert. Sie hat den richtigen Riecher verloren, ist unzufrieden, innerlich traurig, verzieht sich in ihre eigene Welt, trägt die Last der Ahnen und erduldet Schmerzen. Zudem steht sie für Konkurrenz, Neid und dafür, es anderen zeigen zu wollen.

Weitere Informationen

THEMEN: Entwurzelung, Entfremdung, Lieblosigkeit von Bezugspersonen, Zwang, Kampf zwischen Ideal und Realität, Selbstfindung, eigene Schönheit leben, Heilung des Inneren Kindes, spirituelle Entwicklung, besondere Begabungen; karmische Verbindungen: Vorderer Orient, Königshäuser Europas, Tempeldienerinnen, Zweckverbindungen, Zwangsheiraten, vorgeführt werden, verschenkt oder versklavt werden, für eine Aufgabe eingesetzt werden, Leben für die Aufgabe; **LEHRE:** »Jetzt, in diesem Augenblick, kannst du glücklich sein. Schaue, was dich wirklich erfüllt und glücklich macht. Erkenne dich für das an, was du geschafft und erreicht hast. Erkenne dich und andere an. Nimm dein Leben in deine Hand.« **AFFIRMATION:** »Ich bin jetzt für immer glücklich, nichts kann mich daran hindern, Schönheit ist vor mir und hinter mir, Schönheit umgibt mich und durchdringt mein ganzes Sein. Glück und Liebe strahlen jetzt in meinem Leben.«

KATZE

SIAMKATZE

Kommunikation, Einfühlungsvermögen, Glück

Ein Monddiamant rät dir, auf deine Gefühle zu hören und deiner Intuition zu folgen. Finde den friedlichen Weg.

Die Siamkatze und ihre Geschichte in den Kulturen der Welt

Die Siamkatze stammt ursprünglich aus dem heutigen Thailand, das früher Siam hieß. Dort war sie Tempel- und Palastkatze und wurde als »edler Monddiamant« hoch verehrt. Sie gehörte einst zu den Orakeltieren und kündigte Glück, Liebe, Freundschaft, neue Verbindungen und Sieg an. Als Mitbringsel gelangte die Katze von Siam nach Großbritannien.

Siamkatzen gehören zu den Teilalbinos, sie haben ein helles Fell, ein dunkler maskiertes Gesicht und himmelblaue Augen. Diese anmutigen Tiere sind schlank, hochbeinig und haben einen lang gestreckten, geschmeidigen Körper. Siamkatzen sind pflegeleicht, und ihr ganzes Wesen ist insgesamt recht ausgewogen, aber sie haben einen dominanten, eigenwilligen

Charakter und eine laute Stimme, die sie rege einsetzen. Sie sind aktiv, neugierig, gesellig, temperamentvoll und wollen beschäftigt werden. Auf ihre Umwelt reagieren sie sehr sensibel.

Siamkatzenmedizin

Eine Tempel- und Palastkatze tritt in dein Leben und bringt dir als Hüterin der Oberen Welten die Botschaft der Sterne. Sie öffnet dein drittes Auge. Mit ihren hochsensiblen Sinnesorganen reinigt sie dein Energiefeld und erinnert dich daran, dass der Körper der Tempel deiner Seele ist und dein Zuhause der Tempel deines Körpers. Gehe bewusster und achtsamer mit dir und dem um, was dir anvertraut wurde. Verwandle deine Wohnung in eine Stätte, in der du auftanken und dich aufladen kannst. Achte besonders auf deinen Schlafplatz, denn im Traum werden wir mit einer höheren Ebene des Seins verbunden. Wenn wir den Alltag vor dem Schlafengehen noch einmal an uns vorbeiziehen lassen und uns auf die Nacht einstimmen, sind wir in der Lage, Botschaften aus anderen Welten zu empfangen und uns mit unserer inneren Weisheit zu verbinden. Oft wissen wir erst dann, wenn wir eine Nacht darüber geschlafen haben, ob wir eine Sache annehmen oder ablehnen wollen. Die Siamkatze lenkt dein Augenmerk auf die Kommunikation und den Selbstausdruck, und damit ist auch die Kommunikation mit unserem Höheren Selbst gemeint. Nimm dir mehr Zeit, in dich hineinzuspüren, auf dich zu hören und deine Wahrheit klar zu kommunizieren. Lösung, Reflexion und Bewusstsein können durch Kommunikation und gegenseitigen Austausch entstehen. Oft erwarten wir von anderen, dass sie uns unsere Wünsche von den Augen ablesen, und sind dann enttäuscht, dass sie von allein gar nicht mitbekommen, was mit uns los ist. Wir selbst aber sind verantwortlich für unsere Wünsche, unsere Bedürfnisse und unser Leben, und wenn wir etwas von anderen wünschen oder erwarten, dann sollten wir unser Anliegen auf eine angemessene Weise kommunizieren. Positive Reaktionen geben uns das Gefühl, auf dem richtigen Weg zu sein. Kommunikation ist mehr als nur Sprache, sie ist auch der Ausdruck unserer Seele und findet über viele Ebenen statt. Lasse dich von deinem Katzenbegleiter in die Kunst der Kommunikation einführen, und konzentriere dich dabei auf ein ganzheitliches Wahrnehmen der Situation.

VON IHRER LICHTVOLLEN SEITE BETRACHTET: Die Siamkatze ist hochsensibel, intelligent, lernfähig, anhänglich und treu, eigenwillig, aktiv, temperamentvoll und aufgeweckt. Ebenso ist sie kommunikativ, kontaktfreudig und gesellig, und sie sagt offen, was sie denkt, will und fühlt.

VON IHRER DUNKLEN SEITE BETRACHTET: Diese Katze ist dominant, laut und eigenwillig, sie hat hohe Ansprüche und Wunschvorstellungen, und alles muss nach ihrem Kopf gehen. Sie steht für Machtkämpfe und Unzufriedenheit. Des Weiteren will sie alles wissen, sie ist redselig, kann nichts für sich behalten, steht für Klatsch und Tratsch. Sie braucht ständig Aufmerksamkeit und fühlt sich oft unverstanden.

Weitere Informationen

THEMEN: den Tempel hüten, auf sich achten, Kommunikationsformen, Selbstwahrnehmung, Selbstausdruck, Verbundenheit, das Wort als Schöpfungswerkzeug, Gedankenkraft, Gefühlskraft, Visionen und Vorstellungen durch das Wort im Leben manifestieren, die Richtung lenken, Verbindung nach Thailand, Siam, alte harmonische Formen des Miteinanders, herzlicher Umgang miteinander; **LEHRE:** »Schmiede dein Glück selbst.« **AFFIRMATION:** »Ich bin meines Glückes Schmied.«

Verschiedene Fellzeichnungen und ihre Bedeutungen

GOLDENES FELL: Meister, Diva, Persönlichkeit, Segen von oben
GRAUES FELL: Wächterkatze, Hüter der Schwelle, alte Weisheit
ROTES ODER ROT-WEISSES FELL: Kobolde, Irrwische, Feuergeist, Freude und Spaß, Lösen von festgefahrenen Denkmustern
SCHWARZES FELL: Orakelkatze, Katze der Hexen und Magier, Mysterium, Ahnenreich, alte Kräfte und magische Fähigkeiten, Hüter der Erdkräfte
WEISSES FELL: Sternenkatze, Tier der Lichtwelten, nicht von dieser Welt
ABZEICHEN: Hinweise auf Kräfte aus dem Geistigen Reich: Engel, Meister, Naturwesen …
FLECKEN: Kreativität, Schöpferkraft
GEISTERZEICHNUNGEN: Geisterzeichnungen sind genetisch bedingte Zeichnungen bei eigentlich zeichnungsfreien Tieren; ausgestattet mit besonderen Fähigkeiten und Begabungen
GEPUNKTETES FELL: Wildheit
GESTROMTES FELL: mehrere Möglichkeiten, das Schicksal zu beeinflussen – du hast die Wahl
GETICKTES FELL: alte Sprache, Botschaft
GETIGERTES FELL: Schöpferkraft
M-FÖRMIGE ZEICHNUNG: M steht für den Erzengel Michael oder den Segen von der Geistigen Welt, höherer Auftrag
QUERSTREIFEN IM FELL: Weisheit, Hüter alten Wissens
RINGE: Wachstum, Ebenen, Zahlensymbolik
ROTE FLECKEN: Feuermale, alte Wunden, Heilung, Lernaufgaben, Erlösung alter Erinnerungen
WEISSE PUNKTE: Segen, Engel, Feen, Fähigkeiten, Qualitäten
WEISSFÄRBUNGEN: Segenspunkte, Engelzeichnungen, Feenstaub verbunden mit bestimmten Fähigkeiten
DREIFARBIGES FELL: Feen- und Glückskatze
ZWEIFARBIGES FELL: Heilung, Bereinigung, Klärung
FELL MIT ROSETTEN ODER BLUMIG AUSSEHENDEN ZEICHNUNGEN: Elfenkatze
KATZEN MIT VIER STREIFEN OBERHALB DER AUGEN: stammen von der Katze ab, die Mohammed gestreichelt hat; sie sind heilige Katzen und bringen Glück

KIWI

Mut, Willensstärke, Einzigartigkeit, Treue

Aus einem fernen Land reiche ich dir die Schwinge,
einzigartig im Sein erhebe dich über den Schein,
und stehe zu dir, zu deinem Weg,
den die Sterne dir leuchten.
Lass dich nicht verwirren und auch nicht verführen,
bleib treu bei dem, was dir dient und guttut –
das erfordert mal Rückzug, mal Einsatz, mal Mut.
Wage es, anders zu sein, singe dein eigenes Lied,
tanze in deiner Farbe, leuchte in deinem Licht,
vertraue deiner einzigartigen Sicht.
Es gibt so viele Wege hier auf Erden,
doch einer ist nur für dich bestimmt –
anders, als viele denken.
Lasse dich von der Schöpfung lenken,
Mondenkind,
webe in der Nacht deinen eigenen Traum,
denn die Schöpfung spricht durch dich.

Lebensweise des Kiwis

Kiwis *(Apterygidae)*, auch »Schnepfenstrauße« genannt, sind flugunfähige Vögel und die kleinsten Vertreter der Familie der Laufvögel. Kiwis leben in den Wäldern Neuseelands. Diese Vogelart trägt ein braunes Gefieder, das einer Behaarung ähnlich kommt. Sie haben kleine Flügel und an deren Ende kleine Krallen, die unter dem Gefieder verborgen bleiben. Schwanzfedern besitzen sie nicht. Neben ihrer ovalen Körperform haben Kiwis weit nach hinten verlagerte, kräftige Beine mit je vier Zehen. Der Kopf ist relativ klein und der Schnabel sehr lang und nach unten gebogen. Auf diesen Schnabel stützen sich die Vögel, um im Stand das Gleichgewicht zu halten. Weitere besondere Merkmale sind ihre ledrige Haut, ihre Körpertemperatur, die bei 38 °C liegt, ihr unglaublich gutes Nachtsehvermögen und ihre Furchtlosigkeit. Kiwis sind in der Lage, sehr schnell zu laufen. Am Tag verstecken sich die Vögel in Unterschlupfen und Höhlen und verlassen diese nicht vor

Sonnenuntergang. Da sie nachtaktiv sind und im Verborgenen leben, sind die Laute oft das Einzige, was der Mensch von ihnen mitbekommt. Ihre schrillen Pfiffe können bis zu fünf Kilometer weit gehört werden, und zwar das ganze Jahr über, außer in hellen Vollmondnächten und bei starkem Wind. Kiwis orientieren sich mit ihrem Seh-, Hör- und Geruchssinn, die sehr gut ausgeprägt sind. Die Vögel leben in monogamen Ehen und suchen sich erst einen neuen Partner, wenn der bisherige gestorben ist. Das älteste bekannte Kiwipaar hat bisher ein Alter von 39 Jahren erreicht.

Der Kiwi und seine Kraft in den Kulturen der Welt

Der Kiwi ist das Nationaltier Neuseelands, und die Einwohner des Landes bezeichnen sich selbst als »Kiwis«. Zudem beginnen viele neuseeländische Bezeichnungen mit »Kiwi«. Auch der Name der Kiwifrucht ist vom Namen der Vögel abgeleitet. Mittlerweile sind die Vögel durch die von den Kolonialherren eingeführten Tieren stark bedroht. Die Jagd auf sie ist verboten. Bevor die Maori (die Ureinwohner Neuseelands) die Insel der »Großen weißen Wolke« durchquerten, führten sie an der Küste einen rituellen Tanz auf, der ihnen die Kraft gab, sich dem Gebiet zu öffnen und in das Landesinnere vorzudringen. In der Nacht hörten sie befremdliche Geräusche, aber sie stellten sich mutig ihrer Angst und entdeckten die Kiwis. Seit der Zeit gilt der Kiwi als heiliger Vogel der Ureinwohner und als Zeichen des Glücks. Kiwifedern hatten einen sehr hohen Stellenwert in den alten Ritualen und Gebräuchen der Maori. Sie waren wertvoller als Gold. Ritueller Federschmuck und Kleidung wurden aus ihnen angefertigt, »Kahu Kiwi« genannte Umhänge. Diese wurden von Ehrenmännern und Ehrenfrauen getragen und symbolisierten einen höheren Rang. Das Ei des Kiwis wird als Ei der Schöpfung gesehen. Dieser Vogel ist das Kind von Himmel und Erde. Als er auf die Erde kam, trennten sich Himmel und Erde und schufen einen Freiraum für die Schöpfung. Der Kiwi steht für Mut, innere Weisheit, Willensstärke und dafür, den innersten Überzeugungen treu zu bleiben und sie mit Würde zu vertreten.

Kiwimedizin

Ein ungewöhnlicher Vogel, der auf den Pfaden der Nacht wandelt, Flügel hat, aber nicht fliegt, die Sonne meidet und im Sternenlicht badet, will mit dir seine Lebensweisheit teilen. Er erinnert dich an die Einzigartigkeit und das Wunder des Lebens und der Schöpfung. Wir tragen unsere Heilkraft in unserem Inneren. Der Kiwi verteidigt sein Revier, folgt seinem Weg und hat viele Eigenschaften, die man ihm auf den ersten Blick nicht zutraut. Taucht der Kiwi auf, so heißt es, tiefer zu schauen und sich nicht von äußerlichen Erscheinungen blenden zu lassen. Fähigkeiten und Talente entfalten sich in der Dunkelheit und werden gut gehütet und bewahrt. Die gesamte Schöpfung begann in der Dunkelheit – und ein Kind wird neun Monate im Verborgenen gehütet. So erinnert dich der Kiwi daran, dass der Samen im Dunkeln zu keimen beginnt.

VON SEINER LICHTVOLLEN SEITE BETRACHTET: Der Kiwi zeigt dir einen Weg, dich mit der Dunkelheit auszusöhnen und sie von einem neuen Standpunkt aus zu verstehen. Die Dunkelheit ist nicht so dunkel, wie sie zunächst erscheint. Sie hütet die Lichtsamen, verhilft dir zu Ruhe und Frieden mit dir selbst. Sie strahlt Stille aus, und in dieser Stille kannst du den göttlichen Funken in dir erkennen. Der Kiwi zeigt dir, wie du dein inneres Licht entfachen und entfalten kannst. Schaue genauer hin. Der Kiwi führt dich zur inneren Anbindung an die Quelle und verhilft dir zu tief greifenden Erkenntnissen. Deine Bestimmung wird sich dir offenbaren.

VON SEINER DUNKLEN SEITE BETRACHTET: Der Kiwi wird oft übersehen, verkannt, belächelt und als merkwürdiger Vogel abgetan. Er zeigt sich nicht und offenbart auch das, was in ihm liegt, nur in besonderen Fällen.

Weitere Informationen

RAT DES TIERES: »Ich habe den Mut, zu mir selbst zu stehen und ganz eigene Wege zu gehen. In der Nacht spreche ich zu dir. Höre mir zu, Wanderer zwischen den Welten, ich zeige dir die verschlungenen Pfade, die deine Seele erhellen und dich das sein lassen, was du bist: ein wunderschönes, einmaliges Wesen der Schöpfung.« **FARBEN:** Silber, Grün, Braun, Weiß, Grau; **ELEMENTE:** Erde, Wasser, Wind; **WEITERE ASSOZIATIONEN:** Heilung und Selbstannahme; **STEINE:** eierförmige grüne Steine, Heilsteine, ungewöhnliche Steine; **TRAUMSYMBOL:** Kiwis im Traum verweisen auf die Heilung und Annahme des Seins und auf das Entdecken ungewöhnlicher Fähigkeiten. Sie verweisen auf einen alten Bezug zur Natur. **AFFIRMATION:** »Ich bin ein Kind der Schöpfung; einzigartig im Sein, folge ich meinem Weg. Ich vertraue meiner inneren Führung.«

KONDOR

Freiheit, Transformation, neues Bewusstsein

Das Kondorherz – verborgen zwischen
dem Tempel der Sonne und dem Tempel des Mondes,
gehütet, geehrt und geachtet, ein Heiligtum,
das sein Erwachen erwartet.
Der Kondor – Bote des südamerikanischen Kontinents,
Richter, Wandler, Totenführer, Erhalter und Bewahrer.
Kondor, tanze am Himmel,
entfessele die Winde der Reinigung.
Tanze mit dem Licht der Sonne,
entfache das spirituelle Feuer in den Herzen.
Deine Zeit ist gekommen – ersehnt und gefürchtet –,
was wirst du uns bringen?
Kondor des Südens, tanze mit dem Adler,
dem Bruder des Nordens.
Bringe uns die Freundschaft, den Frieden,
die Freiheit und die Weite.
Du kennst die Heimat, die wir verloren glauben,
du führst uns zurück im Tanz der Zeit,
an den Ursprung der Kraft, die im Inneren wohnt.

Lebensweise des Kondors

Der Kondor zählt zu den größten flugfähigen Greifvögeln und zu den ältesten noch lebenden Tieren der Erde. Anhand von Fossilienfunden lässt sich seine Geschichte 60 Millionen Jahre zurückverfolgen. Mittlerweile gehört dieser Vogel jedoch zu den bedrohten Tierarten. Es gibt zwei Kondorarten, den *Vultur gryphus*, auch Andenkondor genannt, und den *Gymnogyps californianus*, den kalifornischen Kondor. Der Andenkondor ist in den Anden in einem Gebiet von Feuerland (Patagonien) bis Venezuela anzutreffen. Er hat eine weiße Halskrause. Den kalifornischen Kondor findet man an der Westküste Nordamerikas bis Washington, ihn kann man an seiner schwarzen Halskrause erkennen.

Der Andenkondor kann 12 bis 15 Kilo wiegen, 110 cm lang werden und eine Flügelspannweite von mehr als drei Metern erreichen. Er fliegt mit etwa 55 km/h bis in eine Höhe von ungefähr 7000 Metern und lässt damit jeden anderen Vogel unter sich zurück. Er ernährt sich vorwiegend von Aas, kranken oder verendenden Tieren und von Vogeleiern, die er aus Nestern raubt. Gelegentlich jagt er auch aus der Luft, indem er mit heftigen Flügelschlägen seine Beute (Ziegen, Schafe, Kühe) in die Abgründe treibt. Sein hakenförmiger, elfenbeinfarbener Schnabel dient der Zerkleinerung des Aases. Wenn sich mehrere Kondore an einem Kadaver treffen, so herrscht eine strenge Fressordnung. Der Kondor kann aber auch über ein bis zwei Monate ohne Nahrung leben.

Kondore sind monogam. Das Weibchen legt ein Ei pro Jahr, teilweise auch nur alle zwei Jahre. Das Junge verbleibt etwa ein halbes Jahr lang im Nest und begleitet die Eltern danach noch mehrere Monate. Diese Vögel können in freier Natur etwa 40 und unter menschlicher Obhut (in Zoos) bis zu 80 Jahre alt werden. Außergewöhnlich soll neben dem Leben dieses Vogels auch sein Tod sein: Angeblich beendet ein Kondor sein Leben, indem er sich, so hoch es geht, in die Lüfte schwingt und dann in einem rasanten Sturzflug an einer Bergwand der Anden zerschmettert. Dies konnte bisher weder hinreichend bestätigt noch widerlegt werden.

Der Kondor und seine Kraft in den Kulturen der Welt

Der Andenkondor ist der Nationalvogel vieler südamerikanischer Länder. Er ist auf dem Wappen Ecuadors, Boliviens, Kolumbiens und Chiles zu sehen. Der Andenkondor wird in den Bergregionen Südamerikas hoch verehrt. Er gilt als Bote der Götter und des Großen Geistes, der die Kräfte des Seins in sich vereint. Als klassischer Totenvogel bringt der Kondor die Seelen ins Jenseits. Er steht mit Blitz und Donner und den Berggeistern der Anden in Verbindung. Sein Flug steht für das Fließen der Kräfte, die Schatten seiner Flügel können Unheil oder Segen ankündigen, seine Krallen stehen für das Urteil der Gottheiten, und er gilt als Bote der bewussten und unbewussten Kräfte, die in allem wirken. Er vereint Tod und Leben, Himmel und Erde, männlich und weiblich, Tag und Nacht, Sonne und Mond, Licht und Schatten. Seine Existenz steht für die Reise des

Lebens. Der Kondor kann Glück und Unglück bringen, je nachdem, wie er sich zeigt. Er kann Winde und Stürme entfesseln, donnern, blitzen und toben, wenn er nicht geehrt und respektiert wird. Ebenso kann er Tod und Untergang ankündigen, Menschen im Tod begleiten, aber auch Leben und Sonne bringen. Er ist ein Wanderer zwischen den Welten, jenseits von Raum und Zeit. Sein Herz ist in einem geheimen Tempel in den Bergen verborgen. Man sagt, dass er über seinen Todesflug zurück in das Herz der Berge kehrt und dass die Wahrheit tief im Inneren liegt. Der Kondor ist Richter, Heiler, Zerstörer, Wissender, Eingeweihter, Botschafter, Begleiter und Orakeltier.

Es gibt viele ungeschriebene Kondorbräuche, in denen er in verschiedenen Rollen in das Leben eingreift und es schicksalhaft verändert. Er trägt Medizin in sich, die Situationen wandeln kann. Das allsehende Auge steht mit ihm in Verbindung. Kondorfedern wurden in heiligen Zeremonien zur Beschwörung der Kräfte und zur Tiefenreinigung von Energiefeldern verwendet, Kondorkrallen werden in schamanischen Extraktionen dafür eingesetzt, tief sitzende Dinge aus dem Energiefeld zu ziehen, und das Kondororakel wird von Eingeweihten dazu verwendet, schicksalhafte Kräfte zu beschwören oder kleine und große Ereignisse vorauszusagen. Sein Tanz ist der Tanz zwischen Leben und Tod, und er symbolisiert das spirituelle Erwachen. Seine Flügel tragen uns zu den alten Weisen, die über die Erde und ihre Entwicklung wachen und die Geschicke der Menschheit lenken. Er wirkt im Verborgenen genauso wie im Offenbarten.

Kondormedizin

Ein Bote des südamerikanischen Kontinents erreicht dein Sein, um dich bis auf die Knochen zu prüfen und auf das ewige Leben vorzubereiten. Reinige dich, ziehe dich zurück, um mit deiner inneren Weisheit in Kontakt zu treten. Lerne, für dich einzustehen und das, was sich dir in deinem Herzen offenbart, zu vertreten. Der Kondor ist der Spirit der Andenvölker, der Leben und Tod im spirituellen Erwachen vereint. Er kann dich zu den Weisen der

Anden führen, in Lichtstätten sowie in die menschlichen Abgründe und tiefsten Schatten. Er ist Träger einer umfassenden Weisheit und Medizin, die einen Menschen tief greifend verändert. Zeigt er sich, so gilt es, zuerst einige Lektionen des Lebens zu lernen, zu straucheln und wieder aufzustehen, zu sterben, um wiedergeboren zu werden, um über Versuch und Irrtum den Sinn des Lebens zu ergründen. Kondormedizin bewegt sich zwischen den Polen von Schwarz und Weiß, männlich und weiblich, Tag und Nacht, Glück und Unglück, zwischen schicksalhaften Verbindungen, karmischen Verstrickungen, vom tiefen Sinken zu den höchsten Flügen, die man im Geistigen erleben kann, von tiefster Verbindung mit allem zur größten Einsamkeit. Der Kondor lehrt dich, dein eigener Meister zu werden, zu sein und zu bleiben, das Lied deiner Seele zu singen, deinen Ton in die Welt zu tragen und auf dieser sicher zu wandeln.

Wer Träger der Kondormedizin wird, hat einen steinigen Weg vor sich, der sich lohnt. Er kann in die höchsten Höhen wie auch in die tiefsten Abgründe führen, aber am tiefsten Punkt führt er dich zu dir selbst. Nichts kannst du im Außen finden, im Innen webt sich die Welt. Innere Weiten, tief greifende Erkenntnisse, Einweihungen und Einsichten vollziehen sich im unsterblichen Teil des Herzens. Am Ende des Weges steht tiefstes Mitgefühl für die Pfade des Lebens, für Übergang und Tod und das spirituelle Erwachen, für Erlösung, ein Mitgefühl, das aus der Begegnung mit all diesen Stufen des Lebens erwächst. Als Seelenführer leitet der Kondor dich durch gefährliche Gebiete. Er zeigt dir, ob du Angelegenheiten lassen oder erlösen kannst, und lehrt dich, die Geschicke deines Lebens selbst zu lenken.

VON SEINER LICHTVOLLEN SEITE BETRACHTET: Der Kondor steht für Erhabenheit, Größe, Innenschau, Transformation, Erkenntnis und Weisheit. Er hat den Überblick über alles und auch einen tiefen Einblick in das Sein. Es besteht Anbindung an das Höhere Selbst und Verbindung mit der Schöpfung. Des Weiteren steht der Kondor für Kraft, Macht, Erlösung, Befreiung, Tiefe und Heilung sowie heilsame magische, rituelle und zeremonielle Handlungen.

VON SEINER DUNKLEN SEITE BETRACHTET: Der Vogel hackt auch auf anderen herum, er verurteilt andere und hat eine ausbeutende Lebensweise. Er steht für Überheblichkeit, Trägheit, Faulheit, Gier, Sucht, Rache, Unglück, Tod und Untergang. Der Vogel kreist um sich selbst, er ist nicht in der Lage, Kontakte zur Umwelt aufzunehmen, und er steht für seelische

Einsamkeit, Verleumdung und Unverstandensein. Ebenso kann er für den Tod eines geliebten Menschen stehen, der noch nicht überwunden ist. Auch wird der Kondor mit schwarzmagischen Handlungen und Sarkasmus in Verbindung gebracht.

Weitere Informationen

RAT DES TIERES: »Schaue mit dem Auge des Herzens, schaue jenseits der Zeit, den Blick in die Ewigkeit gewandt. Was ist wirklich wichtig?« **FARBEN:** Schwarz, Weiß, Rot (die Farben der Göttin) und Violett (die Farbe der Wandlung und Vereinigung der Gegensätze), Ultraviolett (Schwarzlicht); **ELEMENTE:** Äther, Luft, Feuer, Felsen; **WEITERE ASSOZIATIONEN:** allsehendes Auge, unerlöste Schattenaspekte, Blutlinien, Opferungen, Verstrickungen, unerlöste alte Verbindungen, Flüche, Altlasten, aber auch die Möglichkeit, sich zu reinigen, sich aufzuschwingen, die Verbindung aufzunehmen, zu heilen und zu erlösen, Alchemie und die Kunst, Blei in Gold zu verwandeln, den Stein des Weisen und das Wasser des Lebens zu finden; **THEMEN:** Schicksal, Karma, Wandlung, Leben, Zerstörung, Medizin, Heilung, Opfer-Täter-Verhalten, Auseinandersetzung mit Tod und Sterben; **STEINE:** Kristalle, Obsidian, Andenopal, Hämatit, Gold; **TRAUMSYMBOL:** Der Kondor steht für schicksalsweisende Veränderungen im Leben, karmische Verstrickungen, Untergang und Auferstehung, je nachdem, wie er sich zeigt. Er kann für die Lösung oder Verstrickung des Lebens stehen. Bei einem Todesfall kann der Kondor für einen guten Übergang stehen. Kreist er über einem, so kann er die Angst vor dem Tod symbolisieren. **AFFIRMATION:** »Ich bin der Meister meines Lebens.«

KORMORAN

Spirituelles Wachstum, Schattenaspekte, Dimensionswechsel

Tauch ich auf, dann tauch ich ein
in das wunderbare Sein,
fürchte die Weite des Geistes nicht,
sehe dem Schatten ins Gesicht.
Beobachte still am Gewässer,
was ist gut und was ist besser,
finde den richtigen Weg, kann dich retten
und begleiten in neue unbekannte Weiten.
Lasse los alle emotionalen Leiden,
sie dienen dir nicht – Mut und Vertrauen,
darauf solltest du bauen!
Das, was kommt, wird deine Seele nähren,
das, was da ist, solltest du ehren.
Du kannst dich ab nun entscheiden,
wenn du schaust in die dunklen Seiten,
so geht es weiter, Schritt für Schritt,
ich begleite dich, ich gehe mit.

Lebensweise des Kormorans

Der Kormoran *(Phalacrocorax carbo)* lebt in Europa, Afrika, Asien, Australien, Neuseeland, Nordamerika und Grönland. Je nach Vorkommen sind Kormorane ortsansässig, Teilzieher oder Zugvögel. Die etwa gänsegroßen Vögel sind gesellig und leben in großen Brutkolonien als fast ausschließliche Fischfresser in Küstengegenden und an großen Gewässern. Fische kann er bei Tauchgängen fangen; der Kormoran kann tief ins Wasser tauchen. Dabei weicht die Luft aus seinem Gefieder, was den Auftrieb verringert. Kormorane können unter Wasser regelrechte Treibjagden veranstalten und ganze Fischschwärme in Richtung Ufer treiben. Nach einem Tauchgang sitzen sie auf Schildern, Pfählen und Ästen, um ihr nasses Federkleid auszubreiten und zu trocknen. In der Kolonie ertönt die Stimme des Kormorans meist tief und krächzend, während er abseits der anderen Tiere meistens keine Laute von sich gibt. Er besitzt einen hakenförmigen, großen Schnabel und ein glänzendes, metallisch bläuliches und schwarzgrünes Gefieder. Er trägt einen Federschopf am

Hinterkopf und hat am unteren Schnabelansatz eine gelbe Hautpartie ohne Federn. Feine weiße Federn zieren Scheitel und Nacken.

Der Kormoran und seine Kraft in den Kulturen der Welt

In alten Kulturen galt der Kormoran als Wegweiser und Bote. Dort, wo Kormorane brüten oder sich aufhalten, gibt es immer Nahrung. Allerdings diente er selbst den Menschen auch als Nahrung. In Japan und China wurden Kormorane für den Fischfang gezähmt – indem man ihm einen Halsring anlegte, verhinderte man, dass der Kormoran die Fische schluckte; so spie er sie nach dem Fang wieder aus. Der Kormoran ist in vielen Kulturen ein Bote des Todes, des Übergangs und Botschafter aus dem Ahnenreich. Sein schwarz glänzendes Federkleid steht für die Dunkelheit, Schattenthemen, die Ahnen und den Tod an sich. Er kann die Grenzen überfliegen und Botschaften zwischen den Welten hin- und hertragen. Der Fisch als Zeichen des Lebens wird vom Kormoran verschlungen und davongetragen. In der griechischen Mythologie gilt der Kormoran als »Krähe des Meeres«, und er zeugt von unerlösten Seelenaspekten, die in alten Emotionen gefangen sind. Der Kormoran steht weiter für Gier, Macht, Entscheidung und schicksalhafte Veränderungen. Als Vogel, der in Kolonien lebt und jeden Tag viele Fische verschlingt, gilt er bis heute als Sündenbock und Plage für die Fischer.

Kormoranmedizin

Ein Kormoran erscheint in deinem Leben, er sitzt auf einem Pfahl, um sein Gefieder in der Sonne trocknen zu lassen, froh um das, was er zuvor gefunden hat. Wenn das schwarze Gefieder des Kormorans im Licht der Sonne glänzt, sieht man es blau und grün leuchten. Es schimmern also die Farben der Hoffnung, des Schutzes, der Kraft, der Heilung und der inneren Führung aus dem schwarzen Gefieder hervor. Der Kormoran fordert dich auf, in deine eigenen Tiefen zu tauchen und dich den Schattenaspekten deiner Seele zu widmen. Vielleicht gibt es dort noch alte Emotionen wie Gier, Macht, Trauer, Wut, Schuld, Scham, Rache oder unerlöste Ahnenthemen, die immer wieder deinen Erfolgskurs kreuzen und dich von deinem Weg und dem, was du wirklich machen möchtest, abbringen. Vielleicht fühlst du dich ab und zu vom Pech verfolgt oder hast das Gefühl, ein Fluch läge auf dir. Du fühlst dich getrieben vom Leben, statt dir selbst den Weg, den du gehen willst und das Tempo deiner Schritte vorzugeben. Die Gemeinschaft bestimmt dein Leben, und du hast das Gefühl, keinen Einfluss darauf zu haben, sondern nur das zu erfüllen, was von dir gefordert wird. Es ist Zeit,

diese Kräfte, die unbewusst auf dich einwirken, zu erlösen. Der Kormoran ist ein hervorragender Seelenführer. Als Tier, das in Kolonien lebt, verweist er auf die Familie, auf Gruppen und Gemeinschaften, und damit auch auf Gruppenmuster, Ahnenthemen und Regeln der Gemeinschaft, die dich daran hindern können, das zu tun, was du tun willst. Nimm dir Zeit, und beschäftige dich mit deinen Glaubenssätzen bezüglich Familie, Freunden, Gruppen und Gemeinschaft. Wie empfindest du deine Rolle innerhalb einer Gemeinschaft? Bist du Clown, Sündenbock, das schwarze Schaf, der Außenseiter?

Dieser Vogel kann dich auf zwanghaftes Verhalten, Wut auf die Gemeinschaft und Ausgrenzung, vermeidendes Verhalten aufmerksam machen. Als Tier, das tief in das Gewässer taucht, kann er dich in die geheimen Kammern deiner Seele führen und dir helfen, alte Angelegenheiten anzuschauen, sie zu beobachten und zu klären. Gibt es noch alte Versprechen, Abmachungen, Flüche, Schwüre oder Verträge, von denen du meinst, sie immer noch erfüllen und dich nach ihnen richten zu müssen, obwohl sie schon längst überholt sind? Gibt es noch etwas, was du dir selbst vergeben solltest? Folge dem Kormoran, und schaue tief in dich hinein. Hier wirst du Antworten und Erkenntnisse finden, und du wirst dann in der Lage sein, dich von alten Zwängen zu befreien, um ein neues Miteinander zu erfahren.

VON SEINER LICHTVOLLEN SEITE BETRACHTET: Der Kormoran steht für Erlösung, Befreiung, Tiefe, Erkenntnis und Visionen, für das Erlösen von Schatten, für Heilung, Schutz und Kraft.

VON SEINER DUNKLEN SEITE BETRACHTET: Er steht auch für Konkurrenz und innere Unruhe, dafür, getrieben zu sein, seinen Weg nicht zu kennen, nicht genug bekommen zu können, sowie für Ohnmacht, Sprachlosigkeit und Routine.

Weitere Informationen

FARBEN: Blau, Grün, Schwarz, Ocker, Weiß; **ELEMENTE:** Wasser, Luft, Erde; Stein: Regenbogenobsidian; **WEITERE ASSOZIATIONEN:** Tod und Trauer, Blockaden, Glaubensmuster, Schattenaspekte, Ahnenreich; **TRAUMSYMBOL:** Erscheint der Kormoran im Traum, so kann er den Tod ankündigen, Botschaften der Ahnen oder kürzlich Verstorbener übermitteln oder auch eine schicksalhafte Wende im Leben voraussagen. **AFFIRMATION:** »Die Gemeinschaft und meine Familie unterstützen mich jetzt auf meinem Weg. Ich kann nun meinen Seelenplan entfalten.«

LAMA

Vitale Lebensenergie, würdevoll, edel, wahrhaftig

Pachamama, die Göttin der Erde, weiß um
die Zyklen von Vergehen und Werden.
Sie schickt ihre Kinder, die Tiere, zu Menschen,
sodass diese ihren Weg finden, ihn gehen
und sich im Lichte des Einen wiedersehen.
Die Lamas, sie zeigen uns neue Wege,
Wasserquellen, Kräuter und unbekannte Reiche.
Sie tragen die Lasten und stellen die Weichen.
Aus der Welt der Götter sind sie gesandt,
die Würde, der Stolz, der Plan
in das Fell sind eingebrannt.
Folge deinem Weg, drehe dich nicht um,
gehe nach vorn, du wirst beschützt
und begleitet, und deine Seele wird nun
gedehnt und geweitet.
Hör auf dein Herz, sensibel und gut,
geh deinen Weg, und habe den Mut.

Lebensweise des Lamas

Das Lama *(Lama glama)* ist eine Art der Kamele. Es stammt aus den südamerikanischen Anden und gehört zu den ältesten Haustieren der Menschen. Mit ihrer Genügsamkeit passen sich die Lamas an die kargen und unwegsamen Bedingungen ihrer Heimat an. Sie haben eine ruhige Art, ein ausgeglichenes, freundliches Wesen, und sie gehen ihren Weg gleichmäßig und ausdauernd, und das oft mit großen Lasten auf dem Rücken. Lamas sind ausgesprochene Herdentiere und können sogar als Wächter von Schafherden eingesetzt werden. Das Fell des Lamas kann in vielen Farben und Musterungen variieren. Es gibt braune, weiße, cremefarbene, schwarze, rötlich braune, gefleckte und gemusterte Tiere. Lamas haben eine sehr bewegliche Oberlippe sowie Sohlenpolster an ihren Füßen. Diese Tiere ernähren sich vegetarisch, sie fressen Kräuter, Gräser, Sträucher, Blätter, Pilze und Pflanzen. Lamas spucken mit erstaunlicher Treffsicherheit, wenn sie sich belästigt fühlen. Der Speichel dient jedoch zunächst nur als Warnung. Wer dann nicht weicht, wird mit einer grünlichen, übel riechenden Masse besudelt, genauer gesagt, mit vorverdauter Nahrung. Auf diese Weise setzen Lamas anderen Grenzen.

Das Lama und seine Kraft in den Kulturen der Welt

Das Lama war ein hochverehrtes Tier der indigenen Zivilisationen, und so spielt es auch eine große Rolle in den Mythen und Legenden der Indigos. Nicht selten tritt es darin als alter göttlicher Weiser mit viel Humor auf. Seine Fellfarbe und die Zeichnungen darauf stehen für altes Wissen und bestimmte Kräfte. Mit der Wolle des Tieres wurden Textilien mit uralten Mustern gewebt, und diese Textilien wurden von Generation zu Generation weitergegeben. Auf diese Weise blieben alte Lehren lebendig. Lamas kennen die Schätze der Erde und sollen die Menschen zu besonderen Plätzen geführt haben. Die Tiere verkörpern den Geist der Anden. Sie werden oft mit Salzseen, Quellen, heiligen Orten und »Geisterschätzen« in Verbindung gebracht. Lamas sind ein Symbol für Reichtum, Weisheit, Würde, Beweglichkeit und Erfolg. Sie stehen für das »Gold des Geistes«.

Die Lamas werden des Weiteren mit dem inneren Feuer, der mystischen Sexualität, dem weiblichen Weg, der Vereinigung der Kräfte, der Selbstmeisterung und der inneren Anbindung an die Wurzeln in Zusammenhang gebracht. Indigos lieben und verehren ihr Begleittier, denn es führt sie auf allgemeinen und geheimen Pfaden. Bestimmte Statuen von sich paarenden Lamas, »illas« genannt, wurden auf den Hausaltar gestellt und standen für Schutz, Partnerschaft, Fruchtbarkeit, Erneuerung der Lebensenergie, Vitalität und Segen. Weiter gibt es lamaköpfige Pfeifen und Flöten, die dazu benutzt wurden, den Geist des Lamas anzurufen und zu würdigen, damit man sicher durch unwegsames Gelände geführt wurde und wieder nach Hause fand. Lamas sind Wächter, Hüter mit einer eigenen göttlichen Energie, und ihr Erscheinen galt als gutes Omen. Am Eingang mancher alten Kultstätten der Inkas findet man Lamafiguren. Sie werden von den Heilern und Heilerinnen, den Schamanen, als »Geistertiere« angerufen, die die geheimen Pfade der Energie kennen und die Menschen in die mystischen Lichtstätten führen, beispielsweise in die heilige Lichtstätte von Gott und Göttin Meru. Die Tiere stehen zudem für Astrologie, für Astronomie, für ein sicheres Ankommen und dafür, den richtigen Ort zum richtigen Zeitpunkt zu finden und feinstoffliche Kräfte leiten zu können. Die indigenen Völker der Anden hatten für alle Teile des Lamas Verwendung. Aus der Wolle wurden Kleider und Jacken hergestellt, die Haut wurde zu Leder verarbeitet, aus dem Fett wurden Kerzen hergestellt, und der Kot diente als Brennstoff. Fleisch und Milch waren wichtige Nahrungsmittel und Knochen ein Material für die Werkzeugherstellung. Lamas sind in dem unwegsamen Gelände der Anden auch heute noch unentbehrlich.

Lamamedizin

Der Aufbruch in eine neue Zeit steht an. Ein weiser Führer der Anden tritt in dein Leben, der Geist einer alten Welt ruft dich. Ein neuer Abschnitt beginnt für dich, und die Hüterinnen und Hüter alten Wissens haben dich erwählt. Sie werden dich schulen, führen, herausfordern und weiterbringen. Du bist versorgt mit allem. Als Seelenführer führt dich das Lama in die Geheimnisse der Anden ein. Hier kannst du in den inneren Spiegel schauen, die Quellen entdecken, die deine Seele speisen, und neue Kräfte entwickeln, deine inneren Schätze finden und das Lied deiner Seele erklingen lassen. Lasse dich von den Lamas in die Energie der neuen Zeit einführen. Zeiten des Umbruchs bringen immer auch Unsicherheiten, Belastungen und Unruhe mit sich. Bist du mit dem Geist der Zeit verbunden, so kannst du in Ruhe und Gelassenheit deinen Weg finden. In der neuen Zeit haben Familie, Erleuchtung, Sexualität, Gemeinschaft, Feiern, heilige Zeremonien, die von Männern und Frauen in gleichwertiger Stellung durchgeführt werden, Brüderlichkeit und Schwesterlichkeit ihren Platz. Kein Teil des Lebens wird ausgegrenzt, erniedrigt oder entehrt. Die Schöpfung ist in ihrer Ganzheit heilig. Alles ist ein Ton im universellen Liebeslied der Schöpfung, und dieses universelle Lied der Schöpfung möchte wieder im Herzen des Planeten erklingen. Das Lama führt dich zu den »weisen Alten« der neuen Zeit. Mithilfe dieser Anbindung wirst du deinen Weg sicher finden. Doch sei gut zu deinem Seelenführer, er ist sehr empfindsam und stolz. Gehe achtsam und mit offenem Herzen mit den Menschen, Tieren, Pflanzen und Steinen um, die deinen Weg kreuzen oder denen du begegnest. Alles ist beseelt und trägt eine universelle Kraft in sich. Halte inne, fühle nach, und schaue dann, was für eine Botschaft in der Begegnung lag. Sei neugierig auf das Leben, höre den Ruf deiner inneren Führung. Sie wird dich lehren, deinen Weg auf gute und richtige Weise zu gehen und zu meistern.

VON SEINER LICHTVOLLEN SEITE BETRACHTET: Das Lama ist unkompliziert, anpassungsfähig, vielfältig, weise, beweglich, neugierig, offen, bereit, würdevoll, edel, achtsam, aufmerksam, humorvoll, fröhlich und aufgeweckt. Zudem ist es unmissverständlich in seinem Ausdruck, es kann viel von anderen auf sich nehmen, steht für innere Weisheit, inneres Wissen, gute Anbindung, Lichtarbeit und Energiearbeit.

VON SEINER DUNKLEN SEITE BETRACHTET: Es steht auch für Stolz, Überheblichkeit, Erniedrigung, Empfindsamkeit, innere Unruhe, Belastung, Kargheit, Herausforderungen, Ängste, Opferung, innere Schmerzen, Aus- und Durchhalten, Irrungen und Wirrungen und das Verlassen von alten Plätzen. Es ist schnell beleidigt und nachtragend.

Weitere Informationen

WEITERE ASSOZIATIONEN: Gott und Göttin Meru, Lichtstätte über den Anden, alte Lehren und Heilweisen, Erlösung, Einweihung in mystische Wege, Pachamama, steinige Wege, Vorreiter, Pioniere, Verbundenheit, Würde, Gleichwertigkeit; **THEMEN:** Erlösung von Mutterthemen, Befreiung der Liebe, Lösung von alten Vorstellungen und Glaubensmustern, Befreiung, unabhängig und doch eingebunden sein, Freiheit, inneres Leuchten, Erkenntnis, Einweihung in das Leben, seinen Weg gehen; **FARBEN:** Weiß, Braun, Rotbraun bis Schwarz, die Farben von Himmel und Erde; **ELEMENTE:** Herzensfeuer, Luft, Erde, Wasser, Äther; **STEIN:** Andenopal; **TRAUMSYMBOL:** Erscheint das Lama im Traum, so steht es für Aufbruch und neue Wege. Es ist ein gutes, Glück verheißendes Omen. **RAT DES TIERES:** »Lebe dein Leben mit Stolz, Würde und Kraft. Verbinde dich mit dem universellen Geist der Einheit.« **AFFIRMATION:** »Ich werde göttlich geführt und öffne mich für neue Wege. Ich danke der Schöpfung, dass sie mich trägt, versorgt und führt. Als Kind der Schöpfung werde ich unendlich geliebt. Alles, was ich brauche, liegt auf meinem Weg. Ich achte und ehre die Schöpfung.«

LEGUAN

Hochfrequente Wahrnehmung, Fantasie, Urinstinkt

Die Sonne erwacht am frühen Morgen,
Wärme strömt ein in den neuen Tag,
was den Leguan wohl heut erwarten mag?
Er folgt seinen Instinkten, hört den Ton dieser Welt,
und jede Veränderung dringt in sein Feld.
Seine inneren Sinne sind klar und hell,
er ortet die Richtung und reagiert sehr schnell.
Das Leben findet im Inneren statt,
alles wird von innen angezogen.

Lebensweise des Leguans

Leguane *(Iguanidae)* bilden eine Familie in der Klasse der Reptilien. Es gibt mehr als 700 Arten von ihnen in Nord- und Südamerika, auf Madagaskar und auf manchen Inseln wie den Fidschi-Inseln, den Galapagosinseln und manchen ozeanischen Inseln. Leguane gibt es in verschiedenen Größen, von etwa 10 cm bis 2 Meter. Der bekannteste Leguan ist der Grüne Leguan *(Iguana iguana)*, der die beachtliche Länge von 2 Metern und sogar etwas mehr erreichen kann. Leguane haben eine geschuppte Haut, einen langen Schwanz und auffällige »Imponiermerkmale« wie Kopfhelme, Zacken, Kämme, Kehlsäcke oder Stacheln am Schwanz. Leguane können schlicht grau sein, aber sie existieren auch in den Farben Blau, Pink, Orange, Gelb, Grün und Rot, und sie können auffällige Muster, Streifen oder Flecken aufweisen. Diese Reptilien sind Baumbewohner. Je nach Art können sie ein Alter von 20 bis 80 Jahren erreichen. Sie ernähren sich von Blättern, Gemüse, Obst, Insekten und anderen kleinen Lebewesen.

Der Leguan und seine Kraft in den Kulturen der Welt

Die Gegenwart des Leguans versetzt uns zurück in vergangene Zeiten. In der Welt der Mayas finden wir Itzamná, den zweithöchsten Gott der Mayas. Er galt als Erfinder der Schrift. Er wird dargestellt durch seine Leguan-, Eidechsen- oder Krokodilmanifestationen. Das »Leguanhaus« ist das »Haus des Tropfens«, das »Haus des Himmels«. Itzamná erzählte den Menschen etwas über die Nahrungsmittel und machte sie auf genießbare Pflanzen,

Früchte und Samen aufmerksam, beispielsweise auf Amarant, Quinoa und die Kakaopflanze, die zu den Hauptnahrungsmitteln der alten Kulturen gehörten und in den meisten Ritualen und Zeremonien zur Anrufung und Segnung der Gottheiten verwendet wurden.

In schamanischen Sitzungen wird der Leguan gerufen, damit er die richtige Medizin über Pflanzen überbringt und man auf den Grund einer Sache blicken kann. Er steht auch für telepathische Kommunikation. Der Leguan gehört zu den beliebtesten und prachtvollsten Echsen und wird auch gern als Haustier in einem Terrarium gehalten.

Leguanmedizin

Ein alter Weiser dieser Erde betritt dein Sein. Er hütet die Farben des Regenbogens, die geheime Lichtsprache und eine innere Art der Verständigung. Er weiß, welche Nahrung deine Seele braucht. Er führt dich zurück zu deinen Grundstrukturen und zu deinen Grundmustern. Der Leguan ist hochsensibel und nimmt seine Umwelt von innen wahr. Er ist telepathisch stark mit seinem Feld verbunden. Oft sitzt er regungslos da, doch innerlich nimmt er jede Regung in seinem Umfeld wahr. Der Leguan macht dich auf andere Wahrnehmungssysteme aufmerksam. Als hochsensibles Tier bringt er dir die inneren Sinne, die dann durch Innenschau, Kontemplation und Meditation verfeinert und geschärft werden. Der Leguan ist mit dem feinstofflichen Feuer verbunden. Er ist wach, innerlich aktiv und aufmerksam. Schaue auf das Wesentliche in deinem Leben. Der Leguan hütet die universellen Kräfte und verbindet uns mit unseren Selbstheilungs- und Regenerationskräften. Wir können Heilung finden, wenn wir uns mit den Grundmustern, unserer Grundhaltung und unseren Grundeinstellungen zum Leben beschäftigen, sie erforschen und heilsam verändern. Vielleicht haben wir alte Dinge nicht verarbeitet, tragen alte Wunden oder alten Zorn in unserem Energiefeld. Wir fühlen uns gefangen und haben das Gefühl, nicht weiterzukommen. Dann nützt es nichts, wenn wir mit den Fingern auf andere zeigen und meinen, sie müssten etwas ändern oder sich anders verhalten. Der Leguan führt dich in dein eigenes Energiefeld. Was sind deine tiefsten Lebensmuster? Was wiederholt sich immer wieder in deinem Leben? Welches Muster möchtest du gern ändern oder erneuern? Schaue hin, scheue den Weg nicht, und arbeite an dir selbst. Besuche das »Haus des Himmels«, und lasse dich von der Lebensenergie durchfluten. Schaue, was du für dich in deinem Leben ändern kannst. Richte deinen inneren Magneten neu aus, löse und verbinde dich neu, und alles, was du dir wünschst, kann wahr werden. Wahre Heilung kommt von innen.

VON SEINER LICHTVOLLEN SEITE BETRACHTET: Der Leguan steht für feinsinnige und telepathische Wahrnehmung, Verbundenheit, Wachsamkeit, innere Kraft, Anbindung, innere Kommunikation, Genügsamkeit, Fantasie, Ausdruckskraft, gestalterische Fähigkeiten, Energie, Schöpferkraft und Schaffenskraft. Er ist sparsam, anpassungsfähig, wandlungsfähig und kann gut für sich sein.

VON SEINER DUNKLEN SEITE BETRACHTET: Das Tier fühlt sich schnell angegriffen und unsicher, teilt sich nicht mit, es lässt geschehen und kann sich nicht öffnen. Zudem ist es unbeweglich, starr, stumm, gleichgültig, unnahbar, handlungsunfähig, kühl und abweisend. Es steht für eine hohe Erwartungshaltung, Erstarrung, eine starre Sichtweise und Grundhaltung, Flucht, Abwehr, Totstellen, Rückzug, Hilflosigkeit und Einsamkeit.

Weitere Informationen

WEITERE ASSOZIATIONEN: Ruhe, Meditation, Gedankenkontrolle, Traum und Traumbotschaften, Beobachten, Urkraft, Verbindung mit den Drachen, Flucht, Abwehr, Angriff statt anzunehmen und zu hören, Überlebenskampf; **THEMEN:** Lichtarbeit, Energiearbeit, Regeneration, Heilung, Pflanzenmedizin, altes Wissen, Verbindung zu den Urvölkern der Mayas, Azteken, Tolteken … Verbindungen in die Dschungelregionen; **STEIN:** Regenbogenobsidian, Vul-kangestein; **FARBEN:** Grün, Grau, alle Farben des Regenbogens; **ELEMENTE:** inneres Feuer, Erde, Wasser, Luft; **TRAUMSYMBOL:** Erscheint der Leguan im Traum, steht er für Regeneration, Wege der Heilung, Anbindung an das Höhere Selbst, Botschaften aus einem anderen Reich; **RAT DES TIERES:** »Nimm die Dinge nicht persönlich. Im Haus des Himmels findest du Antworten auf deine Fragen. Webe dein Lebensmuster.« **AFFIRMATION:** »Ich bin verbunden mit der Quelle und finde nun Heilung auf allen Ebenen. Ich lasse das Segenslicht in alle Bereiche meines Lebens fließen.«

MEERSCHWEINCHEN

Soziale Bindung, Vertrauen, Kommunikation

Quieken hier und springen da,
wir stammen aus Südamerika,
kommen von weit her,
sind aber schon lange hier.
Soziales Verhalten, das zeigen wir dir.
Aus großen Augen schau'n wir dich an
und zeigen dir, was Vertrauen sein kann.
Komfortzone ist uns ganz wichtig –
gutes Essen, das macht uns süchtig,
wir lassen uns ganz gern nieder,
das Leben ist ein Für und Wider.
Öffne dein Herz, und folge uns,
wir zeigen dir, wie man hier handelt,
denn miteinander wird gewandelt.
Hab keine Angst, fasse neues Vertrauen,
ja, auf dein Herz kannst du stets bauen.
Wage einen Neuanfang,
mit leichtem Gang.

Lebensweise des Meerschweinchens

Meerschweinchen *(Caviidae)* gehören zu den Nagetieren und sind verwandt mit den Hasen. Ihre ursprüngliche Heimat ist Südamerika. Dort besiedeln sie flache Grasländer und Gebirgsregionen bis über 4 000 Meter Höhe, wo sie in Höhlen und Erdlöchern leben. Sie wurden zwischen 5000 und 2000 v. Chr. in Südamerika domestiziert und gelangten im 16. Jahrhundert nach Nordamerika und Europa. Der deutsche Name stammt vermutlich von Seefahrern, die diese Tierchen über das Meer zu uns brachten. Zu ihrer Ausdrucksweise gehören Quiekgeräusche, wie wir sie von Schweinen kennen. Es gibt drei verschiedene Unterfamilien: die in Mitteleuropa bekannten Meerschweinchen, Hausmeerschweinchen und das Wasserschwein, das zu den größten lebenden Nagetieren der Welt zählt. Meerschweinchen sind tagaktiv und halten keinen Winterschlaf. Ihre Nahrung besteht aus Pflanzen, Früchten, Samen und Gräsern. Meerschweinchen sollten niemals alleine gehalten werden, denn sie brauchen den Kontakt zu Artgenossen, und dieser Kontakt kann durch Menschen einfach nicht ersetzt werden. Die Tiere entwickeln komplexe soziale Strukturen und Verhaltensweisen im Zusammenleben, die vom Ausfechten der Rangordnung bis hin zu Territoriumskämpfen reichen. Sie leben im Durchschnitt acht Jahre lang, können bei guter Pflege jedoch auch zehn Jahre und älter werden.

Das Meerschweinchen und seine Kraft in den Kulturen der Welt

In ihrer Heimat Südamerika dienen Meerschweinchen rituellen Zwecken und als Nahrung. Sie gehören zu den wichtigsten Opfertieren der Andenvölker. Früher opferte man sie zu bestimmten Zeiten in Fruchtbarkeitsritualen verschiedenen Gottheiten. Man wollte so beispielsweise eine gute Ernte erzielen oder wünschte ein bestimmtes Wetter herbei. Meerschweinchen galten auch als Orakeltiere der Liebe. In der Naturmedizin spielten die Meerschweinchen eine wichtige Rolle bei der Heilung von Körper, Geist und Seele. Sie wurden einbezogen, wenn es darum ging, böse Krankheiten auszutreiben, die das Meerschweinchen in einer Heilsitzung dann auf sich nahm. In Vergebungszeremonien mit den Ahnen wurden die Tiere geopfert, um die Verstorbenen milde und gnadenvoll zu stimmen.

Die Kraft, sich Größerem hinzugeben und sich zu opfern, steht im übertragenen Sinne für die Fähigkeit, sich der höchsten Kraft im Universum zu öffnen und das Ego zu überwinden. Da Meerschweinchen sich schnell vermehren, repräsentieren sie die Fähigkeit der Regeneration der Liebe und die Wiedergewinnung von Kraft. Indem sie Altes hinter sich lassen, lassen sie los und nehmen Neues an. Meerschweinchen sind mit Mutter Erde und den Wesen der Erde zutiefst verbunden. Sie stehen mit Naturgeistern, den Zwergen, Trollen und der Gnomenwelt in Kontakt. Sie wurden schon früh als Haustiere gehalten und erfreuen das Kinderherz, bringen die Seele zum Strahlen, spenden Trost und Frieden, und sie schenken uns Vertrauen ins Leben. Sie sind Mittler zwischen den Welten. Ihre Freundschaft, Wärme und Kraft sind sehr wohltuend.

Meerschweinchenmedizin

Ein treuer, flinker Freund ist an deiner Seite. Das Meerschweinchen hat einen langen Weg der Evolution hinter sich und ist trotzdem mit der ursprünglichen Quelle und einer uralten Weisheit verbunden. Im Kreislauf von Leben und Tod zeigt es uns, dass unsere Seele im Kommen und Gehen der Zeit nicht sterben kann. Es hilft uns, innere Einsamkeit zu überwinden und immer wieder neues Vertrauen ins Leben zu gewinnen, uns wieder anderen Menschen und somit dem Miteinander zu öffnen. Sein Dasein bringt Freude und erwärmt das Herz. Das Meerschweinchen unterstützt uns dabei, unser Inneres Kind zu heilen und ihm Frohsinn zu schenken. Seine genügsame und geduldige Art zeigt uns friedliche Wege, miteinander zu verhandeln und zu leben. Es führt uns dorthin, wo unser Platz im Leben ist, hilft uns, gesunde Grenzen abzustecken und im Vertrauen zu bleiben.

Als Krafttier kann es uns in die Erde führen und uns zeigen, was an unseren Wurzeln geheilt werden möchte, wie wir eigene Wurzeln und Anschlüsse an die Quelle bilden und mit unserer Seelenfamilie in Kontakt treten können. Es führt uns auf den verschlungenen Pfaden unserer Seele nach Hause – nach innen, denn hier liegt die wahre Kraft, die Welt zu wandeln und sie dadurch neu zu erleben. Das Tier zeigt uns gesunde Nahrung und schenkt uns den Mut, uns mitzuteilen, uns auszudrücken und das Gespräch zu suchen. Es hilft uns also, das Feuer des Herzens zu entfachen, die innere Flamme am Brennen zu halten und uns mit der Welt zu verbinden.

Fröhlichkeit und die Lebendigkeit des Lebens kommen zurück, die Kraft der Hingabe und des Vertrauens trägt uns im Leben.

VON SEINER LICHTVOLLEN SEITE BETRACHTET: Das Meerschweinchen schenkt uns Vertrauen, Selbstliebe und Zuversicht. Es öffnet uns für die weiche, zarte Seite unserer Seele. Es zeigt uns die Liebesfähigkeit, die wir alle in uns tragen, und es hilft uns dabei, unser Herz aufs Neue zu öffnen und seine Kraft dazu zu nutzen, uns selbst auszudrücken. Verkrustungen und Verhärtungen können weich werden und sich lösen. Das Meerschweinchen lehrt uns, gut zu uns selbst zu sein. Das Tier zeigt uns, wie wir unsere künstlerischen Fähigkeiten entfalten können, Tätigkeiten, bei denen uns das Herz aufgeht. Auch wenn die Kraft des Herzens verletzlich und zart ist, so ist die Liebe, die im Herzen wohnt, doch die stärkste Kraft im Universum. Du wirst geliebt.

VON SEINER DUNKLEN SEITE BETRACHTET: Das Meerschweinchen nimmt oft eine Opferrolle ein, es ist empathisch, opfert sich für eine Sache auf und trägt viel für andere. Zudem fühlt es sich häufig nicht ernst genommen. Das Meerschweinchen reagiert mit Krankheiten, Allergien und Unwohlsein auf eine aus dem Gleichgewicht geratene Umgebung. Es steht für Hilflosigkeit, manchmal auch für Schutzlosigkeit.

Weitere Informationen

RAT DES MEERSCHWEINCHENS: »Liebe ist ohne Anfang und ohne Ende. Öffne dein Herz immer und immer wieder für die Schönheit und die Freuden des Lebens. Dein Herz ist das höchste Gut.« **FARBE:** Schwarz: Erde, Unterbewusstsein, Ahnen, Erdenstern; Weiß: Verbindung zur Quelle, eins sein, Schutz der Seele; Rot: Entfachen der Flamme des Herzens, Hüten der inneren Flamme; Buntheit: Verbindung von Himmel und Erde; Braun: Erdenfeuer, innere Wärme, wärmendes Feuer im eigenen Haus; Grau: Schutz und Kraft der Ahnen, Tarnung, hilft, tief sitzende menschliche Enttäuschung zu überwinden; **ELEMENTE:** Erde, Luft, Feuer; **STEINE:** Achat, Kristall; **WEITERE ASSOZIATIONEN:** Spirale des Lebens, Überwindung von Hindernissen, Neubeginn, Vertrauen in die göttliche Gegenwart, die alles immer wieder erneuert, Vollendung; **TRAUMSYMBOL:** Zeigt sich dir ein Meerschweinchen im Traum, so kann es Fruchtbarkeit, vergnügliche Stunden und Glück in der Liebe ankündigen. Es steht für die Herzenskraft. Schaue, wie es sich dir zeigt. **AFFIRMATION:** »Ich bin geschützt und werde sicher geführt.«

MURÄNE

Verrat, Vertrauensbruch, Lösung emotionaler Blockaden

Zeig ich mich dir im Seelengewand,
führe ich dich ein in ein anderes Land.
Hier, an den Wurzeln, liegt das Übel begraben,
schau es dir an, ohne dich dran zu laben.
Heile die alten Wunden im Seelenkleid,
mach dich bereit für eine neue Zeit.
Gift ist auch Heilung, das entscheidest du.
Willst du finden Frieden und Ruh?
Uns wird es immer geben,
da wir in den Meeren leben.
Wir sind ein Teil der unerlösten Emotionen,
die in vielen Menschen wohnen.
Wir helfen dir, ein Muster zu erkennen,
ein altes Ding neu zu benennen,
Vergebung und Gnade zu erlangen –
dann muss es dir vor uns nicht mehr bangen.

Lebensweise der Muräne

Muränen *(Muraenidae)* sind aalartige Knochenfische. Es gibt etwas mehr als 200 verschiedene Muränenarten, bei fünf von ihnen hat ein Biss tödliche Wirkung, darunter der der Mittelmeermuräne. Muränen leben in flachen tropischen und subtropischen Meeren. Die Tiere haben einen lang gestreckten, muskulösen und aaltypischen Körper. Ihre Haut, die in der Farbe variieren kann, ist mit einer dicken, klebrigen Schleimschicht überzogen. Eine lang gestreckte Rückenflosse zieht sich über den Körper. Das Blut der Muränen ist meist giftig, der Biss der Tiere kann, wie bereits gesagt, tödlich sein und hinterlässt im harmlosen Fall schlecht heilende Wunden. Das Maul dieser Fische ist mit zahlreichen Zähnen besetzt, die Giftdrüsen sitzen aber in der Mundschleimhaut. Muränen pumpen durch regelmäßiges Öffnen und Schließen des Mauls Wasser durch die Kiemen. Sie haben einen ausgezeichneten Geruchssinn, sehen aber schlecht. Muränen leben standorttreu in Felsspalten, Höhlen und Korallenriffen in einer Tiefe bis zu 200 Meter. Sie verlassen ihren Unterschlupf nur, wenn sie nachts auf die Jagd gehen.

Putzerfische reinigen die Tiere und werden von ihnen nicht gefressen. Muränen können eine Länge von 20 cm bis 4 Meter erreichen. Von der Geistermuräne weiß man, dass sie im Laufe ihres Lebens das Geschlecht wechseln kann.

Die Muräne und ihre Kraft in den Kulturen der Welt

In der griechischen Mythologie finden wir Echidna, die Mutter zahlreicher Unterwasserungeheuer. Es gibt unterschiedliche Erzählungen bezüglich ihrer Herkunft. Echidna soll die Tochter des Phorkys (eines Alten des Meeres) und der Keto (eines Meeresungeheuers) sein. Andere Erzählungen schreiben ihren Ursprung der Kallirhoe und dem Chrysaor zu. Sie ist auf der einen Seite ein Mädchen mit schönen Augen, auf der anderen aber eine grauenhafte, gefräßige Riesenschlange – und demnach fruchtbar und furchtbar zugleich. Echidna steht für die Macht und die Schlauheit der Frau, die als liebende Verführerin hinterhältigen Verrat begeht, nur um an Macht, Geld und Energie zu kommen. In der Römerzeit galten Muränen als Delikatesse und wurden sogar gemästet. Durch die Erhitzung des Tierkörpers auf 75 °C konnte das Gift unwirksam gemacht werden. Die Muräne sollte Krieger auf ihren Kriegszügen stärken. Das Gift der Muräne wurde bei der Giftmischerei dazu verwendet, Menschen auszuschalten, die zu viel wussten oder die man aus anderen Gründen loswerden wollte. Das Gift wurde diesen oft von verführerisch schönen Frauen überreicht.

Muränenmedizin

Ein Raubfisch der Meere zeigt sich in deinem Leben. Vielleicht sitzt er in einem emotionalen Energieloch deiner Seele, um es zu schützen, aber auch, um dir dort Energie abzuziehen. Er lässt nichts Neues an dich heran und kämpft auf althergebrachte Weise mit Menschen, die neu in dein Leben kommen und die dir Vertrauen, Liebe und Freundschaft entgegenbringen wollen. Eine alte Verletzung, die nur schwer und langsam heilt, meldet sich in deinem Energiefeld. Solange du sie nicht beachtest oder meinst, ihr nicht gewachsen zu sein, bringt sie dich dazu, auf aktuelle Situationen unangemessen zu reagieren aus lauter Angst, wieder verletzt zu werden. Du hast dir bestimmte Schutzstrategien von Angriff und Verteidigung angewöhnt, weil du glaubst, mit ihnen Heilung finden zu können. Es wird Zeit, hinzuschauen und aus dem Kreislauf von Angriff, Verteidigung und Rückzug auszusteigen. Welches Gift wirkt noch in deiner Seele? Was hält dich davon ab, wieder Vertrauen ins Leben und in andere Menschen aufzubauen? Welcher Vertrauensbruch in dir möchte heilen? In welchen Situationen reagierst du unangemessen und versprühst mehr Gift als Heilung? Alte Ängste, Verletzungen des Inneren Kindes, Verrat an der kindlichen Seele, tief sitzende Schocks und Vertrauensbrüche können dazu führen, dass wir die Fülle, die der Ozean der Freude für uns bereithält, nicht erfassen können. Du meinst, das Glück sei nicht für dich bestimmt. Ein Teil deiner Seele glaubt immer noch, klein, hässlich, unerwünscht und wertlos zu sein, nur weil andere dir dieses Gift eingeimpft haben. Es wird Zeit, dieses Muster zu lösen, dich dem größeren Teil deiner Seele mit seiner ganzen Schönheit und seinem Licht zuzuwenden und ganz zu werden. Die Muräne bietet dir eine großartige Gelegenheit, alte Dinge zu klären, sie zu bereinigen und zu akzeptieren, damit du die Schönheit und die Fülle, die dich umgeben, leben kannst.

VON IHRER LICHTVOLLEN SEITE BETRACHTET: Die Muräne steht für Schutz, Verteidigung, das Verlassen der Opferrolle, die Einübung neuer Verhaltensmuster, Rückzug, Besinnung auf das Innere, Befreiung, Selbsterkenntnis und Loslassen. Sie wehrt sich, lässt sich nicht alles gefallen, lässt nicht alles über sich ergehen, sie passt auf, beginnt, für sich zu sorgen, sie holt sich, was sie braucht, reinigt sich von alten Giften, erkennt ihren Eigenwert und entfaltet ihre Kraft.

VON IHRER DUNKLEN SEITE BETRACHTET: Das Tier steht für Wut, Zorn und Ohnmacht, Angriff, Verteidigung und Flucht, Schutzmechanismen, tief sitzende Vertrauensbrüche, Verlustangst, innere Einsamkeit und Kontrollsucht. Die Muräne ist in alten Gefühlen gefangen, kann nicht vergeben, nicht aus sich herauskommen, nicht loskommen, und sie hat das Gefühl, böse oder nicht gut genug zu sein.

Weitere Informationen

RAT DES TIERES: »Akzeptiere die Vergangenheit, erkenne an, was ist, und du wirst Heilung finden.« **WEITERE ASSOZIATIONEN:** Gift, Sucht (Tabletten, Alkohol, Drogen), Co-Abhängigkeit, erschütternde Erlebnisse in zwischenmenschlichen Beziehungen, Selbstvergiftung, alte Erinnerungen, die immer noch Emotionen auslösen, mehr Schein als Sein, Machtkampf, Rache, Selbstbestrafung, seine eigene Kraft nicht erkennen; **THEMEN:** Heilung des Inneren Kindes, Energievampirismus, emotionale Erpressung, Verteidigungsmechanismus, alte Wunden möchten heilen, karmische Verstrickungen, Rückführung, Erlösung alter Verhaltensmuster, Überwindung alter seelischer Verletzungen, Heilung des Emotionalkörpers, Lösung emotionaler Blockaden, frei werden für das Leben, Selbstermächtigung, die eigene Kraft möchte aufsteigen; **FARBEN:** Braun, Schwarz, Purpur (gemustert); **ELEMENTE:** Wasser, Feuer; **STEIN:** Koralle; **TRAUMSYMBOL:** Tief sitzende Ängste, alte Emotionen und Felder, die heilen wollen, melden sich. Das Erscheinen der Muräne ist eine Warnung. Es steht für unlautere Absichten anderer Menschen, Hintergehen, Betrug oder Täuschung. Schaue genau hin. **AFFIRMATION:** »Ich vergebe mir selbst und anderen. Ich liebe mich und sage Ja zu meinem Leben. Ich gehe neue Wege in Aufrichtigkeit, Liebe, Glück und Frieden. Das Glück strahlt jetzt in meinem Leben. Danke!«

MURMELTIER

Erholung, Kräutermedizin, Sensibilität

Erschreck ich vor meinem Schatten –
der Sommer kann noch warten.
Ist es kühl und grau,
komm ich gern aus meinem Bau.
Lebe im Einklang mit der Natur,
bin ein kleiner Lichtträger nur.
Bringe das Licht ins Leben zurück,
webe mein eigenes Lebensglück.
Kräuter, Samen, Früchte, alles,
was ich möchte, schenkt mir Mutter Erde
in ihrem Gewand von Vergehen und Werden.
Ich fühle mich bei mir zu Hause,
warm in meinem Fell geborgen,
habe ich jetzt noch keine Sorgen.
Das Leben trägt mich auf seine Weise
durch die schönen Lebenskreise.

Lebensweise des Murmeltiers

Anhand von Fossilienfunden in Nordamerika konnte belegt werden, dass Murmeltiere *(Marmota)* schon seit dem Zeitalter des Miozäns (etwa 24 bis 5 Millionen Jahre vor unserer Zeit) existieren. Erst während des Pleistozäns (etwa 2,6 Millionen bis 13 000 Jahre v. u. Z.) konnten sie nach Eurasien gelangen. Heute sind weltweit 14 Murmeltierarten bekannt. Der Name »Murmeltier« geht ursprünglich auf die lateinischen Wörter »mus montis« zurück, die »Bergmaus« bedeuten. In unseren Breiten finden wir das Alpenmurmeltier, das jedoch auch in anderen Teilen Eurasiens und in Nordamerika lebt. Murmeltiere kommen in gemäßigten und arktischen Breiten vor, in heißen Gebieten hingegen nicht. Murmeltiere zeigen schon bei 20 °C Hitzestress, weil sie kaum schwitzen können. An warmen Tagen halten sie sich deshalb lieber in ihren ausgedehnten unterirdischen Gangsystemen auf. Die Nahrung dieser Tiere besteht aus Kräutern, Gräsern, Samen, Früchten und Insekten. Sie sind am Boden aktiv und können sich in eine »Männchenposition« aufrichten, um ihre Umgebung zu überblicken. Murmeltiere verständigen sich mit verschiedenen Pfeiftönen. Sie halten einen ausgiebigen

Winterschlaf, in dem sie ihr ganzes Energiesystem herunterfahren. Ihr Erwachen wird durch die Außentemperatur ausgelöst. Murmeltiere können bis zu 15 Jahre alt werden.

Das Murmeltier und seine Kraft in den Kulturen der Welt

Das Murmeltier steht in Verbindung mit den Naturgeistern der Orte. Es ist ein Hüter des Lebensraums, kennt seine Umgebung sehr genau und schaut nach dem Rechten. Ist der Feind im Anmarsch, so gibt es Pfeiftöne von sich, damit alle anderen Murmeltiere sich auch fluchtartig bewegen. Dadurch erhöht sich die Zahl der potenziellen Beutetiere des Greifvogels, und für das einzelne Murmeltier verringert sich die Gefahr, gefressen zu werden. Der Mensch fasst dieses Pfeifen meist als altruistisches Verhalten auf. Die nordamerikanischen Indianer übernahmen diese Töne, um sich gegenseitig über weite Entfernungen zu verständigen. Das Murmeltier ist ein gutes Medizintier, weil es die Kräuter, Plätze und Geheimnisse der Umgebung genau kennt. Alle Medizin wächst in unserem Garten. Dem Fett des Murmeltiers werden starke Heilwirkungen nachgesagt, es wurde früher zur Versorgung von Wunden verwendet. Das Fell nimmt schädliche Energien aus dem Körper und erinnert an die innere Wärme. Es wurde in Heilzeremonien verwendet, weil es durch sein hochsensibles Energiesystem Fremdenergien gut aufnehmen kann. Weitere Teile des Tiers (Zähne und Knochen) sollten die Wahrnehmung verstärken und die Menschen mehr mit der Umgebung verschmelzen lassen.

In Nordamerika und Kanada wird der 2. Februar (Candlemass Day, Lichtmesse, keltisch »Imbolc«) als »Murmeltiertag« oder auch »Groundhog Day« gefeiert. Dieser Tag ist symbolisch gesehen eine Wendezeit, da er in den Zeitraum zwischen dem letzten Wintertag und dem ersten Frühlingstag fällt. Ein alter Mythos besagt, dass die Winterschlaf haltenden Tiere durch ihr erneutes Hervorkommen die Ankunft des Frühlings vorhersagen. Das erscheinende Tier symbolisiert das Licht, das in die Dunkelheit gegangen ist und jetzt wieder hervorkommt. Traditionell steht das Murmeltier als Orakeltier für das Andauern des Winters. Im Rahmen eines großen Volksfestes wird das erste Mal im Jahr ein Waldmurmeltier *(Marmota monax)* aus seinem Bau herausgelockt. Wenn das Wetter

klar und hell ist und das Murmeltier seinen Schatten sehen kann, wird der Winter noch weitere sechs Wochen andauern, ist es grau und trüb, bleibt das Tier draußen und das Wetter wird milder. Der Film »Und täglich grüßt das Murmeltier« (Originaltitel »Groundhog Day«) hat sowohl diesen Brauch als auch das Murmeltier an sich bekannt gemacht.

Murmeltiermedizin

Ein Bote der Erde erscheint jetzt in deinem Leben, um dich auf verschiedene Aspekte an deiner Basis aufmerksam zu machen. Du bist an einem Wendepunkt in deinem Leben angelangt, und es geht jetzt darum, zu dir selbst zu finden. Das Murmeltier lenkt dein Augenmerk auf das, was dich trägt und dir Halt gibt – deine Gesundheit, einen erholten und erfrischten Organismus, deine Partnerschaft, deine Freunde, deine Familie, aber auch auf deine Gedankentätigkeiten und deine grundlegende geistige Einstellung zum Leben. Wende dich der Basis deines Lebens zu, und schaue, was sie braucht und was du verändern musst, damit sie noch lange hält, dich trägt und nährt. Erwecke die Heilkraft in dir. Das Murmeltier kreuzt deinen Weg, um dich an die elementaren Dinge des Lebens zu erinnern. Vielleicht warst du zu lange in der Außenwelt unterwegs. Es ist Zeit, dich deiner inneren Welt zuzuwenden. Erde dich, sieh, was dein Körper, deine Seele und dein Geist jetzt brauchen. Beschäftige dich mit deinen grundlegenden Glaubenssätzen und Einstellungen zum Leben, und schaue, ob sie so für dich noch stimmen. Wenn nicht, dann ändere deine Haltung zum Leben. Beschäftige

dich mit den Wurzeln, mit deinem Unterbewusstsein, und schaue, wo du dich selbst immer wieder auf dem Weg ins Glück boykottierst. In der Ruhe liegt die Kraft. Jeder von uns besitzt Heilkräfte, ob er sich dessen bewusst ist oder nicht. Diese können aber erst dann wirken, wenn wir ihnen gestatten zu wirken, wenn wir ihnen Raum geben. Gönne dir eine Auszeit. Was sind deine Grundlagen? Mit dem Murmeltier als Medizin gilt es, die Wahrnehmung zu trainieren, eine gesunde Balance zwischen Bewegung und Ruhe zu erreichen. Murmeltiermedizin verhilft dir zu einem gleichmäßigen und gesunden Lebensrhythmus, in dem alte Verhaltensweisen reflektiert und verändert werden können, sodass du zu einem glücklichen und erfüllten Leben findest. Es führt dich zu dir selbst.

VON SEINER LICHTVOLLEN SEITE BETRACHTET: Das Murmeltier ist friedlich, sensibel, gemäßigt, liebenswürdig und beliebt. Es hat ein ausgewogenes Sein, es weiß, was gut ist, und folgt dem eigenen Weg. Es steht für die Medizin des Augenblicks, für Heilung, inneres Licht, Geborgenheit und Wärme in sich.

VON SEINER DUNKLEN SEITE BETRACHTET: Das Tier verkörpert auch Ängstlichkeit, nagende Gedanken und die Meinung, einen geringen Selbstwert zu haben. Es ist oft nicht in der Lage, das, was es als Vision empfängt, umzusetzen. Zudem lebt es nur für die Außenwelt, nimmt viel von anderen auf, tut viel für sie und will es allen recht machen. Es übernimmt sich dabei und wird gelebt, statt dass es selbst lebt. Das Murmeltier leidet unter seiner Schlaf- und Esssucht.

Weitere Informationen

RAT DES TIERES: »Lasse die innere Sonne scheinen. Löse dich von den Menschen, die an deiner Energie hängen, und lade dich auf.« **FARBEN:** Grau, Weiß, Schwarz, Braun; **ELEMENT:** innere Erde; **WEITERE ASSOZIATIONEN:** Meditation, Innenschau, Yoga, Atemübungen, zu sich selbst finden, herausfinden, was einem guttut, unabhängig von dem, was die Welt einem zu erzählen versucht, Versuch und Irrtum; **THEMEN:** Selbstwert, Selbstbewusstsein, Selbstliebe, Wurzel- und Basisthemen, Träume, Traumdeutung, Traumveränderung, Erwecken des feinstofflichen Energiekörpers; **STEINE:** Pyrit, Jaspis, Moosachat; **TRAUMSYMBOL:** Das Murmeltier kann auf nagende Gedanken hinweisen und auf Dinge, mit denen du in deinem Leben unzufrieden bist. **AFFIRMATION:** »Meine Basis wird von Tag zu Tag stärker, stabiler und kraftvoller. Ich kann jetzt das in mein Leben ziehen, was ich mir wünsche.«

NACHTIGALL

Herzöffnung, Liebe, Erwachen

Die Königin der Nacht
tönt in wonnener Pracht.
Ihr reiner Klang ist der Nachtigallgesang,
er verzaubert Herzen,
vertreibt Schmerzen,
weckt Liebe,
trägt uns davon in andere Gefilde,
und erinnert uns an laue Nächte – sternenklar,
zauberhaft und wunderbar.
Die Herzen ganz offen und weit,
zum Träumen von Größerem bereit,
alles ist möglich, öffne dich für neue Runden,
glaube an Wunder, erlaube dir, Neues zu erkunden.
Lass ein den Wunsch, zu leben –
das Leben wurde dir als Geschenk gegeben.
In dir wartet Gott auf sein Erwachen –
und die Welt auf dein zauberhaftes Lachen.

Lebensweise der Nachtigall

Die Nachtigall *(Luscinia megarhynchos)* mit ihrem wohlklingenden Gesang gehört bei den Sperlingsvögeln in die Unterordnung der Singvögel. Sie ist von Nordafrika über Europa bis in den vorderasiatischen Raum und Westsibirien beheimatet. Sie gehört zu den Zugvögeln und bevorzugt Misch- und Laub- sowie Auwälder, lebt aber auch in Parkanlangen, bewaldeten Wohnsiedlungen und auf Friedhöfen. Nester werden aus Laub, Moos und Halmen an Büschen, Wegrändern oder auch am Boden gebaut. Die Körperoberseite des recht kleinen Vogels ist hell und braun, die Unterseite grau bis gelbbräunlich, der Schwanz rotbraun und die Brust ungefleckt. Die Beine sind gelbrosa. Ihr wunderschöner, klarer, wohltönender und lauter Gesang, kombiniert mit ihrem schlichten Äußeren, ist ihr Hauptkennzeichen. Die Nachtigall beherrscht etwa 260 unterschiedliche Tonfolgen. Unverpaarte Nachtigallmännchen singen im zeitigen Frühjahr von 23 Uhr bis in den Morgen hinein. Von Mitte Juni an wird auch tagsüber gesungen. Der Gesang in den Morgenstunden dient der Revierverteidigung gegen andere Männchen. Ab

Juni, nach erfolgreicher Paarbildung, verstummt der Gesang der Nachtigall, und sie verhält sich still und unauffällig.

Die Nachtigall und ihre Kraft in den Kulturen der Welt

Die Nachtigall, auch als »Nachtsängerin« bekannt, kündigt traditionell den Frühling an. Sie ist dem Monat Mai zugeordnet und symbolisiert das Erwachen. Zudem steht sie für das Liebeslied der Schöpfung, die Schönheit und Kraft der Liebe, für Inspiration, die romantische Dichtkunst und Gottessuche. Ihr Gesang gilt als Wunder wirkend und Herz öffnend, denn die Nachtigall ist mit ihrem Lied die Botin des Herzens und der Liebe. Wer sie singen hört, dem sendet sie einen Gruß des Liebsten oder der Lieben, aus diesem oder dem jenseitigen Reich, denn die Liebe ist ewig und kennt keinen Tod. Dieser Vogel kann auch eine große Liebe ankündigen. Sterbenden soll sie zudem einen sanften Tod bringen und Kranken eine rasche Genesung. Bei einem Kranken, der sich zwischen Leben und Tod befindet, wird Mutter Maria gebeten, die Nachtigall zu schicken, um ihn zum Leben oder zum Tod zu zeichnen. Ihr Lied ist Ausdruck der Seele, die nach Erlösung und Befreiung strebt.

Dieser Vogel erinnert uns daran, unser Herz zu öffnen, zu vergeben und loszulassen und nach Höherem zu streben, nach der Liebe Gottes. Der Augenblick in seiner ganzen Harmonie ist das Einzige, was wir wirklich erfahren können. Aus schamanischer Sicht erinnert uns der Nachtigallengesang an das Lied unserer eigenen Seele. Wenn wir unser Lebenslied, die Melodie unserer Seele, nicht kennen, so sollten wir es kennen- und singen lernen. Dieses Lied können wir immer dann singen, wenn wir aus unserer Bahn geworfen wurden. Es bringt uns in die eigene Kraft und stärkt die Anbindung an die Geistige Welt. Die Nachtigall erinnert uns an die eigene Meisterschaft und an die Engel, die immer für uns da sind. Lausche ihren Botschaften für dich. Im Volksmund ist der Ausspruch »Nachtigall, ick hör dir trapsen« bekannt, was so viel bedeutet wie: »Ich ahne, was jetzt kommt.« Wir treffen sie in der Lyrik, in Märchen und Geschichten aller Art an. In Shakespeares »Romeo und Julia« finden wir die bekannte Zeile »Es war die Nachtigall und nicht die Lerche«.

Nachtigallmedizin

Ein Lied in der Nacht so wunderschön, klar und rein ertönt. Es ist der Gesang der Nachtigall, der dich an den Gesang der Schöpfung und die Melodie deiner eigenen Seele erinnert. Es gibt eine Welt der Harmonie, eine ewige Welt, aus der alle Formen, Farben, alle Musik, ja, aus der die ganze Schöpfung hervorgegangen ist. Das ganze Universum singt, die Felsen, Ge-

birgszüge, Meere, Sterne, Planeten, Tiere, die Sonne – sie alle singen in einer unvorstellbaren, erhabenen Harmonie. Der Gesang der Nachtigall erinnert uns daran, dass der gesamten Schöpfung Liebe, Schönheit und Harmonie innewohnen. Du bist Teil eines viel Größeren. Du bist ein Ton im Orchester der Schöpfung, dessen Klang die Liebe ins Leben zieht und das Herz öffnet. Lausche auf dieses Lied deiner Seele, das Lied deines Herzens und den Gesang der Schöpfung. Du bist kein Kind des Zufalls, sondern gewollt mit einem Seelenplan, und du hast dir vorgenommen, ihn hier zu verwirklichen. Das Lied in dir erinnert dich daran, dein Herz weit aufzumachen und deiner Bestimmung zu folgen. Ist dein Herz verschlossen, deine Stimme verstummt, so singt die Nachtigall jetzt in deinem Leben, um dich daran zu erinnern. Öffne dein Herz für eine tiefe Liebe, die alles durchdringt und alle Dinge miteinander verbindet. Durch die offene Kammer deines Herzens kann die Liebe in dich zurückkehren und heilsam auf deine Seele, deinen Geist und deinen Körper wirken. Die Nachtigall bringt dich in Verbindung mit den erhabenen, stillen, tiefen und schönen Momenten in deinem Leben, in denen du die Freiheit, Größe, Schönheit und die pulsierende Kraft der Schöpfung erfahren hast. Sie erinnert dich daran, dass Leben, Liebe und Licht ewig sind. Wer liebt, ist verbunden, und dabei spielt es keine Rolle, ob der Seelenpartner neben einem steht, noch nicht ins Leben getreten ist, sich an einem weit entfernten Ort aufhält, man mit ihm völlig verbunden ist oder er sich in einer anderen Dimension befindet. Liebe überwindet Raum und Zeit, und sie öffnet dich für eine größere Seinsform. Liebe empfängt, lauscht und folgt den Strömungen der Zeit. Liebe ist magnetisch und zieht alles in dein Leben, was du brauchst.

Lasse alle Schmerzen gehen, es ist Zeit, auf neuen Pfaden zu wandeln oder alte intensiv zu erleben. Erlaube dir, das Leben zu fühlen, die Liebe, die dich umfängt, zu erfahren, und erlaube der Liebe, die in dir ist, sich auszudrücken. Erhebe deine Stimme, und erschaffe dein Leben neu, im Einklang mit der Schönheit und Kraft der Schöpfung. Öffne dich für die Liebe deines Lebens, die nicht von dieser Welt und doch in dieser Welt erfahrbar ist. Werde aktiv, kreativ, und agiere, statt zu reagieren. Reise. Besuche neue Orte. Die Nachtigall als Langstreckenzieherin kann dich in ganz neue Gegenden führen, in denen dein Herz sich erwärmt und aufblüht. Erwache aus deinem täglichen Einerlei, und folge dem Lied deiner Seele.

VON IHRER LICHTVOLLEN SEITE BETRACHTET: Erhebe deine Stimme, entfalte sie in den schönsten Tönen, die die Welt jemals gehört hat. Die

Nachtigall bringt dir dein Seelenlied und damit deinen Seelenplan. Durch das Singen kannst du deine Angst verlieren, gelöste Verbindungen wiederherstellen, Trauer und Verlust überwinden und Frieden in deiner Seele finden. Die Liebe kehrt zurück in dein Heim, und du kannst neue wundervolle Erfahrungen machen. Die Nachtigall öffnet dich für den Zauber der Natur und die Mysterien. Lasse zu, dass Wunder geschehen. Die Nachtigall ermutigt dich, zu sprechen, zu schreiben, zu dichten und zu singen. Drücke dich aus, verarbeite die Dinge, sprich über deine kühnsten Träume. Die Nachtigall zeigt dir außerdem, dass Liebe im Herzen niemals aufhört, sondern dass sie sich nur verändert. Über das Herz sind wir immer mit allem verbunden.

VON IHRER DUNKLEN SEITE BETRACHTET: Die Nachtigall steht für Melancholie, unerfüllte Liebessehnsucht, für ein verschlossenes Herz, Vereinsamung in der Liebe und tiefe Traurigkeit. Sie leidet an Fernweh, unter dem Gefühl, nicht gesehen zu werden, und sie kann nicht loslassen. Es besteht die Gefahr der Abstumpfung.

Weitere Informationen

RAT DES TIERES: »Lausche dem Liebeslied deiner Seele. Wonach sehnt sich dein Herz?« **KLEINE ÜBUNG:** Singe jeden Tag deinen Herzenston. **FARBEN:** Braun: innere Wärme und Geborgenheit; Rosagelb: der Herzensliebe Ausdruck verleihen; **ELEMENT:** Luft: Töne, Gesang; **WEITERE ASSOZIATIONEN:** Nacht: weiblich, Stimme des Herzens; Sehnsucht: Feuer der Seele; Seelenpartner, Liebesverbindung zwischen Lebenden und Verstorbenen, Frühling, Erwachen, Erblühen, Zeit, sich zu öffnen, Rose, die sich öffnet, Hingabe, der Gesang der Schöpfung, Mutter Maria, Geborgenheit und Wärme; **STEINE:** Rosenquarz, Rhodochrosit, Lavastein; **TRAUMSYMBOL:** Wenn wir im Traum die Nachtigall singen hören, so gilt dies als ein Glückszeichen, das Freude, Liebe, Trost, Hoffnung und die Linderung im Leiden bringt oder aber den richtigen Partner ankündigt. Verliebten Paaren und jungen Eltern verheißt die Nachtigall Segen, langes Glück, Wohlstand und ein angenehmes Leben. Verstummt die Nachtigall im Traum, so kann dies auf Missverständnisse oder Disharmonien hinweisen. Ist sie in einem Käfig gefangen, so bedeutet dies, dass Sehnsüchte im Leben keinen Ausdruck finden. Singt sie disharmonisch, so steht dies für Misstöne im Leben, die genauer betrachtet werden sollten. **AFFIRMATION:** »Ich bin geborgen im Sein und öffne mein Herz weit für die Liebe, die mich trägt, umfängt und aus mir strömt. Sie zieht alles in mein Leben, was jetzt meinem Besten dient.«

NARWAL

Befreiung, magische Kräfte, Höheres Selbst

Ich singe mein Lied im Ozean der Freude,
lebe stets im Hier und Heute.
In mir hüte ich die Herzenswärme, die verborgenen Kräfte
und produziere neue Lebenssäfte.
Nun mach dich frei für gute Taten,
nimm an dein Leben, du musst nicht warten.
Verharre nicht in alten Dingen,
lass Gott in deinem Herzen singen.
Mach dich frei von alten Emotionen,
da größere Kräfte in dir wohnen.
Werde der, der du bist.
Mit meinem magischen Horn
verwandele ich jeden Zorn.
Ich helfe dir mit ganz viel Segen, lass dich tragen,
ja, du kannst jetzt Neues wagen.

Lebensweise des Narwals

Der Narwal *(Monodon monoceros)* wird auch als »Einhorn der Meere« oder »Einhornwal« bezeichnet. Er gehört zur Familie der Gründelwale und kann bis zu 40 Jahre alt werden. Narwale leben im gesamten arktischen Ozean und sind stets in der Nähe von Packeis zu finden. Sie treten am häufigsten in Grönland, Alaska, Kanada und Sibirien auf. Bei Gefahr können die Tiere bis zu 15 Minuten unter Wasser bleiben. Die Luft in der Lunge wird nach dem Auftauchen explosionsartig wieder ausgeblasen. Die Grundfarbe des Narwals ist Hellbraun bis Weiß, seine Seiten sind mit schwarzbraunen Flecken gesprenkelt. Der Narwal ist ein Warmblüter, der eine bis zu 10 cm dicke Speckschicht hat, die ihn vor der Kälte schützt. Er orientiert sich durch Töne, Gesänge und Schallwellen im Ultraschallbereich. Das auffälligste Merkmal des Narwals ist sein Horn, das in Wirklichkeit ein Stoßzahn ist. Im Oberkiefer werden zwei innen hohle, links gewundene Stoßzähne gebildet, doch der rechte Zahn verbleibt im Oberkiefer und der linke entwickelt sich zu dem »Horn«, das bis zu drei Meter lang werden und bis zu acht Kilo wiegen kann. Es gibt zum Teil sehr ungewöhnliche Mutmaßungen über die Funktion dieses Zahns: Das »Horn« könnte dazu verwendet werden, die Eisdecke aufzubrechen, den Boden nach Nahrung wie Weichtieren, Krebsen und Würmern zu durchsuchen, es könnte als akustische Lanze zur Echoortung dienen sowie als Droh- und Angriffswaffe gegen Rivalen und Feinde eingesetzt werden. Neuste Untersuchungen haben ergeben, dass dieser Zahn etwa zehn Millionen Nervenenden enthält und dass der Wal mit ihm die Wassertemperatur, den Wasserdruck, den Salzgehalt und die Qualität der Beute erfassen kann. Zudem nutzt er es für die Jagd. Er betäubt seine Beute damit, bevor er sie verschlingt.

Der Narwal und seine Kraft in den Kulturen der Welt

Bei den Inuit ist der Narwal sowohl heilig als auch sehr begehrt. Sein kostbares Horn wird in vielen heiligen Gegenständen und bei schamanischen Heilbehandlungen verwendet und soll magische Kräfte besonderer Art besitzen. Mit ihm können Engelwesen gerufen und höhere Kräfte eingeladen werden, es kann mit ihm gesegnet werden, alte Flüche und Bindungen können sich lösen, mächtige Schutzkräfte können aktiviert werden, und vieles mehr. Die Haut und das Fleisch des Narwals gelten zudem als Delikatesse. Der Zahn des Narwals wurde im Mittelalter als Horn des Einhorns zu hohen Preisen gehandelt und sogar in Gold aufgewogen. Für Seeleute war es eine Freude, am Strand Hörner oder Bruchstücke dieser zu finden. Das Horn wurde als Reinigungsinstrument, Stirnwaffe, magisches Instrument, Kraft-, Heil- und Statussymbol verwendet, das die Menschen mit den unsichtbaren Lichtwelten verbinden sollte.

Es gibt viele Inuitgeschichten, die von der Kraft dieses Wals erzählen. Eine handelt von einem blinden Jungen, der sehend wird und sich aus den Händen seiner kaltherzigen Mutter befreien kann. Viele Geschichten handeln von der Befreiung aus schwierigen emotionalen Situationen hinein in die eigene Kraft oder auch von der Wiedergewinnung der gottgegebenen Kraft. Das Horn soll zudem vor Giften schützen und gegen menschliche Schwächen immun machen. Es erinnert uns an die höchsten Kräfte, die in uns wirken.

Narwalmedizin

Taucht der Narwal in deinem Leben auf, so nimmt er dich mit auf eine Reise zu dir selbst. Öffne dein Herz, befreie dich von alten emotionalen Giften, und lasse die reine göttliche Energie der Liebe, des Lichtes und der Klarheit durch dich fließen. Schnee und Eiswasser stehen für die Heilung alter Emotionen. Finde die Anbindung in dir selbst. Fühle die Geborgenheit in dir, die von der Flamme deines Herzens erzeugt wird. Der Narwal lehrt dich, friedliche Wege zu gehen. Wenn Gefahr droht, lasse sie einfach an dir vorbeiziehen. Gib den Kampf auf, sende den Ton deines Herzens in die Welt, und du wirst die Seelen anziehen, die zu deiner Seelenfamilie gehören und mit denen du Liebe, Freundschaft und Gemeinsamkeit erleben kannst. Du bist nicht allein, hast nur manchmal einen eingeschränkten Blickwinkel, gefärbt von alten, machtvoll bindenden Emotionen wie Neid, Zorn, Eifersucht, Hass, Freudlosigkeit und Kritik. Sie werden dich in der Spirale des Lebens nicht höher tragen, wenn du ewig daran festhältst. Es ist deine Aufgabe, Frieden in dir zu finden, mit dir in diesem Frieden zu sein und dich den höheren Ebenen deines Selbst zu öffnen. Lasse die Göttlichkeit in dich einströmen. Harmonie und der Ton deines Herzens führen dich zur Erfüllung und zum Glück. Öffne dich deiner geistigen, spirituellen Natur.

VON SEINER LICHTVOLLEN SEITE BETRACHTET: Der Narwal schenkt Freude und bringt dir neue Harmonie. Er hilft dir dabei, deine eigene Schwingung durch das Fühlen zu erhöhen. Alte Emotionen finden Heilung, alte Gifte verlassen dein Sein. Du bist nun in der Lage, alte Angelegenheiten zu bereinigen und sie von einem neuen Blickwinkel aus zu betrachten. Freude, Mitgefühl, Freiheit, Weite, Liebe, Trost und Geborgenheit halten nun Einzug in dein Leben. Der Narwal verbindet dich mit deiner unsterblichen geistigen Natur und öffnet dich für spirituelle Wahrheiten.

VON SEINER DUNKLEN SEITE BETRACHTET: Der Narwal steht auch für Täuschung und Illusionen, dafür, nicht verstanden und in die Enge getrieben zu werden. Er verkörpert Einsamkeit, Traurigkeit und Hilflosigkeit, er weiß nicht, wie Wünsche und Begabungen auf die Erde gebracht werden können.

Weitere Informationen

RAT DES TIERES: »Du hast deinen eigenen Draht zum Göttlichen.« **FARBEN:** Weiß: Reinheit, Unschuld, Klarheit; Grau: Tarnung, Schutz; Blau: Weite, göttliche Führung, höherer Wille; Hellbraun: Herzenswärme, Empfindung, Geborgenheit in sich; **ELEMENTE:** Hauptelement Wasser, Äther, aber auch Erde und Herzensfeuer; **WEITERE ASSOZIATIONEN:** linksgedrehtes Horn, auf die Stimme des Herzens und der eigenen Führung hören, Reinigung, Segen, Anbindung, Freiheit; **STEINE:** Kristall, Ozeanjaspis, Larimar; **TRAUMSYMBOL:** Erscheint der Narwal in deinem Traum, so hilft er dir, dich aus Emotionen, in denen du gefangen bist, zu befreien. Alte Erinnerungen beginnen zu verblassen, alte emotionale Verletzungen heilen, neue Weiten öffnen sich dir. **AFFIRMATION:** »Ich verbinde mich mit dem Höheren Selbst. Das Höchste durch mich, so soll es sein. Ich werde vom Strom der Liebe getragen.«

ORANG-UTAN

Lebenskraft, sexuelle Energie, inneres Ausbalancieren

Im grünen Land, im rot-orangenen Gewand,
hangeln wir uns von Ast zu Ast.
Ohne den Boden zu berühren,
pendeln wir uns aus und öffnen neue Türen.
Wir schwingen hin und her,
Klettern fällt uns gar nicht schwer.
Heute hier, morgen dort,
wechseln wir schon mal den Ort.
Waldmenschen werden wir genannt,
haben das Schicksal in der Hand,
wir dir die dunklen Seiten spiegeln
und so manche Emotion aufwiegeln.
Wir können mit dem Leben handeln
und es in Freude und Glück verwandeln.

Lebensweise des Orang-Utans

Der Orang-Utan *(Pongo)* gehört zu den Menschenaffen. Sein Name ist malaysisch, »orang« bedeutet »Mensch« und »utan« »Wald«. Er lebt auf den südostasiatischen Inseln Sumatra und Borneo und ist ein »Waldmensch«, der entweder ortsansässig sein kann oder aber nach einigen Wochen oder Monaten seinen Aufenthaltsort wechselt. Den Orang-Utan erkennt man an seinem rotbraunen Fell. Sein Körperbau ist an sein Leben auf Bäumen angepasst, die Arme sind kräftig und können ausgestreckt eine Spannweite von mehr als 2 Metern erreichen. Die Hände dieser Affen sind wie Haken, und die Tiere können sich ganz einfach von Baum zu Baum hangeln. Am Boden halten sie sich nur selten auf. Orang-Utans sind besonders am Vormittag und am späten Nachmittag aktiv, mittags legen sie eine Pause ein. Diese Affen ernähren sich hauptsächlich von Samen und Früchten sowie anderen Pflanzenteilen. In Zeiten der Nahrungsvielfalt legen sie sich einen Fettvorrat für Mangelzeiten zu. Dies ist einer der Gründe, warum Orang-Utans in der Gefangenschaft zur Verfettung neigen. Weibchen gehen friedlich miteinander um, Männchen hingegen begegnen einander oft mit Feindseligkeit und drücken ihren Unmut durch laute Schreie aus. Rangniedrige, umherziehende Männchen zwingen oft ortsansässige Weibchen zur Fortpflanzung. Ab und zu kommt es zwar zu Gruppenzusammenschlüssen, doch diese können sich schnell wieder auflösen.

Der Orang-Utan in den Kulturen dieser Welt

Der »Waldmensch« wurde früher als Naturgeist eines Ortes gesehen. Es gibt viele einheimische Mythen und Legenden über Orang-Utans. Sie können Glück oder Unglück bringen, schicksalhafte Ereignisse ankündigen und die Menschen so erschrecken oder erfreuen. Sie stehen für die Feuerkraft mit deren positiven und negativen Seiten. Diese Affen sind gute, alte und weise Lehrer des Dschungels und vermitteln tiefe Lebensweisheiten. Da ihr Lebensraum immer weiter zerstört wird, sind Orang-Utans stark bedroht, zudem werden sie bejagt und dienen in manchen Gegenden als Nahrung. Junge Orang-Utans werden gern als Haustiere gehalten.

Orang-Utan-Medizin

Erscheint der Orang-Utan in deinem Leben, dann klärt er dich über die Geheimnisse und den Missbrauch der sexuellen Energie auf. Sexuelle Energie ist Lebensenergie, die in vielerlei Hinsicht, bis hin zur Erniedrigung, Demütigung und Abwertung, eingesetzt wird. Wer mit dem Feuer der Liebe spielt, kann darin umkommen. Der Orang-Utan hat viel feurige Lebensenergie. Diese kann uns eine große innere Unruhe bescheren und, wenn wir keinen Sinn im Leben finden, auch zerstörerisch eingesetzt werden. Wofür setzt du deine Lebensenergie ein? Wie gehst du mit deiner sexuellen Energie um? Unsere sexuelle Kraft ist ein Werkzeug der Schöpfung. Sexualität ist in erster Linie eine Triebkraft, die der Arterhaltung dient, sie kann aber zu Abhängigkeit, Unfreiheit und Perversionen führen, wenn sie ohne Herz und Liebe gelebt wird. Sexualität ist ein Austausch von Energie, an dem meist zwei Menschen beteiligt sind. Schaust du nur auf dich oder auch auf deinen Partner? Wenn man in einer Partnerschaft sexuell unbefriedigt ist, dann ist es wichtig, im Herzen zu schauen, warum das so ist. Es kann viele Gründe geben, warum die Energie zwischen zwei Menschen nicht fließen kann oder warum ein Mensch allein bleibt, ewig herumzieht und immer nur kurzzeitig Befriedigung findet. Erscheint der Orang-Utan, so geht es darum, in das eigene Herz zu blicken, tiefer in die Seele zu schauen und diese Lebensenergie freizulegen, sie fließen zu lassen und zu einem tiefen, befriedigenden Lebenssinn zu finden – indem man diese Energie lenkt und leitet, statt von ihr getrieben zu werden, und sich kreativ und schöpferisch ausdrückt. Vielleicht gibt es in deinem Energiefeld beängstigende, grenzüberschreitende Erlebnisse aus der Kindheit, vielleicht hat ein früherer Partner dich nicht gehen lassen, oder umgekehrt. Vielleicht hast du dein Leben einst zölibatär verbracht und dieser Eid wirkt immer noch in deiner Seele, vielleicht hast du dir einst Karma wie Flüche und Verwünschungen aufgeladen, das heute noch wirkt. Es kann sehr viele Gründe dafür geben, wenn diese Energie auf unerlöste Weise in deinem Leben wirkt. Nun ist es Zeit, tiefer zu schauen und zu erkennen, wie du deine Lebenskraft lebst und wie du sie leben möchtest. Vielleicht fühlst du dich ungeliebt und hast kein Selbstwertgefühl. Wenn du versuchst, über den sexuellen Kontakt deinen Frust abzubauen oder Probleme zu lösen, wird dies nur kurzfristig wirken und kann auf Irrwegen zur Sucht, zur Hörigkeit und zur Selbsterniedrigung führen. Erscheint der Orang-Utan, so bedeutet dies, dass du dich der liebevollen Arbeit an dir selbst widmen und über höhere Ebenen Heilung und eine neue Ausrichtung deines Seins erfahren sollst. Du hast jetzt die Möglichkeit, dein Leben umfassend und selbstbewusst neu zu gestalten und so gute und befriedigende Wege für schöpferischen Ausdruck zu finden. Lasse dich von dem weisen alten Waldmenschen führen, die Medizin und die Heilung wohnen in dir. Du kannst dich ausbalancieren.

VON SEINER LICHTVOLLEN SEITE BETRACHTET: Der Orang-Utan steht für Lebensgestaltung, Lebensenergie und Lebensfreude, Fruchtbarkeit, Kreativität, Selbstausdruck, Kraft, erfüllte Partnerschaft, Schutz, Geborgenheit und Schöpferkraft.

VON SEINER DUNKLEN SEITE BETRACHTET: Dieses Tier steht für hemmungslose Sexsucht ohne Befriedigung, für Triebhaftigkeit, Abhängigkeit, Scham, Schuld, Perversion, Unruhe, zielloses Umherirren, Verfettung, Trägheit, Langeweile, Diebstahl, Neid, inneres Leid und irregeleitete Lebensenergie.

Weitere Informationen

RAT DES TIERES: »In deinem Inneren findest du alle Antworten. Lenke deine Kraft zu deinem Wohle und zum Wohle aller, die mit dir zu tun haben. Finde eine gute Balance in dir.« **WEITERE ASSOZIATIONEN:** Pendeln, Innenschau, Selbstreflexion, Erkenntnis, Erlösung, Kundalini, Lebensenergie, Handlung, Selbstausdruck, Schattenspiegel, Balance, obere Welten, innere Führung, Innenschau, Lösung von alten Schocks; **THEMEN:** Sexualität, Sexualität als spiritueller Weg, Schöpferkraft, Entwicklung, Glaubenssätze, Glaubensmuster, Erwachen, höhere Ebenen erreichen, Verantwortung, Beziehung, Lösung aus alten Beziehungen und Bindungen, Reinigung und Klärung, frei werden für eine neue Beziehung; **FARBEN:** Rot, Braun, Orange, Gold; **ELEMENTE:** Feuer, Luft; **RÄUCHERSTOFF:** Benzoe: Konzentration auf innere Welten, starke Reinigung des Energiefeldes; **TRAUMSYMBOL:** Erscheint der Orang-Utan im Traum, kann dies für einen neuen Weg, Aufbruch oder Missbrauch der Lebensenergie stehen. Schaue, was er dir sagen will. Gehe nach innen. **AFFIRMATION:** »Ich leite und lenke meine Lebensenergie und erlebe einen fruchtbaren, unvergleichlich schönen Austausch mit anderen Menschen.«

PANDA (GROSSER PANDA)

Natürliche Balance, Weisheit, Friedfertigkeit

Erscheint der Panda im zweifarbigen Gewand,
zeigt er dir den Weg zum Frieden –
den kann es nur im Einklang mit Schwarz und Weiß geben.
Tag und Nacht, männlich und weiblich, Yin und Yang,
forme im Herzen den heilenden Klang.
Ein alter Ahn, ein alter Weiser,
lebt in den chinesischen Welten
und leitet an die wahren Helden.
Rätsel aus dem inneren Sein,
der Panda lädt dich dazu ein.
Bleibe dir treu, folge den inneren Wegen,
biegsam und fest mit geistigem Segen.
Der alte weise Lehrer erscheint dir,
er unterrichtet dich im Jetzt und Hier.
Die Suche hat ein Ende, du bist da,
hast deinen Platz, ganz wunderbar.
Nun beginnt die Innenschau, das Licht
des ewigen Friedens entfaltet sich im Herzen,
der Jadeweg bringt Heilung in die alten Schmerzen.
Nur du kannst dich selbst meistern,
bist du im Licht der Ewigkeit erwacht –
die Wahrheit, die Weisheit dann aus dir lacht.
Der lange Weg wird sich lohnen,
Ruhm und Ehre bei dir wohnen.

Lebensweise des Großen Pandas

Der schwarz-weiße Große Panda (*Ailuropoda melanoleuca*), früher auch »Bambusbär« genannt, existiert seit mehr als fünf Millionen Jahren. Schon immer scheint er in dem begrenzten Territorium in China gelebt zu haben, in dem er in freier Wildbahn auch heute ausschließlich vorkommt: in den chinesischen Provinzen Sichuan, Shanxi und Gansu. In dem feuchten subtropischen Klima lebt er an Berghängen mit starkem Bambusvorkommen. Im Sommer hält er sich in Höhen von bis zu 4000 Metern auf, im Winter wandert er in tiefer gelegene Gebiete. Winterruhe hält er im Gegensatz zu anderen Bären nicht. Der Große Panda ist in erster Linie ein Bodenbewohner, kann aber auch gut klettern und schwimmen. Verglichen mit anderen Bärenarten hat der Panda unter anderem ein auffallendes zweifarbiges Fell, einen kräftigen Kopf und einen verlängerten Handwurzelknochen und kann infolgedessen mit seinen Vorderpfoten gut greifen. Dieses Tier ernährt sich ausschließlich von Pflanzen. Sein Pflanzenverbündeter ist der starke, doch biegsame Bambus, doch er frisst nicht nur Bambusschösslinge, von denen er bis zu 20 Kilo am Tag verzehrt, sondern durchaus auch Schwertlilien, Enziane oder Krokusse. Die Pandas können bis zu 160 Kilo schwer werden. Große Pandas sind meist Einzelgänger, doch nur die Weibchen markieren und verteidigen ihr Revier. Wenn eine Pandamutter mehrere Jungtiere gebiert, entscheidet sie sich für eines, das sie aufzieht, die anderen verstößt sie.

Der Große Panda und seine Kraft in den Kulturen der Welt

Obwohl der Große Panda nur in einem kleinen Gebiet lebt, ist sein Bekanntheitsgrad beachtlich. In China ist er ein Nationalheiligtum und als solches hoch verehrt und streng geschützt, da er vom Aussterben bedroht ist. Er gilt als Ahn und weiser Bär, der den Menschen wertvolle Ratschläge erteilt, sie jedoch auch vor Rätsel und Aufgaben stellt. Er ist ein Glückssymbol. Sein Erscheinen erfreut die Menschen, er gewinnt im Nu alle Herzen für sich. Der Große Panda bringt Hoffnung und ist ein Botschafter des Friedens. Weltweit leben 21 dieser Tiere außerhalb ihres natürlichen Lebensraumes in Zoos. Der schwarzweiße Panda ist der Stellvertreter für die bedrohte Tierwelt, und der World Wide Fund for Nature (WWF) benutzt sein Bild als Logo. Der WWF ist derzeit eine der größten international organisierten Naturschutzorganisationen. Der Große Panda Jingjing war eines der Maskottchen der Olympischen Sommerspiele 2008 in Peking. Po, der Große Panda und Held im Zeichentrickfilm »Kung Fu Panda« begeistert sowohl Kinder als auch Erwachsene.

Großer-Panda-Medizin

Ein friedliebender, alter und weiser Meister aus China kommt in dein Leben. Er hat dich auserwählt. Er zeigt dir den Ausgleich zwischen Ruhe und Aktion, er bringt dir seelisches Gleichgewicht, Natürlichkeit und inneren Frieden. Er macht dich darauf aufmerksam, dass du dich auf dich besinnen und deinem Weg folgen sollst. Auf diesem Weg gibt er dir Halt, er ist dir eine Stütze. Sei dir treu, konzentriere dich auf das, was dir wirklich wichtig ist. Sein schwarz-weißes Fell symbolisiert die Verbindung zwischen Himmel und Erde, Yin und Yang, männlich und weiblich, Aktion und Ruhe. Sein Motto ist: »Nicht ›entweder oder‹, sondern ›sowohl als auch‹, und alles zu seiner Zeit.« Der Große Panda folgt seinem Weg, und er nimmt sich Zeit dafür, sich auszuruhen und die Eindrücke, die er gesammelt hat, zu verarbeiten. Nach einer Tätigkeit sollte immer etwas Zeit sein, das Getane nachwirken zu lassen. Auf diese Weise stärkst du deine Gesundheit, dein Immunsystem, und du wirst gleichmäßig vital deine Aufgaben im Alltag erfüllen können. Schließe dich immer wieder an die Quelle im Inneren an. Lausche dem Wind und dem, was deine innere Stimme dir rät. Du hast eine gute und stabile geistige Führung. Der Panda lehrt dich, dich auf gesunde Weise abzugrenzen und dein Aufgabengebiet abzustecken, klar und stark zu bleiben und die Dinge miteinander zu verbinden. Er bringt dir Konzentration, Ausdauer und zeigt dir die Anbindung an die Natur. Bleibe natürlich und unverfälscht. Du weißt, was dir guttut und was nicht, also folge deinen Impulsen. Du kannst zu Ehre, Ruhm und großem Erfolg gelangen, wenn du eine Angelegenheit ganz und gar meisterst und nicht aufgibst.

VON SEINER LICHTVOLLEN SEITE BETRACHTET: Der Große Panda steht für Weisheit, Friedfertigkeit, Konzentration, Ausdauer und Beständigkeit. Er weiß, was eine ausgewogene Lebensweise ist, er kennt seinen Platz, ist ausbalanciert in seiner Mitte und weiß um seine innere Anbindung. Der alte, weise Lehrer steht zudem für Schutz, Kraft, Glück, Erfolg, Ruhm und Ehre.

VON SEINER DUNKLEN SEITE BETRACHTET: Das Tier lebt auch einzelgängerisch, es ist verfressen, doch recht wählerisch und manchmal auch phlegmatisch. Ab und an hat es das Gefühl, keine Wahl zu haben.

Weitere Informationen

RAT DES TIERES: »Folge der Weisheit deines Herzens. Innere Sammlung und Konzentration sind eine große Kraft.« **FARBEN:** Schwarz, Weiß, Grün; **ELEMENTE:** Erde, Luft, inneres Feuer; **STEIN:** Jade; **WEITERE ASSOZIATIONEN:** Bambus, Enzian, Lilie (steht für Engel- und Meisterwelten), Jadeweg, Königsweg, Selbstmeisterung, Yin und Yang, alte Verbindungen zu China (altes chinesisches Heilwissen, alte chinesische Selbstmeisterungsformen); **TRAUMSYMBOL:** Der Pandabär ist ein Glückssymbol. Dein innerer Meister sendet dir eine Botschaft. Zeigt er sich dir von der schwarzen Seite, solltest du innehalten und abwarten, zeigt er sich von seiner weißen Seite, bedeutet dies Glück und Erfolg. Handle jetzt. Der Pandabär hat eine Botschaft für dich. **AFFIRMATION:** »Ich bin in Frieden und Balance in mir, alles, was ich brauche, ist bereits da.«

REIHER

Reinigung, Intuition, erwachendes stilles Wissen

Ein Hüter an der Schwelle,
verbunden mit der Quelle,
erscheint in deinem Sein –
reinige dich von alten Dingen,
tanze, lache, singe.
Es ist Zeit, nach innen zu gehen
und die Gunst der Stunde zu sehen.
Du kannst auf deine eigene Intuition bauen
und in den Spiegel der Visionen schauen.
In der Balance zwischen Nehmen und Geben
sich die Zwischenräume weben.
Du weißt, was zu tun ist und was zu lassen,
du kannst jetzt nach den Sternen fassen.
Eine alte Kraft erwacht auf neue Weise,
und du beginnst die Seelenreise.
Der Flug der Seele führt dich heim,
in deinen eigenen heiligen Schrein.

Lebensweise des Reihers

Reiher sind eine sehr alte Vogelgruppe. Es gibt insgesamt 62 Reiherarten (*Ardeidae*), darunter Tagreiher und Nachtreiher. Je nach Region sind sie Stand-, Strich- oder Zugvögel. Je kälter eine Region im Winter wird, desto höher ist das Zugverhalten der Vögel. Reiher sind weltweit verbreitet und leben am Ufer von Seen, Flüssen, Tümpeln und Teichen. Sie haben einen langen Hals, stelzenartige Beine, einen langen, spitzen Schnabel, einen kurzen Schwanz und große Flügel. Ihr Gefieder, das der Tarnung dient, variiert in den Farben Blau, Braun, Weiß und Schwarz. Möglich sind bunte Kombinationen dieser Farben, aber es gibt auch unauffällig grau gefärbte Arten wie den Graureiher. Manche Reiher haben einen besonderen Federputz mit verlängerten Federn an Kopf, Hals, Bauch oder Rücken. Das Beutespektrum dieser Vögel ist groß. Sie ernähren sich von Fischen, Reptilien, Krebstieren, Wasservögeln, Insekten und Vogeleiern. Große Reiher können gelegentlich auch größere Beutetiere jagen. Dazu haben sie verschiedene Jagdtechniken entwickelt.

Beispielsweise breiten sie ihre Flügel aus, um Schatten zu erzeugen, in dem Beutetiere Schutz vor der Sonne suchen, oder sie setzen Köder aus, die Fische anlocken. Wenn die Balzzeit naht, verfärbt sich der Schnabel eines Reihers, und er beginnt mit außergewöhnlichen Balztänzen. Reiher brüten generell in Kolonien, sind sonst aber Einzelgänger. Rodungen, Flussbegradigungen und die Verschmutzung von Gewässern sind für den Rückgang der Reihervorkommen verantwortlich. Viele Reiherarten sind vom Aussterben bedroht.

Der Reiher und seine Kraft in den Kulturen der Welt

Der Reiher an sich ist ein Orakeltier und prophetischer Vogel, der, so sagt man, Zugang zum alten Wissen der Erde hat. Reiher sollen die Eingänge in andere Welten hüten, sollen die Welt der Lebenden, der Toten, der Seelen, der Ahnen, der Weisheit und der Kraft kennen. Das Vorbeifliegen eines Reihers kann Glück, Regen, Tod, Unwetter, Schwierigkeiten, Erfolg und vieles mehr anzeigen. Reiherfedern sollen vor Unheil und dem bösen Blick schützen, die Intuition stärken und energetisch starke Reinigungswirkungen haben. Sie werden als Antennen zur göttlichen Gegenwart gesehen. Silberreiherfedern waren in alten indianischen Kulturen der übliche Kopfschmuck von Führern und Häuptlingen. Maorihäuptlinge trugen sie als Krone. Reiher waren die Hüter der Mondtempel und der verborgenen weiblichen Wege. Weil sie in vielen Kulturen und auf vielen Kontinenten dieser Welt leben, haben sie Zugang zu einem universellen Wissen. Der Reiher wird oft mit dem Phönix gleichgesetzt, der sich viele Male erneuert und weiß, wann seine Zeit gekommen ist. Reiher hüten die Tore nach Avalon, und sie sind Hüter der weiblichen Weisheit. Die germanische Göttin Frigga und die keltische Feenschwester Morgan le Fey sollen einen Graureiher an ihrer Seite haben. Reihern wird nachgesagt, dass sie alles wissen, aber nichts sagen, weil echtes Wissen nur aus dem eigenen Erfahren entstehen kann. Reiherfett soll gegen Augenleiden, Lähmung, Taubheit, Gicht und Schlaflosigkeit helfen sowie die Verdauung fördern.

Reihermedizin

Ein weiser Lehrer ist an deiner Seite. Er lehrt dich, deinen Weg zu gehen, auch wenn dieser dir unstrukturiert erscheint. Immer nur der nächste Schritt, der, der vor dir liegt, ist wichtig. Der Reiher kann die Ebenen wechseln, von der Erde ins Wasser, vom Wasser in die Luft, und er verleiht dir die Gabe, Lösungen auf spielerische Art zu finden und mit den Möglichkeiten des Lebens zu spielen. Wenn das eine nicht funktioniert, probiere etwas anderes aus. Als kreativer Jäger kann er dich verschiedene Wege und Techniken lehren, mit denen du das erreichen kannst, was du dir wünschst. Er kann sich anpassen, aus dem Vollen schöpfen und mit dem gehen, was ist. Mal steht er in völliger Ruhe im Fluss, verbunden mit dem inneren Sein, mal erhebt er sich in die Lüfte, und ein anderes Mal tanzt er alte Zeremonien und heilsame Rituale, um die Kräfte der Schöpfung zu ehren und zu achten. Du kennst die Wege der Heilung und kannst sie vermitteln, so nimm deine Aufgabe als Lehrer an. Der Reiher lehrt dich, deinem tiefen inneren Wissen und deiner Intuition zu vertrauen. Er führt dich auf unüblichem Wege zu neuen Ufern. Im Rückzug wirst du wissen, was zu tun ist. Gib ab, was nicht zu dir gehört, reinige dich immer wieder von all dem, was du aus deiner Umgebung in dich aufnimmst. Was ist deine Angelegenheit, was ist die Angelegenheit anderer? Mute jedem seinen eigenen Weg zu. Folge eigenwillig und unbeugsam deinem Weg, den du aus deiner inneren Weisheit heraus gehst. Du verstehst ohne Worte, kannst Menschen in unbekannte Welten führen und sie so für ihre eigene innewohnende Weisheit öffnen. Was zu tun oder zu sagen ist, erfährst du im gegenwärtigen Augenblick. Verlasse dich auf deine Führung.

VON SEINER LICHTVOLLEN SEITE BETRACHTET: Der Reiher steht für Innenschau, Flexibilität, Möglichkeiten, Visionen, Intuition, Reinigung, heilsame Rituale und Zeremonien, ebenso für Heilung, Schutz, Tarnung, Lehren, altes Wissen und verborgene Weisheit.

VON SEINER DUNKLEN SEITE BETRACHTET: Der Reiher stellt sein Licht unter den Scheffel, er erkennt seinen eigenen Wert nicht und leidet unter Minderwertigkeitsgefühlen. Er ist einsam, ein Außenseiter, verspürt eine innere Traurigkeit, kann aber das, was er innerlich empfindet, oft nicht vermitteln. Er fühlt sich verloren.

Weitere Informationen

RAT DES TIERES: »Folge deinem selbst gewählten Weg, und lausche auf deine innere Weisheit und Intuition. Du bist beschützt und gut beraten.« **FARBEN:** Grau, Blau, Weiß, Silber (Farbe des Mondlichts); **ELEMENTE:** Wasser, Erde, Luft, inneres Feuer; **WEITERE ASSOZIATIONEN:** loslassen, was zu viel ist, sich reinigen, sich von Fremdbesetzungen lösen, Anbindung an die Quelle, Verbundenheit mit allem, inneres Wissen, Hüter, Wächter, Wissender; **THEMEN:** Lehre, Lehrerin, Wissensvermittlung, kollektive Kräfte, Verbundenheit, alte Weisheit, Träume, Intuition, Mondkraft, Lichtfamilie, Seelenflug; **STEINE:** Selenit, Mondstein; **TRAUMSYMBOL:** Im Traum bahnt sich ein Weg aus Licht zu dir, weiter und höher, als du es dir vorstellen kannst, um dich an deine geistige Freiheit, deine innere Weite und deine Verbundenheit mit allem zu erinnern. Je nachdem, wie sich dir der Reiher zeigt, kann er für Loslassen, Ziehenlassen, Tod, eine Botschaft aus anderen Reichen oder Schutz stehen. Wende dich nach innen. **AFFIRMATION:** »Ich vertraue jetzt auf meine Wahrnehmung.«

ROTKEHLCHEN

Glück, Trost, gesunde Grenzen

Ein Glücksvöglein flattert in dein Leben herein, bringt frohe Kunde
für eine neue Lebensrunde,
denn es spendet Trost und sendet Hoffnung.
Die Welt ist immer noch am Werden,
jeder Tag ist ein neuer Anfang.
Das Glück ist bei dir, so nimm es an,
und wage einen neuen Gang.
Öffne deinen Innenraum –
webe einen neuen Traum.
Lasse Trost in den alten Schmerz
und neues Glück jetzt in dein Herz.

Lebensweise des Rotkehlchens

Das Rotkehlchen *(Erithacus rubecula)*, auch »Rotbrüstchen« oder »Röteli« genannt, stammt aus der Vogelfamilie der Fliegenschnäpper. Es ist auf dem europäischen Festland, auf Mittelmeerinseln, in Nordafrika und Kleinasien heimisch. Der Vogel ist tag- und dämmerungsaktiv, phasenweise auch nachtaktiv. Seine Nahrung sind Insekten sowie Spinnen, Würmer und Schnecken, aber auch Früchte und weiche Körner. Der Körper des Vögelchens ist rundlich, seine Beine lang und dünn mit langen Krallen. Das auffälligste Erkennungsmerkmal ist die orangerote Kehle. Der Rest des Gefieders ist in verschiedenen Brauntönen gefärbt. Ein Rotkehlchen wird etwa 14 cm groß und 18 g schwer. Seine Flügelspannweite beträgt etwa 20 cm. Der Gesang des Rotkehlchens ist sehr vielseitig und ändert sich dauernd, es gibt über 270 verschiedene Lautabfolgen. Der Vogel kann auch andere Vogelstimmen nachahmen. Überwiegend singt das Rotkehlchen vor und während der Morgen- und Abenddämmerung, manchmal aber auch noch nach Einbruch der Dunkelheit. Dieser Vogel lebt in einer monogamen Brutehe, außerhalb der Brutzeit leben Henne und Hahn getrennt. Rotkehlchen grenzen ihre Gebiete ab und verteidigen sie aufgrund ihres ausgeprägten Revierverhaltens notfalls auch aggressiv.

Das Rotkehlchen und seine Kraft in den Kulturen der Welt

Das Rotkehlchen soll mit dem rotbärtigen Donar, dem Gott des Donners und des Blitzes, in Verbindung stehen. Es soll vor Blitzschlag schützen und Unglück und Krankheiten abwehren. In Europa wurde es einst als Überbringer und Träger der Sonne und des Lichtes verehrt. Als Orakeltier bringt das Rotkehlchen Glück ins Haus, besonders dann, wenn man ihm bei einer Taufe, am Geburtstag oder bei einer Hochzeit begegnet. Ein Nest im Garten oder am Haus bringt Frieden und Glück. Wenn das Rotkehlchen um Haus oder Stall flattert oder sich dort einnistet, bringt es zudem Schutz vor Unwettern. Das Vögelchen tröstet Sterbende und Hinterbliebene und überbringt Botschaften des Herzens als Mittler zwischen den Welten. Erscheint es auf einer Beerdigung, so ist der Verstorbene gut auf der anderen Seite angekommen. Es existiert eine Legende, in der das Rotkehlchen Christus vom Kreuze losmachen wollte. Als es die Dornen aus seinem Haupt ziehen wollte, hat es sich die Brust mit seinem Blut befleckt. Rotkehlchen symbolisieren die reine Liebe, die in ein offenes Gefäß fließt. Negatives kann jetzt losgelassen werden, und die eigene Kreativität darf sich entfalten. Das Rotkehlchen ist der inoffizielle Nationalvogel Großbritanniens und wird mit Weihnachten in Verbindung gebracht. Im Allgemeinen kündigt es eine neue Phase der Liebe und des Lichtes an.

Rotkehlchenmedizin

Ein anpassungsfähiger Geselle flattert in dein Leben, um dich aufzufordern, aktiv dein Herz für das Glück im Leben zu öffnen. Lasse Altes jetzt los, denn jeder Tag in deinem Leben ist ein neuer Anfang, egal, was in der Vergangenheit passiert ist. Munter singt dir das Rotkehlchen zu, die Sonne in dein Herz zu lassen und beherzt neue Wege zu gehen. Reinige dich von alten Angelegenheiten, denn sie dienen dir nicht länger. Halte deine Energie sauber, und nimm dir Zeit, dich zurückzuziehen und morgens und abends dem Lied deines Herzens zu lauschen. Als lernfreudiger, neugieriger und lebenslustiger Begleiter ermuntert dich das Rotkehlchen, kreativ zu sein, Neues zu wagen und zu experimentieren.

Rotkehlchenmedizin hilft dir, mit der Stimme des Herzens zu sprechen. Du kannst kraft deiner Stimme und deiner Worte auch anderen Heilung, Segen, Trost, Liebe und Freude bringen. Du kannst im wahrsten Sinne des Wortes damit Unheil abwenden, Segen bringen und Menschen für neue glückerfülltere Wege öffnen. Rotkehlchenmedizin lenkt die Aufmerksamkeit auf das Kehlchakra, die Schilddrüse und den Bereich, der Herz und Verstand miteinander verbindet. Es geht um wahrhaftigen Ausdruck und darum, auf den eigenen Rhythmus zu hören. Hörst du mehr auf andere als auf deine innere Stimme? In der Farbe Orangerot stecken die Wärme und die bedingungslose Liebe, das Christuslicht und die Christusliebe. Du bist ein Mittler zwischen den Welten und kannst Botschaften aus anderen Reichen an die Menschen übermitteln, aus den Reichen der Meister, Engel, Naturwesen und der Ahnen. Werde dir mehr und mehr der Stimme deines Herzens bewusst, und nutze dieses Werkzeug zum Segen. Drücke die Liebe in deinem Herzen aus.

Das Rotkehlchen lehrt dich außerdem, auf gesunde Grenzen zu achten, dein Revier zu verteidigen und die Zeichen des Himmels zu beachten. Es sendet dir seine Signale, um dich zu warnen, zu schützen, zu verteidigen oder zu öffnen. Richte dich neu auf deinen Herzschlag aus. Das Rotkehlchen ist ein munterer Begleiter in allen Herzensangelegenheiten und hilft dir, im Bereich des Ausdrucks Heilung zu finden.

VON SEINER LICHTVOLLEN SEITE BETRACHTET: Der Vogel steht für die Anerkennung deiner inneren Autorität. Er schenkt dir die Fähigkeit, deine Göttlichkeit zum Ausdruck zu bringen. Du bist nicht länger auf die Grundfeste deiner Erziehung angewiesen, sondern kannst deine eigene innere Anbindung als neue Basis verwenden. Eine dir innenwohnende Feuerkraft hüllt dich warm ein und bringt dein wahres Selbst zum Vorschein. Das Rotkehlchen lehrt dich, Ja zu deinem Leben zu sagen, es anzunehmen, es selbst zu gestalten und deine Freude über dein Dasein auszudrücken. Du wirst geliebt.

VON SEINER DUNKLEN SEITE BETRACHTET: Das Rotkehlchen steht auch für das Festhalten an Ängsten und Sorgen, dafür, sich selbst zu wenig zu vertrauen und mehr auf andere zu hören. Endlose innere Dialoge bringen es ab und an nicht weiter. Es geht auch um Einmischung, Tratsch und das Kopieren von Energien, die nicht die eigenen sind. Weiter steht der Vogel für Neugierde und Eitelkeit und auch für alles, was man geschluckt und hingenommen hat, sowie für Worte, die endlich einmal ausgesprochen werden sollten, damit man Frieden in sich finden kann.

Weitere Informationen

RAT DES ROTKEHLCHENS: »Sprich, erhebe deine Stimme. Schaue, was dein Herz zum Singen und Klingen bringt.« **FARBEN:** Rot, Orange; **STEINE:** Karneol, roter Jaspis, Rubin; **SYMBOL:** Kehle, Herz, Blut, Stimme, Gesang; **WEITERE ASSOZIATIONEN:** bedingungslose Liebe, Kelch Christi, Singen und Lobpreisen, Reinigung, Klarheit, Innenschau, Loslassen und Trost für Hinterbliebene, Schilddrüse, Selbstausdruck, gesunde Grenzen, Stärkung des Immunsystems; **ELEMENTE:** Luft und Feuer; **TRAUMDEUTUNG:** Erscheint ein Rotkehlchen im Traum, so kündigt es eine Glücksbotschaft oder eine freudige Nachricht an. Es übermittelt auch Liebesbotschaften und stärkt die Herzensverbindungen. **AFFIRMATION:** »Ich erhebe meine Stimme und spreche aus, was ich in meinem Herzen fühle.«

SCHIMPANSE

Intelligenz, Kreativität, Selbstausdruck

Ein Wächter der Erde, beweglich im Sein,
hangelt sich nun in deinen Seelenschrein.
Hörst du den Ruf in deiner Seele,
drück dich aus, lebe dein Leben,
es wurden dir viele Möglichkeiten gegeben.
Erkenne dich als Teil eines Ganzen,
dann kannst du mit den Kräften tanzen.
Dein Beitrag wird viele erreichen,
du kannst stellen die Lebensweichen.
Auch wenn viele über dich lachen,
mach weiter auf deine Weise die Sachen,
schere dich nicht, freue dich mit ihnen,
auf diese Weise kannst du dienen.

Lebensweise des Schimpansen

Schimpansen *(Pan troglodytes)* gehören zu den bekanntesten Primaten. Ihre Heimat erstreckt sich über weite Gebiete des mittleren Afrikas. Diese Affen können sich sehr gut an verschiedene Lebensräume anpassen. Ihr Fell ist schwarz, grau oder bläulich, das Gesicht meist unbehaart. Die Arme der Schimpansen sind deutlich länger als die Beine. Mit ihren Händen können die Tiere sehr gut greifen. Schimpansen sind gute Kletterer und hangeln sich mühelos von Ast zu Ast. Im Grunde sind diese Affen Allesfresser, ernähren sich aber vorwiegend von Blättern, Früchten und Nüssen. Sie trinken selten, weil ihr Flüssigkeitsbedarf über Früchte gedeckt wird, die sie zu sich nehmen. Schimpansen verständigen sich mit verschiedenen Lauten, aber auch mithilfe ihrer Körpersprache. Sie sind sehr intelligent und können neue Verhaltensweisen erfolgreich weitergeben. Zur Nahrungsgewinnung nutzen sie allerlei natürliche Werkzeuge. Die Affen leben in Gemeinschaften zusammen, in denen aber eine strikte Rangordnung herrscht. Die Erziehung des Nachwuchses ist eine Gemeinschaftsaufgabe. Gegen Feinde verteidigen sich Schimpansen auch gemeinsam. Als Gegner können sie gefährlich werden, weil sie kräftige Zähne und mehr Muskelmasse haben als beispielsweise ein Mensch. Zum Schlafen ziehen sie sich in Nester aus Zweigen und Blättern zurück, die sie täglich neu in Bäumen bauen.

Der Schimpanse und seine Kraft in den Kulturen der Welt

Schimpansen werden auch »Schein-Menschen« oder »Pan« genannt. Der Hirtengott Pan wurde in alten Vorstellungen oft als behaartes, geschwärztes Fabelwesen mit Menschenkopf gesehen. Nicht selten wurden sie in Voodoozaubern eingesetzt. Schimpansen zählen zu den Naturgottheiten der Orte.

Das Leben und Verhalten der Schimpansen war und ist Gegenstand der verschiedensten wissenschaftlichen Forschungen. Besonders hervorzuheben ist hier die wertvolle Arbeit der weltbekannten britischen Verhaltensforscherin Jane Goodall, die seit mittlerweile 60 Jahren das Verhalten von Schimpansen untersucht. Das Lern- und Anpassungsvermögen von Schimpansen ist groß, und deshalb haben sie auch einen hohen Unterhaltungswert. Es gibt einige berühmt gewordene Schimpansen. Dazu zählen »Ham« und »Enos«, die ersten Schimpansen, die (1961 in je einer Mercury-Kapsel) ins All befördert wurden und den Flug überlebten. »Peterman«, ein dressierter Schimpanse, versuchte 1985, aus dem Kölner Zoo zu entfliehen, verletzte den Zoodirektor dabei schwer und wurde von der Polizei erschossen. »Washoe«, eine Schimpansin aus Westafrika, erlernte als erstes nichtmenschliches Wesen die amerikanische Gebärdensprache. Der Schimpanse »Cheeta«, der in zwölf Tarzanfilmen in den 1930er- und 1940er-Jahren mitgespielt hat, ist im Guinness-Buch der Rekorde 2003 mit 76 Jahren als ältester Schimpanse der Welt verzeichnet.

Schimpansenmedizin

Der Schimpanse ist ein Botschafter der alten und der neuen Erde. Hangelt er sich in dein Leben, dann öffnet er dich für neue Wege und unbekannte Weiten. Als Panwesen steht er für die universelle Familie der Erde, zu der Steine, Pflanzen, Tiere genauso gehören wie Menschen, Lichtwesen und Meister. Wir haben nur eine Erde. Eine neue Erde kann entstehen, wenn alle sich in ihrer Kraft und Größe aufrichten und sich als Teil des großen Ganzen erkennen. Alles zusammen bil-

det eine Einheit, wie verschieden die Dinge einzeln betrachtet auch aussehen mögen. Menschen haben meist im Sinn, sich von jemandem oder etwas zu trennen und sich abzuspalten. Trennung bedeutet Schmerz, Einsamkeit, Dunkelheit und ein ständiges Um-sich-selbst-Kreisen. Ein Diamant hat viele Facetten, und trotzdem bildet er eine Einheit. Ein Körper hat viele Bereiche und Organe, die komplett unterschiedlich sind und doch zusammenarbeiten. Ein Baum hat viele Äste und Verzweigungen, doch die Früchte und Blätter daran haben einen gemeinsamen Stamm und gemeinsame Wurzeln. Ganz gleich, welcher Kultur und Rasse wir angehören: In jedem schlägt das gleiche Herz. In alten Kulturen wurde durch die vier Wege, die vier großen Völkergruppen, die vier Elemente und den Kreis alles, was zum Leben gehört, zusammengefügt. Aus diesem großen Ganzen bildete sich die Kraft für ein neues Bewusstsein und einen neuen Weg. Alle Menschen haben gemeinsame Ziele, sie wollen glücklich, in Frieden, Wohlstand und Freiheit leben. Dies ist machbar, wenn wir beginnen, uns die Hände zu reichen, miteinander zu kommunizieren und die Würde des anderen zu respektieren. Die Schimpansen haben einen friedlichen Weg, miteinander auf der Erde zu leben. Sie drücken sich in vielerlei Weise aus und freunden sich auch mit anderen Lebensformen an. Sie wechseln oft die Perspektiven und überwinden Hindernisse, sie lernen voneinander und miteinander. Achte auch du immer wieder auf dein Energiefeld und die Zeichen und Botschaften aus deiner Umgebung.

VON SEINER LICHTVOLLEN SEITE BETRACHTET: Der Schimpanse verfügt über vielfältige Kommunikationsfähigkeiten, er hat die Gabe, mit den Dingen zu spielen, neue Wege auszuprobieren, die Perspektive zu wechseln sowie ungewöhnliche Wege und Lösungen zu gehen. Er steht für Gemeinschaft, Teamwork, neue Erkenntnisse, hohe Sensibilität, gesunde Ernährung, Kreativität, Inspiration und Humor. Er ist aufgeweckt, neugierig, interessiert, experimentierfreudig und vielseitig.

VON SEINER DUNKLEN SEITE BETRACHTET: Das Tier steht für Affentheater, dafür, nicht ernst genommen, ausgelacht oder missverstanden zu werden, für Aufregung, Machtkämpfe, Gewissenlosigkeit und Imponiergehabe. Er wird benutzt, häufig in Laboren misshandelt, steht für innere Unruhe, Minderwertigkeitsgefühle, Getriebensein, und er nimmt zu viel auf und kann sich nicht abgrenzen.

Weitere Informationen

RAT DES SCHIMPANSEN: »Öffne dich für neue Ideen und Vorstellungen, gehe deinen Weg, drücke dich aus.« **FARBEN:** Braun, Schwarz, Rot (innere Geborgenheit, Abgrenzung, inneres Feuer und Leidenschaft); **STEIN:** Diamant; **THEMEN:** kreativer Selbstausdruck, neue Wege finden und gehen, mit dem gehen, was ist, sein Licht strahlen lassen, Narrenwege gehen; **WEITERE ASSOZIATIONEN:** Tarot: der Narr, Kreativität, neue Inspiration, Interesse an der Welt, Offenheit, sich zum Affen machen, nichts sehen, hören, sagen, Gedanken sind wie herumflitzende Affen, keine Ruhe finden, sich aufspielen wegen nichts, Ablenkung und Selbstbetrug, viele Rollen spielen; **ELEMENTE:** Erde, Luft, Feuer, Äther; **TRAUMSYMBOL:** Erscheint der Schimpanse im Traum, kann er für eine große Unruhe, neue Wege, Zeichen und Botschaften anderer Welten stehen. **AFFIRMATION:** »Mit Liebe im Herzen lasse ich mein Licht in der Welt strahlen.«

SCHLANGENARTEN

Transformation, Verjüngung, Gift oder Heilung

Lebensweise der Schlange

Schlangen *(Serpentes)* gehören zu den Reptilien und existieren bereits seit Millionen Jahren. Ihr Körper ist stromlinienförmig, beinlos, schuppig und auf das Notwendigste reduziert. Schlangen gehören zur Ordnung der Schuppenkriechtiere und sind mit über 3 600 Arten, davon mehr als 340 giftigen Arten, auf der Erde vertreten. Sie finden sich auf allen Kontinenten, vorzugsweise aber in wärmeren Gebieten und am häufigsten in feuchtheißen Regionen. Es gibt Land- und Wasserschlangen. Schlangen sind meist Einzelgänger, sie können aber auch in Paaren leben und sich in der kalten Jahreszeit zu Hunderten zusammenfinden, um in Höhlen zu überwintern. Schlangen kommen in den verschiedensten Farben und mit schönen Musterungen vor. So sind sie getarnt und perfekt an ihre Umgebung angepasst. Als Reptilien sind sie Kaltblüter und brauchen äußere Wärmequellen, um aktiv sein zu können, weil sie nicht fähig sind, ihre Körpertemperatur selbst zu regulieren. Ihr Energiebedarf ist jedoch ziemlich gering. Der Sehsinn der Schlangen ist relativ schlecht entwickelt. Ihre Augen haben keine Lider und sind daher immer offen. Schlangen hören nicht in dem Sinn, wie wir es verstehen. Lebewesen werden von ihnen durch geringe Erschütterungen und Vibrationen bemerkt. Diese Kriechtiere verfügen zudem über einen sehr guten Geruchssinn, mit dem sie Beutetiere aus großer Distanz wahrnehmen. Außerdem sind sie in der Lage, mithilfe ihrer Zunge, genauer gesagt einer Sinnesgrube am Gaumen zu riechen – deshalb »züngeln« sie. Bei den meisten Arten können die beiden Unterkieferhälften unabhängig voneinander vor- und zurückgeschoben und sogar ausgehängt werden, wodurch die Tiere in der Lage sind, Beute, die viel größer und breiter als sie selbst ist, im Ganzen zu verschlingen. Schlangen fressen fast alle Tiere, die sie überwältigen können, bevorzugt werden Mäuse, Ratten, Kaninchen, Vögel, Affen oder, bei im Wasser lebenden Arten, Fische. Schlangen nehmen allerdings sehr selten Nahrung zu sich, weil es lange dauert, bis ein Beutetier verdaut ist. Diese Reptilien leben unterschiedlich lange und wachsen bis an ihr Lebensende periodisch, zweimal im Jahr häuten sie sich aus ihrem »Natternhemd«. Schlangen vermehren sich entweder indem sie Eier ablegen, was meistens der Fall ist, oder indem sie ihre Nachkommen lebend gebären. Es kann jeweils zwischen zwei und 100 Jungtiere auf einmal geben. Der Altersrekord bei Schlangen liegt bei über 40 Jahren.

Die Schlange und ihre Kraft in den Kulturen der Welt

Die Schlange ist ein uraltes mythologisches Tier in allen Kulturen dieser Welt. Schon in der Schöpfungsgeschichte der Bibel verführte eine Schlange Eva dazu, die Frucht vom Baum der Erkenntnis zu essen. In der Kabbala finden wir den Weltenbaum mit einer heraufkriechenden Schlange, die uns den Weg zurück ins Paradies weist. Die herabgleitende Schlange steht für den Abstieg in die Materie und die hinaufgleitende Schlange für den Aufstieg in das Licht. Die Schlange gilt sowohl als Phallussymbol als auch als Symbol für die urweibliche Schöpferkraft. Sie vereint in sich Licht und Dunkelheit, Tag und Nacht, Feuer und Wasser, Gift und Heilung, Schöpfung und Zerstörung. Ebenso symbolisiert die Schlange das Ringen mit der eigenen Schöpferkraft, die mit der Sexualität erwacht und durch den Körper fließt. Sie kann uns leiten, oder aber wir lernen, sie zu lenken. Die Schlange steht also auch für die Selbstmeisterung. Schlangen hüten alte Heiligtümer und sind Trägerinnen alter Weisheit. Ursprünglich stand die große Weltenschlange für die Mutter, die alles gebiert und wieder zu sich nimmt. Das alte arkadische Wort für »Priester/in« bedeutete ursprünglich »Schlangenbeschwörer/in«. Die Schlange stand für die Einweihung in das Mysterium des Lebens.

Hier ein kurzer Einblick in die Kraft der Schlange:

ANANTA: Im Hinduismus umarmte die Schlangenmutter, die Unendliche Ananta, Vishnu und andere Götter während deren »toter« Phase.

ASKLEPIOS: Der griechische Gott der Heilkunst Asklepios wird oft mit einer Schlange in der Hand abgebildet.

ÄSKULAPSTAB: Der von einer hinaufgleitenden Schlange (Natter) umwundene Stab des Asklepios steht für Heilung und Erkenntnis und wird bis heute als Symbol medizinischer und pharmazeutischer Berufe verwendet.

CHICCHAN: Im Mayakalender gibt es die Schlange als Energie, Chicchan genannt. Die Klapperschlange steht hier für das Nagual, das Feuer im Geist. Das Schlangenamulett steht für Priesterschaft und Einweihung.

DOPPELKÖPFIGE SCHLANGE: Die doppelköpfige Schlange ist das Zeichen der Hohepriester von Tlaloc, dem Regengott der Azteken. Der Regengott Tlaloc wurde durch eine Himmelsschlange unterstützt, deren Leib mit Wasser gefüllt war. Er machte die Erde fruchtbar, wenn man ihn anrief. Ihm wurden Kinder geopfert.

HEKATE: Die griechische Göttin Hekate, die für Magie, Verbindung mit Geistern und Fruchtbarkeit steht, wird von Schlangen umgeben abgebildet.

IX CHEL: Die gefürchtete Mondgöttin Ix Chel, die für tropische Regengüsse und Flutkatastrophen verantwortlich gemacht wurde, trägt auf Abbildungen eine Krone aus Schlangen.

KAHAUSIBWARE: Die weibliche Schöpfer- und Schlangengottheit Kahausibware wurde von den Bewohnern der im Pazifik gelegenen Salomonen verehrt.

KALIYA: Eine tausendköpfige Riesenschlange, die versuchte, ein Mädchen zu verschlingen. Krishna kam ihm zu Hilfe, denn er hatte schon als Kind die große Schlange gezwungen, seine göttliche Autorität anzuerkennen.

KUNDALINI: Die Schlange des Lichtes windet sich in jedem lebendigen Körper. Bei uns Menschen sitzt sie am untersten Ende der Wirbelsäule, dem Steißbein. Sie liegt dort zusammengerollt zwischen dem Anus und den Genitalien. Hier beginnen die feinstofflichen Energiezentren, in denen die Lebensenergie gelenkt und geleitet wird.

MEDUSA: Das Haupt der Medusa besteht aus Schlangen. Die alte Weisheitsgöttin und später in der griechischen Mythologie als Ungeheuer dargestellte Medusa versteinert jeden, der sie ansieht. Aus ihrem Haupt entsprang auch Pegasus.

MIDGARDSCHLANGE: Die Schlange von Midgard ist in der germanischen Mythologie die Schlange am Weltenbaum. Diese gewaltige Weltenschlange wand sich immer wieder und verursachte so Stürme, Fluten und Überschwemmungen. Sie behütete das Wasser und herrschte über den Leben spendenden wie auch den Leben verschlingenden Aspekt.

NAGAS: Sie sind in der hinduistischen Mythologie Schlangenwesen, Wassergeister und Götter, die in Unterwasserpalästen leben und hoch verehrt werden.

OUROBOROS: Ein Schlangensymbol aus Mittelamerika, mit ein oder zwei sich in den Schwanz beißenden Schlangen, das die Unendlichkeit einer lebendigen Gottheit symbolisiert.

PALOLOKON: Die Wasserschlange Palolokon bewohnt bei den Hopi-Indianern die unterirdischen Gewässer. Sie beobachtet aus Quellen und Seen die Menschen. Wenn sie übelgelaunt ist, verursacht sie Erdbeben und Überschwemmungen. Ihr zu Ehren werden Zeremonien abgehalten und Rituale durchgeführt. Alle Flüssigkeiten wie Blut, Wasser und Baumsäfte unterliegen ihrer Kontrolle.

REGENBOGENSCHLANGE: Die Regenbogenschlange der Aborigines ist die energetische Gestalt für die heilige Ordnung der Schöpfung und des Universums. Sie hütet alle Geheimnisse der Erde.

SCHLANGE IN DER CHINESISCHEN ASTROLOGIE: In der chinesischen Astrologie ist die Schlange das sechste Zeichen. Jahre der Schlange waren … 1917, 1929, 1941, 1953, 1965, 1977, 1989, 2001, 2013 … Dieses Zeichen entspricht dem Skorpion in der westlichen Astrologie. Die Schlange bringt Weisheit, heilende Kräfte, Humor und Tiefe. Das Jahr der Schlange ist widersprüchlich. Es begünstigt geschäftliche Angelegenheiten und Beziehungsgeschichten, kann aber auch Skandale und Überraschungen bringen.

SHE QUAN: Im Shaolin Quan (Quan Fa) ist die Schlange das Symbol des Qi.

Der Stil der Schlange lehrt bei den Shaolin scharfe, stechende und dennoch weiche Bewegungen zur Kehle oder zu den Augen des Gegners und bewirkt die Konzentration der vitalen Energie Qi in den Fingerspitzen. Die Bewegungen fließen ununterbrochen, begleitet von einer rhythmischen, intensiven Atmung. Die Schlange beherrscht den psychologischen Kampf sowie die Gegensätze aktiv/passiv.

SIEBENKÖPFIGE SCHLANGE: Die siebenköpfige Schlange wacht oft vor Tempelanlagen und soll böse Geister abhalten, sich der von ihr gehüteten Schätze zu bemächtigen. Sie gilt zudem als Beschützerin mächtiger Gottheiten und hütet die Geheimnisse der Schöpfung.

UROBORUS: Die Weltenschlange, die ihren Schwanz verschlingt und einen Kreis bildet, ist ein Symbol für die Unendlichkeit. Es gibt keinen Anfang und kein Ende.

WEISSE SCHLANGE MIT GOLDENER KRONE: Die weiße Schlange mit der goldenen Krone ist die Königin der Schlangen und wird nur alle 100 Jahre geboren. Sie trägt eine kostbare Krone, von Bergmännlein geschmiedet und mit magischen Kräften geladen. Sie steht für die reine Kraft der Seele und dafür, ihrer höchsten Anbindung zu folgen. Es gibt verschiedene Märchen und Legenden über sie.

YURLUNGGUR: Als Ahnengeist verehrten die nordaustralischen Murngin die riesige Kupferschlange, die eingerollt im Erdinnersten schlief. Sie hatte die Aufgabe, zu richten und zu strafen, wenn Tabus gebrochen wurden.

SCHLANGE
ANAKONDA
Musterkunde, Gestalten, schöpferische Urkraft

Anakondas *(Eunectes)* leben in den Regenwäldern Südamerikas. Sie zählen zu den größten Schlangen der Erde – sie können über zwölf Meter lang werden. Die Anakonda ist eng an Gewässer gebunden, sie lebt an und in großen Flüssen, in Sümpfen und stillen Seen. Sie lauert dort auf ihre Beute und frisst alles, was sie überwältigen kann. Sie würgt ihre Opfer zunächst und zieht sie dann ins Wasser, um sie dort zu verschlingen. Ihre Farben sind Braun und Olivgrün mit schwarzen Flecken. Um die Anakonda ranken sich viele Mythen und Legenden. Sie ist allgegenwärtig und gehört zu den mächtigsten Wesen des südamerikanischen Raums. Als Urmutter soll sie Erd- und Seebeben auslösen können und strafend auftreten, wenn sie in ihrer Ruhe gestört wird. Auf ihrer Haut schimmern die Muster der Erde. Als altes Ahnenwesen erschafft sie alle Muster dieser Welt, verändert sie und löst sie auf. Die Anakonda ist eine große magische Lehrerin, die Göttin in ihrer Urgestalt, die verschlingt, heilt, zerstört und in den Spiegeln der Seen die Visionen der Menschen betrachtet. Sie soll Träume beeinflussen, Albträume und Ängste schüren, aber auch heilende Kräfte senden, wenn sie angerufen wird. Sie täuscht, verändert, verführt, verwandelt, heilt und zerstört.

Zeigt sich dir die Anakonda, so kann sie Angst, Schrecken und sogar Panik auslösen, und genau diese Gefühle müssen überwunden werden, wenn sie dich als Schüler erwählt. Sie führt dich zu deiner Bestimmung und hilft dir dabei, kranke Lebensmuster aufzudecken, sie zu heilen und durch neue, lichterfüllte Muster zu ersetzen. Du bekommst nun die Gelegenheit, dein Lebensmuster in allen Bereichen selbst zu weben und dein Leben durch Zeichnungen und Symbole machtvoll zu gestalten. Große Heilkraft liegt in der Musterkunde, so begreife die Muster, die sich hinter jeder Lebensform weben, und erkenne die feinstoffliche Energie. Über Körperbemalung, Kosmetik, Kunst, das Weben von Stoffen, das Gestalten von Gegenständen kommst du auf den Weg, auf dem du Heilung, Kraft und Energie gewinnst. Ebenso helfen dir Meditation, Innenschau und heilsame Rituale und Zeremonien sowie Pflanzenmedizin. Tanze das Muster deines Lebens im Einklang mit der Anakonda.

VON IHRER LICHTVOLLEN SEITE BETRACHTET: Die Anakonda steht für Selbstfindung, heilerische Fähigkeiten und Selbstheilung. Sie folgt ihrem Weg, sie hat Visionen, verfügt über Kreativität und Schöpferkraft. Die Schlange entfaltet Kräfte und dringt tiefer in das Mysterium ein. Sie hat Urvertrauen, eine starke Anbindung an die Große Göttin, hütet altes Wissen und hat eine starke innere Führung.

VON IHRER DUNKLEN SEITE BETRACHTET: Dieses Reptil steht auch für eine Identitätskrise, für sexuelle Verwirrung, Panik, tief sitzende Ängste, Verlorensein und fehlendes Vertrauen ins Leben. Sie kann auch auf den Missbrauch von Drogen aufmerksam machen, deren Verwendung einerseits die Welt der Muster und Farben öffnet, aber auch abhängig und für Grundlegendes unfähig machen kann.

SCHLANGE

BLINDSCHLEICHE

Verletzlichkeit, Wahrnehmung, Täuschung oder Wahrheit

Die Blindschleiche *(Anguis fragilis)* sieht zwar aus wie eine kleine Schlange, aber als Schleiche – die einzige, die in Deutschland vorkommt – ist sie wissenschaftlich gesehen keine solche, sondern gehört zu den Echsen. Die Beine der Schleichen haben sich im Laufe der Evolution zurückgebildet oder fehlen ganz. Der Kopf dieser »Echse ohne Beine« ähnelt dem einer Eidechse, und auch sie besitzt vorgebildete Bruchstellen am Schwanz, sodass sie diesen bei Gefahr abwerfen kann. Die Blindschlei-

che ist nicht blind. Ihr Name ist abgeleitet von »blenden«, und sie erhielt ihre Bezeichnung aufgrund ihrer bleiern glänzenden Körperfärbung. Blindschleichen ernähren sich von lebenden Tieren, vorzugsweise von Spinnen, Regenwürmern und Nacktschnecken. Sie hält sich gern in Laubwäldern, Wiesen, an Wegrändern und auch in Gärten (im Kompost oder in Beeten) sowie in Parks auf. Die meiste Zeit des Tages verbringt das dämmerungs- und nachtaktive Tier in seinem Versteck. Blindschleichen sind lebend gebärend. Da die harmlose Blindschleiche oft mit Schlangen verwechselt wird, wird sie häufig von Menschen erschlagen – sie steht allerdings unter Artenschutz.

Die Blindschleiche zeigt dir, dass Dinge oft nicht so sind, wie sie erscheinen, und dass man genauer hinschauen sollte. Oft beurteilen wir Dinge lediglich aufgrund von Äußerlichkeiten. Wir sprechen beispielsweise Kindern oft die Richtigkeit ihrer Wahrnehmung ab und unterstellen ihnen, dass sie uns anlügen, wenn sie uns etwas erzählen, was nicht in unser gewohntes Wahrnehmungsmuster passt. Statt richtig hinzuhören und hinzuschauen, verursachen wir auf diese Weise viel Unsicherheit, Misstrauen und den ersten Bruch in der Kraft der Kinder. Erscheint die Blindschleiche in deinem Leben, so schaue genau hin. Etwas braucht Schutz, deine Aufmerksamkeit und deine Anerkennung. Traust du deiner Wahrnehmung? Hast du Vertrauen in das, was du fühlst, denkst und empfindest? Beschäftige dich mit deiner Wahrnehmung. Lerne, tiefer zu schauen und genauer hinzuhören. Die Blindschleiche kann dich auch darauf hinweisen, dass jemand versucht, dich zu blenden und dir etwas vorzumachen. Indem du zu dir kommst, wirst du den richtigen Weg im Leben finden. Silbergrau ist die Farbe des Schutzes. Sie spiegelt alles, was von anderen ausgesandt wird.

VON IHRER LICHTVOLLEN SEITE BETRACHTET: Die Blindschleiche steht für Erkenntnis, Vertrauen in die eigene Wahrnehmung, für Schutz, Wissen und einen tieferen Einblick.

VON IHRER DUNKLEN SEITE BETRACHTET: Dieses Tier repräsentiert auch Unterstellungen, Blendung, Lügen, Unsicherheit, Ängstlichkeit und Flucht. Zudem kann es dafür stehen, dass man keinen inneren Anschluss hat, sich klein macht und schweigt, sowie für Verletzungen des Inneren Kindes.

SCHLANGE
BRILLENSCHLANGE

Erlösung tief sitzender Ängste, Bewusstsein, Erwachen

Die Brillenschlange gehört zu den südasiatischen Kobras *(Naja naja)*. Sie gehört in die Familie der Giftnattern und zählt zu den gefährlichsten Giftschlangen Südasiens. Sie erreicht eine Länge von bis zu 1,70 Meter. Ihre Oberseite ist gelbbraun, die Unterseite weißlich oder schwarz gefleckt. Wenn Gefahr droht, fährt diese Schlange ihren Halsschild aus, dessen Zeichnungen an eine Brille erinnern. Mit ihren beiden Giftzähnen kann sie schnell zubeißen. Das Gift hat eine lähmende Wirkung und schädigt das zentrale Nervensystem – wer von ihr gebissen worden ist, stirbt bei vollem Bewusstsein an Atemlähmung. Brillenschlangen sind tag- und dämmerungsaktiv, sie leben in Reisfeldern, in der Nähe von Wasserlöchern und bei Siedlungen. Diese Schlange wird in der ägyptischen und in der indischen Mythologie sehr verehrt. Sie steht für Shakti, die weibliche Lebensenergie, hütet heilige Kräfte und ist das Totemtier der indischen Urbevölkerung. Brillenschlangen sind nicht nur ein begehrtes Jagdobjekt, sie werden auch oft von Schlangenbeschwörern für deren Vorstellungen gefangen, weil sie, wenn sie sich aufrichten und fauchen, ein beeindruckender Anblick sind. Die Schlange folgt der Bewegung der Flöte und richtet sich dann auf.

Die Brillenschlange kann in uns eine Flut von Gefühlen auslösen, die uns zu überschwemmen drohen, sodass wir nicht mehr klar denken und sehen können und nicht in der Lage sind, angemessen zu handeln. Wir verlieren die Beherrschung, rasten aus und neigen zu blinden, heftigen Reaktionen, die eine unwiderruflich negative Wirkung haben können. Wir verstricken uns zutiefst im Dschungel des Lebens und schneiden uns immer mehr ab von der Verbindung zu unserer Lebensenergie. Die Brillenschlange fordert dich auf, nach innen zu schauen und dein inneres Auge zu öffnen. Sie repräsentiert das Bewusstsein, ein tieferes Erkennen und Wissen, das Erwecken der Kundalinikraft und die Aufhebung der Dualität in der sexuellen Verei-

nigung. Erscheint sie, so ist dies eine Aufforderung, den Weg der Leidenschaft mit Mut zu beschreiten und die Vitalkräfte zu besänftigen und zu leiten. Diese Schlange lehrt dich, Herr über dich selbst zu werden, dich zu beherrschen, deine Emotionen zu kontrollieren und dich zu deiner wahren Größe aufzurichten. Sie ist eine weise Lehrerin, die dir beibringt, das Unannehmbare anzunehmen und dich mit den dualen Kräften auszusöhnen.

VON IHRER LICHTVOLLEN SEITE BETRACHTET: Die Brillenschlange steht für Vereinigung, das Finden des Seelenpartners, das Überwinden alter Emotionen sowie für Selbstliebe, Mut und Kraft. Sie sieht den eigenen Weg vor sich und gestaltet ihr Leben selbst.

VON IHRER DUNKLEN SEITE BETRACHTET: Sie löst Angst und Panik aus, sie verstrickt sich in dem Gefühl, nicht von der Stelle zu kommen, kann sich nicht beherrschen und hat Angst vor sich selbst.

SCHLANGE
KLAPPERSCHLANGE

Tödliche Gefahr, Furchtlosigkeit, Fruchtbarkeit und Sieg

Die 29 giftigen Klapperschlangenarten (*Crotalus*) leben nur auf den beiden amerikanischen Kontinenten von Kanada bis Argentinien, die meisten Arten kommen in Mexiko vor. Diese Schlangen bevölkern die Erde seit mehr als 10 Millionen Jahren und gehören zur Gattung der Grubenottern. Das besondere Kennzeichen der Klapperschlangen ist ihre Schwanzrassel. Diese besteht aus Hornringen, mit denen die Tiere einen rasselnden Warnlaut erzeugen können. Klapperschlangen fliehen in Gefahrensituationen nicht, sondern beißen ihre An-

greifer zu Tode. Die Grundfärbung des Körpers ist dem jeweiligen Lebensraum angepasst und variiert von grünlich, rötlich und braun bis schwarz und weiß. Es gibt einfarbige Tiere wie die weiße Klapperschlange und solche mit unterschiedlichen Musterungen, beispielsweise rautenförmigen Rückenflecken, die als »Diamanten« bezeichnet werden. Manche Klapperschlangenarten tragen Rückenschilde, Kopfschilde oder auch Schilde über den Augen. Die Kopfsinnesorgane von Klapperschlangen sind sehr gut ausgebildet. Alle Arten sind wechselwarme Bodenbewohner, die trockene und warme Gebiete wie Wüsten und Steppen bevorzugen. Ihre Aktivitäten hängen von den Umgebungstemperaturen ab – zur Erwärmung benötigen diese Schlangen Sonneneinstrahlung. Ihr Giftapparat besteht aus relativ langen Giftzähnen im Oberkiefer und Giftdrüsen, die sich im Kopf hinter den Augen befinden. Im Ruhezustand sind die Zähne nach hinten in den Mundraum eingeklappt. Das Gift der Klapperschlangen wirkt lähmend und zerstört die Blutzellen, sodass es beim Opfer zu inneren Blutungen und Schwellungen sowie Lähmungserscheinungen kommt, die sehr schmerzhaft sind. Der Tod kann nach einem Biss einer solchen Schlange schnell eintreten. Zwischen Klapperschlangen kann es stundenlange Rivalenkämpfe geben, bis einer der beiden Gegner aufgibt und flieht. Diese Schlangen sind Lauerjäger, die sich von allen Arten von Kleinsäugern in ihrem Lebensraum ernähren (Mäuse, Streifenhörnchen, Ratten, Kaninchen, Eidechsen) und ebenso von den Eiern unterschiedlicher Tiere. Ihre Beute nimmt eine Klapperschlange mit ihren Sinnesorganen am Kopf wahr. Sie öffnet ihr Maul, die Giftzähne klappen aus und werden in die Beute geschlagen. Während sich alle anderen Klapperschlangen wie Schlangen allgemein schlängelnd fortbewegen, bewegt sich die Seitenwinder-Klapperschlange seitwärts über den Untergrund, diese Art der Bewegung ist einzigartig.

Die Klapperschlange an sich ist in den Wüsten und Prärien Nordamerikas ein Symbol für Gefahr und möglichen Tod. In vielen Wildwestfilmen spielt sie eine Rolle und symbolisiert den tödlichen Kampf um die verschiedenen Gebiete. Sie steht für größere und kollektive Kräfte, die ein Land, einen Stamm oder eine Linie betreffen, und für einen höheren Auftrag, der dem großen Ganzen dient. Mythologisch gesehen hat die Klapperschlange für die Ureinwohner eine große Bedeutung. Sie hilft, das der Erde innewohnende Potenzial zu entfalten. Die Ureinwohner Amerikas kannten verschiedene Rituale und wirksame Pflanzen gegen das Gift von Klapperschlangen. Zudem wurde es als Pfeilgift verwendet, und es gab Stämme, die diese Schlange als Totemtier hatten, wie beispielsweise die Komantschen. Es wird erzählt, dass ein Schamane einst eine Rassel hinter seinen Rücken hielt und sich in eine Klapperschlange verwandelte. Er konnte, sagt man, durch seine Macht Menschen vergiften und töten, aber auch heilen und erwecken. Ein Hopi-Clan hütet die Klapperschlangenmedizin, die fruchtbaren Regen und neue Lebenskraft für weitere Zyklen bringen soll. In einer Zeremonie werden Klapperschlangen gesammelt, und man tanzt mit ihnen. Ihre Haut, der Rasselschwanz und das Gift sind wichtige Schamanenwerkzeuge. Sie sollen den Krieger stärken, ihm den Mut und die Kraft geben, für sein Leben und das Leben des Stammes zu kämpfen und dabei alles zu geben.

Mit Klapperschlangenmedizin ist nicht zu spaßen. Sie bedeutet gewaltige Kraft, tödliche Gefahr, Angriff, Einsatz aller Kräfte. Sie steht aber auch für Sieg und Fruchtbarkeit, der für alle großen Segen bringen wird. Erscheint eine Klapperschlange in deinem Leben, dann werde ganz aufmerksam. Das Feuer in dir brennt, es möchte sich ausdrücken, seine Grenzen erfahren, aber auch das dir innewohnende Potenzial befreien. Gewaltige Kräfte wollen sich in dir entladen, und eine Einweihung steht bevor. Du bist bereit, den nächsten Schritt zu wagen und dich in ein größeres Feld zu begeben. Wache auf, und meistere dich selbst. Beschäftige dich mit dem Tod. Er kann dein Freund werden und deinen Blick erweitern.

VON IHRER LICHTVOLLEN SEITE BETRACHTET: Klapperschlangen stehen für Heilung, die Überwindung großer Hindernisse, die Befreiung des ewigen Lichtes, für Erleuchtung und Ewigkeit, für leuchtende Diamanten, Heldentum, Sieg, Fruchtbarkeit und eine höhere Wahrnehmung.

VON IHRER DUNKLEN SEITE BETRACHTET: Sie stehen für dunkle Vorzeichen, Gefahr, Kampfansagen mit schwerwiegendem Ausgang, für Kriegserklärungen, massive Übergriffe und schwarzmagische Angriffe, ebenso für zügellose Energie, Niedergang, schwere Krankheit und Tod sowie das Problem, keinen Mittelweg zu kennen.

SCHLANGE
KOBRA
Macht, Priesterschaft, Königswürde

Als Kobras *(Naja)* bezeichnet man besonders faszinierende Schlangengattungen, die zu den Giftnattern gehören. Ursprünglich stammen sie aus dem östlichen Himalaja, heute sind sie über den ganzen asiatischen Raum bis Afrika verbreitet. In Afrika sind die Kobras mit acht Arten vertreten, im asiatischen Raum leben elf. Kobras sind beispielsweise die bereits erwähnte Brillenschlange, die Monokelkobra, die Schwarzhalskobra und die Königskobra, die mit einer maximalen Länge von etwas mehr als fünf Metern die größte Giftschlange überhaupt ist. Kobras bevorzugen Lebensräume in Wassernähe, aber innerhalb ihres Verbreitungsgebiets können sie trotzdem nahezu überall angetroffen werden. Sie leben in Reisfeldern, verwilderten Gärten, Bambuswäldern, zwischen Felsen, in Plantagen und auf Tapiokafeldern, unter Laub- und Reisighaufen, in alten Baumstämmen und unter Steinen. In der Regenzeit, besonders bei Überschwemmungen, dringen Kobras nicht selten sogar in Häuser ein. Das Gift der Kobras verursacht Lähmungserscheinungen bis hin zur totalen Atemlähmung und kann daher tödlich sein. Kobras haben verlängerte Nackenrippen, die sie bei Gefahr zu einem Schild spreizen können. Dieser Nackenschild ist manchmal mit interessanten Mustern versehen. So wirkt die jeweilige Schlange noch größer, was Feinde in die Flucht treiben kann. Hinsichtlich der Körperfärbung finden sich bei den Kobras viele Variationen: Es gibt olivfarbene, graugrüne, rotbraune, bräunliche, beigefarbene, gelbe und nahezu weiße Exemplare mit verschiedenen Musterungen, die sich über den ganzen Rücken ziehen. Da frisch gehäutete Kobras regenbogenfarben schillern, werden sie oft auch »Regenbogenschlangen« genannt. Diese Schlangen sind dämmerungs- und nachtaktiv und können bei Tageslicht schlecht sehen. Sie sind scheu und können in Gefahrensituationen ein sehr aggressives Verhalten an den Tag legen. Zur Warnung fauchen und zischen sie zunächst sehr laut, richten sich auf, spreizen ihren Nackenschild und schnellen dann nach vorn.

Kobras stehen im mystischen Mittelpunkt vieler Kulturen dieser Welt. Im alten Ägypten waren sie heilige Tiere. Als Kopfschmuck standen sie generell für göttliche Macht und Herrlichkeit, und so zierten sie auch die Kronen der Pharaonen und Götter. In mythischen Vorstellungen nannte man eine solche Schlange das »Auge des Sonnengottes«, weil sie sich an dessen Stirn schlängelnd und feuerspeiend emporwand. Kobras wurden in der Schlangengöttin und Schutzpatronin Uto verehrt, und auch der Totengott Emeuet trug einen Kobraschlangenstab. Man sagte, Kobras zerstörten Feinde mit ihrem glühenden Atem. Auch findet man Schlangendarstellungen in der Grabeskunst Ägyptens. Eine Kobra symbolisiert zudem Wiedergeburt, aufsteigende Energie, Erleuchtung und Sonnenkraft, und sie ist häufig mit der Sonnenscheibe abgebildet. Buddha legte sich zum Schlafen nieder, und als er erwachte, befand er sich im Schatten eines Kobraschildes, der ihn vor der sengenden Hitze schützte. Der hinduistische Elefantengott Ganesha wird oft mit einer Kobra dargestellt, die als Anspielung auf Shiva um seinen Bauch gewickelt ist. Die indische Schlangengöttin Kadru gebar alle Nagas, hinduistisch-buddhistische Kobraschlangenpaare, halb Mensch, halb Schlange (auch Kobra-Leute genannt), die als Schutzgeister von Wasserstellen, Seen, Bächen und Flüssen gelten. Kadru nährte sie mit ihrem heiligen Mondblut, und so wurden sie unsterblich. Als Wächter hüten sie die Schätze in den Wassertiefen. Sie stehen für Fruchtbarkeit und Erleuchtung durch Erkenntnis, und ihre Attribute sind Lotos und Pflugschar. In der alten indischen Yogatradition stehen Kobras für die Kundalinikraft, deren Beherrschung Unsterblichkeit bringt. Im Christentum gelten diese Schlangen als Zeichen des Bösen und werden zu Recht gefürchtet.

Begegnest du einer Kobra, so steht ein Kraftwechsel in deinem Leben an. Ein alter Teil von dir muss sterben, damit ein neuer Teil in dir wachsen kann. Bist du bereit, deine alte Haut abzustreifen und die Regenbogenhaut zu offenbaren? Weil Kobras feuchte Erde bevorzugen, stehen sie für die Einweihung in die Erd- und Wasserkraft. Ihre Besonderheit sind ihre Schutzschilde, deren Kraft sie auf denjenigen übertragen, der von ihnen eingeweiht wird. Eine solche Schlange lehrt dich, aufrecht und ruhig in deiner vollen Größe dazustehen, deine Energie aufzurichten und dich aufzubauen, sodass andere dich nicht angreifen, sondern dir Respekt und Achtung entgegenbringen oder sogar, wenn sie unlautere Absichten haben, die Flucht ergreifen. Das Dämonische kann in deinem Feld nicht wirken, außer du rufst es aus dir hervor. Du brauchst nichts weiter zu tun, als dich körperlich, emotional, geistig und seelisch auf- und auch auszurichten. Die Kobra lehrt dich, nach innen zu schauen und dein Energiefeld kennenzulernen. Ebenso schützt sie deine vitale Lebenskraft und bringt dir bei, mit ihr umzugehen. Sie erweckt die feinstoffliche Energie in deinen Energiezentren und lehrt dich, diese langsam und aufsteigend durch deinen Körper zu leiten und so ein großes Kraftfeld aufzubauen. Von ihr lernst du, deine faszinierende, charismatische Kraft zu entwickeln, sodass du die Botschaft, die du schon in dir trägst, in die Welt bringen und hier deine Aufgabe erfüllen kannst. Sie weiht dich ein in das alte Wissen der Göttin, in die Buddhaschaft und in deine höhere Natur, in die Kraft, Macht und Herrlichkeit der Quelle. Sie verwandelt dein altes Gift in tätige Heilkraft. Du wirst also vom Heilsuchenden zum Heiler.

VON IHRER LICHTVOLLEN SEITE BETRACHTET: Kobras stehen für Erwachen, Erlösung, Schöpferkraft, Selbstmeisterung, Angeschlossensein sowie für Gestaltungs- und Umsetzungskräfte. Eine Kobra weiß, wer sie ist und was sie kann, sie lebt ihre Bestimmung, sie fühlt sich beschützt und geführt, übernimmt Verantwortung für sich und ihr Leben und sagt »Ja!«

VON IHRER DUNKLEN SEITE BETRACHTET: Kobras stehen für Machtmissbrauch, für Urteilen und Verurteilen, für Irrwege, falschen Glauben, Überschätzung, Verherrlichung und Übertreibung.

SCHLANGE
KÖNIGSBOA
Erwachen, Selbstausdruck, Wirkungskraft

Die Königsboa *(Boa constrictor)* gehört zu den Riesenschlangen und ist in Mittel- und Südamerika beheimatet. Diese Boa ist dämmerungs- und nachtaktiv, kann gut schwimmen und gut Bäume hinaufkriechen. Nachdem sie ihre Beute (sie ist nicht wählerisch, frisst aber keine Spinnen und Insekten) verschlungen hat, braucht sie eine lange Zeit, bis sie diese vollständig verdaut hat. So kann sie monatelang ohne erneute Nahrungsaufnahme auskommen. Diese Schlange hat einen sehr guten Geruchssinn und fühlt Erschütterungen am Boden sehr gut. Die Gattung der Boas ist an sich eher friedlich. Boas wurden von den Ureinwohnern hoch verehrt. Sie standen für den Mutteraspekt, den weiblichen Aspekt des Lebens und für die erwachende Kundalini.

Die Königsboa hilft dir, die Angst vor deiner eigenen Kraft zu überwinden. Erscheint dir diese Schlange, so beginnst du, dich mit deiner erwachenden Schöpferkraft anzufreunden. Du beginnst, auszuprobieren, zu spielen, zu testen, zu verführen, um die Kräfte in dir und ihre Wirkungen auf andere zu erfahren. Deine Kreativität beginnt, sich ihren Weg zu bahnen. Du erwachst in deinem eigenen Sein, und langsam beginnst du, dich im Licht der eigenen Sonne zu baden. Die Königsboa steht für den Selbstausdruck, also drücke dich schöpferisch aus. Lasse zu, dass diese Kraft ihren Ausdruck durch dein Sein findet. Sie führt dich zur Selbstbestimmung auf deinen eigenen Weg. Traue dich, kreativ zu sein, dich zu zeigen und dich mitzuteilen.

VON IHRER LICHTVOLLEN SEITE BETRACHTET: Die Königsboa steht dafür, die feinstoffliche, machtvolle Energie in sich zu spüren, dafür, eine Wirkung auf andere zu haben und sich schöpferisch ausdrücken zu können. Sie verkörpert erwachendes Potenzial, Entfaltung,

Befriedigung, lustvolle Begegnungen, Freude am Leben, Selbstannahme und Luxus.

VON IHRER DUNKLEN SEITE BETRACHTET: Sie steht ebenso dafür, gehemmt zu sein, sich nicht ausdrücken zu können, im Bann anderer zu stehen, für unschöne sexuelle Erfahrungen und dafür, Dinge über sich ergehen zu lassen, die einem nicht liegen. Es geht auch um erdrückende Mutteraspekte, darum, das Leben für die Mutter statt für sich selbst zu leben, um Einengung, Regungslosigkeit, innere Erstarrtheit und den Missbrauch der eigenen Energie.

SCHLANGE
KREUZOTTER

Familiengeheimnisse, verborgenes Wissen, Erkenntnisse

Die Kreuzotter *(Vipera berus)* gehört zu den Vipern. Sie ist eine kleine bis mittelgroße Schlange und die einzige in Deutschland vorkommende Giftschlange. Sie bevorzugt kühle, feuchte Lebensräume wie Moore, Wälder, Gebirge, Steinbrüche sowie die Gebiete um Flüsse und Seen. Auffällig ist ihre lebhafte Zickzackzeichnung auf ihrer Oberseite in den Farben Weiß, Grau und Schwarz. Ihr Kopf ist deutlich vom Körper abgesetzt, und ihre Augen schauen wach und aufgeweckt aus spaltenförmigen Pupillen. Ihr Biss ist schmerzhaft, die Giftwirkung aber vergleichsweise mäßig. Die Kreuzotter gehört zu den gefährdeten Tierarten.

Kreuzottern stehen mit den Naturgeistern der Orte in Verbindung. Sie hüten das heilige Wissen der alten Kulturen. Sie werden mit dem Wasser und dem fließenden lebendigen Prinzip in Verbindung gebracht. Ihre Zeichnung ist das gleichschenkelige Kreuz, die Zickzacklinie – Schwarz und Weiß, auf und ab. Das Kreuz steht für Geben, für die Verbindung mit Gott, dem Ahnenreich und den Men-

schen, für schicksalhafte Verbindungen und unerlöste Emotionen. Taucht die Kreuzotter in deinem Leben auf, so kann sie unerlöste Themen aus dem Unterbewusstsein ins Bewusstsein bringen. Sie verweist auf düstere Familiengeheimnisse, den Missbrauch der Lebensenergie, auf unerlöste Geschichten, emotionale und sexuelle Blockaden, Streit und verborgene Verbindungen, die deine Lebensenergie immer wieder hemmen und dich an deinem Selbstausdruck hindern. Die Kreuzotter signalisiert Gefahr und Heilung. Du stehst an einer Kreuzung in deinem Leben. Welchen Weg wirst du wählen? Ein Teil von dir sehnt sich nach Heilung, tieferer Erkenntnis, Frieden, Schutz, Geborgenheit, Vergebung und Erlösung. Jetzt hast du die Kraft, Altes zu erlösen und deine Lebensenergie zu befreien, damit sie fließen und dich stärken kann. Es wird Zeit, dass du dich diesem Thema zuwendest und die Liebe hineingibst, die du brauchst, um Heilung in dir zu finden. Nimm das Geschenk der Kreuzotter an, auch wenn es zuerst nicht wie ein Geschenk aussieht und sogar Gefühle wie Trauer, alte Angst und alten Schmerz auslösen kann. Bitte die Engel hinzu. Das Leben meint es gut mit dir. Dein Inneres Kind kann jetzt geheilt werden. Oft sind die Dinge viel harmloser, als sie aussehen, wenn wir sie genauer betrachten.

VON IHRER LICHTVOLLEN SEITE BETRACHTET: Die Kreuzotter steht für neue Verbindungen zum geistigen Reich, für Feen, Elfen und Engel. Naturkräfte erwachen, neue Erkenntnisse kommen hinzu, Schwierigkeiten werden überwunden, neue Wege tun sich auf. Es geht um Befreiung, Mut, Kraft und Heilung.

VON IHRER DUNKLEN SEITE BETRACHTET: Dieses Tier verkörpert auch alten Schmerz, alte Ängste, Blockaden, Gefahr und Flucht. Es geht um die Verletzung des Inneren Kindes, um Süchte und Abhängigkeiten, um die Sorge, etwas nicht schaffen zu können, sowie um geringen Selbstwert.

SCHLANGE
NATTER

Schutz, verborgene Schätze, Glück, inneres Feuer

Die Nattern *(Colubridae)* sind mit Abstand die artenreichste Familie unter den Schlangen – sie besiedeln mit etwa 2 000 Arten alle für Reptilien zugängliche Lebensräume. Nattern stehen mit dem Feenreich in Verbindung. In alten heidnischen Religionen spielen sie eine wichtige Rolle. Sie sind das Symbol von Mutter Erde und vielen Erdgöttinnen. Früher schätzte sich eine Familie glücklich, wenn sich eine Ringelnatter im Haus, an der Feuerstelle oder in der Umgebung niederließ. Man fütterte sie mit Eiern und Milch und hoffte, dass sie diese Gaben annahm. Sie galt als Beschützerin des Lebens, und als solche wurde sie hoch verehrt. Lebte sie in der Nähe des Hauses oder des Hofs, so galt dies als Glückszeichen für Ehre und Segen der Bewohner. Die Natter war das Totemtier verschiedener Indianerstämme und wurde oft mit einer Bernstein- oder einer goldenen Krone dargestellt. Sie ist die Göttin der Unteren Welt, des heimischen Herdes, des Glücks, der Fruchtbarkeit und der wohlgesinnten Ahnenkräfte. Auch wurde sie mit der Erde und der Sonne in Verbindung gebracht.

Erscheint die Natter in deinem Leben, so höre ihr zu, und lerne, genau zu beobachten. Allwissend und allmächtig befähigt sie dich, dein wahres Erbe anzunehmen. Lausche nach innen, Mutter Erde sendet dir ein Zeichen. Wohlgesinnte Ahnen wachen über dich, sie senden dir ihren Segen und warten auf das Erwachen deiner Kraft. Dein inneres Feuer der Schöpfung, des Herzens und des Geistes möchte entzündet werden. In dir schlummern ungeahnte Kräfte, und innere Schätze wollen geborgen werden. Die Natter lehrt dich, wann es Zeit ist, zu schweigen, und wann es Zeit ist, dich mitzuteilen. Höre auf dein Herz. Beschütze deine Lieben und dich, indem du nicht so viel von euch preisgibst. Tratsch und üble Nachrede zerstreuen die Energien. Lerne, diese zu konzentrieren und zielgerichtet und wohlwollend für dich und an-

dere einzusetzen. Neue Türen öffnen sich dir jetzt. Am Lagerfeuer deines Herzens kannst du vieles bereinigen und klären. Du machst dich bereit für neue Wege, und das Glück ist mit dir, deine Wege sind gesegnet. Alte, reine und wohlgehütete Ahnenkräfte wollen in dir erwachen und weitergegeben werden. Fruchtbarkeit und Segen krönen deinen Weg.

VON IHRER LICHTVOLLEN SEITE BETRACHTET: Nattern stehen für den Zugang zur eigenen Sexualität und Spiritualität, für Klärung und Bereinigung, Wachsamkeit und Zufriedenheit mit dem, was da ist. Sie können Kräfte hüten, sie bewahren und erhalten. Des Weiteren stehen sie für neue Erkenntnisse, Ausgeglichenheit, Beliebtheit, Dankbarkeit und Segen für sich und andere. Sie freuen sich am Leben und sind mit Engeln und Lichtwesen verbunden.

VON IHRER DUNKLEN SEITE BETRACHTET: Nattern vermissen verstorbene Personen, stehen für Melancholie und Sehnsucht nach der wahren Heimat. Ab und zu fühlen sie sich fremd, nicht dazugehörig und unverstanden.

SCHLANGE PYTHON

Mediale Begabungen, Weissagung, Priesterschaft

Im antiken Griechenland waren Schlangen heilig. Man hielt sie für unsterblich, weil sie sich durch ihre Häutung scheinbar verjüngen und erneuern konnten. Der Python war ein beliebtes Orakeltier, und man sprach ihm Macht, Heilkräfte und Hellsichtigkeit zu. Das Orakel von Delphi wurde von Schlangenpriesterinnen gehütet, den Pythea, deren Name vom Python abgeleitet wurde. Die Pythea waren Jungfrauen, Medien ohne Machtposition, die im Orakel von Delphi den Ratsuchenden weissagten. Ihre pythischen Orakelsprüche mussten von einer Oberpriesterin oder einem Oberpriester gedeutet werden. Sie saßen auf einem Dreifuß über einer Erdspalte, aus der ein Gas quoll, das sie in Trance versetzte. Dann traten sie mit der Erdgöttin oder anderen griechischen Gottheiten in Kontakt und übermittelten die Botschaften.

Der Python ruft dich in seinen Dienst, die Priesterschaft des Lichtes will dich einweihen. Dein Weg ist der Weg der Heilung, Heiligung und Weihung. Du stehst mit höheren Kräften in Verbindung. Erreicht dich der Python, so ist es deine Aufgabe, zu heilen und deine heilerischen Fähigkeiten auszubilden und anzuwenden. Gehe deinen Weg. Große Gaben wurden dir in die Wiege gelegt, und du stehst unter dem Schutz höherer Mächte. Ein alter Ruf deiner Seele will dich erwecken. Erinnere dich daran, wer du wirklich bist.

VON SEINER LICHTVOLLEN SEITE BETRACHTET: Der Python steht für Berufung, Heilertätigkeit, feine Wahrnehmung, Bewusstsein, Schutz und Führung, für Sinnhaftigkeit und Selbstermächtigung. Er dient, hilft und heilt. Ebenso repräsentiert er Eigenverantwortung, Aufrichtigkeit, den Zugang zu anderen Dimensionen, tiefe Einblicke ins Lebensmysterium sowie Erfüllung und Frieden.

VON SEINER DUNKLEN SEITE BETRACHTET: Diese Schlange fühlt sich nicht wirklich angeschlossen und hat das Gefühl, nicht wirklich am Leben teilnehmen zu können. Sie entscheidet alles aus sich selbst heraus, muss die Dinge demnach auch mit sich selbst ausmachen und trägt schwerwiegende Verantwortung. Einsamkeit und Enthaltsamkeit werden ihr zugeordnet.

SCHLANGE QUETZALCÓATL

Schöpferkraft, Selbstermächtigung, Aufstieg und Untergang

Quetzalcóatl ist die »gefiederte Schlange«, eine der wichtigsten und am häufigsten erwähnten Gottheiten der Mayas, Azteken und Tolteken. Bei den Tolteken und Azteken wird sie »Quetzalcóatl«, bei den Mayas »Kukulcán« und bei den Quiché »Gukumatz« genannt. Quetzalcóatl wird als große gefiederte Schlange mit Federn des heiligen Vogels Quetzal dargestellt, kann sich aber auch als Mann mit Bart und heller Haut zeigen, ähnlich wie Darstellungen der Christusfigur. Die gefiederte Schlange kann fliegen und in die höchsten Regionen aufsteigen. Sie gilt als unsterblicher Wanderer zwischen der Welt der Menschen und der Unterwelt. Es gibt zahlreiche Geschichten über die gefiederte Schlange. Nach einer Legende war Quetzalcóatl ein strenger, herrschaftlicher und mächtiger Priesterkönig, der seine Kraft und Macht in vollkommener Größe entfaltet hatte. Er verfiel jedoch der fleischlichen Lust, der Trinksucht und dem »Blutrausch«. Er ließ Menschen opfern. Eines Tages vergrub er seine Schätze, verbrannte seinen Palast und ließ seine Insignien, die Federn des Quetzalvogels, zurück. Er täuschte seinen eigenen Tod vor, verließ sein Land und überquerte das Meer in Richtung Mictlan, des Reichs der Toten. Quetzalcóatl, der sich als weißer Mann mit Bart zeigte, kündigte jedoch Moctezuma II. seine Rückkehr an. Moctezuma II. erklärte daraufhin die Rückkehr der gefiederten Schlange, die das Volk erneut versklaven wollte. In demselben Jahr landete Hernán Cortés mit seiner spanischen Flotte in Yucatán. Dieser machte sich den Mythos zunutze und begann seinerseits, das Volk zu versklaven.

Quetzalcóatl kündigt jetzt eine neue Phase auf der Erde und große Zeitenzyklen an und ist so aktuell wie nie. Wir stehen an einer Stelle, an der wir entscheiden müssen, welchen Weg wir gehen wollen. Aufstieg oder Niedergang? Quetzalcóatl ist Himmel und Erde, Tag und Nacht, Aufgang und Untergang, Licht und Dunkelheit, Leben und Tod zugleich. Er kündigt neue

Zyklen und Kreisläufe an, Aufstiege und Untergänge, Leben und Tod. Im Tanz zwischen Hell und Dunkel bewegt sich die Lebensenergie auf- und absteigend. Wenn sie sich mit der universellen Energie vereint, setzt sie mächtige Kräfte frei. Erscheint dir die gefiederte Schlange, so kündet sie von neuen Kreisläufen und Zyklen. Sie ist die gesamte Entfaltung unserer wahren Schöpferkraft. Wenn unsere Kundalinienergie aufsteigt und die universelle Lebensenergie uns durchströmt, sind wir fähig, in die höchsten Gefilde aufzusteigen. Ausgestattet mit einer großen Kraft, können wir hoch steigen und tief fallen. Zeigt sich dir Quetzalcóatl, die gefiederte Schlange, so bist du auf dem Weg in deine Selbstermächtigung, in deine wahre »Gotteskraft«. Nun ist die Frage, wie du deine Weisheit, dein Schöpferpotenzial in deinem Leben verwendest. Wie benutzt du deine Gedankenkraft, deine Emotionen, deine Schaffenskraft und deine feinstofflichen Fähigkeiten? Lerne, deine Fähigkeiten auf dem Weg in die unsterblichen Gefilde weise zu nutzen.

VON SEINER LICHTVOLLEN SEITE BETRACHTET: Die gefiederte Schlange steht für die Seelenfamilie, für Aufstieg, Befreiung, Erwachen, Erleuchtung und Rückkehr, für Lichtarbeit, neue Kräfte, neue Kreise, neues Potenzial, die Erlösung karmischer Verstrickungen früherer Leben, ebenso für Erinnerungen und die Integration alten Wissens.

VON SEINER DUNKLEN SEITE BETRACHTET: Quetzalcóatl weist auf tief sitzende Verletzungen aus früheren Leben hin, auf Urängste, Missbrauch der Lebensenergie, Süchte und Abhängigkeiten, auf Unwissen und das Heraufbeschwören von unbekannten Kräften.

SCHLANGE

SCHWARZE MAMBA

Hohe feinstoffliche Wahrnehmung, karmische Verstrickungen, schwarze Schwesternschaft

Die Schwarze Mamba *(Dendroaspis polylepis)* zählt mit einer maximalen Länge von etwa 4 Metern zu den größten Giftschlangen Afrikas. Sie ist eine tagaktive Schlange mit sehr gut entwickelten Sinnen. Ihren Beutetieren stellt sie nach. Die Schwarze Mamba meidet die Nähe zu Menschen und verzieht sich, wenn sich ihr welche nähern. Wenn sie sich jedoch in die Enge getrieben fühlt, richtet sie sich zu einer Drohhaltung auf und verharrt so mit geöffnetem Maul. Sie ist schnell und aggressiv und kann unter Umständen mehrmals zubeißen. Ihr Gift ist hochwirksam und bewirkt eine Lähmung der Muskulatur. Es tötet einen Menschen bereits 20 Minuten nach dem Biss.

Unzählige Mythen und Legenden ranken sich um die meistgefürchtete Schlange Afrikas: Diese Mamba erscheint als schwarze verführerische Frau, die andere Menschen in die Falle lockt und aussaugt. Sie steht für die Rache gedemütigter oder ausgestoßener Frauen, für schwarzmagische Angriffe und Verwünschungen, für Genugtuung, Beschwörungen und tödliche Absichten. Die Schwarze Mamba kann warten, bis ihr Zeitpunkt gekommen ist, und dann augenblicklich, zielsicher und schnell zuschlagen. Rache ist süß.

Taucht die Mamba in deinem Leben auf, so verweist sie dich auf alte Racheprogramme, Schwüre und Versprechen, denen du unbewusst noch immer nachgehst. Etwas in dir sucht tiefe Befriedigung und Genugtuung. Ein stilles Lächeln gleitet über dein Gesicht, wenn Menschen scheitern und straucheln oder dir in die Falle gehen. Du hast deinen Frieden und deine eigene Anbindung an die Quelle in dir gefunden. Es interessiert dich nicht, was andere tun oder lassen. Doch es gibt noch einen stillen Durst nach Rache und Gerechtigkeit. Erscheint die Mamba, dann ist es Zeit, Aggressionen und Gefühle wie Zorn und Rache anzuschauen und sie zu erlösen. Du hast die Wahl, ganz frei zu werden oder in eine neue Runde alter Verstrickungen

einzutreten. Deine Zeit kommt. Wie wirst du diesmal entscheiden? Erkenne, dass alles, was war, deinem Weg gedient und dich zu dem gemacht hat, was du jetzt bist. Wut, Rache und Zorn sind nur kurzfristige Lösungen, die dich in einer weiteren Runde an das Schicksalsrad binden. Die Mamba führt dich in unerlöste Felder und zu der schwarzen Frau in dir. Sie zeigt dir den Schattenspiegel, alte Flüche, Verbannungen und deren Lösung. Die Mamba ist nicht wirklich schwarz, und so führt sie auch dich zu den wahren Farben deines Seelenkleides und zu der Schönheit, die in dir wohnt. Die Mamba greift auch nicht wirklich an, sondern liegt lieber in der Sonne. Sie zeigt dir, wie auch du ein freudiges Leben im Einklang mit deiner Seele leben kannst. Schaue tiefer. Du kannst alte Wege jetzt verlassen, und du bist beschützt, solange du in Respekt und Achtung vor den Kräften waltest.

VON IHRER LICHTVOLLEN SEITE BETRACHTET: Die Schwarze Mamba kann für sich sein, sie organisiert ihr Leben selbstverantwortlich, sie ist ausgeglichen und im Frieden mit sich selbst. Sie steht für die Befreiung aus karmischen Verstrickungen und für tiefe Erkenntnisse. Ebenso weiß sie um ihre Macht und Kraft. Sie kann andere sein lassen, wie sie sind, und sich am Leben freuen.

VON IHRER DUNKLEN SEITE BETRACHTET: Die Mamba ist einsam und sehnt sich nach Anschluss. Sie kann nicht vergeben und ist auf Rache aus, sie schreit nach Gerechtigkeit und Ausgleich. Sie steht für alte Wut, den Kampf zwischen Männlich und Weiblich, für innere Zerrissenheit. Auch repräsentiert sie etwas im Inneren Nagendes, unerlöstes Gift, Krankheit und Lähmung. Sie findet nicht zu anderen, eine Vereinigung ist nicht möglich, und sie lebt in der Vergangenheit.

SCHLANGE

VIPER

Unbewusstes Sein, schlummerndes Potenzial, Erkenntnis

In den warmen Klimazonen dieser Erde gibt es etwa 260 Vipern- oder Otternarten *(Viperidae)*. Diese Schlangen sind giftig und haben ein unauffälliges Äußeres, da sie in Erd- und Olivtönen gefärbt sind. Sie leben sowohl am Boden als auch auf Bäumen und sind dämmerungs- und nachtaktiv. Ihr Giftapparat ist hoch entwickelt. Vipern stehen für die unbewussten Kräfte, die wir in uns tragen und einsetzen. Wir können mit unseren Worten und Aussagen ein Gift verspritzen, das für andere gefährlich werden kann, ohne dass wir dies mitbekommen. Über Tratsch und harmlos wirkende Bemerkungen geben wir Dinge weiter, ohne uns der möglichen Auswirkungen bewusst zu werden. Wir sind uns unserer Kraft nicht bewusst und noch nicht bereit, Verantwortung zu übernehmen, wir verharmlosen unser Verhalten und zeigen gern auf andere. In uns schlummert die Kundalinienergie und wartet darauf, von uns entdeckt zu werden. Sie ist ab und zu aktiv, nur spüren wir sie nicht.

Erscheint die Viper in deinem Leben, so wird es Zeit, diese Kraft in dir zu aktivieren, sie anzunehmen und deinen Teil der Verantwortung für deine Schöpfungen zu übernehmen. Gedanken haben Kraft, Worte haben Kraft, aber Handlungen haben Auswirkungen. Alles, was du aussendest, kehrt zu dir zurück. Oft bist du dir dessen, was du denkst, fühlst und tagtäglich aussendest, nicht bewusst. Du fühlst dich ohnmächtig, gelangweilt, gelähmt und irgendwie gelebt, ohne selbst zu leben, denn das Gift der Kindertage wirkt noch in deinem Blut. Es wird Zeit, dich zu befreien. Beschäftige dich eine Zeit lang mit dir selbst. Welche Gefühle hast du? Was denkst du den ganzen Tag, wie denkst du über dich selbst? Wie redest du von dir und anderen? Beginne, zu beobachten, Tagebuch zu schreiben und dich selbst zu erkunden, denn neben der äußeren Welt gibt es noch eine innere Welt, die betreten und erweckt werden möchte. Die Viper liegt am Eingang des Bewusstseins und führt dich in unbewusste, unbekannte Gefilde. Bewusstsein und Kraft beginnen mit der Selbstbeobachtung. Gift oder Heilung, welchen Weg möchtest du wählen? Erwecke dich selbst. Nimm deine Kraft an, sage Ja zu deinem Leben, und übernimm die Verantwortung dafür, anstatt sie in die Hände anderer zu legen. Wenn du der Schöpfer deines Lebens bist, warum hast du dir dann ungünstige Umstände geschaffen? Die Viper gibt dir einige Rätsel auf und führt dich auf den Energielinien der Kraft zwischen dem Hellen und dem Dunklen. Schaue, wie sie dir erscheint. Die Einweihung hat begonnen.

VON IHRER LICHTVOLLEN SEITE BETRACHTET: Vipern stehen für Selbstannahme und Selbstbefreiung, für Bewusstsein, Erkenntnis, Häutung und neues Verständnis. Sie repräsentieren Wachstum, kraftvolle Handlungen, neue Wege und Möglichkeiten und die Heilung alter Wunden.

VON IHRER DUNKLEN SEITE BETRACHTET: Vipern stehen auch für Klatsch und Tratsch, Unaufrichtigkeit, das Versprühen von Gift und das »Reden mit gespaltener Zunge«. Sie handeln unbewusst und richten Schaden an. Vipern fühlen keine Kraft in sich, stehen für Lähmung, Opferhaltung und Sich-gehen-Lassen.

SCHNEELEOPARD

Uralte Weisheit, Meditation, Würde

»Er ist der heimliche Herrscher vom Dach der Welt.«

Auf sanften Pfoten – in hellem Licht
sieht man ihn fast nicht –,
leise und still ist er da,
macht sich oft gar unsichtbar.
Lautlos, majestätisch, gleitet er über den Schnee –
fernab von Ach, Leiden und Weh.
Shambhala hütet und bewacht er,
an den Toren der alten Macht
die Unsterblichkeit aus ihm lacht.
Kennt die verschlungenen geheimen Wege
in die höchsten Regionen des Seins.
Kommt er, bedeutet dies:
Kehre in die Stille ein,
lausche den Meistern der höchsten Regionen,
die das mystische Shambhala bewohnen.
Schwingen aus Licht beflügeln ihn,
dich zu tragen und dich zu sehen,
er bringt Freiheit, Würde der Weisheit zurück –
und führt dich zu deinem ewigen Glück.
Unsterblichkeit, Wanderer zwischen den Welten,
das ist Licht der Ewigkeit,
es leuchtet in dir – so mach dich bereit,
und wage den Sprung ins Unbekannte.

Lebensweise des Schneeleoparden

Der Schneeleopard *(Uncia uncia)*, auch »Irbis« genannt, ist eine seltene und äußerst scheue Großkatze. Diese Tiere sind im zentralasiatischen Hochgebirge, sozusagen auf dem Dach der Welt, seit etwa 1,4 Millionen Jahren heimisch. Sie halten den Höhenweltrekord für Raubtiere, denn sie besiedeln den Himalaya, den Hindukusch, Buthan, Pamir, Kunlun, Tanshan, das Gebiet des Baikalsees, Osttibet, Altai, Südrussland, die Mongolei, die Wüste Gobi und viele Teile Chinas. Schneeleoparden halten sich in Felsgebieten, in Buschland, durchlichteten Nadelwäldern und Gebirgssteppen auf, weniger hingegen in dichten Wäldern. Im Sommer leben sie auf Bergwiesen und in felsigen Regionen in Höhen von bis zu 6 000 Metern, im Winter folgen sie ihren Beutetieren (vorwiegend Schafe, Ziegen, Hirsche, Wildschweine, Steinböcke, Murmeltiere und Hasen) in tiefere Lagen, um Nahrung und zugleich Schutz zu haben. Schneeleoparden sehen den gewöhnlichen Leoparden ähnlich, aber sie sind kleiner und leichter und haben ein langes und dichtes Fell in verschiedenen Grautönen. Der Bauch ist heller und kann fast weiß sein. Im Sommerfell treten die dunkelbraunen bis grauschwarzen Flecken, die sich über den Rücken ziehen, stärker hervor als im Winterfell. Der dicht behaarte und extrem lange Schwanz ist nicht nur ein nützliches Steuerruder bei Sprüngen, sondern dient auch als Kälteschutz. Der Schneeleopard kann sich in ihn einrollen und sein Ende über die Nase legen. Der Kopf ist relativ klein und die Schnauze hat vergrößerte Nasenhöhlen. Die Tiere haben große behaarte Pfoten mit Haarpolstern an den Sohlen, die vor strenger Kälte schützen. Das Tier ist ein guter Jäger, der sich an seine Beute heranschleicht, um sie überraschend anzuspringen. Es brüllt nicht und frisst in Hockstellung, nicht wie die meisten anderen Großkatzen im Liegen. Sein größter Feind ist der Mensch, weil sein Fell wertvoll ist und Teile des Tieres in der Traditionellen Chinesischen Medizin verwendet werden. Der Schneeleopard steht heute unter Artenschutz.

Der Schneeleopard in den Kulturen dieser Welt

Der Schneeleopard ist ein Schamanentier, das in der höchsten geisterbewohnten Region am Dach der Welt umherstreift. Er ist ein Tier der Oberen Welten, weil er sich bevorzugt in diesen oberen Regionen fernab vom Trubel aufhält und nicht weiter auffällt. Ihm werden gewaltige und magische Kräfte zugesprochen. Er kann sich wie ein Blitz mit Flügeln zeigen. An den Toren von Shambhala soll er wachen und Botschaften aus diesen Regionen übermitteln. Als ein uraltes Wächtertier, einer der größten und ältesten Lichtbrennpunkte dieser Erde, hat er für die Menschen besondere Bedeutung. Er zeigt sich selten und ist äußerst scheu, doch er trägt Schamanen, die er für würdig befindet, auf seinem Rücken in die Oberen Welten, damit diese Botschaften von hohen Geistwesen erhalten.

Der Schneeleopard soll Wahrheit und Gerechtigkeit bringen, er öffnet die Pforten in andere Dimensionen und hütet die Schätze des Lichtes. Sein Fell vermittelt Schutz, Geborgenheit, Wärme und verleiht seinem Träger Königswürde. Es soll seinem Träger Unsterblichkeit verleihen sowie die Fähigkeit, sich unsichtbar zu machen und in andere Dimensionen zu reisen. Außerdem soll es die Kraft des Orakels besitzen. Für die Traditionelle Chinesische Medizin wird das Tier hauptsächlich wegen seiner Knochen gejagt. Sie werden pulverisiert und sollen eine große Heilwirkung besitzen. Auch seine Innereien finden dort Anwendung. Amulette aus seinen Knochen stehen für magische Kräfte, hohen Schutz und übersinnliche Fähigkeiten. Sein Schwanz ist ein Zeichen starker Manneskraft und Führerschaft. Der Schneeleopard ist ein Symbol für Weisheit, Stille, Reinigung, Läuterung, Frieden, aber auch Leere.

Pflanzen, die er zu sich nimmt und die mit ihm in Verbindung stehen, sind die Weide (Symbol für Biegsamkeit und Beweglichkeit, aber auch reinigende Wirkung), Rispelsträucher und Tamarisken. Der geflügelte Schneeleopard ist das nationale Symbol der Kasachen und Tataren. Der Schneeleopard-Orden wurde Bergsteigern nach ihrem erfolgreichen Besteigen aller fünf Siebentausendergipfel in der Sowjetunion verliehen.

Schneeleopardenmedizin

Auf leisen Sohlen in der Stille betritt der Schneeleopard, ein Meister vom Dach der Welt, dein Sein. Sein mächtiges, majestätisches Energiefeld umhüllt und schützt dich. Es ist sehr selten und eine große Ehre, dass man von ihm ausgewählt wird. Er verleiht Schutz, Geborgenheit, Wärme und Liebe, die man jederzeit in sich finden kann, wenn man sich von der Außenwelt in die Stille zurückzieht.

Betritt der Schneeleopard dein Sein, so ist es an der Zeit, alte Gefühle ruhen zu lassen, dich auf den Frieden und die Unendlichkeit einzustimmen und neue unbekannte Pfade zu gehen. Der Schneeleopard lehrt dich, dem Sphärengesang der Schöpfung zu lauschen. Das Tier springt elegant und anmutig von Fels zu Fels, schleicht sich lautlos an und erlegt seine Beute zielsicher. Er kann Beute, die sein Körpergewicht um ein Dreifaches übersteigt, spielend erlegen. So kannst du mit Leichtigkeit über andere Wege Großes vollbringen. Er lehrt dich, dich vom Strom der Schöpfung treiben zu lassen, bis die Schöpfung selbst dir eine Gelegen-

heit schenkt, bei der du nur noch klar und ausgerichtet zugreifen musst. Als uralter Hüter der höchsten Regionen dieser Erde ist seine Fähigkeit, sich unwirtlichen Lebensbedingungen anzupassen, fantastisch. So kann er allzeit im Frieden mit sich sein.

Da er eine große Lungenkapazität besitzt und kalte Luft in warme verwandeln kann, um seinen Körper ausreichend mit Sauerstoff zu versorgen, führt er dich ein in besondere Atemtechniken, die deinen Geist ruhig, klar und zentriert werden lassen und deinen Körper gezielt mit neuer Energie aufladen. Konzentriere dich immer wieder auf deine Atmung. Sie versorgt dich mit allem, was du brauchst.

Der Schneeleopard lehrt dich, das Steuer deines Lebens zu übernehmen und auf schmalen Graten die Balance zu halten. Er bietet perfekte Tarnung und Schutz in allen Lebenslagen. Er besitzt telepathische Fähigkeiten und ist verbunden mit dem unsichtbaren Netz, das alles miteinander verknüpft. Er führt dich zu deinem Meister und bringt dich mit den alten Lehren, die in Shambhala gehütet werden, in Verbindung. Alte Weisheit erwacht in dir. Alles ist bereits in dir, der Weg geht nach innen. Läutere dich, reinige dich, und mache dich bereit für neue Schritte, eine neue Weite in deinem Leben. Eine neue lichtvolle Dimension wartet auf ihr Erwachen in deinem Sein.

VON SEINER LICHTVOLLEN SEITE BETRACHTET: Der Schneeleopard bringt dich in Kontakt mit deinem königlichen Sein. Alte Emotionen heilen, du lernst deine Kraft kennen, kannst sie annehmen und deinem eigenen Weg folgen. Der Schneeleopard verweist auf Neuerungen, neue Ideen und Zukunftsvisionen. Er hilft dir dabei, in Würde und Anbindung zu leben und dich nicht von deiner Aufgabe abbringen zu lassen. Alte Weisheiten wohnen im Zentrum und entfalten sich in der Stille. Du wirst von innen heraus mit Wärme genährt und kannst deine Aufgabe erfüllen. Der Schneeleopard hilft dir dabei, ohne Umschweife auf den Kern einer Sache zu schauen und

so das Wesentliche zu erkennen. Er schenkt dir eine starke, kraftvolle Haltung. Mit beiden Füßen fest auf dem Boden kannst du Ziele und Visionen schnell umsetzen. Nimm deine Führernatur an, und beschreite neue Wege.

VON SEINER DUNKLEN SEITE BETRACHTET: Der Schneeleopard steht auch für extreme Schüchternheit, er lebt einzelgängerisch und zurückgezogen, wirkt unnahbar, ist nicht in der Lage, sich emotional zu öffnen. Er ist beziehungsunfähig, hat Schwierigkeiten, sich verständlich zu machen, und macht alles lieber allein und für sich. Das Tier repräsentiert tiefe menschliche Enttäuschung.

Weitere Informationen

RAT DES TIERES: »Folge deiner inneren Weisheit.« **FARBEN:** Weiß, Grau, Creme, Schwarz; **ELEMENTE:** Wasser in Form von Eis und Schnee (Licht reflektierend), Gletscherwasser, Nebel (kühlend, erfrischend, erweckend); Erde in Form von Bergen, Felsen; Luft in Form von eiskalten Winden; Feuer in Form von innerem und geistigem Feuer; Eis und Schnee stehen für das Ruhenlassen von alten Gefühlen, für Frieden und abgekühlte Emotionen. In der schamanischen Arbeit zeigt sich der Schneeleopard als hoher Meister, Heiler und Würdenträger, der jede Menge Wege der Heilung über die Atmung, die Leitung des inneren Feuers und die Lösung von alten Bindungen kennt. Eis hat eine leicht betäubende Wirkung und hilft, alte Verstrickungen sanft zu lösen und zur Ruhe zu bringen. **WEITERE ASSOZIATIONEN:** Anbindung an die Quelle des Lebens, Elixier der Unsterblichkeit, Tiefe, Einblick in uralte Weisheiten, Frieden, Glückseligkeit, Reinigung, Fastenzeit, Läuterung, geistige Übungen zur Ausrichtung in der Freiheit, Klarheit und Konzentration, Zerstückelung, Einweihung, Heilung, innere Wandlung, Shambhala; **STEINE:** Leopardenjaspis, Schneeflockenobsidian, Knochen, Bergkristalle, Kristalle allgemein; **TRAUMSYMBOL:** Zeigt sich dir der Schneeleopard im Traum, so steht der Sprung in eine neue Dimension bevor, der Aufstieg ins Licht. Neue Weisheit offenbart sich. Es kann auch eine Warnung vor plötzlichen, unerwarteten Gefahren sein. Erwache, und sei aufmerksam. **AFFIRMATION:** »Je mehr ich mich dem Frieden in mir öffne und dem Gesang der Schöpfung lausche, desto mehr kann meine Seele sich erheben. Om shanti OM.«

WASCHBÄR

Reinigung, Vergebung, Gnade

Ja, was haben wir denn da –
einen kleinen Waschbären, flink und wunderbar,
mit zauberhaften Kräften und magischen Gestalten.
So lässt sich das Leben großartig verwalten.
Folge deinem Weg –
es ist nie zu spät,
drehe dich um ins Leben,
dir wird stets vergeben,
handle mit Schwarz und Weiß,
folge deiner Zeit,
passe dich an, und höre zu,
die Antwort findet sich in der Ruh.
Lerne, deine Kräfte zu gebrauchen,
damit sie nicht in sinnlosen Dingen verrauchen.
Folge deiner Intuition, sie wird dich leiten
in neue, unbekannte Weiten.
Das Leben ist schön und wunderbar,
entdecke es, und sei ganz da.

Lebensweise des Waschbären

Der dämmerungs- und nachtaktive Waschbär *(Procyon lotor)* stammt ursprünglich aus Mittel- und Nordamerika und gehört zur Familie der Kleinbären. Es gibt mehr als 30 Waschbären-Unterarten. Seit dem 20. Jahrhundert ist das Tier auf dem europäischen Festland, im Kaukasus und in Japan heimisch. Allein in Deutschland gibt es mittlerweile über 1,3 Millionen Waschbären. Der Waschbär lebt in Misch- und Laubwäldern, bevorzugt in solchen mit hohen Eichenanteilen, mit anderen Artgenossen in lockeren Gruppen zusammen. Er zeichnet sich durch ein ausgesprochen gutes Gedächtnis und ein ausgeprägtes Wahrnehmungsvermögen aus. Dazu gehören ein hochsensibler Tastsinn, ein überaus feines Gehör sowie ein guter Geruchssinn. Der Sehsinn ist allerdings nicht gut ausgeprägt, wahrscheinlich sind Waschbären sogar farbenblind. Das Tier kann gut laufen, klettern und schwimmen und hält sich gern in der Nähe von Bäumen und Gewässern auf. Tagsüber verkriecht es sich in Baumhöhlen, um dort ein

Schläfchen zu halten. Der Waschbär findet oft im Wasser seine Nahrung. Diese hält er mit seinen Pfoten, was so aussieht, als würde er sein Futter waschen – daher auch der Name. Ein besonderes Merkmal ist seine Fellzeichnung im Gesicht, die wie eine Maske aussieht. Auffällig ist auch sein geringelter Schwanz, der in alten Kulturen als Talisman galt. Waschbärenmännchen weisen oft ein aggressives Verhalten gegenüber fremden Jungtieren auf. Die Tiere sind sehr anpassungsfähige Allesfresser und werden etwa zehn Jahre alt.

Der Waschbär und seine Kraft in den Kulturen der Welt

In der Mythologie vieler nordamerikanischer Indianerstämme spielt der Waschbär eine wichtige Rolle. Ihm werden mystische Kräfte zugesprochen, die die eigene Kraft steigern und die Muskeln stählen. In Ritualen der Indianer werden oft schwarz-weiße Gesichtsbemalungen getragen, die an die Zeichnung des Waschbären erinnern. Diese Zeichnung steht für die Verbindung zwischen zwei Welten, der Welt des Lichtes und der Welt der Dunkelheit, also für die Balance der Kräfte zwischen Männlich und Weiblich, die Harmonie und die Ausgewogenheit, die die Schöpferkraft hervorbringt. In den mündlich überlieferten Geschichten gilt der Waschbär als »Trickster«, als kleiner Gauner. Er hat sogar die Gabe, den Wolf und den Kojoten zu überlisten. Das Tier wählt ungewöhnliche Wege, um sein Ziel zu erreichen, und soll einen untrüglichen Sinn für den richtigen Zeitpunkt haben und dann genau das tun, was zu tun ist.

Der Waschbär verstärkt die Intuition und das Klarfühlen. Er wurde bei den Azteken »Mapachitl« genannt, was so viel bedeutet wie »der alles in die Hände nimmt«. Bei den Dakota und Sioux wurde er als »weeka tegalega« bezeichnet, als »Magier mit dem gemalten Gesicht«. Ihm wurden Zauber- und Wunderkräfte zugeschrieben. Er sollte die männliche Potenz steigern, zu Heilkräften und Heilkräutern in der Natur führen, fruchtbare Plätze zeigen und vor Gefahren warnen.

Durch sein Klarfühlen ist er der Zeit voraus und lehrt uns das Handeln zum rechten Zeitpunkt. Sein Blick ist auf Heilung, Regeneration und Erneuerung gerichtet. Deswegen spielt er in allen Übergängen eine wichtige Rolle. Er verweist auf Lebensfreude, Erneuerung und Heilung.

Waschbären wurden auch als Haustiere gehalten, weil sie um bestimmte Kräfte und Zeiten wussten. Auch verarbeitete man sie zu Nahrung. Ihre Pelze dienten als Winterbekleidung, und ihre Schwänze waren Fetische, die böse Kräfte bannen, täuschen und dann abwenden sollten.

Waschbärmedizin

In dein Leben purzelt ein magischer Geselle, der es versteht, mit den Kräften zu handeln und zu wandeln. Sein Blick ist auf Heilung, Erneuerung und Erweiterung gerichtet. Er passt sich neuen Situationen an und lehrt dich, wie du dich für neue Situationen öffnen, dich anpassen und trotzdem du selbst bleiben kannst. Er kennt die Wege in die Untere Welt und ermöglicht es uns damit, unsere Kraft zu entwickeln, Dinge zu wandeln, sie loszulassen und alte Angelegenheiten zu bereinigen. Er ruht in sich und handelt aus der eigenen inneren Anbindung heraus. Er bringt uns bei, zu uns selbst zu kommen, in uns selbst das Feuer der Geborgenheit, der Liebe und der Kraft zu erwecken und von innen heraus zu handeln, statt sich von den äußeren Dingen verführen zu lassen. Der Waschbär folgt seiner Intuition und seinen Wegen ungeachtet anderer Pfade. Dadurch findet er die Medizin seiner Seele. Seine schwarz-weiße Färbung zeigt die Anbindung an Himmel und Erde.

Er weiß, was er will und wie er es erreichen kann. Oft ist er vor allen anderen zur richtigen Zeit am richtigen Ort und kann somit die Früchte, die gerade reif geworden sind, als Erster ernten. Als nachtaktives Wesen lehrt er uns, unsere Intuition zu schulen, unser Fühlen, Tasten, Riechen und Hören, also die Kräfte, die uns in der Dunkelheit untrüglich führen. Als Tier, das überwiegend grüne Farbtöne sehen soll, steht er für die Heilkraft der Natur. Er zeigt uns den Weg der Selbsterneuerung und schenkt uns Kraft, Heilung und einen neuen Ausdruck. Der Waschbär lehrt uns, unsere Kräfte richtig einzuschätzen, abzuwägen, mit welchen Gegnern wir es aufnehmen können und wann es besser ist, sich in höhere Regionen zu flüchten und einfach abzuwarten. Er zeigt, wie wir für uns sorgen, uns Rückzüge ermöglichen, uns ausruhen, uns um unsere Nahrung auf allen Ebenen kümmern und der eigenen Intuition folgen können.

Waschbärmedizin hilft, die Energie zu klären, sie zu reinigen und neuen Wegen und Impulsen zu folgen, ungeachtet der momentanen Situation. Sie schlägt eine Brücke von der tatsächlichen Lebenssituation zu einer möglichen. Glaube an dein Ziel, glaube an die Kraft, die in dir wohnt, vertraue auf den Weg. Mit dem Waschbären hast du einen wunderbaren Begleiter in dieser und in der anderen Welt gewonnen.

VON SEINER LICHTVOLLEN SEITE BETRACHTET: Der Waschbär hilft, alte Angelegenheiten zu bereinigen und das Energiefeld rein zu halten. Du kannst zwischen den Welten wandern und deine Ideen und Ziele auf der Erde in die Tat umsetzen. Der Waschbär schenkt dir eine praktische Sichtweise auf die wichtigen Angelegenheiten des Lebens. Deine Intuition wird gestärkt, du spürst deutlich, worauf es ankommt. Das Männliche und das Weibliche können sich in Frieden vereinen und die Fülle, die du in dir trägst, ausdrücken. Deine Schöpferkraft entfaltet sich auf vollkommene Weise.

VON SEINER DUNKLEN SEITE BETRACHTET: Der Waschbär steht für Erfahrungen mit aggressiver männlicher Gewalt, für unerlöste Vater- und Männerthemen, verletzendes Verhalten und Grenzüberschreitungen. Zudem steht er für falsche Freunde, dafür, wegen seiner Gutmütigkeit ausgenutzt und ausgetrickst zu werden. Er führt aber auch selbst hinter das Licht und kann einer falschen Fährte folgen.

Weitere Informationen

RAT DES WASCHBÄREN: »Lass dich nicht von Äußerlichkeiten täuschen. Prüfe und spüre tief in dir nach, bevor du dich auf irgendetwas einlässt. Alle Weisheit ist bereits in dir.« **FARBEN:** Schwarz, Weiß, Braun, Grün; **ELEMENTE:** Erde, Wasser; **WEITERE ASSOZIATIONEN:** Da der Waschbär Bäume, und besonders die Eiche, sehr liebt, steht er in Verbindung mit dem Weltenbaum, mit der in-

neren Welt und der Wesenheit von Bäumen. An Eichen und Bäumen, die an Gewässern stehen, kannst du mit seiner Kraft Kontakt aufnehmen. Er ruht in sich, fühlt sich mit allem verbunden und handelt aus der inneren Anbindung heraus. Der Waschbär steht für Heilung und Stärkung der weiblichen Kräfte, der Waschbärenschwanz steht für das Schöpfungsfeuer im Inneren. Folgen deinem eigenen Weg. Habe Vertrauen in die Kräfte. Der Waschbär steht für Steigerung der eigenen Wahrnehmungsfähigkeit, dafür, auf das »Ja« und das »Nein« im Herzen zu hören. Sein Fell steht dafür, in sich selbst Geborgenheit, Wärme und Liebe zu erzeugen und zu finden. Seine Krallen stehen für die Fähigkeit, sich zu verteidigen, sich zu schützen und für sich zu sorgen. **STEINE:** zweifarbige Steine, grüne Steine, Flusskiesel, die oft als Orakelsteine verwendet wurden; **TRAUMSYMBOL:** In der Traumdeutung warnt der Waschbär vor falschen Freunden, vor Verrat und davor, auf falsche Spuren geführt zu werden. Folge deiner Intuition, höre auf die Kraft deines Herzens, und lasse dich nicht von anderen blenden und lenken. **AFFIRMATION:** »Ich bin immer zur richtigen Zeit am richtigen Ort und tue genau das Richtige. Die Quelle führt mich.«

WILDSCHWEIN

Verbindung zu den Wurzeln, Ahnen, das Leben feiern

Aus dem Wald, in stiller Nacht,
Wildschweine in ihrer Pracht
suhlen sich im Schlamm und wühlen im Boden,
ihre eigenen Kräfte auszuloten.
Zerstörung oder Fülle,
gehören sie zusammen?
Kann es das eine ohne das andere geben?
Geheime Mächte sich im Verborgenen weben,
schaue tiefer, finde dein Glück,
kehre in dein Leben zurück.
Dankbar und mit Freude kannst du hier sein
und feiern im Mondenschein.

Lebensweise des Wildschweins

Das Wildschwein *(Sus scrofa)* gehört zu den größten noch wild lebenden Tieren Mitteleuropas. Sein Körpergewicht variiert zwischen 40 und 200 Kilo, und Keiler können eine Körperlänge von 1,8 Meter erreichen. Das Wildschwein ist fast weltweit verbreitet und in der Lage, sich an unterschiedliche Lebensräume anzupassen. Es bevorzugt jedoch Wälder. Wildschweine leben in größeren Familienverbänden, sogenannten »Rotten«. Als Allesfresser ernähren sie sich außer von Eicheln und Bucheckern besonders von Nahrung, die sie mit ihrem kräftigen Rüssel aus dem Boden ausgraben: Wurzeln, Knollen, Engerlinge, Larven, Schnecken und sogar Mäuse, Maulwürfe und junge Hasen. Gern suchen sie sich schlammige Stellen im Wald, um sich im Schlamm zu suhlen. Man erkennt von Wildschweinen genutzte Wege an den sogenannten »Malbäumen«, Bäumen mit abgescheuerter Rinde und getrocknetem Schlamm. Wildschweine sind in freier Wildbahn meist scheu und nachtaktiv. Sie können aber sehr aggressiv werden, wenn sie Nachwuchs haben oder Hunde in der Nähe sind, deswegen sollten diese angeleint werden.

Wildschweine waren schon immer beliebte Jagdtiere des Menschen. Außer dem Menschen gehören, je nach ihrem Lebensraum, vorwiegend Tiger, Wölfe, Bären, Luchse und Wildkatzen zu den Feinden der Wildschweine. Die Tiere vermehren sich schnell, wenn genügend Nahrung da ist und sie nicht bejagt werden. Mit ihrem Durchwühlen des Bodens können sie erhebliche Schäden anrichten.

Das Wildschwein und seine Kraft in den Kulturen der Welt

Einst waren Wildschweine hoch verehrt, sie standen für Fruchtbarkeit, Fülle, Mut und Kraft und galten als Tier der Göttin. Ihre Eckzähne (Hauer), ihr Fell, ihre Knochen und ihre Borsten verwendete man als Kraftsymbole, als Kriegssymbole, die Krieger stärken und vor Angreifern schützen sollten. Das Wildschwein wurde auch in Initiationsriten, die dem Aufstieg vom Jungen zum Mann vorausgingen, eingesetzt. Die jungen Erwachsenen mussten, ausgerüstet mit einem Speer und mit der Unterstützung der Männer, ein Wildschwein erlegen. Danach wurde entschieden, wer von ihnen fortan die Männer begleiten durfte. »Wehrhaft bis zum Schluss, niemals aufgeben« war die Parole der Krieger, die das Wildschwein als Totemtier trugen. Druiden stellten Medizin aus Teilen von Wildschweinen her, dem Wildschweinfett wurde heilende Wirkung nachgesagt, und Wildschweinfleisch stärkte den Mut, die Wildheit, die Kraft im Blut und die Verwegenheit der Krieger. Mit Wildschweinknochen wurden Muster geritzt oder Krieger »tätowiert« und auf diese Weise ausgezeichnet. Aus den Borsten wurden Pinsel hergestellt, das Fell bot Schutz. Das Wildschwein war ein Symbol dafür, das Leben und die glücklichen Momente zu feiern, dem Leben zu danken und »die Sau rauszulassen«. Wildschweinbraten wurde bei vielen Festlichkeiten auf-

getischt (Geburten, Hochzeiten, Siegesfeiern, Stammesfesten, Jahreszeitfesten). Besonders zu Samhain (1.11.), dem Fest der Ahnen, war es Tradition, Wildschweine zu jagen, um Nahrung für die langen Wintermonate zu haben. Der Samhainmond wird auch »Schlachtmond« genannt. Wildschweinbraten wurden den Ahnen geopfert, um die Kreisläufe von Geburt und Wiedergeburt zu stärken. Die Kelten glaubten, dass die Ahnen sie beschützen, sie stärken und nach dem Tod in Empfang nehmen würden. Ebenso dachte man, dass die Ahnen irgendwann wiedergeboren und dann ihre Aufgabe fortführen würden. Nach ihrer Vorstellung endete mit dem Tod das Leben nicht.

Die Wildschweinhatz mit Pferden und Hunden, die auch »Saupack« oder »Sauhunde« genannt wurden, war bei Hofe sehr beliebt. Die Wildschweinjagd wird auf Bildern dargestellt und in der Literatur beschrieben. In Frankreich wurden Wildschweine zur Trüffelsuche abgerichtet. Vielerorts ist das Wildschwein Wappentier. Es steht auch für die Sippe, die Gemeinschaft und ihren Zusammenhalt.

Wildschweinmedizin

Zeigt sich dir das Wildschwein, so geht es um die Sippe, die Gemeinschaft und das Ringen mit der eigenen Triebkraft. Es geht um »Blut und Boden«. Das Wildschwein hilft dir, die Verbindung zur Erde, zum Boden und zu den Ahnen herzustellen, die Sippe und die Familienbande zu stärken und die Gemeinschaft zu fördern. Alte Angelegenheiten, die im Blut wirken, können geklärt und bereinigt werden. Vielleicht trägst du eine alte Wut, Zorn, Rachepläne oder einen Schrei nach Gerechtigkeit in dir. Es ruft in dir nach Ausgleich, du kommst einfach nicht über die alten Angelegenheiten hinweg. Es kehrt kein wirklicher Frieden ein, du fühlst dich unterlegen, eingeengt, nicht wirklich gesehen und nicht vollkommen in deiner Kraft. Ab und zu machst du diesem Gefühl Luft, und dabei zerstörst du mehr, als du wolltest. Du trägst Visionen in dir, findest aber noch nicht die Zeit, sie zu verwirklichen, weil du dich um deine Familie und um Aufgaben kümmern musst, die deine Energie binden. Das Wildschwein hilft dir, das »Übel an der Wurzel« zu packen, eine neue Beziehung zum Boden und

zu deinen wahren Kräften herzustellen, die Wurzeln zu heilen und eine gute Grundlage für dich und andere zu schaffen. Wohlstand lässt sich von »wohl stehen« ableiten. Auf was für einem Boden stehst du? Was trägst du für deine Ahnen? Wo bist du zutiefst verstrickt und kommst einfach nicht weiter? Welche karmischen Themen gibt es noch in deiner Seele? Was hast du dir selbst nicht verziehen? Es kostet mehr Mut, sich dem eigenen Inneren zuzuwenden, als mit anderen zu ringen. Es wird Zeit, dass du deine Kraft mobilisierst und innerlich gründlich aufräumst. Dann kannst du »die Sau rauslassen« und das Leben in seiner ganzen Fülle und Kraft feiern und genießen. Du hast einen guten Begleiter gefunden, der dir Frieden, Freude sowie Glück und Sieg in der Gemeinschaft verspricht. Mit dem Wildschwein an deiner Seite kannst du die Herausforderungen des Lebens meistern.

VON SEINER LICHTVOLLEN SEITE BETRACHTET: Das Wildschwein ist feinfühlig, munter, wehrhaft, stolz, zuverlässig, ortstreu, weltoffen, beständig, intuitiv, verbunden, dankbar, zufrieden, mutig, fürsorglich, liebevoll, treu, erfolgreich und energievoll. Es kann sich sauwohl fühlen, das Leben feiern und Spaß haben, es hat einen guten Riecher, kümmert sich um seine Familie und kann sich selbst versorgen. Es steht für innere Stabilität, Zähigkeit, Zusammenhalt, Gruppen und eine gute Grundlage.

VON SEINER DUNKLEN SEITE BETRACHTET: Das Tier steht für Rücksichtslosigkeit, Rache, Zorn, unberechenbare Wutausbrüche, Gewalt, Machtkämpfe, Zerstörung, Unzufriedenheit, ungerechte Behandlung und ein Gefühl des Versagens oder der Unterlegenheit. Es fühlt sich klein, macht sich wichtig, spielt sich auf, hat ständig das Gefühl, sich verteidigen zu müssen, fühlt sich ausgenutzt, eingeengt und gefangen, es ist unnahbar und macht andere für seine eigenen Lebensumstände verantwortlich.

Weitere Informationen

RAT DES TIERES: »Leite und lenke Triebkräfte richtig. Gemeinsam schafft man alles.« **WEITERE ASSOZIATIONEN:** Gemeinschaft, Sippe, Teil einer Gemeinschaft, Erbkrankheiten, unerlöste Ahnenthemen, Mutterthema, Grenzüberschreitungen, Familienstellen, alte karmische Verstrickungen, Selbstvergebung, Beschäftigung mit dem Boden, Basis, Erlösung, Befreiung, Dankbarkeit, alte Verbindung zu Göttinnenkulturen, zu den Kelten, Germanen, Indianern, Wikingern, zu alten Volksgruppen und alter Weisheit; **BAUMVERBÜNDETE:** Eichen, Buchen; Beziehung zu Druiden, Steinen, Kraftsteinen und Kraftplätzen; **FARBEN:** Braun (innere Geborgenheit und Wärme), Grau, Weiß, Grün (Heilung); **ELEMENTE:** Erde (Unterwelt, Welt der Kraft), Feuer; **TRAUMSYMBOL:** Erscheint das Wildschwein in deinen Träumen, kann es auf sexuelle Energie, unbändige Triebkraft, die sich entladen will, hinweisen; ebenso auf Kummer oder Freude in zwischenmenschlichen Beziehungen, je nachdem, wie man diese Energie leitet und lenkt. Eine massive Kraft, eine aufgestaute Energie, will sich entladen. **AFFIRMATION:** »Gemeinsam schaffen wir alles.«

WEITERE ZUORDNUNGEN

WEISSES ODER GOLDENES TIER: Botschaft aus der Oberen Welt, Symbol der reinen, hilfreichen, lichtvollen Kräfte

SCHWARZES TIER: Botschaft aus der Unteren Welt, der Welt der Ahnen und der Welt der Kraft; es will auf unbewusste Kräfte aufmerksam machen

ROTES TIER: Botschaft aus der Mittleren Welt, Feuer, Energie, wichtige aktuelle Botschaft

VERLETZTES TIER: zeigt uns Verletzungen in uns, kann uns betreffen oder Menschen, mit denen wir verbunden sind; steht für geschwächte Kraft, geschwächtes Energiepotenzial; kann für Flüche, alte Schwüre und schwarzmagische Einflüsse stehen; diese im Energiefeld verletzten Stellen möchten gesehen, geheilt und aufgelöst werden; beginne, das Tier auf der inneren Ebene zu verarzten und zu heilen

TIER MIT SYMBOL: dem Symbol, das das Tier trägt, ist Bedeutung beizumessen

EINZELGÄNGERISCHES TIER: den eigenen Weg gehen, Aufmerksamkeit auf die eigenen Schritte im Leben lenken, frei sein, unabhängig sein, seine eigene Kraft kennen und einsetzen lernen

FEDERN: stehen für Botschaften aus der Oberen Welt, für die Sonnenstrahlen

LICHTFUNKEN UND ENGEL: sind ein Symbol für die hilfreichen Kräfte, die uns beistehen; können aber auch für Energieverlust stehen; sind ein Hinweis, sich auf die guten Kräfte zu besinnen

FLÜGEL: stehen für die Fähigkeit, geistig zu fliegen, d. h. auf anderen Ebenen zu reisen; stehen auch für telepathischen Kontakt mit Menschen, Orten, Wesen …; stehen zudem für die Fähigkeit, sich über eine Situation zu erheben, sich einen Überblick zu verschaffen, andere Perspektiven einzunehmen, andere zu motivieren und zu inspirieren; stehen aber auch für Weltenflucht, Flüchtigkeit, dafür, nicht fassbar zu sein, nicht ganz hier zu sein, nur in der Vorstellung zu leben

NICHT FLIEGENDE VÖGEL (PINGUINE, STRAUSSE): stehen dafür, das geistige Potenzial praktisch zu nutzen, Ideen umzusetzen, tatkräftig mit anzupacken, Botschaften anderer Ebenen umzusetzen

LANGER HALS: steht für Kommunikationsfähigkeit, Kontakt zu den geistigen Welten, Sozialverhalten, tiefes Verständnis

ROT GLÜHENDE AUGEN: gehören zu einem Wesen aus der Feuerwelt; eine dämonische Kraft ist am Wirken; Wandlung

MASSIGER KÖRPERBAU: Belastbarkeit, Tragfähigkeit, Tragen und Halten von Energien und Kräften, innere Ruhe, Gelassenheit, Beharrlichkeit, Wissensspeicher, Speicherkapazität, aber auch Überbelastung; trägt zu viel, auch für andere; Erscheinen kann bedeuten, langsamer machen und genauer hinschauen zu sollen

NEST: symbolisiert das Bedürfnis nach einem Ruhepol, nach Geborgenheit und Wärme, Familie ist wichtig, versorgt sein, gut aufgehoben sein, zur Ruhe kommen

NESTHOCKER: steht für Anhänglichkeit; man will nicht so schnell eigenständig sein, braucht Geborgenheit, will versorgt werden, kann einen Hort um sich entwickeln; man genießt die Aufmerksamkeit anderer

NESTFLÜCHTER: man will seinen eigenen Weg gehen, hat eigene Pläne

LITERATUR

Bächtold-Sträubli, Hanns (Hg.): **Handwörterbuch des deutschen Aberglaubens.** Berlin 2000.

Bauchot, Roland (Hg.): **Schlangen: Evolution, Anatomie, Physiologie und Verbreitung, Verhalten, Bedrohung, und Gefährdung, Haltung und Pflege.** Augsburg 1994.

Baumgarten, Andreas: **Das Superbuch der Traumdeutung.** München 2003.

Bellinger, Gerhard J.: **Knaurs Lexikon der Mythologie: Über 3000 Stichwörter zu den Mythen aller Völker.** Augsburg 2000.

Bellmann, Heiko: **Welches Insekt ist das?: 450 Insektenarten, 600 Farbfotos.** Stuttgart 2005.

Bezzel, Einhard/Prinzinger, Roland: **Ornithologie.** Stuttgart 1990.

Bradler, Christine M.: **Feng Shui Symbole des Ostens.** Damstadt 1999.

Bradler, Christine M.: **Feng Shui Symbole des Westens.** Damstadt 1999.

Bruce-Mitford, Miranda: **Zeichen und Symbole: Ihre Geschichte und Bedeutung.** München 2008.

Burton, Maurice (Hg.): **Das große farbige Tierlexikon.** Hamburg 1976.

Chinery, Michael: **Pareys Buch der Insekten: Über 2 300 Insekten Europas.** Stuttgart 2004.

Cotterell, Arthur: **Die Enzyklopädie der Mythologie: Nordisch, klassisch, keltisch.** Fränkisch-Crumbach 1999.

Fogle, Bruce: **Katzen: Die beliebtesten Rassen.** Starnberg 2000.

Golowin, Sergius: **Drache, Einhorn, Oster-Hase und anderes phantastisches Getier.** Basel 1994.

Golowin, Sergius: **Göttin Katze: Das magische Tier an unserer Seite.** München 1989.

Grabner-Haider, Anton/Marx, Helma: **Das Buch der Mythen aller Zeiten und Völker.** Wiesbaden 1999.

Gruber, Ulrich: **Die Schlangen Europas und rund ums Mittelmeer.** Stuttgart 2009.

Hale, Rachael: **101 Rassekatzen: Porträts, Charakter, Merkmale.** München 2009.

Haines, Tim/Chambers, Paul: **Dinosaurier: Giganten der Urwelt.** Stuttgart 2007.

Kenneth, Johnson: **Die Weisheit des Jaguars, Praxis und Anwendung des MAYA-Kalenders.** München 1997.

Krämer, Eva-Maria: **Der neue Kosmos-Hundeführer: Mit allen 338 FCI-Hunderassen und 100 neuen Rassen.** Stuttgart 2002.

Lambert, David: **Der Kosmos Tieratlas.** Stuttgart 1992.

Lambert, David: **Dinosaurier.** München 2003.

Lehari, Gabriele: **400 Hunderassen von A–Z: Alles über Aussehen, Charakter und Verhalten.** Stuttgart 2009.

Lohmann, Michael: **Singvögel: Die heimischen Arten erkennen und bestimmen.** München 2003.

Macdonald, David: **Die große Enzyklopädie der Säugetiere.** Königswinter 2003.

Mattison, Chris: **Die Schlangen-Enzyklopädie: Alle Arten der Welt, Merkmale, Verbreitung, Biologie.** München 1999.

McGavin, Georg C.: **Insekten und andere Gliederfüßer: Mit mehr als 550 Arten und 650 Abbildungen.** München 2005.

Meadows, Kenneth: **Das Naturhoroskop: Die Weisheit der Indianer und Schamanen.** Frankfurt 2006.

Miers, Horst E.: **Lexikon des Geheimwissens.** München 1997.

Morris, Desmond: **Catwatching: Die Körpersprache der Katze.** München 2000.

Reid, Lorie: **Das Große Buch des Chinesischen Horoskops.** Saarbrücken 1998.

Ruland, Jeanne: **Das große Buch der Engel.** Darmstadt 2015.

Ruland, Jeanne: **Krafttiere begleiten Dein Leben.** Darmstadt 2017.

Ruland, Jeanne: **Krafttier-Orakel.** Darmstadt 2017.

Ruland, Jeanne/Karaçay, Murat: **Kraftier-Orakel 2.** Darmstadt 2018.

Schenda, Rudolf: **Who's who der Tiere: Märchen, Mythen und Geschichten.** München 1998.

Sommer, Volker/Ammann, Karl: **Die großen Menschenaffen.** München 1998.

Stichmann, Wilfried: **Der große Kosmos-Naturführer Tiere und Pflanzen.** Stuttgart 2009.

Sun Bear/Wind, Wabun/Mulligan, Crysalis: **Das Medizinrad Praxisbuch: Übungen zur Heilung der Erde.** München 1993.

Svennson, Lars et al.: **Der neue Kosmos Vogelführer: Alle Arten Europas, Nordafrikas und Vorderasiens.** Stuttgart 1999.

Wind, Wabun/Anderson, Reed: **Die Macht der heiligen Steine: Kristallarbeit und Kristallwissen.** München 1989.

Warneck, Igor: **Ruf der Runen.** Darmstadt 2016.

Wates, Frank: **Das Buch der Hopi.** München 1980.

Zolbrod, Paul G.: **Auf dem Weg des Regenbogens: Das Buch vom Ursprung der Navajo.** München 1988.

Die Autorin

Jeanne Ruland ist Autorin, Wegbereiterin in die Neue Zeit, Engelmedium, Lehrerin und internationale Seminarleiterin. Sie unterrichtet Natur-, Engel-, Meister- und Strahlenlehre, Huna sowie die Lehre der Heiligen Geometrie. Ihre Seminartätigkeit begann im Jahr 2000. Ihr fundiertes Wissen und ihre langjährige Erfahrung in der Energiearbeit gibt sie weiter, um Menschen zu erinnern und zu erwecken. Sie bietet außerdem internationale Reisen zu Kraftorten an. Ihre bekanntesten Werke sind: »Das Geheimnis der Rauhnächte«, »Das große Buch der Engel«, »Die lichte Kraft der Engel«, »Krafttiere begleiten dein Leben«, »Aloha«, »Die Gegenwart der Meister«, »Maria Magdalena« sowie Bücher, CDs und Kartensets zum Thema »Heilige Geometrie«.

www.shantila.de

VERTRAUE DEINER KRAFT –

Buch: Krafttiere begleiten dein Leben
432 Seiten
ISBN: 978-3-8434-1297-1

Kartenset: Krafttier-Orakel
Ein liebevoller Begleiter im Alltag
64 Karten mit Begleitbuch
ISBN: 978-3-8434-9092-4

Kartenset: Krafttier-Orakel 2
Botschaften der Helfertiere
64 Karten mit Begleitbuch
ISBN: 978-3-8434-9110-5

Bildnachweis

Bilder von der Bilddatenbank www.shutterstock.com:

Umschlag: #558432511 (Kateryna Orlova), #400772101 (ANURAK PONGPATIMET), #96136382 (Photok.dk), #613343807 (IanRedding), #174994553 (Martin M303), #98060681 (Vladimir Melnikov), #1016238925 (p_hyman), #133675508 (kzww), #87120133 (wenani)

Schmuckelemente auf allen Seiten: Kreis #87120133 (©wenani), Federn: #169686773 (© Transia Design), Hintergründe: #114437518 (© Arevik), #133675508 (© kzww), #219215665 (© DeltaOFF), #87120133 (© wenani), #114437518 (© Arevik), #133675508 (© kzww), #225589570 (© Suzanne Tucker), #243670381 (© Elovich), #531103273 (© Noppadon stocker), #98060681 (© Vladimir Melnikov), Käfervektor: #453105850 (© Fomin Vadim), Schmetterlingvektor: #700289926 (© hudasaktian)
Weitere Bilder: S. 2 #75465211 (©Sofiaworld), # 85460362 (©Eric Isselee), S. 2/3 #327098849 (©Johannes Kornelius), #533624176 (©Sergey Novikov), S. 3 # 79500652 (©Hintau Aliaksei), #115705162 (©Robert Eastman), S. 4 #162780824 (©Robert Eastman), #495966592 (©irin-k), S. 5 #75465211 (©Sofiaworld), #158915534 (©Dancestrokes), #363812690 (©Art789), S. 6 #271787696 (©iravgustin), #58706812 (©fuyu liu), #55167352 (©anetapics), S. 6/7 #327098849 (©Johannes Kornelius), S. 7 #669323869 (©Elina Leonova), S. 8 #215862427 (©Martin Viazanko), S. 9 #292852445 (©weerawath.p), S. 10 #150996467 (©pukach), #290165051 (©jaboo2foto), #690980011 (©Soru Epotok), #332652527 (©Sarune Kairyte), S. 11 #202153864 (©Jan Faukner), S. 12 #293750627 (©Dasha Petrenko), S. 14 #555120547 (©Marina Pousheva), S. 15 #389945917 (©Mybona), S. 16 #512872480 (©Nature Bird Photography), S. 17 #136467692 (©HTU), S. 18 #676911772 (©jassada watt_), #146509202 (©mychicport), S. 19 #561024022 (©Nicinka Studio), S. 20 #33139900 (©fivespots), S. 21 #579287893 (©Lucas Garcia), S. 22 #148921787 (©SasinTipchai), S. 23 #115705162 (©Robert Eastman), S. 24 #213109039 (©solarseven), S. 25 #69470824 (©Sari ONeal), S. 26 #452412142 (©Nature Bird Photography), S. 27 #136124996 (©Holly Kuchera), S. 28 #436807429 (©kanashi), S. 29 #536852680 (©Volker Schnaebele), S. 30 #531103273 (©Noppadon stocker), #487677736 (©Sebastian Janicki), S. 31 #480594643 (©manushot), S. 32 #340222697 (©OlgaOvcharenko), S. 33 #637992838 (©ANNA TITOVA), S. 34 #644356747 (©Bachkova Natalia), S. 36 #139789414 (©Wang LiQiang), #472064530 (©Bildagentur Zoonar GmbH), #59527417 (©Andrey Yurlov), S. 37 #453068947 (©Karl Redshaw Photography), #75465211 (©Sofiaworld), S. 38 #127119797 (©Eric Isselee), S. 39 #206292634 (©Milosz_G), S. 40 #679245298 (©B.NITI), S. 41 #352198100 (©Pakhnyushchy), S. 42 #558065230 (©sharptoyou), S. 43 #690594814 (©mariva2017), # 565925800 (©Lapis2380), S. 44 #243670381 (©Elovich), # 289641443 (©IrinaK), S. 45 #690594814 (©mariva2017), #335672801 (©Luc stacey), S. 46 #231680788 (©Sergio Gutierrez Getino), S. 47 #104128106 (©Potapov Alexander), #146509202 (©mychicport), #139789414 (©Wang LiQiang), S. 48 #189404108 (©Butterfly Hunter), S. 49 #139789531 (©Wang LiQiang), #75465211 (©Sofiaworld), S. 50 #137580980 (©guentermanaus), #401335021 (©spatuletail), #243670381 (©Elovich), S. 52 #393899779 (©Anirut Krisanakul), S. 54 #279584885 (©Seregraff), #116771521 (©Robert Eastman), S. 56 #597263462 (©Kuznetsov Alexey), # 15695404 (©Daniel Rajszczak), S. 57 #641624065 (©Africa Studio), #19881130 (©Daniel Rajszczak), S. 58 #546813853 (©jaroslava V), #101967529 (©Viktorya170377), S. 59 #554285989 (©metha1819), #523854445 (©Hedzun Vasyl), S. 60 #558018670 (©jaroslava V), S. 61 #378306781 (©Sergei Kardashev), #642100114 (©Mara008), #435946279 (©vectortatu), S. 62 #323521487 (©JIANG HONGYAN), S. 63 #509844586 (©metha1819), S. 64 #38149327 (©Ralf Juergen Kraft), S. 65 #463358435 (©Herschel Hoffmeyer), S. 66 #104475920 (©Linda Bucklin), #533181589 (©Elenarts), S. 67 #549984433 (©Elenarts), #91822544 (©Natursports), S. 68 #206494108 (©Catmando), #205854592 (©Kostyantyn Ivanyshen), S. 69 #43432018 (©Catmando), #562839991 (©Freer), S. 70 #185360570 (©3dmotus), #656407096 (©metha1819), S. 71 #281925992 (©Catmando), S. 72 #197620952 (©Catmando), #641624065 (©Africa Studio), #641624065 (©Africa Studio), S. 73 #110059019 (©Michael Rosskothen), S. 74 #442650904 (©Warpaint), #442650904 (©Warpaint), S. 75 #233872999 (©Fresnel), #378306781 (©Sergei Kardashev), S. 76 #546813853 (©jaroslava V), #293596388 (©Victoria HAF), S. 77 # 523854445 (©Hedzun Vasyl), #554285989 (©metha1819), S. 78 #159803639 (©Computer Earth), #378306781 (©Sergei Kardashev), #630828200 (©Hedzun Vasyl), S. 79 #236564137 (©metha1819), S. 80 #501165589 (©metha1819), #222818626 (©cyo bo), S. 81 #77503087 (©steve estvanik), S. 82/84 #120469060 (©steve estvanik), S. 85 #332521610 (©briddy), #155236028 (©furtseff), S. 86 #59527417 (©Andrey Yurlov), S. 87 #586747112 (©Garnet Photo), S. 88 #145969469 (©Fotokon), S. 89 #104235209 (©Eric Isselee), S. 90 #194231213 (©Butterfly Hunter), #58706812 (©fuyu liu), S. 91 #512872480 (©Nature Bird Photography), S. 92 #619248620 (©colin robert varndell), #453068947 (©Karl Redshaw Photography), #139936261 (©Preto Perola), S. 93 #646531084 (©Africa Studio), #327098849 (©Johannes Kornelius), #632896412 (©Susan Schmitz), S. 94 #220510162 (©tratong), S. 95 #391865263 (©nattanan726), S. 96 #55167352 (©anetapics), #646531084 (©Africa Studio), #654494008 (©Pascale Gueret), S. 97 #111154064 (©Daniel Korzeniewski), #201010517 (©nattanan726), #378306781 (©Sergei Kardashev), S. 98 #243273610 (©Janossy Gergely), S. 99 #646531084 (©Africa Studio), #600248837 (©Vladimir Wrangel), S. 100 #590117735 (©TJmedia), #595196600 (©Fabiano's_Photo), S. 101 #689087371 (©surin2514), S. 102 #672216511 (©kongsak sumano), S. 103 #563100457 (©YuRi Photolife), #428504776 (©furoking300), #575437255 (©MAX SAYPLAY), S. 104 #579494125 (©PhilipYb Studio), #215862427 (©Martin Viazanko), S. 105 #579494125 (©PhilipYb Studio), #498465922 (©Frank Fichtmueller), S. 106 #438235066 (©JanHetman), S. 108 #162780824 (©Robert Eastman), #524776657 (©alfocome), #564753997 (©Natalia van D), S. 109 #653122027 (©Hennie Briedenhann), S. 110 #115705171 (©Robert Eastman), #115705162 (©Robert Eastman), #566661259 (©Olarn Meesang), S. 111 #670671661 (©Mr.B-king), #487677736 (©Sebastian Janicki), #327098849 (©Johannes Kornelius),

S. 112 #215913670 (©Ondris), S. 113 #533624176 (©Sergey Novikov), S. 114 #299444855 (©Mark Bridger), S. 115 #319654835 (©Volodymyr Burdiak), S. 116 #641624065 (©Africa Studio), #7015807 (©Eric Isselee), S. 117 #221791831 (©Jurgen Vogt), S. 118 #51694768 (©mypokcik), #357997394 (©Sergey Uryadnikov), S. 119 #439666411 (©Papa Bravo), #6837655 (©Eric Isselee), S. 120 #580159633 (©keellla), S. 123 #502981138 (©Thais29), #596485175 (©BlackMac), S. 124 #714949168 (©FCSCAFEINE), S. 125 #350309462 (©oneinchpunch), #529602139 (©Angyalosi Beata), S. 126 #296512784 (©Anna Averianova), S. 127 447005806 (©DREIDREIEINS Foto), S. 128 #539979295 (©Vivienstock), S. 129 #296514347 (©Anna Averianova), S. 130 #439596358 (©michelangeloop), #503001487 (©Anna Averianova), S. 131 #566530447 (©Kuznetsov Alexey), S. 132 #126571946 (©mariait), #409498258 (©Marina Plevako), S. 133 #528741001 (©Maria Ivanushkina), S.134 #332652527 (©Sarune Kairyte), S. 135 #340222697 (©OlgaOvcharenko), S. 136 #662993602 (©Svetography), #611781644 (©Alexey Androsov), S. 137 #367340375 (©Grigorita Ko), S. 138 #292852445 (©weerawath.p), #370932674 (©Grigorita Ko), S. 139 #44704099 (©Florin C), S. 140 #461917579 (©larstuchel), S. 141 #387614125 (©Hugo Felix), S. 142 #105264929 (©larstuchel), S. 143 #298710866 (©Grigorita Ko), S. 144 #166108085 (©Alena Kazlouskaya), #2513690 (©Eric Isselee), S. 145 #298710884 (©Grigorita Ko), S. 146 #335066660 (©Ammit Jack), S. 148 #395371894 (©MOAimage), S. 149 #382563085 (©Eric Isselee), S. 150 354653888 (©NotarYES), #190960502 (©Grigorita Ko), #436807429 (©kanashi), S. 151 #665980192 (©Djomas), S. 152 #268690484 (©Andrea Izzotti), #664773598 (©Djomas), S. 153 #601821941 (©Csanad Kiss), S. 154 #575183512 (©otsphoto), S. 155 #158426789 (©Liliya Kulianionak), S. 156 #553932484 (©xkunclova), S. 157 #276044237 (©MirasWonderland), S. 158 #607258319 (©Aneta Jungerova), #89202757 (©Tatiana Katsai), S. 160 #115925875 (©MilsiArt), S. 161 #489006448 (©Photo-SD), S. 162 #124043080 (©Andrey_Kuzmin), S. 163 #531003145 (©Sergey Bogdanov), S. 164 #344331971 (©Ershov_Andrey), S. 165 #478700209 (©Beate Rhomberg), S. 166 #440428162 (©Anna Goroshnikova), #479700724 (©manushot), S. 167 #362217575 (©Africa Studio), S. 168 #163154495 (©evastudio), S. 169 #572599390 (©fongleon356), #698516026 (©wriemis), S. 170 #589527401 (©Pandas), S. 171 #615890114 (©cynoclub), S. 172 #542481121 (©rzoze19), #242973640 (©Grisha Bruev), S. 173 #362142191 (©Jagodka), S. 174 #303172208 (©Potae Thanachai), #488479885 (©cynoclub), S. 175 #558331681 (©Anna Bondsrenko), S. 176 #358443071 (©everydoghasastory), S. 177 #493937722 (©KalypsoWorldPhotography), #190351445 (©npine), S. 178 #586047890 (©Audrey Lohkamp), S. 179 #138238115 (©Myers Photography), S. 180 #296346047 (©otsphoto), S. 181 #567735874 (©OlgaOvcharenko), #358311509 (©olgaru79), S. 182 #518707894 (©olgaru79), S. 183 #656173309 (©Reddogs), #515572492 (©Flatka), S. 184 #541381132 (©Reddogs), S. 185 #299128415 (©Eric Isselee), #634504094 (©Ihi), S. 189 #621978860 (©bagicat), S. 186 #266063639 (©Pradit.Ph), S. 187 #106141892 (©gillmar), S. 188 #696741946 (©Serhii Bobyk), S. 189 #52959625 (©Erik Lam), #265071971 (©Mikkel Bigandt), S. 190 #570303436 (©Pavel Korotkov), #653523259 (©everydoghasastory), S. 191 #668033722 (©Boris Pralovszky), S. 192 #614987576 (©Daniel S Edwards), S. 193 #591553520 (©Pelle Zoltan), #668287930 (©deineka), S. 194 #43142485 (©DavidEwingPhotography), #369525560 (©Fauzan Maududdin), #623745389 (©irin-k), #79500652 (©Hintau Aliaksei), S. 195 #277286852 (©Gwen Mustamu), #377320969 (©Africa Studio), #700289926 (©hudasaktian), #105776390 (©Swetlana Wall), S. 196 #705767536 (©Songdech Kothmongkol), #105776390 (©Swetlana Wall), #68476123 (©alslutsky), S. 197 #668415586 (©worawut charoen), S. 198 #177051125 (©Andrey Pavlov), #586125833 (©Tracey Patterson), S. 199 #521889262 (©kittiwutti), S. 200 #369525560 (©Fauzan Maududdin), #371480515 (©irin-k), S. 201 #495966592 (©irin-k), #499808800 (©kosolovskyy), S. 202 #668033722 (©Boris Pralovszky), #646531084 (©Africa Studio), #61604941 (©Mikhail Melnikov), S. 203 #209303092 (©Pairoj Sroyngern), S. 204 #71639218 (©Cosmin Manci), #616656902 (©Nataliia K), S. 205 #725332087 (©ProtasovAN), #614230454 (©Natee K Jindakum), S. 206 #101419591 (©Marcel Jancovic), S. 207 #296103887 (©photoagent), #194414543 (©jessicahyde), #446260522 (©Oleksandr Kostiuchenko), S. 208 #442739974 (©Mirko Graul), S. 209 #442125043 (©AlekseyKarpenko), #124861708 (©Carmen Rieb), #276326123 (©TWStock), S. 210 #705767536 (©Songdech Kothmongkol), S. 211 #140822878 (©Tatiana Volgutova), #413454043 (©Kletr), S. 212 #140822878 (©Tatiana Volgutova), #240728599 (©tomertu), #453536623 (©Helen Birkin), S. 213 #623745389 (©irin-k), #674548528 (©Stanislaw Mikulski), #334839335 (©Tamara Kulikova), #453105850 (©Fomin Vadim), S. 214 #90828029 (©Henrik Larsson), #351841793 (©IanRedding), #160867913 (©dabjola), S. 215 #436795195 (©aleksandr shepitko), #378127270 (©Suzanne Tucker), S. 216 #82661533 (©Pan Xunbin), #481651777 (©feathercollector), S. 217 #456488608 (©Aleksey Stemmer), S. 218 #543194101 (©t_korop), #623745389 (©irin-k), S. 219 #140822878 (©Tatiana Volgutova), #127233251 (©paulrommer), S. 220 #233472922 (©HHelene), #496713583 (©Peter Fodor), S. 221 #116225533 (©Anatolich), #568851487 (©kathleen collins), S. 222 #510596287 (©Ayzaza), #575141590 (©Vince Adam), #630926897 (©Kichigin), S. 223 #578341999 (©Kovalchuk Oleksandr), #140822878 (©Tatiana Volgutova), S. 224 #568851487 (©kathleen collins), #597300221 (©urbazon), S. 225 #62108725 (©alslutsky), S. 226 #477701320 (©guraydere), S. 227 #334839335 (©Tamara Kulikova), #208522891 (©Potapov Alexander), #146828024 (©jbmake), S. 228 #171286445 (©Anest), S. 229 #621943433 (©Bachkova Natalia), S. 230 #636061085 (©irin-k), S. 231 #534930676 (©luismigueljj), S. 232 #49052899 (©Vasiliy Koval), S. 233 #182508812 (©Bildagentur Zoonar GmbH), S. 234 #533857546 (©Be Yourself Stock Photos), S. 235 #690980011 (©Soru Epotok), S. 236 #408956701 (©Yuna_Yuna), S. 238 #334839335 (©Tamara Kulikova), S. 239 #572224129 (©EcoPrint), S. 240 #611461364 (©Martin Mecnarowski), S. 241 #536391613 (©Shebeko), #72581311 (©Pashin Georgiy), S. 242 #533857546 (©Be Yourself Stock Photos), S. 243 #96603589 (©isareschee-win), S. 244 #17285809 (©Dr.Margorius), S. 245 #323555642 (©Oksana Bystritskaya), S. 246 #29596099 (©kredo), S. 247 #47480470 (©Eric Isselee), S. 248 #157342061 (©artfootage), S. 249 #439083970 (©Duba DP), S. 250 #512891284 (©DenisNata), S. 251 #128176241 (©DragoNika), S. 252 #632991167 (©Elisa Putti), S. 253 #638637328 (©Elisa Putti), S. 254 #91229702 (©Eric Isselee), S. 255 #122124754 (©Ina Pandora), S. 256 #280036565 (©ivandan), S. 257 #49052899 (©Vasiliy Koval), S. 258 #137532905 (©Bershadsky Yuri), S. 259 #548195248 (©sandyman), S. 260 #373989520 (©John Carnemolla), #113841202 (©Eric Isselee), S. 262 #113841202 (©Eric Isselee), S. 263 #569240668 (©Martin Mecnarowski), S. 264 #584331775 (©Yury Birukov), S.265 #700854142 (©Dirk M. de Boer), S. 267 #206783425 (©Iakov Filimonov), S. 268 #709637905 (©dpvuestudio), S. 270 #159825191 (©Vladimir Kogan Michael), S 271 #426016189

(©a_v_d), S. 272 #599655197 (©Daboost), S. 274 #163024664 (©Ksenia Ragozina), S. 275 #570411085 (©Bart Sadowski), S. 276 #289777694 (©Poul Riishede), S. 277 #590513174 (©Embrace of Beauty), S. 279 #119913238 (©Birute Vijeikiene), #334839335 (©Tamara Kulikova), S. 278 #96136382 (©Photok.dk), S. 280 #373284577 (©Grigorita Ko), S. 282 #243670381 (©Elovich), #684074941 (©Damsea), S. 283 #179904953 (©AdrianNunez), #690594814 (©mariva2017), S. 284 #700161472 (©Keng666), S. 285 #179904953 (©AdrianNunez), #690594814 (©mariva2017), S. 286 #208522891 (©Potapov Alexander), #472064530 (©Bildagentur Zoonar GmbH), S. 287 #544522384 (©Astrid Gast), S. 288 #208522891 (©Potapov Alexander), #522533797 (©Richard Constantinoff), S. 290 #705657073 (©Jesus Giraldo Gutierrez), S. 292 #609276917 (©Bachkova Natalia), S. 293 #633879452 (©photomaster), #98060681 (©Vladimir Melnikov), S. 294/295 #287061437 (©Linda Bucklin), S. 295/296 #243670381 (©Elovich), S. 297 #105776390 (©Swetlana Wall), # 6290392 (©Kitch Bain), S. 298 #80304190 (©Eric Gevaert), S. 299 #289093928 (©Shanti Hesse), S. 300 #112490342 (©Flegere), #295138805 (©jeep2499), #53338126 (©JKlingebiel), S. 301 #194429672 (©rungrote), #51694768 (©mypokcik), #23747455 (©Eric Isselee), S. 302 #51694768 (©mypokcik), #28092784 (©Eric Isselee), S. 303 #546638455 (©PHOTO BY LOLA), S. 304 #606839456 (©Fernan Archilla), #122816749 (©Alexandra Giese), S. 305 #292852445 (©weerawath.p), #580780723 (©Romuald Cisakowski), #98060681 (©Vladimir Melnikov), S. 306 #293100908 (©FotoRequest), #699742381 (©Wang LiQiang), S. 307 #361813490 (©Don Mammoser), S. 308 #548375737 (©boyphare), S. 309 #613343807 (©IanRedding), S. 310 #134689574 (©Eric Isselee), #265449110 (©Bildagentur Zoonar GmbH), S.311 #35671291 (©Cheryl E. Davis), S. 312 #15942655 (©D and D Photo Sudbury), #578559937 (©Rudmer Zwerver), S. 313 #30906901 (©Eric Isselee), 378306781 (©Sergei Kardashev), S. 314 #228708613 (©Kjersti Joergensen), #358500770 (©Sergey Uryadnikov), S. 315 #378306781 (©Sergei Kardashev), #353062931 (©GUDKOV ANDREY), S. 316 #378306781 (©Sergei Kardashev), #33317668 (©Eric Gevaert), #508812640 (©Abeselom Zerit), S. 317 #507249526 (©OrodO), S. 318 #642606271 (©Wildlife World), S. 319 #717275854 (©Imfoto), S. 320 #181506425 (©Asmus Koefoed), S. 321 #441731470 (©taviphoto), S. 322 #29889574 (©Colette3), S. 323 #717275854 (©Imfoto), #240441367 (©Patrick K. Campbell), S. 324 #403375492 (©Rudmer Zwerver), #144417151 (©Vitalii Hulai), S. 325 #353781521 (©Aleksandar Kamasi), S. 326 #586698260 (©Alexander Wong), #521201362 (©wonderisland), S.327 #638553583 (©Kristian Bell), S.328 #245802955 (©Audrey Snider-Bell), S.329 #498020899 (©HarrisD), S. 330 #668967397 (©mrjo), S. 331 #525416206 (©wonderisland), S. 332 #34969819 (©fivespots), #523997032 (©Natalia Kuzmina), S. 333 #108423752 (©Alfredo Maiquez), #121250737 (©JASON STEEL), S. 334 #442508038 (©taviphoto), #81449107 (©Eric Isselee), S. 335 #114671311 (©Eric Isselee), #636499094 (©Vaclav Sebek), S. 336 #126851171 (©Kuznetsov Alexey), #152352527 (©Jay Ondreicka), #108547187 (©Twin Design), S. 337 #85460362 (©Eric Isselee), #315465929 (©smspsy), #128622656 (©Kuznetsov Alexey), S. 338 #2046504 (©Gordon Galbraith), S. 339 #579182785 (©AxelMezini), S. 340 #37158772 (©Heiko Kiera), S. 341 #647530855 (©NickEvansKZN), #507249514 (©OrodO), S. 342 #652604176 (©Bernhard Richter), S. 343 #679397887 (©taviphoto), #649303570 (©taviphoto), S. 344 #589057214 (©Abeselom Zerit), #561910804 (©Marten_House), S. 346 #508906234 (©Abeselom Zerit), S. 347 #629719598 (©Felix Broennimann), S. 348 #508906213 (©Abeselom Zerit), S. 349 #378306781 (©Sergei Kardashev), #368258624 (©Sonsedska Yuliia), #623419115 (©Ondrej Prosicky), S. 350 #654579673 (©Vivienstock), S. 351 #659256337 (©Vladimir Wrangel), S. 352 # 556686307 (©Ondrej Prosicky), #409446685 (©Sonsedska Yuliia), S. 353 #627616457 (©Vladimir Wrangel), S. 354 #543198385 (©Martin Prochazkacz), S. 355 #612444542 (©Martin Prochazkacz), S. 356 #170230454 (©Janusz Pienkowski), S. 357 #525458710 (©Erik Mandre), S. 358 #602983406 (©Ondrej Prosicky), #118164862 (©Eduard Kyslynskyy), S. 359 #124443559 (©kzww), #271107473 (©mycteria), S. 360 #150996467 (©pukach), #594793895 (©Ondrej Prosicky), #562397380 (©vladsilver), #645628177 (©GotKom), S. 361 #334839335 (©Tamara Kulikova), S. 362 #124443559 (©kzww), S. 363 #113439778 (©tgergo), S. 365 #372184444 (©2630ben), S. 363 #113439778 (©tgergo), S. 366 #453105850 (©Fomin Vadim), #700289926 (©hudasaktian), #169686773 (©Transia Design), #75465211 (©Sofiaworld), S. 367 #75465211 (©Sofiaworld), S. 368 #633879452 (©photomaster)

Autorenbild (Umschlag und S. 363): ©Dreastique